唐蘭《説文》遺稿

唐蘭著作精選

圖書在版編目(CIP)數據

唐蘭《説文》遺稿 / 唐蘭著. —上海：上海古籍出版社，2018.8
（唐蘭著作精選）
ISBN 978-7-5325-8938-8

Ⅰ.①唐… Ⅱ.①唐… Ⅲ.①《説文》—研究 Ⅳ.①H161

中國版本圖書館 CIP 數據核字(2018)第 152527 號

唐蘭著作精選
唐蘭《説文》遺稿
唐 蘭 著
上海古籍出版社出版發行
（上海瑞金二路 272 號 郵政編碼 200020）
（1）網址：www.guji.com.cn
（2）E-mail：guji1@guji.com.cn
（3）易文網網址：www.ewen.co
上海展强印刷有限公司印刷
開本 787×1092 1/16 印張 27.25 插頁 5
2018 年 8 月第 1 版 2018 年 8 月第 1 次印刷
印數：1—2,100
ISBN 978-7-5325-8938-8
H·200 定價：108.00 元
如有質量問題，請與承印公司聯繫

目録

唐氏説文解字注

識

吾自去年冬成第一卷，今年在館中，自春徂夏所箋不百字，竊自愧，暑假歸乃力爲之。中間因校《方言》、《釋名》、《字林》、《繫傳》、《均譜》，輟業十餘日。近又下利，困頓數日。今日夕，始力疾竟第二卷。若暑假已五十餘日矣，除輟業亦將一月，而所成反比去年爲少。若艸木之名既難偏識，涉獵亦較去年爲稍廣矣。我於此學爲日尚寡，己亦不甚深諳。然如「春」字之類，文字未墜，必在我也。但此等自是一端，我要當通究全書大例，立得大例數十百條。更就今所作注稾以例繩之，庶幾可成一家之學爾。我初作注時，見書甚少，作此卷少多矣。今且更得商遺書，前疏於後可知也。我必通體讎校以彌縫之也。吾幼時恒思官天下若何景況，今稍涉歷，乃知能躬細務者方能持大體。如於此書，不字字體識，欲求其大例，瞢矣。凡學問皆然，不知碎義者，不能知大義也。吾固不欲以小學成名，然而其隊也，天之將興，其必在我，我庸敢逆天乎！嗟乎！我今乃知孔子之藝也。

七月初三晚

此卷始參用鈕《校録》。

自「莧」篆起始用《繫傳》錢本、宋本《均譜》、《繫傳校録》、《均譜校》、《鐘鼎字源》、《漢印分均》。

暑假歸，閏五月十四自「莧」篆始。

唐氏說文解字注卷二

屮　艸木初生也。象丨出形，有枝莖也。古文或以爲艸字。讀若徹。凡屮之屬皆從屮。尹彤說。（丑列切）

【校勘】《玉篇》："草木初生也。古文或爲艸字。"《廣均》："草初生皃。"「丑列切」者，見《玉篇》引。「丨」，《韻會》引作「屮」。《集均》引無「文」字，據删。《句讀》删「丨」字。

【集解】「艸木初生也」者，「艸」從二「屮」，「木」從「屮」，故云然。「叀」從「屮」，云："屮，財見也。"桂未谷云："『財』即『才』字。才，艸木之初也。"「象丨出形，有枝莖也」者，鍇傳："從『丨』引而上行，艸始脫孚甲，未有歧根。"「古文……」，《洪範》："庶草蕃廡。"古文作「屮」。《漢書》「艸」皆作「屮」。《隸釋》高彪碑："獄犴生屮。"「屮」即「艸」字。

屯　難也。象艸木之初生，屯然而難。從屮貫一。一，地也。尾曲。《易》曰："屯，剛柔始交而難生。"

【校勘】《篇》、《均》："難也。"《集均》引無「木之」二字。

【集解】「難也」者，《廣雅》同。「象艸木……」，《序卦》："屯者，物之始生也。"盧氏曰："物之始生，故屯難。"「尾曲」，王毌山曰："中曲爲屯，難，故曲。"「《易》曰……」，《屯》《彖》文。

【附録】金文有「屯」、「屯」、「屯」、「屯」諸形。

每　艸盛上出也。從屮，母聲。（《字林》音莫改反）

【校勘】《廣均》："每，《說文》作『𡴞』。"引首句。《玉篇》："草上生也。"「《字林》音」者，出元應書。

【集解】段注。

【音均】《左》僖廿八傳：每、謀。

【附録】金文有「□」、「□」二形。

□ 厚也。害人之艸，往往而生。從中，毐聲。

【校勘】《廣均》引首三句。《玉篇》：「苦也，害人艸也。」「生」，《均會》引作「有」。「毐聲」，大徐作「從毐」，非。

【集解】「厚也」者，《周語》：「厚味實腊毒。」注：「味厚，其毒亟也。」（《微子》：「天毒降災。」《史記》作「天篤」。）「害人……」者，《淮南子·主術》：「天下之物莫凶於雞毒，然良醫索而藏之，有所用也。」注：「雞毒，烏頭也。」又《釋草》又曰「繩毒」、「狗毒」。「毐聲」者，《句讀》。

【古韻】《谷風》：鞠、覆、育、毒。《桑柔》：迪、復、毒。《噬嗑》：肉、毒。

【轉音】《釋訓》：息、毒、武。

□ 芳也。艸木初生，其香分布也。從中，從分，分亦聲。

【校勘】諸本無「芳也」句。元應書十二引「芳也」，據補。諸本無「木」字、「也」字。《玉篇》：「草初生，香芬布也。」《廣均》：「艸木初生，香分布也。」又云：「艸初生，香分布也。」據補。「從分」，小徐無「從」字。《離騷》洪《補注》引「艸初生」句，同今本。

【集解】「芳也」者，芳，艸香也。《毛傳》、《廣疋·釋訓》：「芬，芬香也。」本書：「棻，木香也。」「艸木初生」者，「中」下云：「艸木初生也。」「其香分布也」者，釋「從分」。

【音韻】《鳧鷖》：亹、欣、熏、芬、艱。

𡴑　芬，或從艸。

【校勘】《玉篇》：「𡴑，今作芬。」《廣均》：「𡴑，又音芬。」「芬」音下「芬」、「𡴑」兩列。《篇》、《均》「芬」下皆云：「芬芳。」蘭按：《玉篇》言「今作芬」，則「芬」今字也。形義皆同，是後人沾益(以「每」下云「今作莓」、「毒」下云「今作毒」、「熏」下云「今作熏」，皆俗字知之。《玉篇》凡云「今」者，無一不俗字)。當刪。

𡴯　菌𡴯，地蕈，叢生田中。從屮，六聲。

【校勘】《玉篇》：「圈𡴯，地蕈，生田中也。」《廣均》：「地蕈。」按：作「圈」非。

【集解】《釋草》：「中馗，菌。小者菌。」注：「地蕈也。」又云：「淔灌，茵芝。」諸書無「茵」字，《類聚》九十八引《爾疋》作「菌芝」。《列子·湯問》：「朽壤之上有菌芝者。」《釋文》：「即今冀土所生之菌也。」揚雄《蜀都賦》：「瑕英菌芝。」注：「菌芝，石芝也。」《爾疋》《釋文》引《聲類》：「淔灌，菌芝也。」蘭按：「𡴯」、「㞢」（古「芝」字）同從「屮」，「菌𡴯」即「菌芝」也。郭注以爲「瑞草」，經典言「芝」皆常物，郭說非也。「淔灌」，郭云「未詳」。《神農本草》有「雚菌」，一名「雚蘆」。《急就》注：「生東海池澤及渤海章武，此雚蘆之地所生菌也。」《本草》弘景曰：「形狀如菌，云鸛屎所化生。」蘇恭曰：「今出渤海蘆葦澤鹹鹵地自然有此菌，非鸛屎所化生也。」孫校《本草經》，疑「雚菌」即「灌菌」，或一名「淔」，一名「芝」。蘭昔亦主是說。然書記亦無「淔」名，疑「淔灌」者本作「植雚」，謂植於雚蒲之澤者謂之菌芝，與「出隧」謂之「蘧蔬」，「中馗」謂之「菌」同例也。「地蕈」者，「中馗，菌」，注：「地蕈也。今江東呼爲土菌。」孫炎曰：「地蕈子也。」

【眉批】《思玄賦》：「咀石菌之流英。」注：「菌，芝也。」

⿱𡴯⿰𡴯𡴯　籀文𡴯，從三𡴯。

【校勘】《玉篇》：「⿱𡴯⿰𡴯𡴯，籀文。」

【集解】本書籀文「陸」從此。

熏　火煙上出也。從屮，從黑。屮黑，熏象也。

【校勘】《玉篇》：「煙上出也。」《廣均》：「火氣盛皃。」

【集解】《豳風》：「穹窒熏鼠。」《列子·湯問》：「聚柴積而焚之，燻則煙上。」

【音均】《鳧鷖》（見「芬」下）。《雲漢》：川、焚、熏、聞、遯。

凡六字　重一

【校勘】本作「重三」，今删「𠞵」字、「芬」字，實重一。

附字一

𠞵　古文毒，從刀、葍。

【校勘】大徐諸本如此。小徐同。《繫傳》云「竹亦毒者」云云。顧千里、桂、段君皆據以爲小徐從「⿱竹畐」。祁刻小徐本並改從「竹」。鈕、王毌山皆以《玉篇》艸部有「𠞵」云：「古文毒，辨之。」蘭按：《汗簡》：「𠞵，毒。《演說文》。」則此字不出《說文》確然無疑，更何多辨乎？今删。

芬

見前。

附字二

□　百芔也。從二屮。凡艸之屬皆從艸。（七老切）

【校勘】《篇》、《均》、《釋草》疏引首句。《釋草》《釋文》引至「屮」。「七老切」者，出《釋草》疏。《釋草》疏又引「象野草莽蒼之形」。（《五經文字》：「從二屮。象草初生之形。」擬補。）

【集解】「百卉也」者，《廣疋》：「卉，艸也。」《詩》：「百卉俱腓。」「從二屮」者，《論衡》：「草初生爲屮，二屮爲艸，三屮卉，四屮爲茻，言其生之繁蕪也。」《秋官・庶氏》：「嘉草。」《釋文》：「本作『嘉艸』。」

【音均】古訓：草，造也。《廣疋・釋言》。

□　上諱。

【補義】《玉篇》：「草盛皃。」《釋宮》：「六達謂之莊。」孫炎曰：「莊，盛也。」蘭按：從「艸」，「壯」聲。《玉篇》甚得其義。

【集解】《句讀》。《聲類》：「莊，嚴也。」

□　古文莊。

【校勘】古文大徐作「□」，小徐作「□」，今依《汗簡》引改。段氏云：「恐後人所加。其形本非『莊』字，當是『奘』字之譌。古文『士』或作『□』，譌爲『□』也。」蘭按：段説是也。以《汗簡》從「□」推之，其訛顯然。《玉篇》艸部：「□，古文。」按《篇》例，古文非從本部者，不與正字類列，此亦後人增入也。

在木曰果，在艸曰蓏。從艸，㼌聲。

【校勘】諸本「在艸」作「在地」。《易》《釋文》、《古易音訓》、《玉篇》引二句，同。《齊民要術》一、《御覽》並引作「在艸」，據正。《篇海》引二句，作「在蔓」。《廣均》、《班馬字類》引作「木上曰果，地上曰蓏」。「㼌聲」，諸本作「從㼌」，今從小徐。

【集解】《齊民要術》一引許《淮南》注：「在樹曰果，在地曰蓏。」臣瓚曰云：「木上曰果，地上曰蓏。」應劭、宋衷曰：「木實曰果，艸實曰蓏。」顔注《急就篇》同。諸説是也。《呂氏春秋・仲夏紀》、《淮南・主術訓》高注並云：「有核曰果，無核曰蓏。」（段引《呂氏》注，「核」作「實」，待考。）張晏同。蘭按：「蓏」從「㼌」，「㼌」從「瓜」，則「蓏」以瓜爲主，馬、鄭並云「瓜瓞屬」是也。瓜瓞之屬未有無核者，高、張説誤也。

神艸也。從艸，之聲。

【校勘】「之聲」，大徐作「從之」。「神草」，《均譜》作「瑞艸」。《玉篇》：「芝，瑞草。」在後增字中。《廣均》：「芝，芝草。㞢，篆文象芝草形。『蚩』從此也。」《本艸綱目》曰：「芝，本作『之』。篆文象艸生地上之形。後人借『之』字爲語辭，遂加『草』以別之也。」蘭按：《廣均》之言必有所本。「篆文」者，即指許書也。「芝」蓋「之」之隸增字，李説是也。繆襲《神芝贊序》：「別爲三幹，分爲九枝。」諸書皆以爲三幹九枝之草。王逸、郭璞皆以爲一歲三秀。然則神芝者，有花、葉、枝、幹之草類也。「㞢」象草通中枝莖益大。「㞢」從「屮」，屮，草木初生也，故借「㞢」爲之。不必有專字也。《内則》「芝栭」則與神草異物，即諸書之菌芝，實即本書之菌宍也。無枝葉華而有蓋。然博如景純猶誤以菌芝爲神艸，況其他乎！此字删。

萐莆，瑞艸也。堯時生於庖廚，扇暑而涼。從艸，疌聲。

【校勘】《玉篇》：「萐莆，瑞草也。王者孝德至則萐莆生於廚。其葉大如門，不搖自扇於飲食中，清涼中助供養也。」《廣均》同。

【集解】《句讀》。蘭按：萐莆，即扇脯也。

莆　萐莆也。從艸，甫聲。

【校勘】《玉篇》：「萐莆。」《廣均》：「萐莆，堯之瑞草。」小徐與「莆」並次「萉」、「荼」間。「莆」，錢本、汪本作「蒲」。

【集解】《句讀》。

虋　赤苗嘉穀也。從艸，釁聲。（亡昆反）

【校勘】《廣均》：「虋，赤粱粟也。」「亡昆反」者，《字林》音。

【集解】《釋草》：「虋，赤苗。」注：「今之赤粱粟。」本書：「粟，嘉穀。」又「璊」下、「穈」下皆云：「虋，禾之赤苗。」《生民》作「穈」，傳：「赤苗也。」《釋文》：「音門。」《夢谿筆談》謂「秦人音靡，聲之訛也」。蘭按：「虋」，《爾疋》舍人本作「薇」。（邵《正義》後批，余有説。）郭本作「虋」，音「亡偉反」。《易》「亹亹」即「釁」字，然則本可有「靡」音也。《倉頡》曰：「苗者，禾之未秀者也。」《本草》以「虋」爲「赤稷」，似非。

荅　小尗也。從艸，合聲。

【校勘】《玉篇》：「小豆也。」《五經文字》：「此荅本小豆之一名。」

【集解】《周禮》注：「秅秼麻荅。」《唐均》引《正名》（見《隋志》）：「荅，小豆。」《廣疋》：「小豆，荅也。」婁壽碑：「槅荅疏菜之食。」「槅」即「糲」字。李時珍以荅即赤小豆。

萁　豆莖也。從艸，其聲。

【校勘】《釋草》《釋文》、《初學記》廿七引「豆莖」。《玉篇》：「豆莖也」。

【集解】《楊惲傳》：「種一頃豆，落而爲萁。」注同。《馬汧督誄》：「萁稈空虛。」《孫子·作戰篇》：「𦽵稈。」曹操注：「𦽵，豆稭也。」

藿 豆之葉也。從艸，靃聲。

【校勘】諸本作「尗之少也」。《玉篇》、《釋草》《釋文》、《御覽》八百四十一引同。李善《詠懷詩》注引作「豆之葉也」。據正。《玉篇》、《廣均》：「豆葉。」按次序上爲莖，則此爲葉是也。

【集解】《廣雅》：「豆角謂之莢，其葉謂之藿。」《公食大夫・記》注、《九歎》注：「藿，豆葉也。」《采菽》箋：「菽，大豆也。采之者，采其葉以爲藿。」蘭按：《白駒》傳：「藿猶苗也。」苗謂豆之幼時僅有葉也。今本《說文》作「尗之少也」，實指幼尗，似失。

【音均】《白駒》：藿、夕、客。

莥 鹿藿之實也。從艸，狃聲。

【校勘】諸本「實」下有「名」字，《御覽》九百九十四引首句，無之，依刪。《玉篇》：「鹿藿實。」

【集解】《釋草》：「蔨，鹿藿。」本書：「蔨，鹿豆。」郭《爾疋》注云：「今鹿豆。」《本草》俗呼「登豆」，《野菜譜》作「野緑豆」。蘭按：今年俗於除夕以小豆微炒，散之四隅，名曰「熘莥豆」（「莥」音「丑」），「熘」，俗微炒字也。

蓈 禾粟之莠，生而不成者謂之童蓈。從艸，郎聲。

【校勘】諸本「莠」作「采」。「童」，本作「董」，《類篇》引同。《釋艸》《釋文》引至「成者」，《大田》《釋文》引至「童蓈」，「采」作「莠」。《玉篇》、《廣均》、《韻會》引「莠」作「穗」，依改。

【集解】《釋草》：「稂，童梁。」注：「稂，莠類也。」郭說誤也。《下泉》、《大田》傳：「稂，童梁。」陸機疏：「禾秀爲穗，而不成崱嶷然謂之童梁。」蘭按：「稂」、「梁」疊均，「童梁」即「童稂」也。王毌山曰：「言禾粟者，麥豆無此也。」蘭按：此仍是禾類，與莠類狼尾草之「莨」別。

蓈，或從禾。

【校勘】《大田》《釋文》引「稂，或字也」。《廣均》引同上。（宋本《說文均譜》以「稂」爲正，「蓈」同「稂」）

禾粟下揚生草。從艸，秀聲。讀若酉。

【校勘】諸本無「揚」字，小徐有。諸本「草」作「莠」，《均譜》「惡艸」，《均會》廿八厚引「禾粟下揚生草」，依正。

【集解】《仲虺》：「若苗之有莠。」《大田》傳：「莠，似苗也。」《孟子》：「惡莠，恐其亂苗也。」注：「莠之莖葉似苗。」韋昭注《魯語》：「莠，草似稷而無實。」《句讀》。

【音均】《大田》：皁、好、莠。《正月》：好、莠。（句中均）

枲實也。從艸，肥聲。

【校勘】《玉篇》訓同。《廣均》二十文「蕡」古文作「⿱艹邑」，即此字之訛。《字典》引「枲屬」，非（《廣均》八未訓「枲屬」）。

【集解】《釋草》：「黂，枲實。枲，麻。」孫注：「黂，麻子也。麻，一名枲。」「九月叔苴」，傳：「苴，麻子也。」《喪服》傳：「苴經者，麻之有蕡者也。」《廣疋》：「⿰麻賁，⿰麻朩也。」「⿰麻朩」即「苴」字。本書「林」下云：「萉之總名。」《呂覽・尊師》：「織萉屨。」盧文弨曰：「萉，『萉』字之訛，麻屨也。」（吴普以「麻勃」爲花，「蕡」爲子，是也。他《本草》以蕡即勃，非。）

萉，或從麻、賁。

【校勘】蘭按：《玉篇》：「萉，扶沸切，或作『黂』。黂，扶沸、父云二切。」《廣均》「黂」、「萉」同紐，不以爲一字。《說文》此字疑後人依《爾疋》增。《周禮・籩人》、《艸人》固但借「蕡」也，俟考。（「黂」爲「萉」重文者，漢中大夫賁赫，「賁」音「肥」。）

芓 麻母也。從艸，子聲。一曰芓即枲也。

【校勘】《釋草》《釋文》引「芓即枲也」。《玉篇》訓「麻母也」，引「一曰芓即枲也」。蘭按：《説文》本當作「芓即枲也」。「麻母」句疑後人以《爾疋》增（以次序知之）。或本引《爾疋》，後人誤以爲正義（以《爾疋》《釋文》引知之），又加「一曰」於「即枲也」句上也。鍇本次「芁」、「蒜」間。

【集解】《釋艸》：「莩，麻母。」作「莩」。孫、郭並云：「苴麻盛子者。」蘭按：《左》襄十七正義引《喪服傳》馬注：「枲，麻之有子者。」《釋草》曰：「蕡，枲實。」注：「《禮記》曰：『苴麻之有蕡。』」又曰：「枲，麻。」注：「別二名。」然則「枲麻」、「蕡」、「苴麻」、「芓」皆一名也。牝麻也，單名麻。牡麻也，「枲」、「麻」對文，牝牡之所分，故曰「別二名」也。「麻母」者，即母麻之謂，猶言母豬耳，故許曰「即枲也」。崔寔誤讀《爾疋》，以枲爲牡麻，蕡爲苴麻。段君從之，以枲爲無實。明背《爾疋》，雖自六朝後無有知枲、麻之分者，然亦疏矣。

萛 連翹草也。從艸，異聲。

【校勘】首句諸本作「芓也」。《韻譜》作「茅也」。按《篇》訓「連翹草」，次序同《説文》。《廣均》：「連翹，草名。」蓋皆本《説文》。今脱「連翹」二字，「草」訛爲「芓」也。今正。鍇本次「芁」、「蒜」間。

【集解】《釋草》：「連，異翹。」注：「一名連苕，又名連草。《本草》云。」蘭按：依許君則當作「萛，連翹」，詳郭注，亦同許本也。《本草經》有「連翹」，張仲景《傷寒論》有「麻黄連軺赤小豆湯」，「連軺」即「連苕」也。作「連異翹」，是《疋》本之誤。《釋文》引《本草》「一名異翹」，其誤非一日矣。

蘇 桂荏也。從艸，穌聲。

【校勘】首句汪本小徐、《均會》引同。錢、祁、竹君本小徐作「桂蘇，荏也」。《均譜》「草也」。《玉篇》「荏屬」。《廣均》「紫蘇艸也」。鍇次「芁」、「蒜」間。（汪本篆從「[illegible]」，錢從「[illegible]」，誤。）

【集解】《釋草》文。波注：「蘇，荏類，故名桂荏。」《通志》曰：「此紫蘇也。」《急就》注：「蘇，一名桂荏。」《方言》：「蘇，亦荏也。」蘇恭曰：「味辛如桂，故謂之桂荏。」

【音均】《山有扶蘇》：蘇、華、都、且。

荏　蘇也。從艸，任聲。

【校勘】諸本作「桂荏蘇」，依《韻譜》正。《玉篇》「蘇屬」。《廣均》「菜也」。

【集解】《句讀》。

芖　菜也。從艸，矢聲。

【校勘】《篇》、《均》「蒿也」。蘭按：《篇》在後增字中，「蘇」、「荏」之次但有「葵」字，疑《說文》本但有「葵」字（今從古文「[illegible]」，本或從篆文），脱脱但存「芖」形，又附會後人訓「蒿」之「芖」字耳。《本草經》有「馬矢蒿」，則「芖」是俗字，擬刪。

荳　菜也。從艸，豈聲。

【校勘】諸本作「菜之美者，雲夢之荳」。《玉篇》引同（「雲」上有「有」字）。《均譜》「菜也」。蘭按：今《呂覽》「菜之美者，雲夢之芹」，諸書引《說文》作「菜之美者，雲夢之菫」，在「菻」下引《呂覽》則作「荳」。蓋當依古本《說文》爲正，今依《均譜》刪正。（更按：宋本《均譜》引如今本，然《玉篇》「荳」在後增字中。又：「藒，餘割切，似蕨，生水中。」與《廣均》「荳」合。疑《玉篇》本以「藒」爲「荳」。「藒」殆即下文「藒」字，則本書此字疑後人以《字林》所加。）

【集解】《廣均》：「荳，菜似蕨，生水中。」《字典》引《玉篇》同（今本無）。蘭按：《釋草》：「薇，垂水。」孫炎注：「薇草生水旁而枝葉垂於水，故名垂水也。」郭云：「生於水邊。」《釋文》引顧云：「水濱生，故曰垂水。」《御覽》引《廣志》：「薇，葉似萍。」按本書：「薇，菜也。似藿。」陸機云：「薇，山菜。」蓋一水菜一山菜，二者不同。「豈」從「微」省聲，「薇」從「微」聲，聲近故通。《爾疋》「垂水」之「薇」，即此「荳」也。《本艸》有「水蕨」，即此。段以「垂水」爲俗名，誤也。《爾疋》：「虋，赤苗。芑，白苗。」舍人注以爲「伯夷所食」，邵氏非之。蘭按：「蘪」、「薇」、「芑」、「荁」音近，舍人本作「薇」、「荁」也。（前人以「荁」爲「采芑」之「芑」，恐又未然。）若《呂覽》則許據本作「菫」，而高本作「荁」，《齊民要術》引二書甚明也。據高注，亦是作「荁」。《字林》：「荁，美菜，生雲夢。」本之今《說文》，依《字林》改。（「菻」篆脱落，故在後。）而《呂覽》文本有均，似作「菫」爲是，今人又以意改爲「芹」矣。

【眉批】《爾疋》：「蘪，從水生。」即「薇，垂水也」。「蘪」、「薇」同字。

葵 菜也。常傾葉向日，不令照其根。從艸，癸聲。

【校勘】篆諸本作「[篆]」，從「[篆]」。按本書從「癸」者十字，皆不從「[篆]」。漢印「葵」從「[篆]」，今改從「[篆]」。《玉篇》「葵」同「葵」，蓋本《說文》，《篇》、《均》皆無「[篆]」字可證。「常傾」二句，諸本無，據《廣均》引補。（《字典》引

【集解】元應書十八：「葵，菜也，隨日者也。」《左》成十七傳：「仲尼曰：『鮑莊子之知不如葵，葵猶能衛其足。』」杜注：「葵，傾葉向日，以蔽其根。」《急就》注：「葵，衛足之菜，傾葉而蔽日者也。」

【音均】《板》：儕、毗、迷、尸、屎、葵、資、師。《采菽》：維、葵、膍、戾。

薑 御溼之菜，辛而不葷也。從艸，彊聲。

【校勘】「御」，大徐作「禦」，小徐作「御」，《廣均》引「御溼之菜」，今正。《玉篇》：「辛而不葷也。」據補（以顔《急就》注知之）。

【集解】《字林》同。《急就》注：「禦溼之菜也，辛而不葷，故齋者不徹。」《呂氏春秋·本味》：「和之美者，陽樸之薑。」

蓼 辛菜也。一名薔虞。從艸，翏聲。

【校勘】諸本作「辛菜薔虞也」。《南都賦》注引「辛菜也」，顔《急就》注引「一名薔虞」，據補改。

【集解】《句讀》。

【音均】《小毖》：鳥、蓼。《良耜》：糾、趙、蓼。

蒩　菜也。從艸，祖聲。

【校勘】《廣均》引首句，同。諸書作「蒩」，鈕非石以爲「蒩」當爲「蒩」之訛，蓋後人增。蘭按：《玉篇》：「蒩，蒩菜。」從「柤」。《唐本草》「蕺」一名「葅菜」，作「葅」。「葅」即「菹」字。

【集解】按：《埤蒼》：「蒩，蕺也。」《句讀》。段注：「《風土記》……」

䕮　菜之似蘇者。從艸，豦聲。

【校勘】「之」，諸本作「也」，從小徐。《廣均》：「菜似蘇。」

【集解】《玉篇》：「今之苦䕮，江東呼爲苦蕒。」《廣雅》：「蕒，蘆也。」《詩義疏》：「䕮，苦葵。青州謂之芑。」「芑」，一作「苣」，「䕮」、「苣」聲轉。《采芑》傳：「芑，菜也。」顏《家訓》曰：「苦菜，葉似苦苣而細。」是䕮爲苦菜之屬而異者。李時珍以「苦苣」、「苦菜」爲一，非也。今俗名「萵苣」。

薇　菜似藿也，生山中。從艸，微聲。

【校勘】本作「菜也。似藿」，《後漢·申屠蟠傳》注引「似藿也」，據正。《玉篇》：「草也。」《繫傳》云：「一云似大萍，或曰生山中。」蘭按：徐鍇云：「按伯夷云：『登彼西山，采其薇矣。』則當似藿。」則所云「一云」、「或曰」者皆《説文》別本，據補「生山中」一句。《韻會》引「菜也。似藿。菜之微者也。」

【集解】段云：「似藿，謂似豆葉也。陸璣《詩疏》：『薇，山菜也，莖葉皆似小豆，蔓生。其味亦如小豆。藿可作羹，亦可生食。今官園種之，以供宗廟祭祀。』」蘭按：《爾疋》「薇，垂水」之「薇」，即本書「䔾」字，與此異。項安世曰：「薇，今之野豌豆也。」

薇 刪。

【校勘】各本有此字，「籒文薇，省」。蘭按：《韻譜》無此字，《玉篇》、《廣均》並無，今刪。

蓶 菜也。從艸，唯聲。

【校勘】《玉篇》：「菜名。似韭而黄。」《廣均》：「蓶，似馬韭而黄，可食。」

【集解】《齊民要術》：「蓶，菜。音『唯』。似烏韭而黄。」

菦 菜，類蒿也。從艸，近聲。周禮有「菦菹」是。（謹）

【校勘】諸本無「也」字。《天官・醢人》《釋文》：「芹，《説文》作『菦』，菜，類蒿也。」據補。諸本無「是」字，依小徐補。音「謹」，出《釋文》。

【集解】段注。蘭按：《本草》：「水斳。」弘景曰：「『斳』字俗作『芹』字。」則「芹」爲俗字無疑。「斳」字即「堇」字也。李時珍云：「『斳』當作『蘄』，從『艸』、『斳』聲。」非也。「堇」即旱芹，隸又誤爲「蘄」（見《爾疋》），本書別出「蘄」字，亦後人增也。

【眉批】漢印有「芹」。

【音均】《采菽》：芹、旂。

䖆 菜也。從艸，釀聲。（而丈切） 刪。

【校勘】《玉篇》：「菜也，葅也。」《廣均》四十一漾：「菜也。」三十六養：「䖆，䖆菜爲葅。」「而丈切」，見《玉篇》引。蘭按：《方言》：「蘇，沅湘之南或謂之䓦。其小者謂之䖆葇。」注：「菫葇也，亦蘇之種類。」《齊民要術》則以爲藏葅之䖆。《内則》注只作「釀」。《廣疋》：「䖆葇，蘇也。」曹音「穰」。又云：「䖆葅也。」「䖆」字之見於書傳僅此。《急就》：「老菁蘘何。」

注：「蘘荷，一名蒪苴，莖葉似薑，其根香而脆，可以爲菹。」補注：「蘘，音穰。」與《廣疋》音同。《別録》菜部有「蘘荷」，謂根；草部有「蘘草」，謂葉也。蓋「釀」字即「蘘」之或體。《本草》「假蘇」一名「薑芥」，「水蘇」一名「芥蒩」、「芥苴」。蘇、薑、芥同名者，以其香曰蒩曰苴曰菹（「蒪苴」《別録》作「覆菹」），皆當作「菹」，以可爲菹而名之也。《玉篇》「釀」在後增字中，則《說文》此字爲後人加可知。今刪。

菜也。從艸，見聲。

【校勘】《篇》、《均》：「菜名。」

【集解】段注。

大葉實根，驚人者也，故謂之芋。從艸，于聲。

【校勘】諸本作「駭人故謂之芋也」。《埤疋》引同。《玉燭寶典》一、《齊民要術》二並引「大葉實根，駭人者也，故謂之芋」。玄應書卷十五引同，「駭」作「驚」，據訂。

【集解】《聲類》：「大葉著根之菜，見之驚人，故曰芋。」案《方言》：「芋，大也。」于部：「吁，驚語也。」

齊人謂芋爲莒。從艸，呂聲。

【校勘】各本無「人」字。《齊民要術》二、《本草圖經》引首句，有「人」字，據補。《篇》、《均》：「草名。」《均會》引「齊」字上有「艸名」二字。《均譜》：「國名。」非。

【集解】《句讀》。

蘧麥也。從艸，遽聲。

【校勘】《篇》、《均》：「蘧，蘧麥。」按俗作「⿺麥豦」。《集均》：「麥小者⿺麥豦。」

䕣 大菊，蘧麥也。從艸，匊聲。

【校勘】《廣均》引同。《玉篇》引無「也」字。

【集解】《釋艸》文。注：「一名麥句薑，即瞿麥。」《廣疋》：「茈葳，麥句薑，蘧麥也。」「茈葳」即紫葳。《本艸》「紫葳」、「瞿麥」分列，王引之云：「麥句薑當爲巨句麥。」

葷 臭菜也。從艸，軍聲。

【校勘】《廣均》：「臭菜。」

【集解】《蒼頡篇》：「辛菜也。凡物辛臭者，皆曰葷也。」《玉藻》注：「薑及辛菜也。」《士相見禮》注：「葷，辛物，蔥、薤之屬。食之以止卧。古文『葷』作『薰』。」蘭按：《禮》注别薑於辛菜，則似薑爲臭菜矣。而《論語》孔注曰：「薑，辛而不薰。」所未明也。又按：《玉藻》注「薑」字似有誤，當爲「蔥」、「薤」等字。辛菜則指薑類，則可通矣。段、王諸説皆非。

蘘 蘘荷也。一名薄苴。從艸，襄聲。

【校勘】「薄且」，各本作「葍蒩」，依《御覽》引改。《篇》、《均》：「蘘荷。」《南都賦》注引「蘘荷，葍蒩也」。《齊民要術》三、《離騷草木疏》引二句，無「也」。

【發明】《方言》：「蘇，芥，草也。蘇，亦荏也。其小者謂之蘸菜。」注：「堇菜也。」王引之《廣疋疏證》引「堇」作「薰」，謂即香菜也。《廣疋》：「蘘荷，蒪苴也。」《急就》：「老菁蘘何（顔本作『荷』）。」顔注：「蘘荷，一句蒪苴，莖葉如薑，其根香而脆，可以爲菹。」《大招》注：「苴蒪，蘘荷也。」《九歎》注：「蘘荷，蒪菹也。」《古今注》：「蘘荷似藷苴而白，藷苴色紫。」《别録》有「蘘荷」，宏景曰：「今人乃呼赤者爲蘘荷，白者爲覆菹。」《司馬相如傳》：「茈薑蘘荷。」注：「蘘荷，蒪苴也。根旁生笋，可以爲菹。」又：「諸蔗巴且。」張注云：「蒪苴，蘘荷也。」文穎注：「巴且，一名巴蕉。」顔曰：「文説『巴且』是也。『且』音『子余反』，『蒪』音『普各反』。蒪苴自蘘荷耳，非巴且也。」蘭按：諸説知蘘荷蘇類也，唐以前人皆不以爲巴蕉。而李時珍以爲一物，則承楊慎之僞説也（慎所引《急就》注及《古今注》，皆與原本異。其欺人可知。其説見《丹鉛録》）。王引之反以巴且即蓴苴，譏顔氏不達音理，非也。考之《本艸經》，有「水蘇」，《别録》一名「芥葅」、「芥苴」，吴普一名「雞蘇」，《日用本艸》一名「龍腦薄荷」，蘇頌曰「南人多以作菜」。又有「假蘇」，《别録》一名「薑芥」，吴普一名「荆芥」，蘇頌曰「人取作生菜」。實則兩品並蘇類，與蘘荷形狀、名稱、功用皆相似（蘇類故曰「蘇」，味辛故曰「芥」，可食故曰「葅」，根狀似薑故曰「薑」）。實則蘘荷即《唐本草》所録「薄荷」也。本名蘘荷，一曰薄葅，後人稱薄荷耳。即水蘇之異類也。《别録》又録「蘇」即「赤蘇」，則陶與《古今注》所謂「赤者」也。唐人習用時名，已不知薄荷即蘘荷，故蘇頌補「薄荷」於《本艸》。蘇於「蘘荷」條下説已蒙混。宋後人更不知蘘荷爲何物，然亦疑而不質。獨楊慎杜撰，以爲巴蕉。其後皆誤受其説。不知張揖所音《漢書》本作「蓴苴」，與《史記》同，若「巴且」則遠異也。蘘荷之一名「苴」正當作「葅」，以可爲葅得名也。蘘荷即薄荷，其不明幾千年矣，而可不考核乎？

【眉批】《本艸》録「石香菜」即「香薷」之類，「香薷」亦蘇類。

菁　韭華也。從艸，青聲。

【校勘】《急就》補注二引首句。

【集解】《廣疋》：「韭，其華謂之菁。」《三蒼》：「韭之英曰菁。」《周禮·醢人》注：「有菁葅。」

【音均】《杕杜》：菁、睘、姓。《高唐賦》：平、生、菁、并。

蘆　蘆菔也。從艸，盧聲。（《字林》力何反）

【校勘】篆各本作「蘆」，毛本作「蘆」，依《復古篇》正。金文、漢印皆從「田」，無從「甾」者。又按：慧琳書一引則從「⿱虍田」聲，從「皿」。俟詳。《玉篇》：「葦未秀者爲蘆。」《廣均》：「蘆，葦之未秀者。」又：「蘆菔，菜名。」各本「也」下有「一曰薺根」四字。《均會》引作「又薺根曰蘆」。今依《復古編》引次「菔」下。又按：此句似不可删，俟考。「力何切」者，見元應書引。

【集解】《蒼頡篇》：「蘆，蘆菔。」元應書二引《字林》：「似菘，紫花者謂之蘆菔。」

菔 蘆菔，似蕪菁，實如小尗，根似薺苨。從艸，服聲。（《字林》蒲栢反）

【校勘】《玉篇》：「蘆菔也。」諸本無「根似」句，「蘆」下有「一曰薺根」句，今依《復古編》正。《廣均》：「蘆菔，菜也。」「蒲柏切」，見元應書二。

【集解】《釋草》：「葖，蘆葩。」郭云：「葩，宜爲『菔』。蘆菔，蕪菁屬，紫花大根。俗呼雹葖。」《方言》：「蘴蕘，蕪菁也。其紫華者謂之蘆菔。」注云：「今江東名爲温菘，實如小豆。」

苹 葭，一曰蒲白，一曰蓱也。從艸，平聲。（平）

【校勘】各本作「蓱也，無根浮水而生者」。《初學記》廿七引同。蘭按：此「蓱」下説也，《初學記》當引作「苹，蓱也。蓱無根」云云，今本脱耳。又按：《廣韻》「苹」注：「葭，一曰蒲白，又曰萍之别名。」又云：「藾蕭也。」「葭，一曰蒲白」五字，尋其句法，當本《説文》，今據補。《高唐賦》：「弛苹苹。」注引《爾疋》：「苹，藾蕭。」又引《説文》：「苹苹，草皃。音『平』。」次「苹」字，因《選》文而增。「草皃」者，疑即蒲白異文。

【集解】「葭……白」，《義證》曰：「苹苹，蒻也。《廣均》：『莀蒻，小苹。』鄭注《間傳》：『苄，今之蒲苹是也。』」蘭按：《顧命》王肅注：「篾席，纖弱苹席。」《爾疋》：「苹，藾蕭。」注：「今藾蒿也，初生亦可食。」《齊民要術》引《詩》疏云：「藾蕭，青白色，莖似箸而輕脆，始生可食，又可蒸也。」本書：「蕭，艾蒿也。」《小疋·食野之苹》傳：「苹，蓱也。」箋：「苹，藾蕭也。」又《釋艸》：「荓，馬帚。」注：「似蓍可以爲埽帚。」《夏小正》：「七月苹秀。」傳云：「苹也者，馬帚也。苹蒿類荓似蓍。」本書：「蓍，蒿屬。」然則荓、苹一物（蒿、蓍皆以其莖）。故《夏小正》作「苹」，正字也。今《説文》有「荓」篆，則後人以《爾疋》增之，非許君本有也。本書：「荔，似蒲而小，根可爲刷。」《救荒本草》謂之「鐵掃帚」。李時珍曰：「叢生，一本二三十莖。苹、荔同類，荔似蒲，故此曰蒲白。」（李時珍以苹即荔，似非。）「葭」之義未聞。「一曰」云云，《釋草》：「苹，蓱。」舍人云：「苹，一名蓱。」

【眉批】「蒻」下徐鍇曰：「今俗呼蒲白。《尚書》曰：『敷重弱席。』注：『蒻，苹。』是也。」

吾説誤也。蒲白者，蒲之本也。見「莞」、「蒲」下，此蘋蕭、馬帚正當作「荓」字也。葭即蘆也。

艸也。無根浮水而生者。從艸，洴聲。

【校勘】「艸也」諸本作「苹也」，依《均譜》正。「無根」至「者」，諸本在「苹」下，今正。本次「莎」下，今移於此。

【集解】《玉篇》：「萍，草無根水上浮。」《廣韻》：「水上浮，萍。」《釋艸》：「苹，蓱。」注：「水中浮萍，江東謂之薸。」

【發明】「洴聲」者，本書無「洴」字，段改爲「從水，并聲」。蘭以爲當是本書缺「洴」字也。《莊子・逍遥遊》：「洴澼洸。」成玄英疏：「洴，浮。澼，漂。」李云：『洴澼洸者，漂絮於水上。』徐音「洴」，「扶經反」。《廣韻》：「洴，《莊子》曰有『洴澼洸』，造絮者也。」《吕覽・序意》「青荓子」，《水經注》亦作「清洴」，《文選》陳琳箋作「青蓱」。漢印有「洴安世」。然則本書當有「洴」字也。「洴」義爲浮，故「蓱」爲浮水之艸。《玉篇》無「洴」字，有「洴」字，訓「漂流」，即「洴」之訛也。本書亦無「澼」字，「潎」下云：「於水中繫絮也。」段曰：「亦謂之漂，『漂』、『潎』雙聲。」按《莊子》《釋文》「漂」引韋昭云：「以水擊絮爲漂。《説文》作『潎』。」段説本此也。本書：「漂，浮也。」「洴」與「漂」義同。《玉篇》：「澼，漂澼也。」

【眉批】桂氏則云：「謝靈運詩注引《詩》（毛詩）《食野之苹》，後人多用『蓱』爲浮萍字。」蘭按：蓱，漂也。「蓱」、「漂」也似浮蓱爲正義。

艸也。從艸，臣聲。

【校勘】《篇》、《均》：「草名。」《篇》次「蓶」、「葰」間。

【集解】漢印有「茞夫人」。

大蓱也。從艸，賓聲。

【校勘】《篇》、《均》：「蘋，大萍也。薲，同。」《韻會》引「萍也」。

【集解】《釋草》：「苹，蓱。其大者蘋。」毛傳：「蘋，大萍也。」「賓聲」者，《召南》箋：「蘋之言賓也。」

藍 染青艸也。從艸，監聲。

【校勘】《篇》、《均》：「染艸也。」

【集解】《釋艸》：「葴，馬藍。」毛傳：「染艸也。」

藼 令人善忘憂，艸也。從艸，憲聲。《詩》曰：「安得藼艸。」

【校勘】諸本無「善」字。《伯兮》《釋文》引「令人忘憂」，《均會》引「令人忘憂之艸也」，《玉篇》「令人善忘憂艸」，《廣均》「忘憂艸」。今補「善」字。《初學記》廿七引「忘憂草也」，作「萱」。

【集解】「令人善忘憂」者，《韓詩章句》、嵇康《養生論》：「諼草忘憂也。」《發蒙記》：「萱草，可以忘憂。」「草也」者，《養生論》注：「萱草，今之鹿葱也。」「《詩》曰……」，《衛風》，今作「焉得諼草」。

蕿 或從諼。

【校勘】諸本篆作「蕿」，「從煖」。小徐無此字，張次立補。《伯兮》《釋文》「諼」引《說文》作「藼」，或作「蘐」，今正。《廣韻》「萱」下云：「《説文》又作『藼』、『蕿』。」《玉篇》：「藼、萱，同蕿。」《續復古編》一：「藼，或作萱、蘐。」又四：「藼、萱、蕿，忘憂艸。」鍇《均譜》「藼」下云：「忘憂艸。」「蕿」下不云「同上」，而注「萱同」二字。不出「萱」字。則「萱」字乃後人附益，今删。

【眉批】此似當作「蕿」，見「萱」下。

《均譜校》有説，可參證。待檢。

萱

宋本《均譜》有此字。此字當有。《五經文字》：「蕿、萱二同。並凶元反。《詩》作『諼』。」可證。

营藭，香艸也。從艸，宮聲。

【校勘】《玉篇》：「营藭，葉似江蘺也。」《廣均》：「芎藭，香草。根曰芎藭，苗曰蘪蕪。似蛇牀。」

【集解】《博物志》：「芎藭，苗曰江蘺，根曰芎藭。」《西山經》：「號山，其艸多芎藭。」宣十二傳：「有山鞠窮乎。」杜云：「鞠窮，所以御溼。」

司馬相如説，营從弓。

【發明】《急就篇》：「弓窮原樸。」顔本作「芎」。古書無作「营藭」者，前人謂「芎」爲俗字，蓋非。王毌山則謂《詩》用「躳」、「宮」字，皆與今東均爲類；用「弓」字，皆與今蒸均爲類；判然不相入。許印林謂長卿不識字（《釋例》十五）。

【眉批】許引《凡將》説者，豈《倉頡》作「营」邪？何《急就》作「弓」也？

营藭也。從艸，窮聲。

【校勘】《篇》、《均》作「藭」。

香艸也。從艸，闌聲。

【校勘】《初學記》廿七引首句。《篇》、《均》：「香艸。」

【集解】《易》：「其臭如蘭。」鄭云：「香艸也。」《左傳》：「蘭有國香。」

【音均】《繫辭》：言、蘭。《湘夫人》：蘭、言、湲。《招魂》：姦、安、軒、山、連、寒、湲、蘭、筵。

香艸也。出吴林山。從艸，姦聲。

【校勘】各本無「香」、「也」二字。《均譜》：「艸也。」元應書二又八又十二引「香艸也」，據補。《廣均》：「香艸。」《玉篇》無

「荾」字。

【集解】《聲數》：「荾，蘭也。」《字書》「荾」與「蕑」同，「荾，蘭也」。《廣韻》「荾」與「闌」同。《溱洧》、《韓詩章句》：「蕑，蘭也。」「出吴林山」者，《中山經》：「吴林之山，其中多荾草。」

薑屬，可以香口。從艸，俊聲。

【校勘】《事類賦》注引二句。小徐「薑」作「薑」。《篇》、《均》引二句，同。《韻會》引作「薑」。

【集解】《廣疋》：「廉薑，葰也。」《異物志》：「葰，一名廉薑。」《既夕·記》：「茵著用荼，實綏澤焉。」注：「綏，廉薑也。」《廣均》：「荾，胡荾，香菜。荾、芰、葰，同。」《韻略》：「荾，香菜也。」按「荾」即「綏」字。

芄蘭，艸也。從艸，丸聲。《詩》曰：「芄蘭之枝。」

【校勘】諸本「艸」作「莞」，《篇》、《均》：「芄蘭，艸。」據正。

【集解】《釋草》：「雚芄蘭。」郭注以「雚芄」絶句，許則以「芄蘭」絶句，與《詩》合。「《詩》曰……」，今作「支」。《説苑》引亦作「枝」。傳曰：「芄蘭，艸也。」箋云：「芄蘭，柔弱，恒蔓延於地，有所依緣則起。」陸疏：「芄蘭，一名蘿摩，幽州人謂之雀瓢。」彼《釋文》：「芄，本作丸。」

楚謂之蘺，晉謂之虈，齊謂之茝。從艸，嚻聲。

【校勘】《九思》補注引三句。《韻譜》：「虈，茝也。」議補「茝也」二字於「楚」字上。《内則》《釋文》：「齊人謂之茝。」

【集解】《埤蒼》：「齊曰茝，晉曰虈。」《西山經》：「號山多藥虈。」注：「藥，白芷。別名虈，香艸也。」《中山經》：「𡾰山多藥。」注：「即虈。」《本草別録》：「白芷，一名芀離，一名莞，葉名蒚麻。」蘭按：《爾疋》：「莞，苻離，其上蒚。」郭以爲蒲類。本書以「莞」爲「艸」，「[艹睆]，夫蘺也」，「蒚，夫離上也」。許君釋《爾疋》或不與郭同。夫離者，即此「楚謂之蘺也」。今本下文：「蘺，江蘺，蘼蕪」。王逸曰：「江蘺，蘺艸，生江中。」《本艸》：「蘼蕪是川芎苗。」按當是藁本苗。《漢書》張揖注：「江蘺，香艸也。蘼蕪，蘄芷也。似蛇牀而香。」皆斷然二物，今本後人以《相如傳》改也。

蘺 艸也。從艸，離聲。

【校勘】諸本作「江蘺，蘼蕪」。《離騷》補注、《草木疏》、錢注引同。蘭按：宋本《均譜》：「蘺，蘪蕪。」按王逸曰：「蘺艸生江中，故曰江蘺。」然則江蘺非草名也。江蘺與蘼蕪亦異，蘺蓋即夫蘺，説皆見「虈」**【發明】**。《復古編》：「蘺，艸名，從艸、離。」蓋本舊本《説文》，今依正。改「名」爲「也」，依本書通例。

【集解】《釋艸》：「莞，苻蘺。」《本草》：「白芷，一名苻蘺。」當即此。《楚辭》、相如言「江蘺」，《江賦》「繁蔚芳蘺」，皆蘺之生於水中者，《江賦》注謂「似水薺」是也，與蘼蕪異也。

茝 虈也。從艸，𦣞聲。（《字林》昌亥反）

【校勘】《離騷草木疏》引首句。《内則》《釋文》引首句。《字林》音見《相如傳》《索隱》。

【發明】《玉篇》：「藥，白茝葉，即虈也。」按《字林》「蘼蕪別名」，蓋即以爲《爾疋》之「蘄茝」。樊光注《爾疋》：「藁本，一名蘼蕪。根名蘄芷。」疑樊本「蘄芷」上有「藁本」二字。《廣疋》：「山茝，藁本也。」當亦本《爾疋》也。《相如傳》：「江蘺蘼蕪。」又曰：「被以江蘺，揉以蘼蕪。」《淮南・氾論》：「亂人者芎藭之與藁本也，蛇牀之與蘼蕪也。」《管子・地員》：「薜荔白芷蘪蕪椒連，五臭所校。」《荀子・大畧》：「蘭茝藁本。」又《勸學》曰：「蘭槐之根是曰芷。」綜諸書觀之，江蘺、蘼蕪、藁本、白芷皆異物而一類。芷之生於山者曰山芷。蘄芷即藁本，藁本以本名，白芷以根名（本書：「止，下基也。」指艸根言。「茝」通「芷」，故「芷」即根）。槀本一名蘼蕪，蘼蕪以葉名（今以芎藭苗爲蘼蕪，蓋芎藭、藁本相亂也）。茝一名蘺，即夫蘺，其生水者則江蘺也。漢人知其異，故許、樊、吕、張皆能辨之。後人混於同類，故不能明矣。又按：《地員》又云「蓮與蘪蕪、槀本、白芷」，以蘪蕪、藁本並出，與《淮南》同，疑亦異物。樊以爲同物，似非。更俟考。

【音均】《離騷》：在、茝、晦、芷。

【眉批】「芷」即「止」之後起字。

蘪蕪也。從艸，麋聲。

【校勘】《玉篇》：「蘪蕪，香草也。」在後增字中。《廣韻》：「蘪蕪，香艸。即江蘺也。」按王毌山曰：「《字林》：『芎，蘪蕪別名。』或《字林》始收此字。《爾疋》《釋文》作『麋蕪』，云『本今作蘪』，《本艸》亦作『蘪』，又名『微蕪』，亦足證其無專字。」蘭按：王說是也。《爾疋》：「蘪，從水生。」即「薇，垂水」。「蘪」、「薇」同聲。

香艸也。從艸，熏聲。

【校勘】《玉篇》：「似蘼蕪，香艸也。」《廣均》：「香艸。」

【集解】《左傳》：「一薰一蕕。」《離騷》王逸注：「菌，薰也。葉曰薰，根曰蕙。」《廣疋》：「薰艸，蕙艸也。」又曰：「菌，薰也。其葉謂之蕙。」《上林賦》注：「張揖曰：『蕙，薰艸也。』」《本艸別録》：「薰艸，一名蕙艸。」郭注《山海經》云：「或以薰爲蘭葉，失之。」則以浮山薰艸當之也。

【音均】《家語·觀樂》：薰、慍。

水萹茿。從艸，從水，毒聲。讀若督。

【校勘】《玉篇》：「萹茿艸。」《廣均》：「萹竹艸。」

【集解】《句讀》。按魯詩亦作「[illegible]」。

萹茿也。從艸，扁聲。

【校勘】《玉篇》、《廣韻》一先：「萹竹艸。」廿七銑：「萹茿艸。」

【集解】《釋艸》：「竹，萹蓄。」《淇奧》傳：「竹，萹竹。」李巡曰：「一物二名。」然則竹一名萹、一名蓄也。郭璞云：「似小藜，赤莖節，好生道旁。」《本艸》言「生東萊山谷」。按此草登萊正多也。

蒚苬也。從艸，筑省聲。

【校勘】《篇》、《均》：「蒚苬也。似小藜，赤莖節，好生道旁，可食。」《玉篇》云「亦作『竹』」。蘭按：《爾疋》、毛傳作「竹」。「薄」，《廣均》：「蒚竹艸。」「蒚」，《篇》、《均》：「蒚竹艸。」皆作「竹」。疑《説文》本但作「竹」，不出「苬」字。「筑省聲」，桂云：「當作『巩聲』。」小徐次「菩」下。

以下未完，存議。

藒車，芞輿也。從艸，楬聲。

【校勘】篆，宋本及初印本《五音均譜》、《繫傳》同。毛改及汪刻《繫傳》作「藒」，從「⿰禾曷」聲。《韻會》從「揭」聲。唐本《唐均》作「⿱艹揭」字。《玉篇》：「藒車，香艸也。藒，同上。」《廣均》：「藒車，香艸也。」諸本無「藒車」二字，《御覽》九百八十二、《韻會》九屑引「藒車，芞輿也」，據補。按「藒車，芞輿」，《爾疋》文。彼《釋文》云：「本多無『車』字。『輿』，郭、謝及舍人本同，衆家並作『蒢』。」「藒」，《離騷》、司馬相如皆作「揭」，疑《説文》本無「藒」字，後人依《爾疋》增。故全同郭本也。《均譜》無「藒」字。

芞輿也。從艸，气聲。

【校勘】《玉篇》：「香艸也。」「輿」，疑當作「蒢」，説見上。

馬莓也。從艸，母聲。

【校勘】《廣均》四十九宥：「莓，覆盆艸也。」無「莓」字。《玉篇》：「莓，實似桑椹，可食。莓，《説文》曰：『馬莓。』」按疑「莓」之後增字。慧琳書引《蒼頡》：「莓，可食也。」

茖葱，生山中，細莖，大葉。從艸，各聲。

【校勘】諸本無「茖葱」至「葉」，作「艸也」二字。今依《圖經本艸》引改補。《爾疋》疏引「生山中者名茖，細莖、大葉者是也」。

【集解】《釋艸》：「茖，山葱。」注：「細莖，大葉。」《北山經》云：「邊春山其艸多葱韭。」注：「山葱，名茖，大葉。」《廣成頌》：「格韭菹于。」章懷注：「『茖』與『格』古字通。」

甘艸也。從艸，甘聲。

【校勘】《玉篇》：「苷，苷艸。」《廣均》：「苷，苷艸。藥出洮州。」「甘聲」，諸本作「從甘」，依小徐、《均會》十三覃正。按「苷」後出字。

艸也。可以爲繩。從艸，予聲。

【校勘】諸本「可以」句在「聲」下，今正。《玉篇》：「艸，可以爲繩。」《廣均》：「艸也，可以爲繩。」《南都賦》注引「可以爲索」，作「苧」。《篇》、《均》：「苧，同芧。」

【集解】段注。《句讀》：「可以爲繩」者，《僮約》：「多取蒲苧，益作繩索。」

艸也。從艸，盡聲。

【校勘】《篇》、《均》：「進也。《詩》云：『王之藎臣。』一曰艸名。」似可據補。

【集解】《字林》：「草名也。」元應引《本艸》：「藎艸，味苦，可以染流黃，作金色，生蜀中。」《御覽》引吳普「一名黃艸」。按藎艸在《本經》下品，唐以前不以爲菉也。《唐本草》始以爲菉。李時珍又以爲菮。本書别出「菉」、「菮」，則非一物也。《急就篇》：「藎兔盧。」

艸也。從艸，述聲。

【校勘】《篇》：「艸也。」《均》：「艸名。」

【集解】《唐本艸》：「薑黄，根葉多，似鬱金。西戎人謂之蒁。鬱金生蜀地及西戎，苗似薑黄，花白質紅，末秋出莖心而無實，其根黄赤，胡人謂之馬蒁。」

荵冬艸也。從艸，忍聲。

【校勘】《廣均》引「荵冬，艸也」。按《别録》上品「忍冬」，陶云：「淩冬不凋，故名忍冬。」然則「忍」不當作「荵」也。《韻譜》又有「苳」字，云：「忍苳艸。」今《説文》無，蓋「荵」、「苳」二字皆後增字，非《説文》有也。《釋艸》：「蒡，隱荵。」不知以何爲之。蘭按：宋本《均譜》引作「艸也」，是也。許所説正是《釋艸》之「隱荵」，今人改之耳。今删「荵冬」二字。

萇楚，跳弋，一曰羊桃。從艸，長聲。

【校勘】「跳」，宋本如此，各本作「銚」。《韻會》七陽引作「姚」。「曰」各本作「名」，依《均會》引改。

【集解】《釋艸》：「長楚，銚芅。」郭云：「今羊桃也，或曰鬼桃。葉似桃，華白，子如小麥，亦似桃。」《廣疋》：「鬼桃，銚弋，羊桃也。」朱駿聲曰：「即夾竹桃。」

芺也。從艸，魝聲。

【校勘】《玉篇》：「芺也。」《均譜》：「艸也。」《廣均》：「草也。」

【集解】《釋艸》：「芺，薊。」

荲 艸也。從艸，里聲。讀若釐。

【校勘】《廣均》：「羊蹄菜。」《集均》七之引「艸也。一曰羊蹄」。

【集解】《廣疋・釋草》：「荲，羊蹄也。」《字林》：「荲，艸名，似冬藍，烝食之酢。」按即羊蹄菜也。

藋 蓳艸也。一曰拜啇藋。從艸，翟聲。

【校勘】「蓳」，大徐作「釐」，《繫傳》、《集均》、《類篇》、《五音均譜》、《韻會》引作「蓳艸也」，《釋草》《釋文》引「蓳也」，據正。桂、王、嚴皆云當作「蓳也」，誤。祁刻小徐剜改「蓳」爲「堇」，並非。錢抄本作「釐艸也」。「啇」，諸本作「商」，竹君本、《集均》作「商」，麻沙宋本、趙本《五音均譜》作「啇」，依正。

【發明】《廣疋》：「蓳，藋也。」《名醫別録》：「蒴藋，一名蓳艸，一名芨。」蘇恭曰：「此陸英也。剩出此條。《爾疋》云：『芨，蓳草。』郭璞注：『烏頭苗也。』檢三蓳別名，亦無此者。《別録》言此『一名蓳艸』，不知所出處。」《本經》下品「陸英」，蘇恭曰：「此即蒴藋也。古方無蒴藋，惟言陸英，後人不識，浪出『蒴藋』條。此葉似芹及接骨花，三物亦同一類。故芹名水英，此名陸英，接骨名木英，樹此三英也。花葉並相似。」蘭按：蘇説是也。陸英即蓳，故《別録》蒴藋一名蓳也。本書：「蓳，根如薺，葉如細柳，子如米，蒸汋食之甘滑。」「蓳」亦後人增。又有「蘄」字，「艸也」。蓋隸變「蓳」，或借「蘄」，變爲「蘄」也。皆删去。「蘄」似「𦰩」之變，見「𦰩」下。又有「芹」字，「楚葵也」，是「菦」之俗字。亦删去。各詳本條。又有「菦」，訓「菜，類蒿」。蘭按：與「蓳」當爲一字異文。《本艸經》下品「水蘄」一名「水英」，《別録》一名「芹菜」，中品「石龍芮」，一名「地椹」。吴普云：「一名水蓳。音謹。又音芹。」李時珍曰：「石龍芮，言其子也。水蓳，言其苗也。」《周禮》《釋文》引本書「菦」音「謹」，與吴普音合。知「蓳」、「芹」皆「菦」之俗也。而《唐本艸》別出「水蓳」、「水英」二條，形狀功用全同，蓋浪出也。陸英、蒴藋者，《唐本艸》別出。「蓳」，李時珍曰：「此旱芹也。一種黄花者，有毒殺人，即毛芹也。」《本艸拾遺》「毛茛」，李時珍曰：「即今毛蓳也。蓳音『芹』。似水堇而有毛也。」按旱芹無毒，毛芹有毒，皆《本艸經》之陸英也。木蓳一名曰及，今作白芨，故蓳艸一名芨也。毛茛有毒，《本草》「烏頭苗名茛」，故《爾疋》注謂之「烏頭苗」。《晉語》「置蓳於肉」，而非《本艸》之

「草烏」也。今人以郭言烏頭爲草烏，又不知菫之即芹，蒴藋之即陸英。而《字書》「蒴藋艸，一名菫」，「菫」字誤爲「堇」，《釋文》引《本艸》亦誤作「堇」。《玉篇》「堇」下云：「一名蒠。」程君瑶田遂據之改本書「藋」、「芨」二解「菫」皆爲「堇」，以附會之。嚴、桂、王皆信其説，至欲改《釋艸》、《廣疋》、《玉篇》諸「菫」字爲「堇」，此大謬也。雖然，自《本艸》、《别録》以下已皆昧古義，以本經石龍芮、水靳、陸英三品演爲十餘菜，重襲謬誤，皆不識其物，其亂蓋自魏晉之間矣。於諸君子何怪乎！「一曰……」，《釋艸》文。彼作「蔏」，注：「蔏藋，亦似藜。」高誘《淮南》注：「蔏，苗。荻，莠。楚人謂之蔏。蔏，讀如敵戰之『敵』。幽冀謂之荻苕也。」依高注，《爾疋》當同《説文》作「啻」。程瑶田曰：「《莊子》：『田開之操拔篲以待門庭。』『拔篲』即『拜篲』，蓋以『拜』爲『埽帚』聲轉之故謂之『拔篲』。」《詩》：「勿翦勿拜。」箋：「拜之言拔也。」陳藏器曰：「灰藋生熟地，葉心有白粉，似藜。子炊爲飯，香滑。」《左傳》：「斬之蓬蒿藜藋。」《淮南・俶務》：「藜藋之生蠉蠉然。」按藜藋之赤者。堇爲羊蹄菜，藋爲芹類，全不同。朱又據「釐艸也」説爲「藜蔓華」，不知此别義，即解「商藋也」，與本義異。

【眉批】蘭按：蔏藋即後之苗蓨也。諸書多與「堇」字亂，詳「藋」注。

芨　堇艸也。從艸，及聲。讀若急。

【校勘】小徐本無「讀若」句。《玉篇》：「芨，堇艸，即烏頭也。」嚴引《玉篇》：「芨，堇艸也。」非。《集均》：「蒠，艸名，蒴藋也。」《玉篇》：「蒠，堇也。堇，一名蒠。」「堇」皆當作「菫」。

【集解】見上。

葥　删。

【校勘】諸本有此篆，「山苺也」。按《釋艸》：「葥，王蔧。」《釋文》引《説文》作「湔」同。「湔」當作「蕳」，本書：「蕳，王蔧也。」《玉篇》無「葥」字，「葥，子賤、子踐二切，王蔧艸，可爲帚。又音前。蕳，同上」。《五經文字》：「蕳、葥二同。子賤反，又音前。山梅也。《爾疋》用下字。」依顧、張，知山梅之字與王蔧之字不異物，一爲「子賤反」，一爲音「前」耳。「蕳」爲正字，

「莔」《爾疋》字，「蕣」後人增也。本書亦無「莓」字，依《五經文字》則《疋》文作「梅」。陳藏器謂：「懸鉤子，其子如梅子。」李時珍以爲即「莔，山莓」是也。此作「莓」，可知是後人依《疋》文增。今刪。

 毒艸也。從艸，務聲。

【校勘】各本篆作「⿱艹婺」，「務聲」。小徐作「婺聲」。大徐各本此下有「蓩」篆：「卷耳也。從艸，務聲。」小徐本無，張次立依大徐補。《韻譜》亦無。《玉篇》：「蓩，毒艸也。」引《説文》「卷耳也」。「⿱艹婺」引《説文》「毒艸也」。《廣均》一屋：「蓩，毒艸。」三十二皓：「蓩，毒艸。又地名。」無「⿱艹婺」字。段君改篆爲「蓩」，刪「⿱艹婺」及「卷耳」之解，是也。小徐及《韻譜》無「蓩，卷耳」之訓，一證也。大徐本作「務聲」，則篆從「婺」是訛文，二證也。《字林》作「蓩」，三證也。《廣均》無「⿱艹婺」，四證也。諸書無苓耳名「蓩」之事，蓋《集均》以「蓩」爲「葶藶」，當有所本。《山海經》「葶藶出熊耳山」，蓋一本《説文》舊注出「熊耳」而誤爲「卷耳」也。此篆既誤從「婺」，大徐又收「卷耳」之誤解，遂沿襲至今也。今正之。

【集解】《字林》：「蓩，毒艸也。」《集均》：「蓩，毒艸，葶藶也。」《中山經》：「熊耳之山有艸焉，其狀如蘇而赤華，名曰葶藶。」注：「亭寧、耵聹二音。」《本艸綱目》「醉魚艸」，李時珍曰「葶藶之類」。《本經》下品「莽草」，《别録》「一名菵艸，一名葞，一名春艸。」《釋艸》：「葞，春艸。」孫炎云：「藥艸也。俗呼爲菵艸。」郭璞云：「一名芒艸。」《山海經》：「葌山有木焉，其狀如棠而赤葉，名曰芒艸，可以毒魚。」蓋或一類也。《玉篇》：「葶藶，細草。」

 苦艸也。出上黨。從艸，浸聲。

【校勘】諸本作「人參藥艸」，元應書十一：「蔘，《説文》作薓，苦艸也。」據正。王毌山云：「當作『⿱艹濅』，從『濅』聲。」《廣均》：「蔘，人蔘，藥也。薓，古文。」《玉篇》：「薓，人薓，藥。蔘，同上。」嚴云：「篆體當作，解當云『濅聲』。」（《説文辨疑》「⿱艹爭葢下時苦蔘」條可參看。似「苦艸」義非許語。）

【集解】《御覽》引《廣疋》：「葠，人蔘也。」

鳧葵也。從艸，攣聲。

【校勘】《玉篇》：「⿱艹䜌，莧葵也。虊，同上。」《廣均》：「虊，莧葵。一曰茆也。」

【集解】《廣疋》：「虊，茆，鳧葵也。」

艸也。可以染留黃。從艸，戾聲。

【校勘】《御覽》、《本艸綱目》引無「留」字。《篇》、《均》：「紫艸也。」

【集解】莀有綠、紫二種。《廣疋》：「綠綟，紫綟，綵也。」《輿服志》注引徐廣曰：「綟，艸名也。以染，似綠，又云似紫。」按《百官志》如淳注：「盭，綠也。」晉灼曰：「草名也。出琅邪平昌縣，似艾，可染綠。」《急就》注：「綟，蒼艾色也。東海有艸，其名曰莀，以染此色。」皆謂綠綟即《爾疋》「菉，王芻」、《詩》「終朝采綠」也。《釋艸》又云：「藐，茈草。」注：「可以染紫。一名茈莀。」《廣疋》：「茈莀，茈艸也。」「掌染艸」注：「紫茢之屬。」劉昌宗讀「茢」爲「戾」。《司馬相如傳》：「攢戾莎。」徐廣曰：「艸，可染紫。」《西山經》：「勞山多茈艸。」注：「一名茈莀，中染紫也。」《爾疋》注：「茈艸，可以染紫。一名茈莀。」皆謂紫莀即「藐，茈草」也。此二類，許意不知何屬。《篇》、《均》皆云「紫艸」，或當同也。流黃是黃黑色，非莀色。《本草》「藎，染黃色」，蓋彼之剩文誤於此也。郝云：「今茈草有兩種，人所種者，苗葉肥大，以之染色，不及野生者。細小尤良也。」

芘芣也。從艸，收聲。

【校勘】諸本作「蚍虾」，本書無「虾」字。《釋艸》《釋文》：「衃，本又作虾，又作芣。」《毛傳》作「芘芣」。本書「芘」下徐鍇云：「蚍虾，亦或作此。」今正。《韻會》引「芘」上有「艸名」二字。《篇》：「蚍虾也。今荊葵。」《韻》：「艸名。今荊葵也。」

【集解】《釋艸》：「荍，芘芣。」（依《陳風》《正義》正）郭云：「今荊葵也。似葵，紫色。謝氏云：『小草，多華，少葉，葉又翹起。』」《廣疋》：「荊葵，荍也。」《詩》陸《疋》：「芘芣，一名荊葵。似蕪菁，華紫綠色，可食，微苦。」阮元以爲即順天人所呼之「回回林」。

【音均】《東門之枌》：莜、椒。

艸也。從艸，毗聲。

【校勘】諸本作「蒿也」，經傳無此義。《玉篇》：「䕯，蒿，似蓍。」《廣均》：「蒿也。」按「蒿，似蓍」者，是「芹」字。「」、「」字形及聲相混，後人誤以爲䕯爲蒿矣。今依《三蒼》及「芘」注正。

艸也。一曰芘尗木也。從艸，比聲。

【校勘】「尗」，諸本作「茉」，竹君本、顧本作「尗」，依正。諸本次在「蒟」、「蘼」間，今移次此。

【發明】《玉篇》：「芘，蕃也。」《廣均》：「藜芘，荆蕃。」按芘蕃即芘茉，荆蕃即荆葵（此説本桂）。《鹽鐵論·散不足篇》：「浚芘蓼蘇。」徐鍇曰：「莜，蚍虾，亦或作此。」「一曰……」者，《三蒼》：「䕯，布迷反。艸名也，其生似樹也。」《玉篇》、《廣均》：「萞，萞麻。蓖，同。」按「蓖」即「䕯」字。《三蒼》：「䕯，布迷反。艸名也，其生似樹也。」《韻集》：「䕯，麻，其生似樹者也。」《本艸》蘇恭曰：「葉似大麻，子如牛蜱。」韓保昇曰：「實類巴豆，青黄斑褐。」按萞麻之名，出自漢後，即《本艸經》之「雲實」也。《别録》「一名員實、雲英」。吴普云：「一名天豆，葉如麻。」《圖經》云：「一名馬豆。」本書言「芘尗」，尗亦豆也。《唐本艸》别出「萞麻」一條，誤也。大者高丈餘，或曰似樹曰木也。「芘」、「䕯」本一字，正義爲「莜，芘茉」之字，故次「莜」下。今本分爲二字，「芘」既誤次，「䕯」解又誤，今悉正之，且當合爲一字。（王念孫以「芘尗木」當爲「芘茉」，説誤。）

艸也。從艸，禹聲。

【校勘】《廣均》引首句。《玉篇》：「艸也。」

艸也。從艸，夷聲。

【校勘】俗本篆作「」。宋本及《繫傳》、《均會》、《均譜》並作「」，今正。元應書十四「稊」又作「弟」，《説文》作「荑」。

《玉篇》：「荑，大奚切，始生茅也。又荑桑也。又音夷，莁荑也。苐，《說文》：『艸也。』」段據《玉篇》改此篆爲「苐」，非也。《句讀》：「《玉篇》……此誤。」

【集解】毌山曰：「《孟子》……皆不了。」蘭按：下又出「蕛」字，據《爾疋》《釋文》「蕛」本作「稊」，據元應「稊」當作「荑」，則亦此字也。《易》「枯楊生稊」，鄭本作「荑」，注云：「枯，音姑。謂無姑。」鄭本蓋作「枯榆生荑」，《釋木》注：「姑榆也。」《急就》注：「無姑，一名橭榆。」

山榆（辛朱反），荑木更生，謂山榆之實。與《釋木》「無姑，其實夷」、《本草》「蕪荑，一名無姑」皆合。然此亦就初生之義申出，與許異。

【音均】《碩人》：荑、脂、蠐、犀、眉。

薛　艸也。從艸，辥聲。

【校勘】《篇》、《均》：「薛，《說文》作『薛』。」《廣均》引首句。

【集解】段注。《玉篇》：「薛，莎也。」

苦　大苦，苓也。從艸，古聲。一曰苦猶急也。

【校勘】《篇》、《均》引首句。諸本無「一曰」二句。《集均》、《類篇》、《韻會》皆引「一曰急也」。《廣絶交論》注引「苦，猶急也」。據補。

【集解】「大苦，苓也」者，見《邶風》、《唐風》傳、正義引《爾疋》同。今《疋》文「苓」作「蘦」，下文又出「蘦」。段云：「『令』聲在十二部，『蘦』聲在十一部，『蘦』聲必淺人據《爾疋》妄增。」其說是也。孫、郭注《爾疋》以爲甘艸，又引或說以爲似地黃。沈括以爲黃蘗。王引之（《廣疋疏證》）以《爾疋》「大苦」爲「大苄」之借字。朱駿聲曰：「《爾疋》或可謂之借字，若《說文》『苷，甘艸也』，『苄，地黃也』，『蘦，大苦也』，『大苦，苓也』，解系本字，謂之叚借可乎？此可豁然無疑矣。」然蘭按許君說本義，「苦」是本義，「大苦」非本義也（無論「苦」爲「味」爲「苄」）。疑當以「采苦」傳「苦菜」爲正義。《玉篇》：「苦，苦菜。」「急也」，《莊子・王道》：「疾則苦而不入。」司馬注：「急也。」《廣疋・釋詁一》：「笘，急也。」字誤「笘」。

【音均】古訓：《釋名・釋言語》：「苦，吐也，人所吐也。」

古韻：《凱風》：下、苦。《小旻》：土、野、暑、苦、下、户。《三略上》：寡、苦、虜、禦。《周書・小明武》：女、所、下、苦、野、鼓、怒、户、弩、女、明、武。《荀子・成相》：悟、苦、下、户。《楚辭・少司命》：蕪、下、予、苦。《靁樞・官箴篇》：部、府、下、在、苦。

菩 艸也。從艸，音聲。

【校勘】《廣均》引首句。

【集解】《繫傳》引《字書》：「菩，黄菩艸。」《玉篇》、《廣均》：「蓓，黄蓓草。」《易》：「豐其蔀。」鄭、薛作「菩」，云：「小蓆也。」按菩艸可爲席，桂未谷曰「北方苫屋者」是也。毌山説《周禮》之「菩芻」別是一物。

蔐 蔐苢。從艸，啻聲。一曰蔐英。

【校勘】上「蔐」字，諸本作「薏」，今正。《玉篇》：「蔐英，又蓮的中。」《廣均》：「薏，薏苡，亦蓮心。蔐，上同。」又按：以以下説觀之，「薏苡」本字爲「意㠯」，則此字本義爲「蔐英」。第一義後人所增，故從「薏」字也。

【集解】「㠯」，賈侍中説：「意㠯實也。象形。」《廣疋》：「蘱起實，蔐苢也。」《馬援傳》：「初援在交阯，常餌薏苡實，用能輕身省慾，以勝瘴氣。」「蔐英」者，英，花也。《抱朴子》：「菊花與蔐花相似，直以甘苦別之耳。菊甘而蔐苦，諺所謂『苦如薏』者也。」陶宏景曰：「一種青莖而大，作蒿艾氣味，苦不堪食者，名苦薏，非真菊也。華正相似，惟以甘苦別之。」《本艸拾遺》：「苦薏，生澤畔，莖如馬蘭，花如菊。菊甘而薏苦，語曰『苦如薏』是也。」按即今野菊花也。（陸機引里語「苦如薏」。）

茅 菅也。從艸，矛聲。可縮酒爲藉。

【校勘】各本無末句，依《韻會》引補。

【集解】《易》：「藉用白茅。」《詩・白華》：「露彼菅茅。」段注：「按統言……析言也。」

【音均】古均：《七月》：茅、綯。《楚辭・離騷》：留、茅。

轉音：《周書・周祝》：牛、茅。

菅　茅也。從艸，官聲。

【校勘】《玉篇》：「茅屬也。」

【集解】《詩》：「白華菅兮。」《釋艸》：「白華，野菅。」注：「菅，茅屬。」段注：「《毛傳》……菅也。」

【音均】《東門之池》：菅、言。

蘄　艸也。從艸，斳聲。江夏有蘄春亭。

【校勘】《釋艸》疏引「艸也」。《本艸衍義》九引「艸也。生山中者名薜（音百）」。大徐曰：「《説文》無『斳』字，他字書亦無。此篇下有『菥』字，注云：『江夏平春亭名。』疑相承誤出一字。」按「蘄」字四見，《爾雅》《釋文》以爲古「芹」字，《本艸》注亦同。《本草經》作「斳」。陶宏景云：「俗作『芹』。」《周禮》《釋文》引《説文》「芹」作「菦」。本書有「芹」、「蘄」二字，皆後人增也。「蘄」於《爾疋》音「芹」，於地名音「祈」（《廣均》廿一欣訓「草」，微均訓「地名」，可證）。音「芹」者，即《本草》「斳」之訛字。音「祈」者，金文「蘄」作「𣃔」，形訛作「蘄」，復與草名之字相亂。此隸變增訛也，今删。嚴《議》以「蘄」爲「芹」古文，段以「蘄」、「芹」二字，王毌又誤以「蘄」當「蘄」，皆非。（邢疏所引已是誤本，冠宗奭又誤以疏爲《説文》。）

【眉批】余説又見「祈」下。

《五經文字》已有此字，與《説文》次序大同，則其訛已久。

自「莞」以下始引《繫傳》錢本、《繫傳校録》、馮本《均譜》（《均譜校》）。

自中部始引鈕《校録》（閏五月十四，自此頁，始「莞」）。

莞　艸也。可以作席。從艸，完聲。

【校勘】《爾疋》疏引「艸，可以作席」。

【發明】《篇》、《均》：「似藺而圓，可爲席。」《列子》：「老韭之爲莞。」《釋文》：「莞，音官。似蒲而圓，今之爲席是也。」《字統》音「關」。元應書十：「此艸外似葱，内似蒲而圓。」《廣疋》謂之「葱蒲」，「可以爲席，生水中，今亦名莞子也」。《斯干》：「下莞上簟。」箋：「莞，小蒲之席也。」《穆天子傳》：「爰有萑葦莞蒲。」注：「莞，葱蒲，或曰莞蒲。齊名耳，關西名莞。」按《釋艸》：「莞，苻蘺。其上蒚。」注：「今西方人呼蒲爲莞蒲。蒚，謂其頭臺首也。今江東謂之苻蘺，西方亦名蒲中莖爲蒚，用之爲席。」某氏云：「《本艸》云：『白蒲，一名符離，楚謂之莞蒲。』」《類聚》引舊注：「今水中莞蒲，可作席也。」《爾疋》《釋文》：「莞，一作䓴。」今《説文》又有「䓴」，云「夫蘺也」。《玉篇》「䓴」引《爾疋》曰：「莞，夫蘺。其上蒚。」《字林》：「䓴，音緩。」蘭按：「䓴」從「晥」，《説文》無「晥」字。《廣均》亦不録「䓴」字，「䓴」字蓋本出《字林》，後人録入《説文》者。桂云：「莞、䓴一字，音義同。」是也。郝氏《爾疋》疏以爲莞爲藺屬，䓴蒲屬，《爾疋》「夫蘺」乃借「莞」爲「䓴」。考藺之爲艸，今所不知。且《釋艸》：「蔍，鼠莞。」注：「亦莞屬也。纖細似龍鬚，可以爲席。蜀中出好者。」李時珍引之以爲龍常。又「芏夫」王注：「芏草，生海邊，似莞藺。今南方越人采以爲席。」郝又以夫王同夫離，謂芏艸即燈艸，亦前後矛盾矣。莞實，石龍芻。《本艸經》、《名醫》云：「石龍芻，一名懸莞。」是也。俗名龍鬚艸，故郭注「鼠莞」曰「似龍鬚也」。《六書故》則以莞爲燈心，今日本人呼燈心爲藺，蓋是。蓋以葱蒲之名可知實似蒲而圓，安得强爲藺屬、蒲屬之分邪？今實驗龍鬚艸、燈心艸之屬形皆同蒲相近，圓扁不同，然實非蒲屬也。「莞」與「蒲」類次，可知似蒲。「䓴」則後人增入，故非次也。（莞，龍鬚艸；藺，燈心艸；鼠莞，龍常。）

【音均】《斯干》：莞、安。（句中均）

【眉批】按莞蒲、小蒲、白蒲、葱蒲皆一物也。

《字典》引《玉篇》「䓴」同「莞」，是也。

藺 莞屬也。可爲席。從艸，閵聲。

【校勘】大徐無「也」字，宋本《均譜》同。今本挩，今據小徐補。各本無「可爲席」三字，據《均會》引補。《玉篇》：「藺，似莞而細，可爲席。」《廣均》：「藺，艸名，莞屬。」

【集解】「莞屬也」，《字林》同。《急就章》：「蒲蒻藺席帳帷幢。」注：「藺，艸名也。亦莞之類也。」藺艸可以爲席，《范子計然》曰：「六尺藺席出河東，上價七十。」《寰宇記》蒲州土産藺席。蘭按：藺是席艸，小徐以爲馬藺，馬藺乃蠡實別名也，王注《急就》承其說，皆誤也。

蒢 黃蒢，職也。從艸，除聲。

【校勘】小徐無此篆，張次立補。「黃」作「董」，汪本「職」作「蘵」，皆非。宋本《均譜》：「蒢，艸也。」《玉篇》：「蒢，草也。」《廣均》：「蒢，艸也。可染。」

【集解】《釋艸》：「蘵，黃蒢。」注：「蘵，艸，葉似酸漿，華小而白，中心黃，江東以作葅食。」《釋文》：「蘵，又作『職』。」《五經文字》：「蘵，音『職』。《釋文》作『織』。」《夏小正》：「三月采識。」傳：「識，艸也。」按《爾疋》《釋文》古本當是「織」，又作「職」，「職」、「識」古通。樊毅碑云「《周禮·識方氏》」，是其證。《玉篇》作「蘵」，「蘵」、「蘵」皆俗字也。（王氏《句讀》說多誤）《家訓·書證篇》：「江南別有……謂之龍葵。」（桂注）按《大觀本艸》苦蘵、龍葵別條，蓋苦蘵較小也。此字本脫，後人掇入，故非其次，當依序移正（此或當與「葴」字類聚）。《玉篇》雜俗字中。

蒲 水艸也。可以爲席。從艸，浦聲。

【校勘】小徐、《均會》「可」作「或」。《玉篇》：「蒲艸也。」段、朱以爲當「從水，甫聲」，非。

【集解】《廣均》：「蒲，艸名，似藺，可以爲席。」《周禮》祭祀席有「蒲筵」，「澤虞共其葦蒲之事」，注：「以爲席。」《本艸》：「敗蒲席。」陶云：「人家所用席，皆是莞艸，而薦多用蒲。」

【音均】聲訓：《釋名》：「蒲，敷也。」
古均：《揚之水》：蒲、許。《魚藻》：蒲、居。《韓奕》：屠、壺、魚、蒲、車、且、胥。

蒻 蒲子也，可以爲薦。世稱蒲蒻。從艸，弱聲。

【校勘】各本作「蒲子，可以爲平席」。《秋興賦》注引「蒲子，可以爲華席也」。《藝文類聚》六十九引作「蒲子也，可爲薦」。《御覽》七百九引「蒲子也，可以爲薦。世稱蒲蒻」。今從《御覽》。嚴説《類聚》、《御覽》皆列薦類，「薦」字分寫爲二，與「平席」、「華席」形相似也。其説甚是。

【集解】《急就》顔注：「蒻，謂蒲之柔弱者也。蒲蒻，可以爲薦。」蘇恭云：「香蒲，一名甘蒲，可作薦者。」段君云：「蒲子者，蒲之少者也。凡物之少小者謂之子。《周書》『蔑席』，苜部云：『蒻席也。』馬同。王肅云：『纖弱苹席也。』某氏云：『底席，蒻苹也。』鄭注《間傳》：『苄，今之蒲苹也。』」蘭按：苹亦蒲白，故蒲蒻、蒻苹、蒲苹其義一也。《釋名》：「蒲苹，以蒲作之，其體平也。」其書以音解字，體例則然，非「苹」本作「平」也。桂、顧、王皆因《文選》「華席」謂是苹席，不知蒻既蒲子，又言可爲蒲白之席，其説不通也。席無不平，則平席亦非。師古所説，與諸引合，當是唐本《説文》本然也。蒻之作薦，蓋取其根上萌葉時之殼，段云：「《考工記》注：『今人謂蒲本在水中者爲弱。』『弱』即『蒻』，蒻必媆，故蒲子謂之蒻，非謂取水中之本爲席也。」

⿱艹深 蒲蒻之類也。從艸，深聲。

【校勘】《均譜》：「蒲類。」《玉篇》：「蒲蒻也。生水中。」《廣均》：「蒲蒻。」段「蒲」上補「蒻」字。

【發明】《醢人》「深蒲」注，先鄭曰：「深蒲，蒲蒻。入水深，故曰深蒲。或曰深蒲，桑耳。」鄭君云：「深蒲，蒲始生水中子。」王毌山疑《説文》衍「之類」二字。蘭謂《本艸别録》有白菖，即水菖蒲，又名莖蒲、溪蓀、蘭蓀，生水澤中，蓋與香蒲、菖蒲皆同類而異形，疑許所説爲此種也。「蓀」、「⿱艹深」音之轉，《説文》無「蓀」字。

蓷　萑也。從艸，推聲。《詩》曰：「中谷有蓷。」

【校勘】《句讀》：「當云『鵻也』……蓷乎？」（《增均》引「萑，鬱也。」疑當屬此，説見「萑」下。許不用《爾疋》及《毛傳》也。）

【集解】段注：「陸機云……何屬。」按舊此下次「萑」，非。今依小徐次「茸」下。

茥　缺盆也。從艸，圭聲。

【校勘】宋本《韻譜》：「缺盆艸。」《廣均》：「缺盆艸也。」

【集解】《釋艸》作「蒛葐」。《玉篇》：「茥，蒛盆，即覆盆也。蒛，蒛盆也。」按「蒛」、「葐」皆後起字。吴普云：「一名決盆。」決盆，缺盆，覆盆，皆言其義也。孫炎云：「青州名茥。」郭璞云：「實似莓而小，亦可食。」按本書：「莓，馬莓。」蓋謂大莓。則莓之小者即覆盆矣。《廣疋》：「蒛盆，陸英莓。」是也。《本艸》：「蓬虆，一名覆盆。」李當之云：「蓬虆，是人所食莓。」又云：「覆盆子是莓子。乃似覆盆之形，蓋一類二種也。陶以爲根、實之異，非也。」《爾疋義疏》：「今蓬虆莖葉大於覆盆，皆蔓生，有刺。覆盆以四、五月開白花，結實差小而甘，與麥同熟。俗呼大麥莓也。」

莙　牛藻也。從艸，君聲。讀若威。（音隱。塢瑰反）

【校勘】「牛」字，各本同。段、嚴引宋大徐本、孫刊本作「井」，非。《家訓·書證》引首句、「讀若」句。「音隱」云者，亦出《家訓》。

【集解】段注。王云：「《易·革·上六》《象傳》『蔚』與『君』均，『蔚』即『威』之去聲也。」

䓿　夫蘺也。從艸，睆聲。

【校勘】宋本《均譜》作「夫離」。「䓿」蓋《字林》字，今刪。説見「莞」下。

蒚　夫蘺上也。從艸，鬲聲。

【校勘】宋本《均譜》「蘺」作「離」。蘭按：此字説解不詞，在此非次，疑後人竄易也。《玉篇》：「蒚，良激切。山蒜。又蒲蒚。」《廣均》錫均：「蒚，山蒜。」麥均：「蒚，蒲臺頭也。」《唐均》錫均有而麥均無，明後人增入。《爾疋》言「其上蒚」，「上」本虚字而此乃實之，非許原文也。許於韱、山韭、茖、山蔥皆收之，疑此亦當本彼訓也。《爾疋》某氏注云：「其上臺，別名蒚。」蒚爲蒲臺，非正義也。

苢　芣苢，馬舄也。一曰芣苢，木也。其實如李，令人宜子。《周書》所説。從艸，㠯聲。

【校勘】各本作「芣苢，一名馬舄」，「其實」二句，「從艸㠯聲」，「周書」句。朱本、錢抄本、顧本、鈕據本小徐皆「書」上衍「禮」字。《均會》引「芣苢，一曰馬舄。其實如麥。《周書》所説」。《爾疋》《釋文》引「芣苢，馬舄也」、「其實」二句，「《周書》」句。《詩》《釋文》云：「《山海經》及《周書·王會》皆云：『芣苢，木也。實似李，食之宜子。出於西戎。』衛氏傳及許慎並同。」

【集解】「芣苢，馬舄也」者，又名車前，《釋艸》、毛傳文。《韓詩傳》：「直曰車前，瞿曰芣苢。」瞿，兩旁之謂也。蓋芣苢與他艸異，其莖直起而生子，今藥用車前子是也。其葉則皆塌於地，今俗仍呼芣苢葉，音轉如毛毛葉，不云車前葉。芣苢，子也。《周南》婦人采其葉，不采其子也。漢時方言正與今合。韓、毛之説亦本不異。《文選》注引薛《章句》：「芣苢，澤瀉也。」亦正是「馬舄」之訛耳。車前亦正治惡疾。《廣均》言「藫蕮，車前別名」，則誤矣。昔人本無異説，後人往往歧之。芣苢一物，而説毛、韓者各執一物而因《選》注之誤，且不信《爾疋》矣。有是哉，説經之好奇也。「一曰……」者，《周書》：「康民以桴苡。桴苡者，其實如李，食之宜子。」注：「康，西戎別名也。食桴苡即有身。」按：元吴萊有《宜濛熱水歌》，粵語一名「黎濛子」，今呼「檸檬」，出嶺南，《藥性考》謂其宜孕婦。然則《周書》所説疑即此也。聲音相變而頗近。今出南方，較李實大也。

【音均】《芣苢》：苡、采、有。

芜藩也。從艸，⿰彡尋聲。

【校勘】各本篆從「[篆文]」，漢印有之。本書無此字，《九經字樣》謂「⿰彡尋」之隸省，今依《五音均譜》校正。《釋艸》《釋文》引首句，作「⿱艹⿰爻尋」，云：「或作『蕁』字。」桂云：「是『⿱艹⿰爻尋』爲正文，『蕁』乃或體。」蘭按：《玉篇》出「⿱艹⿰爻尋」，曰：「『⿱艹⿰爻尋，莐藩。』「蕁」曰：「同上。」《廣均》出「⿱艹⿰爻尋」，云：「艸名。」引《爾疋》「蕁」曰：「上同。」桂説似可依。

【發明】孫炎注《爾疋》云：「⿱艹⿰爻尋，古藫字。」按《釋艸》又云：「藫，石衣。⿱艹⿰爻尋，海藻。」皆此也。《説文》不録「藫」字，孫説是也。石衣、海藻與韭皆不類，而郭注以芜藩爲似韭，即知母。説者相沿。《本艸》亦采之，然本書不與「芪」類聚，又書記未有見者，疑郭非也。

【眉批】然後文「菭水衣」似爲石衣、海藻之本字。

蕁，或從爻。

【校勘】王云：「非也。『⿰爻尋』當是『⿰彡尋』重文，今捝耳。」桂云：「『⿰彡尋』從『彡』，云與『毀』同意。馥謂『毀』從『爻』，『⿰彡尋』亦當從『爻』。」

艸也。從艸，㱿聲。

【校勘】《廣均》不收。朱駿聲：「按與『蘻』同字。」蓋是也。

烏蓲，艸也。從艸，區聲。

【校勘】各本無「烏蓲」二字，《釋艸》《釋文》引「烏蓲，艸也」，據補。《廣均》：「烏蓲，艸名。」宋本《均譜》捝此文。

【發明】《釋艸》：「菼，薍。」注：「似葦而小，實中。江東呼爲烏蓲。」《玉篇》：「菼，萑初生也。一曰薍也。薍，烏蓲。蔦蓲，荻也。蓲，烏蓲也。」張揖云：「未秀曰烏蓲。」是皆以爲萑也。段云：「許不與『蒹』、『薍』、『⿱艹剡』、『薕』四字類厠，則許意不同郭。」

艸也。從艸，固聲。

【校勘】《篇》、《韻》皆無此字，始見《集均》，書傳所無，可疑。

艸莖也。從艸，榦聲。

【校勘】各本無「莖」字，今補，說見下。此字非次。

【發明】各本作「艸也」。徐鍇曰：「《本草》注書『𦽚珠』如此也。」王毌山曰：「《玉篇》『蘈』、『蒈』類聚而不收『𦽚』……未見食者。」(《句讀》補正)蘭按：王說誤也。《玉篇》「䕸」字當「𦽚」次，注云：「姑但切。草莖也。」《廣均》廿三旱：「䕸，衆艸莖也。」「䕸」即「𦽚」字。其訓皆本《說文》。今《說文》乃脱「莖」字耳。下文「莖，艸木榦也」，疑此亦當作「艸木莖也」。彼「榦」當作「𦽚」，相轉注也。「榦」下則云「築牆耑木」，非本義。《類篇》：「木莖也。」則借作「稈」字。

藷蔗也。從艸，諸聲。

【校勘】《齊民要術》十引「蔗也」。

【集解】「藷蔗也」者，《玉篇》同。《南都賦》：「藷蔗薑(番韭)。」注：「甘蔗也。」《子虛賦》作「諸柘」，曹植《矯志詩》作「都蔗」，皆疊均字。《通俗文》謂之「竿蔗」。朱氏則疑爲《廣疋》「藷藇」之本字。《山海經》郭注：「藷與，今江南單呼爲藷，語有輕重耳。」恐許時未有此方言。「藷藇」亦爲疊均，不必定求本字也。

【眉批】 當依《廣疋》以「署預」爲正字。

藷蔗也。從艸，庶聲。

【校勘】宋本《均譜》「藷」作「諸」是也。此疊均字，不必定作本字也。然《玉篇》、《唐均》、《廣均》皆訓「甘蔗也」，似彼是也。上出「藷蔗」，此以「甘蔗」釋之也。若兩文皆作「藷蔗」，何以曉學者邪？《說文》此類多校者亂之。

⿱艹𣪊　牂⿱艹𣪊，可以作縻綆也。从艸，𣪊聲。

【校勘】毛本、鮑本、宋本《均譜》篆作「⿱艹𣪊」。「⿱艹𣪊」，《均譜》作「葦」，毛本、錢鈔小徐本作「蘘」。今依宋本大徐及顧、汪本小徐。《篇》、《均》同。「𣪊」，毛作「褱」，非。「牂」，錢、顧本作「牂」。「也」字，各本無，據《篇》增。

【集解】《篇》、《均》訓同。未詳其說。

⿱艹賜　艸也。从艸，賜聲。

⿱艹中　艸也。从艸，中聲。

萯　王萯也。从艸，負聲。

【校勘】

【發明】《夏小正》：「四月，王萯莠。」《七月》「秀葽」，箋引之曰：「葽其是乎？」《月令》：「王瓜生。」注：「王瓜，萆挈也。」今《月令》云「王萯生」，《夏小正》曰「王萯秀」，未聞孰是。《呂覽》：「王菩生。」注：「菩，或爲瓜。瓡甊也。」《時則》云：「王瓜生。」注：「王瓜，括樓也。」按《爾疋》：「鉤，藈姑。」注：「𤬪甊也，一名王瓜。實如瓟瓜，正赤，味苦。」《釋文》引《字林》：「𤬪甊，王瓜也。」《廣疋》：「藈姑，𤬪甊，王瓜也。」據此諸文，則王萯即王瓜，王瓜即𤬪甊，𤬪甊即括樓，又聲轉鉤，藈姑亦皆聲轉也。鄭云「王瓜，萆挈」者，文出《本艸》，非菝葜也，陶氏議之非也。又疑是葽者，蓋謂讀若「芺」也。《說文》「葽」下引《詩》著劉向說：「此味苦，苦葽也。」鄭用劉說爾。《爾疋》又云「鉤，芺」，則芺即藈姑一類，皆名曰鉤，故《說文》、《玉篇》「萯」、「芺」二字連文。孔氏補注《小正》云「未審」，正由不知讀爲「芺」耳。《本艸》言王瓜、𤬪甊、鉤、藈姑爲一物，苦芺、括樓、果蠃又一物。《本艸經》但收王瓜，《別録》乃收括樓，蓋同類異名也。王瓜與括樓相似，括樓葉有叉，王瓜葉無叉，今藥用瓜蔞、括樓亦小殊。不得如王引之强分之也。王氏以高注爲誤，非也。桂以萯即菩，不知「萯」、「菩」乃聲同假借也，說誤。

艸也。味苦，江南食之以下氣。從艸，夭聲。

【校勘】「芺」，大徐作「䒒」，非。各本無「之」字。《爾疋》疏、《釋文》引「味苦」二句，同。「南」，《釋文》引作「東」。《玉篇》引二句，有「之」字，據補。《均譜》「苦艸」。《字典》引首句，作「苦芺艸也」，似誤。

【發明】「艸也」者，上文：「薊，芺也。」《釋艸》：「芺，薊，其實荂。」注：「芺與薊，莖頭皆有蓊臺，名荂，荂即其實也。」蘭按：今薊木之類皆無實，臺安得言實？恐郭誤也。「味苦，江南食之以下氣」者，《釋艸》：「鉤，芺。」注：「大如拇指，中空，莖頭有臺，似薊，初生可食。」說者皆以當今之苦芺。《本艸別録》：「苦芺但治漆瘡耳。」按此即「四月秀葽」之「葽」、「王萯秀」之「王萯」也。張仲景治胸痺痛引心背欬唾喘息及結胸滿痛，皆以括樓降其氣，其味苦也。劉、許、鄭之說與郭及《本艸》皆異，不能强而同也（劉、鄭說見上）。

【眉批】以「萯」、「芺」、「黃」類次之故推之，許意可知，惜今本亂耳（說見「黃」下）。

艸也。從艸，弦聲。

【校勘】《玉篇》引「艸名」。

艸也。從艸，𡈞聲。（臣鍇曰：「𡈞，古囿字也。」）

【校勘】大徐誤以鍇語當正文，今依小徐本正。《玉篇》出「蒏」，云：「⿱艹𡈞，同上。」《廣均》作「蒏」。

艸也。一曰葮中白皮。從艸，孚聲。

【校勘】各本無「一曰」義，《六書故》廿四引唐本《說文》有之，據補。《均會》七虞引亦有。

【集解】「艸也」者，《爾疋》有「苻鬼目」，《說文》無「苻」，朱駿聲以爲即此，是也。「孚」、「付」雙聲。「一曰……」者，本書

「𣪊」下「讀若筩莩」。《漢書・中山靖王傳》：「非有葭莩之親。」注：「葭，蘆也。莩者，其筩中白皮至薄者也。」《廣均》引張晏曰：「葭中白皮。」《淮南・俶真訓》：「蘆苻之厚。」注：「蘆之中白苻。」

⿱艹寅　兔瓜也。從艸，寅聲。

【校勘】「瓜」，宋本大徐作「苽」，非是（鮑本剜改作「瓜」）。又宋本《均譜》作「葵」，亦誤。此字當與「萯」、「芺」類次，説見【發明】。

【集解】《句讀》：「《釋草》……葝字也。」

【發明】《釋艸》注：「菟瓜似土瓜。」疏：「苗及實似土瓜。土瓜者，王瓜也。《月令》『王瓜生』是也。」郝氏云：「土瓜有二：菲芴，《廣疋》謂之土瓜；《本草》王瓜，又名土瓜。郭注未明，邢疏但以王瓜當之。王瓜又無⿱艹黃菟之名，胥失之矣。」蘭按：郝説非也。古王瓜與括樓不分，故括樓一名⿱艹黃瓜，王瓜一名土瓜，「菟」、「土」音同，菟瓜即括樓也。古本「⿱艹黃，兔瓜，瓜列」，「瓜列」者，又「果蓏」、「括樓」之轉音也。《玉篇》「萯」、「芺」、「⿱艹黃」相次，明皆一物，「茲」、「⿱艹囿」、「莩」則在後，「⿱艹鼓」、「⿱艹榦」、「⿱艹鼓」、「藸」（小徐與同，大徐又別出）、「芇」、「⿱艹腸」、「芰」（今亦別出）諸文下次序甚整齊（相去甚遠），是《説文》原本，今次序亂而字義不易推矣，當移正。

荓　馬帚也。從艸，并聲。

【校勘】【發明】《玉篇》「荓」次上承「蔗」、「藷」，下連「⿱艹豈」（《説文》無）、「蔞」、「蔆」、「葴」、「蹇」、「茜」、「莥」，自「荓」至「莥」皆蒿類也。次序正是《説文》原本，今本後人亂之，當依正。

【發明】《釋艸》文。注：「似蓍，可以爲掃帚。」《廣疋》：「馬帚，屈馬第也。」《夏小正》：「苹也者，馬帚也。」借「苹」爲之。《管子・地員篇》：「蔞下於荓，荓下於蕭。」本書：「蓍，蒿屬。」然則荓實蒿類也。《釋草》：「苹，藾蕭。」注：「今藾蒿也。初生亦可食。」《小疋》：「食野之苹。」箋：「苹，藾蕭也。」本書：「蕭，艾蒿也。」《本艸》：「藾蒿，即白蒿。」按苹爲蒲白，則《爾疋》及《詩》之「苹」皆假作「荓」也。李時珍以「荓」當《本艸》蠡實，則非。

水蕕艸也。從艸，猶聲。

【校勘】各本作「水邊艸」，誤。《廣均》：「蕕，水蕕艸。」依正。

【集解】《句讀》。《管子·地員》：「其草魚腸與蕕。」《左》僖四傳注：「臭艸也。」

【音均】《左》僖四傳：蕕，臭。

艸也。從艸，安聲。

【校勘】《玉篇》次在「菡」、「葶」、「蔄」、「菩」下，是也。

土夫也。從艸，綦聲。

【校勘】各本作「藄，月爾也」。宋本《均譜》：「菜，似蕨。」今依《釋艸》《釋文》引改。

【集解】《義證》：「程君琰曰……《廣雅》：『紫藄，蕨也。』」《本艸綱目》：「紫藄，似蕨，有花而味苦，謂之迷蕨，初生亦可食。《爾雅》謂之『月爾』，《三蒼》謂之『紫蕨』。郭璞云『花繁月爾（疑《圖讚》處），紫蕨拳曲繁盛，故有月爾之名。』」《齊民要術》引《詩義疏》：「藄菜也。葉狹，長二尺，食之微苦，即今其菜也。」（「其」今作「莫」，與《汾沮洳》之莫草混，非。）王毌山云：「豈許以『藄』字筦上下，謂『土夫』名『藄』，『王』者大也，大藄又名『月爾』乎？」（此說本錢《答問》）

兔葵也。從艸，希聲。

【校勘】大徐「稀省聲」，誤。說見「絺」下。

【集解】《釋艸》注：「頗似葵而小葉，狀如藜，有毛，汋啖之滑。」《御覽》引《廣志》：「菟葵，瀹之可食。」朱駿聲曰：「經言烹葵、葵菹者疑專指此，若楚葵則偁芹，鳧葵則稱茆也。其他蜀葵、向日葵，以今度之，皆不得爲菜。」

灌渝。從艸，薨聲。讀若萌。

【校勘】各本篆訛作「夢」，從「夢」聲，今正。説見下。疑當補「苕也，可爲帚」。《爾疋》曰「薨」九字於「灌」上，説見下。

【發明】孫星衍云：「《釋艸》：『其萌，虇蕍。』『萌』與『夢』通，『虇蕍』即『權輿』。《釋詁》：『權輿，始也。』郭注以『蕍』屬下，非是。」蘭按：《玉篇》：「薨，莫耕切。苕，可爲帚也。夢，莫公切。草，可爲帚也。」《廣均》同。篇内其字相次，形義皆類同。今《説文》有「夢」無「薨」，而《篇》上下文皆《説文》正字，則「薨」、「夢」本一字，傳寫歧爲二字可知。今《説文》「讀若萌」，與「夢」聲不協，蓋《説文》古本本作「薨」，從「薨」聲，傳寫訛作「夢」也。段氏創爲轉音之説，不知其本爲「薨」聲也。《玉篇》「夢」下本當云「同上」，後人別加音切而「苕」訛作「艸」，遂似兩字矣。或《篇》本有二，校者記其異，而後人亂入也。「苕」當作「芀」，本書：「芀，葦華也。」《周禮》注：「茢，苕帚，所以掃不祥。」蓋葦抽條生華而無莩萼，以其華稈爲之。今俗猶呼苕帚也。芀一名薨，薨一名萑渝，而徐鍇以當澤瀉，王毌山以爲別一艸，而云《爾疋》脱「萌」字或衍「其」字，其説皆誤。「讀若萌」者，謂義同萌也。《廣疋》：「夢，蘖也。」即「萌」字。今《疋》文以讀若代本字，郭依「萌」解，非也。

【眉批】牟廷相《方疋》説與孫同。

盜庚也。從艸，復聲。

【校勘】各本篆下從「復」，陳昌治本、顧本、宋本《均譜》作「復」。桂云：「當作『复』。《復古編》亦以『复』爲正。」今按之金文，實不然也。故不從。

【集解】《釋草》文。郭云：「似菊。」亦見《本艸》。

卷耳也。從艸，令聲。

【校勘】《均會》引「也」作「艸」。段、王皆於「卷耳」上補「苓耳」二字，據《毛傳》、《爾疋》也。俟更考。

【音均】《簡兮》：榛、苓、人。《采苓》：苓、顛、信。

⿱艹贛　艸也。從艸，贛聲。一曰薏苢。

【校勘】「薏苢」當作「啻目」。按《篇》次「葰」、「蓄」間。小徐本無此字，張次立依大徐補。篆汪本、錢鈔本皆誤從「⿱艹贛」，誤。

【集解】「一曰薔苢」者，《廣疋》：「⿱艹贛，薏苢也。」《本艸》：「薏苡，一名⿱艹贛。」

藑　葍也。一名舜。從艸，夐聲。

【校勘】各本首句作「茅葍也」。《離騷艸木疏》引同，今正。説見下。「舜」作「蕣」，《離騷艸木疏》引二句「蕣」作「舜」，據正。宋本《均譜》「藑」注：「蕣也。」段改作「藑茅葍也」，誤。

【發明】今本《釋艸》：「葍，藑茅。」注：「葍，華有赤者爲藑。藑、葍一種耳。亦猶菱苕，華黄、白異名。」臧庸曰：「按『茅』疑衍文。注云『葍，華有赤者爲藑。藑、葍一種耳』，不言茅。《説文》：『蕣，艸也。楚謂之葍，秦謂之藑。蔓地生而連華。象形。』亦不言茅。草部云：『藑茅，葍也。一名蕣。』此『茅』字蓋後人竄入。《離騷》：『索藑茅以莛篿。』注：『藑茅，靈艸也。』與《爾疋》異義，恐因此誤衍。」蘭按：《詩義疏》：「葍，一名藑根。」亦不言茅，臧説甚確。《楚辭》「藑茅」與瓊枝同辭，非此謂也。葍即俗所謂蘿蔔，説見「葍」下。阮謂累呼爲「藑茅」，非。王毌山謂藑爲茅類，更非。

⿱艹富　葍也。從艸，富聲。

【校勘】宋本《均譜》作「蒿也」，誤。

【發明】《釋艸》：「葍，⿱艹富。」注：「大葉白華，根如指，正白，可啖。」又：「葍，藑（今衍『茅』字）。」注：「葍，華有赤者爲藑。」《我行其野》傳：「葍，惡菜也。」箋：「葍，⿱艹富也。亦仲春生可採也。」陸疏：「葍，一名⿱艹富。河内謂之莬，幽州人謂之燕⿱艹富。一名爵弁，一名藑根。花葉有兩種：一種葉細而花赤，有臭氣；一種葉大而花白復香。」郝懿行説爲鼓子花，桂説爲木通，皆誤也。《谷風》傳：「葑，須也。菲，芴也，下體根莖也。」箋：「此二菜者，蔓菁與葍之類也，皆上下可食。」《坊記》

注：「菲，蕾類也。」《釋艸》：「菲，芴。」孫炎云：「蕾類也。」郭云：「土瓜也。」又：「菲，蒠菜。」郭云：「菲草，生下濕地，似蕪菁，華紫赤色，可食。」某氏注兩處引《詩》「采葑采菲」，陸疏云：「菲似蕾，莖麤葉厚而長有毛。三月中蒸鬻爲茹，滑美，可作羹。幽州人謂之芴，《爾雅》謂之蒠菜，今河内人謂之宿菜。」蘭按：葑、菲皆菜。葑，蔓菁類。菲，蕾類。蔓菁亦菜，則葍、蕾亦菜也，非草明矣。葑蔓菁屬人人皆知，而自來未有知菲爲何物者。蘭考「蕾」字俗訛作「蔔」，即今蘿蔔也。又名「萊菔」，亦音「來匐」（見《本艸》注），與「蘆菔」（「菔」音蒲北反）不同也。《爾疋》注、《説文》皆以蘆菔似蕪菁，《方言》謂「蕪菁之紫花者爲蘆菔」，此皆可據。故《別録》「蘆菔」與「蕪菁」同條。汪機曰：「葉是蔓菁，根是蘆菔。」是也。今目驗蔓菁根扁，蘆蕾根長，以此別也。然本甚似，故蔓菁葑屬也而一名芴菁，本書孱一名葍。「菁」、「孱」一聲之轉，「孱」即蕪菁之本字，「蘿蔔」與「蘆菔」聲亦相轉，亦以此也。蘿蕾今有二種，一種大葉白華，一種小葉紫華，皆如《爾疋》注所説。根亦有紅、白二種。《廣疋》謂芴爲土瓜者，猶農書曰冬日土酥也。《爾疋》又有「蕘、雀弁」，郭「未詳」。翟以爲即蕾，引陸疏「一名蕘，一名雀弁」爲證，亦是也。

葍　蕾也。從艸，畐聲。

【校勘】宋本作「葍」。

蓧　苗也。從艸，條聲。

【校勘】各本篆誤「蓨」，從「脩聲」。今從宋本《均譜》改正。

【發明】《句讀》。《釋草》：「蓧，蓨。」又：「苗，蓨。」郭云：「未詳。」《釋文》：「蓧，他雕反。蓨，他的反。苗，郭『他六反，又徒的反』。蓨，郭『湯雕、他周二反』，顧『他迪反』。」王案：「前《釋文》之『蓧』『他雕反』，與後《釋文》之『蓨』『湯雕反』同也。前《釋文》之『蓨』『他的反』，與後《釋文》之『苗』『徒的反』同也。是知《釋草》本是一條，而其字則作『苗，蓧』，其音則當云『苗，徒的反。蓧，湯雕反』。」蘭按：王説是也。今本《説文》則大徐有「蓨」字，從「脩」聲。小徐無，張次立以大徐補之。按《玉篇》：「蓧，他雕切，苗也。苗，他六、徒歷二切，蓧也。蓨，他笛切，蓧也。」「苗」、「蓨」音義皆同，可證《釋艸》本當作

「苗，蓧也」。《五經文字》：「蓧、蓨，兩同，並他滴反。」「蓨」即「蓧」字之變體則然矣，而音非也。《廣均》一屋：「苗，蓨也。又他六、徒歷二切。蓨，音挑，又音剔。」按音「挑」者，「蓧」之變體也。故三蕭「挑」音內「蓧，苗也」，而無「蓨」字。音「剔」者，假爲「苗」。故錫均：「苗，苗蓨草。蓨，苗蓨草。」義同音近也。「蓧」在入聲，惟錫均收之，爲「莜」之變體，故云張誤也。今《說文》其字從「脩」作「蓨」，而所附音切則爲「徒聊切，湯雕切」，皆「蓧」之音也。以《玉篇》「蓧，他雕切」在「苗」前，「蓨，他笛切」在「苗」後例之，則《說文》本作「蓧」字無疑。《玉篇》之例，他書之字與許異者，即附正文之後。則「蓨」爲「苗」之異文亦無疑也。考宋本《均譜》四蕭有「蓧」無「蓨」，此書小徐所撰，出大徐本前，則小徐據本有「蓧」篆無「蓨」篆可知。《說文》別有「莜」字，訓「艸田器」，引《論語》「以杖荷莜」。校者見經本作「蓧」，乃加校語曰「今作蓧」。又「莜」字本從「攸」聲，故《唐均》卅四嘯引舊音云：「又音苕。」即「莜」字音也。「莜」亦「攸」聲，訓「田器也」。不知者見《論語》借「蓧」字爲之，遂以爲「莜」當從「條省聲」，而輒改之（唐人此例甚多），不知「條」亦「攸」聲也。而因此二誤，遂似「蓧」與「莜」一字之變異，校者遂改「蓧」爲「蓨」，不計其音之是否也。然鍇本猶不誤。或者又以「蓧」爲俗而删之，或傳寫脱落，而張次立以大徐補之，而鑄錯成矣。非《均譜》、《篇》、《均》及所附音切，曷以正之哉？然亦殆矣。王氏以爲《說文》本爲「莜」字，後人增「蓨」，張氏誤補亦承今本之誤而來，而未得宋本《均譜》證之也。

【眉批】音切雖大徐所附，然必有所本。

許作「蓧」者，《地理志》「修縣」顔注：「音條。」《功臣表》「脩侯」，《地理志》作「蓨」，本傳作「條侯」。漢人「脩」、「條」多亂，知「苗，蓨」之「蓨」必「蓧」之異文也。前條之「蓧，蓨」，則「蓧，苗」之異，亦衍文也。

漢印有「[illegible]」字，舊釋「蓨」。

【發明】桂、邵、郝皆因《小疋·我行其野》「言采其蓫」，《說文》無「蓫」，遂以此當之。舉《詩義疏》「羊蹄，一名蓫，一名蓨」，《集均》「菫」或作「苗」、「蓫」，「笛」字古作「篴」爲證。蘭按：説皆非也。《詩》《釋文》「蓫」本又作「蓄」是也。若其本字則作「菫」，《唐均》「菫，羊蹄菜，亦作蓫」是也。《廣均》「蓄」、「菫」、「蓫」在一屋，皆有二音。而「苗」則惟有「丑六」一切，是亦不同之證也。本書、《字林》皆有「菫」字，不言與「苗」、「蓧」同，《集均》以意附爲重文，多未可信。今按：「苗蓧」即本篇「箭篠」，《釋木》「柚條」之例。《玉篇》：「藡，藋也。荻，同。」《說文》兩字皆無，莊炘以爲古作「萩」。按「萩，蕭也」，非本字。吾以爲「苗」、「荻」音同，「苗」即「荻」之本字也。「蓧」者，其桿也，與「艻」音同，葦華也。《管子·地員》：「其草宜華，蓨葦蔽也。」苹蓨猶葭葦也，可以證我說矣。

【眉批】「薖」，見《爾疋》注。

苖　蓧也。從艸，由聲。

【校勘】「蓧」，各本作「蓨」，從《玉篇》正。《爾疋》《釋文》引「從由聲」。鍇本次在「茆」下，校者又依鉉本補此文於此，前後乃重出。各本篆誤「苖」，「由聲」，今正。說見後「菑」下。

薚　艸也。枝枝相值，葉葉相當。從艸，昜聲。

【校勘】各本無「也」字，段補。「值」，《均譜》作「對」。《玉篇》「蓫，薚，馬尾，蔏陸也」引「枝枝」二句。《廣均》：「草名。」

薁　蘡薁也。從艸，奧聲。

【校勘】篆各本中從「米」，誤，今正。鈕引《繫傳》作「嬰莫也」。錢本作「蘡莫也」。汪、顧本作「蘡薁」，《齊民要術》十引「櫻薁也」（此依鈕引本，局刊本無「薁」字）。鈕云：「櫻即嬰之近字。」

【集解】見《詩》。段注。

葴　馬藍也。從艸，咸聲。

【校勘】《玉篇》：「葴，馬藍也。一曰寒蔣。」疑當據補。

【集解】《釋草》文。郭云：「今大葉冬藍也。」《釋艸》又云：「葴，寒漿。」注：「今酸漿草，江東呼曰苦葴。」《子虛賦》：「葴蔪苞荔。」張揖曰：「葴，馬藍也。」郭云：「葴，酸漿，江東名馬葴。」按馬藍、酸漿今皆有之，酸漿即燈籠草、紅姑娘也。朱駿聲以爲即蘵，則非。蘵爲龍葵，似酸漿耳，非一艸也。

蓾 艸也。可以束。從艸，魯聲。

【校勘】《爾疋》疏引首二句。《玉篇》：「蓾，杜蓾。」郭璞曰：「杜衡也。似葵而香。蓾，《説文》同上。」《廣均》：「蓾，杜衡別名。蓾，上同。」

【集解】《釋艸》：「蓾，蘆。」注：「作履苴艸。」《説文》無「蘆」，本作「苴」字。邢以爲蔽類也，中作履底。蘭按：《方言》：「艸作之者謂之履（依《急就音》引，今『艸』作『絲』）。」近道皆有作履艸，俟考其名。

𦸍 蓾，或從鹵。

𦸗 艸也。從艸，𣪠聲。

【校勘】各本篆作「𦸗」，從「𣪠聲」。唐本《唐均》十六怪引「𦸗，艸名」。宋本《説文均譜》篆作「𦸗」。按《説文》無「𣪠」，亦無「㕡」，而「聲」、「骪」並從「𣪠」。徐鉉謂「叡」字之省，而聲不近。「叡」小字本作「𥨐」，然本書別有「𣪩」字，《六書故》引作「𣪠」，音亦不近。桂云：「𣪠，太息，即『嘳』字義。《爾疋》『𣪠』郭音『苦槩反』，又作『嘳』。《左傳》『屠蒯』，《禮記》作『蕢』。本書『聵』或作『𦗧』。」按桂意謂「嘳」同「𣪠」也。朱亦云：「據此則『𣪠』當爲『貴』之古文。」嚴云：「《釋詁》《釋文》引《字林》以爲『喟』。今考『𣪠』即『𣦼』字。鼎彝器銘『𣦼』作『[illegible]』，又作『[illegible]』。『喟』亦作『[illegible]』，與《字林》合。『𣪠』即『[illegible]』之變，當爲『𣦼』重文。」按所引金文考釋未確，形亦不同也。《釋例・補篆》云：「『聵』或體『𦗧』，『𣪠』《字林》以爲『喟』，然則『𣪠』固『喟』之重文也。《玉篇》又部有『𣪠』字：『息也。』欠部又有『𣣘』：『口怪切，太息也。』案又者，手也。無由得喘息義，似作『𣣘』爲是。然『𠕁』非字，終不可解。『𦸗』，今字『蒯』。《玉篇》：『蒯，北朋切，斫也。』更無從得聲，闕之可也。」鈕云：「《石經》《論語》『𦸗』作『蔽』，史晨碑『敝』作『敝』。凡從『𠕁』者，疑皆『𡿪』之訛文。」雷浚云：「訓『息』之字作『𣪠』，亦假借。《釋文》：『𣪠，《字林》以爲「喟」，孫本作「快」，又作「嘳」。』案《説文》：『喟，太息也。』或作『嘳』。此訓『息』之正字。」蘭按：雷説是也。《釋文》引《字林》者，蓋《字林》引《爾疋》作「喟，息也」。此《釋文》引書之例，非謂「𣪠」即「喟」也。于鬯謂《爾疋》本字當作「喟」，《廣疋》「𠜂，斷也」，「𠜂」乃「𣪠」之俗字。「𣪠」當以「斷」爲正義，從「八」從「𠬝」（鄭珍説憶似略同，俟查）。《六書正譌》

則云：「𠭥象以手理麻形。」蘭按：此則皆便辭巧説也。蘭按：漢蔽明私印「蔽」作「□」，凡漢印「冊」多作「□」。從「寸」與「又」同，則「蔽」本從「敝」聲明矣。而今《説文》亦無「敝」。按《玉篇》「刻」下有古文「㓷」，蓋本出《説文》，今《説文》脱之耳。刻，鏤也。「鏤」有斷義。《廣疋》之「㓷」即「㓷」之隸變也。由書「㓷」作「㓷」，乃變成「㓷」也。古文從「刀」者，亦從「又」。「㓷」與「冊」同。「敝」即「㓷」字也。蓋《説文》本有「敝」形，今脱之(或「割」古文作「敝」，《玉篇》從隸變作「㓷」。《説文》從「敝」者，本從「敝」，而漢印省從「敝」也。再考)。漢隸則省「㓷」從「删」作「蒯」而訛爲「蒯」字，作「蒯」訛爲「葪」字也。據《玉篇》、《唐均》，「蔽」之訛已久。蘭生千載而後，幸得印文證諸文而無不合，乃知馮臆附會爲無益矣。段君闕疑至洽當也。獨怪桂氏手輯漢印而不能證明此篆耳。

【集解】《聲類》：「蔽，艸中爲索。」成九年《左傳》：「無棄菅蒯。」《玉篇》引「蒯」作「蔽」。《孟嘗君傳》：「蒯緱。」《集解》：「蒯，茅之類，可爲繩。」按即今作繩之艸也，自《本艸拾遺》。「從敝聲」者，「刻」、「蔽」雙聲。

【音均】《逸詩》：蔽、萃、匱。

【眉批】漢有𡺸成侯鉤帶，篆作「□」。

《玉篇》以「𠭥」入𠭥部，最誤。然原本欠部無「𣢾」字，則諸部或皆非顧原文也。

蘭按：《玉篇》又有𣪠字。𠭥字又、𠭥兩部，重出。

□ 蒿也。可以亯魚。從艸，婁聲。

【校勘】「蒿」，各本作「艸」。宋本《均譜》作「蒿也」，據正。「亯」，毛作「烹」，大徐作「亨」。

【集解】《篇》、《均》：「蔞，蒿也。」《漢廣》：「言采其蔞。」傳：「蔞，草中之翹翹然。」《釋文》：「馬云：『蔞，蒿也。』」按見《本草》。

□ 艸也。從艸，畾聲。《詩》曰：「莫莫葛藟。」一曰秬鬯也。

【校勘】本書無「畾」字。

【集解】《廣疋》：「藟，藤也。」《漢書》注：「藟，亦艸名，葛之類也。」《困・上六》：「困于葛藟。」《中山經》：「畢山其上多櫐。」注：「一名縢。」「縢」即「藤」本字，《説文》無「藤」。王《釋例》補正艸部「藟」字條。「《詩》曰……」者，《旱麓》文。「一曰……」者，王云：「乃『巨荒』之訛。」桂注：「劉向《九歎》……誤也。」蘭按：如其説，則「曰」當作「名」。

【音均】《葛藟》：藟、弟。《樛木》：藟、履。《易・困》：藟、鼿。

棘蒬也。從艸，冤聲。

【校勘】宋本《均譜》：「草也。」

【集解】見《爾疋》，「棘」今訛「蕀」。注：「遠志也。」

紫艸也。從艸，此聲。（《字林》音「紫」）

【校勘】「紫」，各本作「茈」，依《御覽》引改。「《字林》音『紫』」者，出《齊民要術》二。

【集解】王云：「紫，著其用也。下文『藐，茈草也』，用《釋艸》本文，詳其名也。《廣疋》：『茈莀，茈草也。』《西山經》：『勞山多茈草。』郭注：『一名紫莀，中染紫也。』段云：「謂之『紫莀』者，以染紫之莀別於染留黃之莀也。」

茈艸也。從艸，貇聲。

【校勘】「貇」，毛本及錢鈔、汪本小徐皆作「貌」。宋本《均譜》「茈」誤「芘」。《篇》、《均》、《五經文字》皆作「藐」。

【集解】《釋草》文。彼作「藐」。郭云：「可以染紫。」

烏喙也。從艸，則聲。

【校勘】「烏喙」，汪作「烏喙」，馬本、錢本、宋本《均譜》作「烏喙」，皆非。《御覽》九百九十引「烏頭也」。段云：「『茈』、『藐』、『蒬』、『茜』皆染艸，乃中隔一『莿』字，恐後人妄移。」

【集解】見《廣疋》。《鹽鐵論》：「食荊之充腸也。」《本艸》作「側」。

茅蒐，茹蘆。從艸，鬼聲。

【校勘】「蘆」，各本作「藘」，本書無「藘」，段所據小徐本作「蘆」，《御覽》九百九十六引同，《集均》引作「盧」。「茹」，函海本《均譜》九魚「蒘」下云：「蒘藘。」此俗字。宋本《均譜》無。各本「蘆」下有「人血所生」二句，元應書十四引「茹藘也。血所生」。今訂正，移於「茜」下。「鬼聲」，大徐作「從鬼」，小徐作「鬼」，今依桂、朱説正。宋本《均譜》：「春田。」《篇》、《均》：「茅蒐也。又春獵曰蒐。」

【集解】《釋艸》文。《東門之墠》傳：「茹藘，茅蒐也。」《中山經》注：「茅蒐，今之蒨草。」「鬼聲」者，《詩》箋：「茅蒐，韎韐聲也。」韋昭曰：「急疾呼『茅蒐』成『韎』。」

【眉批】《玉篇》「蒐」次在後，疑此字後人所增，或本以「春田」爲解也。

茅蒐也。可以染絳。從艸，西聲。

【校勘】各本無第二句，「蒐」下有「人血所生，可以染絳」二句。《埤疋》引「人血」句，亦在「蒐」下。元應書十五引「茜，茅蒐也。人血所生，可以染絳。字從『西』聲」。《本草圖經》：「茜根，《説文》以爲人血所生。」《玉篇》引《説文》：「茜，茅蒐，可以染緋。」《廣均》：「茜，草名，可染絳色。」今據移於「茜」下。李時珍曰：「人血所化之説，恐亦俗傳耳。」蘭按：此恐是後人箋記之語，今依《玉篇》刪之。然陶隱居曰：「東間諸處乃有而少，不如西多。」《詩》曰「茹藘在阪」者，是或許君本言「西方所生」，「西」誤作「血」，後人附會爲人血乎？「茜」從「西」聲，故言西，此亦形聲括會意也。自混入「蒐」下，徐鍇始附會「從鬼」之説，段、王、顧（《説文校議辨疑》）皆和之，皆好奇之病也。人血化艸，許君寧有如許怪語？即如其言，人之爲鬼者，豈僅存血乎？骨、肉、毛、髮當焉化乎？則從「鬼」之義亦未全也。（嚴引元應十四引作「地血」，然舊本「地」作「也」，嚴誤引也。乃嚴氏未嘗作怪語，而顧氏辨之，可謂不自量矣。）

【集解】《詩》疏：「茹藘，茅蒐，蒨草也。」《廣疋》：「地血，茹藘，蒨也。」按「蒨」，「茜」之今字。本書：「綪，赤繒也。以茜染，故謂之綪。」又本部：「茜，草也。」《貨殖傳》注：「茜，一名紅藍。其花染繒赤黄也。」蘭按：今茜草與紅藍不同，徐廣誤也。

赤蕼也。從艸，隸聲。

【校勘】宋本《均譜》：「艸也。」《篇》、《均》作「蕼」。《廣均》引首句。

【集解】《篇》、《均》：「蕼，堇也。」桂説「堇」當爲「堇」，又以「堇」爲「藜」，説皆誤。

牡贊也。從艸，辟聲。

【校勘】《玉篇》：「山芹也，薜茘也。」《廣均》：「薜茘。」

【集解】見《釋艸》，《爾疋》注曰：「未詳。」桂引《漢書》「薜莎青薠」，注：「薜，藾蒿也。」蘭按：「薜」本作「辟」，桂誤引也。蘇《本草》「當歸」下引《説文》：「生山中者名薜。」此《爾疋》疏之説，蘇誤引也。《釋草》又有「薜，山蘄。薜，白蘄。薜，庾艸。薜，山麻」。朱云：「牡贊是薜茘。」按薜茘即鬼饅頭也，今暑日作涼粉用。

杜榮也。從艸，忘聲。

【校勘】宋本《均譜》作「艸也」。王《句讀》：「吾甚疑之……增入也。」蘭按：《釋文》：「莣，本又作芒。」然本書「芒」乃訓「艸端」。又《玉篇》此字次序略同，是正字本作「莣」，經典省作「芒」也。王非。

【集解】《釋艸》文。「杜」，舍人作「牡」。郭云：「今莣草似茅，皮可以爲繩索、履屩也。」按與孟狼尾、菵守田蓋一艸。

艸也。南陽以爲麤履。從艸，包聲。

【校勘】宋本《均譜》：「艸，可爲履。」各本作「麤」，汪作「粗」。段正作「[艸麤]」，然未必是。[艸麤]，履義複，今仍之。

【發明】段議譏曰：「『苞』當以『藨』爲正字，『苞』是叚借，故《喪服》作『藨』，《曲禮》作『苞』。《南都賦》『藨』，即《子虛》之

『苞』也。《斯干》、《生民》傳：『苞，本也。』此『苞』之本義……不泥於古可也。」蘭按：段誤也。「苞本」之「苞」，是「包」之引申義。「包」象人裹胚，則生之本也。故「繫于苞桑」陸注：「本也。本作『包』字也。」「包裹」之「包」，則本作「勹」字，見本書。「包」從「勹」聲，「苞」從「包」聲，因聲通用，是古常例。若如段説，則「芟刈」之「刈」古有用「艾」，「艾」必爲「刈」之本字邪？段何不達大例如此。《玉篇》：「苞」、「蔽」、「藨」類次，是本《説文》。段以次序疑之，蓋受詒於今本矣。「藨」别有正義，則「苞」乃本字也。

【集解】《子虛賦》：「葴蔪苞荔。」注：「張揖曰：『藨也。』」本書：「藨，一曰蔽屬。」本書：「[艹麤]，草履也。」《曲禮》：「苞屨不入公門。」

【音均】《常武》：苞、流。《斯干》：苞、茂、好、猶。《生民》：道、草、茂、苞、褎、秀、好。《下泉》：苞、周（句中均）。

艾　仌臺也。從艸，乂聲。

【校勘】「仌」，各本作「冰」，依嚴説改。

【集解】《釋艸》文。《埤疋》引《博物志》曰：「削冰令圓，舉以向日，以艾承其影，則得火。」「艾」曰冰臺，其以此乎？《玉篇》：「艾，蕭也。」《急就》注：「艾，一曰冰臺。一曰醫草。」

蔁　艸也。從艸，章聲。

【校勘】《篇》、《均》：「蔁柳，當陸别名。」此字可疑。

芹　楚葵也。從艸，斤聲。　　刪，説見「菦」下。

豕首也。從艸，甄聲。

【集解】《爾疋》孫叔炎以「莂」作「列」，屬上句，與許同。《呂覽》：「豨首生而麥無葉。」《本艸》：「夏至之日，豕首先生，即天名精也。」陶以爲「豨薟」者，非。《唐本艸》辨之。

蔦 寄生，艸也。從艸，鳥聲。《詩》曰：「蔦與女蘿。」（音弔）

【校勘】各本無「艸」字，據《詩・頍弁》《釋文》、《均會》引增。「音弔」者，見《詩》《釋文》。

【發明】毛傳、陸疏、《字林》、《玉篇》皆僅言「寄生」，許獨言「寄生艸」者，《釋木》「寓木，宛童」，《中山經》「龍山多寓木」，《廣疋》之「樢」，皆即「蔦」也。蔦附木而生，故稱爲「寓木」，而或從「木」。然其實則艸也，故許別之。「寄生」爲句，別二名也（如桑寄生以「寄生」爲名）。「草也」一句，明其類也。且以釋從「艸」正字、從「木」重文之故也。王毌山不知此，乃謂「段補『艸』字，嚴不補者，蓋謂艸木皆有名『蔦』者」，引《釋木》爲證，説殊可笑。艸類之蔦，吾見之矣。木類之樢，未之聞也。且蔦者，必附他木乃生，故《唐・李德裕傳》云：「松柏之木，孤生勁特，無所因依。蘿蔦則不然，弱不能立，必附他木。」是也。若有木類之樢，既已木矣，將附艸而生邪？甚矣，其不深思也！嚴未議補，是其小疏。王乃以意推之，一若嚴真有此説者，厚誣前人矣。

【集解】陸疏云：「一名寄生，葉似當盧，子如覆盆，赤黑，甜美。」「《詩》曰……」，《頍弁》文。

樢 蔦，或從木。

【校勘】《爾疋》《釋文》引「蔦，或作樢」。《玉篇》：「樢，亦蔦字。」《廣均》廿九篠挩此字。

【集解】費鳳別碑：「樢與女蘿。」

芸 艸也。似目宿。從艸，云聲。淮南王説：芸艸可以死而復生之也。

【校勘】「艸也。似目宿」，各本同。《釋草》疏、《玉燭寶典》引、《玉篇》引、《廣均》引次句，同。《後漢・馬融傳》注引「似苜蓿」一句。《法雲書》八引「芸，香似苜（莫六反）蓿（音宿）」。本書無「苜蓿」字，皆非。「從艸」以下各本「王」作「子」，無「而」、「之」、「也」三字。《廣均》引「淮南」二句，作「王」。《玉燭寶典》引「從艸」至末，有三字。《法雲》引「淮南」二句，有「而」字，據改補。

【集解】《夏小正》：「正月采芸，爲廟采也。二月榮芸。」《月令》：「仲冬，芸始生。」注：「芸，香艸。」高注《呂覽》、《淮南》皆云：「芸，芸蒿菜名也。」《倉頡解詁》：「芸蒿，葉似邪蒿，香，可食。《春秋》有『白蒻』，長四、五寸，可食之。」《急就》注：「即今芸蒿也，生熟皆可啗。」沈括曰：「今謂之七里香者是也。葉類豌豆，極芬香，古人用以薰香，辟蠹。置席下，能去蚤蝨。」「似目宿」者，《漢・西域傳》：「大宛國嗜目宿，漢使採蒲陶、目宿種歸。」陶弘景曰：「長安中乃有苜蓿園。」或作「苜蓿」、「牧蓿」。

艸也。從艸，馭聲。

【校勘】《廣均》泰部無此文。

艸也。從艸，律聲。

【集解】段注。

草木刺也。從艸，朿聲。

【校勘】各本作「莿也」，《玉篇》引同。依宋本《均譜》補正。《廣均》麥無此字。

【發明】《釋草》：「茦，莿。」注：「草刺針也。」《廣疋》：「茦，刺箴也。」《方言》：「凡艸木刺人，北燕、朝鮮之間謂之茦，自關而西謂之刺，江湘之間謂之棘。」蘭按：許用《方言》義，與郭異也。許義「茦」爲動字，刺也。「莿」爲静字，朿也。「朿」下云：「木芒也。」則許據《爾疋》本蓋當作「莿，刺」。《玉篇》「莿」下説：「芒也。草木針也。」或時《疋》本猶作「莿」與？

苦婁，果蓏也。從艸，昏聲。

【校勘】「蓏」，小字本、葉本、宋刊本、李燾本、趙本、毛初印本皆同。《集均》、《類篇》引同。紐引小徐作「羸」，錢鈔、顧本皆同。《廣均》引首句，作「蠃」。汪刊小徐、毛剜改本皆同。非也。段據小徐作「蠃」。

【集解】見《釋艸》。毛傳皆作「蠃」。《玉篇》：「苦，苦蔞也，齊人謂之瓜蔞。」《釋艸》李巡注：「栝樓，子名也。」孫炎注：「齊人謂之天瓜。」

【眉批】《釋艸》作「栝樓」。

葑 須從也。從艸，封聲。

【校勘】錢鈔本、朱本、顧本小徐、宋本《均譜》作「蕦蓯」，皆非。

【集解】《釋艸》：「須，葑蓯。」「蓯」訛字也。孫炎曰：「須，一名葑蓯。」郭「未詳」。《谷風》傳：「葑，須也。」陸疏：「葑，又謂之蓯。吴人謂葑蓯，蔓菁。幽州人或謂之芥。」蘭按：須，一名葑，一名從。累呼之則曰「葑從」、「須從」皆是也。「葑從」疊均，「葑須」雙聲，「須從」合音則爲「菘」。故《齊民要術》引《爾疋》舊注：「江東呼爲蕪菁，或爲菘。」《谷風》《釋文》：「葑，徐音『豐』，《字書》作『䒠』。」郭璞云：「今菘菜也。」蕪菁即蔓菁，《谷風》、《桑中》箋、《坊記》注皆曰「葑，蔓菁也」是也。桂氏疑《說文》當作「須，葑從」，王謂《毛傳》脱「從」字，皆誤。「葑」，《方言》作「䒠」，郭云：「舊音『蜂』。江東音『嵩』，字作『菘』也。」蘭按：今菘菜與蔓菁微異，苗則相類。故《字林》：「䒠，蕪菁，苗也。」《方言》、陸疏皆云「又名芥」，葑與芥類也。郝並議之，非矣。

【音均】《桑中》：葑、東、庸。《采苓》：葑、東、從。

薺 疾黎也。從艸，齊聲。《詩》曰：「牆有薺。」一曰艸可食也。

【校勘】「疾」，各本作「蒺」。本書無，《漢書》作「疾」，今正。「黎」，小徐、《均譜》作「藜」。各本無「一曰」以下義，《類聚》八十二、《御覽》九百八十引「薺，艸可食也」，據補（疑「艸可食」爲本義，下出引《詩》。「疾黎也」是解《詩》文。待考）。《廣均》：「薋，蒺藜。《詩》作『茨』。《說文》又作『薺』。」《均譜》薺均重出「薺」字，云：「本茨字。」

【集解】「疾黎也」者，《釋草》、《牆有薺》傳文，彼作「茨，蒺藜」。《離騷》作「薋」，注：「薋，蒺藜也。」引《詩》「楚楚者薋」。《玉藻》注：「齊，當讀如『楚薺』之『薺』。」「蒺藜」見《本草》、《容齋三筆》。「茨」爲「蒺藜切」脚語也。「草可食也」者，《邶風》

「其甘如薺」。上文「蘆」(今删,更考),下文「莫」、「董」、「蘬」解中「薺」字皆可食者也。《春秋繁露》:「薺,甘味也。」《急就》注:「甘菜也。」

【音均】古訓:《繁露》:「薺之言濟。」古均:《谷風》:薺、弟。

莿　束也。从艸,刺聲。

【校勘】各本「束」作「茦」,依宋本《均譜》正。義見「茦」。

董　鼎董也。从艸,童聲。杜林説:蕅根。

【校勘】顧本、毛本作「蕅」,是。宋本别本作「藕」,非。「鼎」,小徐作「鼒」,非。「説」依宋本,一宋本作「曰」。

【集解】段注:《廣疋》:「藾,蔽也。」《句讀》:「王煦曰……童褐。」《玉篇》:「蒚,蔽也。今江東人呼藕根爲蔽。」

蘻　狗毒也。从艸,繫聲。

【集解】《釋艸》樊云:「俗語苦如蘻。」徐鍇以狼毒當之,而譏樊,似未然也。陸機疏云:「蓮的中有青長三分爲鉤爲薏,味甚苦。」引俚語。則謂苦如薏,「薏」、「蘻」、「狗」、「鉤」聲並同,是即《釋艸》下文之「的中薏」也。《説文》次與「蒟」、「蕅根」相連,《説文》「薏」下無此義。然曰「毒」則未詳。

蔜　艸也。从艸,㛂聲。

【集解】《釋艸》:「蔜,蓃蔞。」「蔜」俗字。注:「今蘩蔞也,或曰雞腸草。」

芐　地黄也。从艸,下聲。《禮記》:「鈃毛牛藿羊芐豕薇。」是也。

【校勘】篆各本同,顧本作「芐」,妄也。「記」,兩宋本、葉本如此,《均會》引同(孫、鮑本同),小徐本、趙本、李燾本、毛本作「曰」，《集均》、《類篇》引皆捝此字。「鉼」，《韵會》引作「鉶」，誤。「芼」，各本作「毛」，《繫傳》曰：「其中菜謂之芼。」是小徐本本作「芼」。按《儀禮》作「芼」，「芼」是也，依正。各本無「也」，依通例補。

【集解】《釋草》文。郭云：「一名地髓，江東呼苄。」按見《本艸》。「禮記」者，本書《序》偁「儀禮」爲「禮記」。段注：「今《儀禮》曰：『羊苦。』注：『苦，苦荼也。』今文『苦』爲『苄』……非也。」《采菽》傳：「菽可以芼太牢，羊則苦，豕則薇。」桂按：「毛用苦字，亦不以爲地黃。」

薟 白薟也。蔓生於野者也。從艸，僉聲。

【校勘】各本無次句，元應書十七引「白薟也」，有次句，依補。

【集解】《釋艸》：「萰，菟荄。」注：「未詳。」《本艸》以爲即此。「薟」，《本艸》作「蘞」。《圖經》：「二月生苗，多在林中作蔓。」案：别有烏蘞、赤蘞。《詩》：「蘞蔓于野。」

蘞 薟，或從斂。

【校勘】《廣均》：「蘞，《說文》同上。」《五經文字》：「薟、蘞二同。下見《詩》。」元應云：「古文薟，今作『蘞』。」王云：「疑《說文》本無『蘞』，後人因《詩·唐風》增。」

芩 黃芩也。從艸，今聲。《詩》曰：「食野之芩蒿也。」

【校勘】各本出「荃，黃荃也。從艸，金聲。芩，艸也。從艸，今聲。《詩》曰：『食野之芩』」。《御覽》九百九十二引「荃，黃芩也」。《鹿鳴》《釋文》引「芩，蒿也」，以别毛傳「艸也」之訓。蘭考「芩」、「荃」實一字。「黃荃」，《神農本艸》、《急就篇》、《廣疋》皆作「黃芩」。《均譜》「荃」、「芩」皆「巨今反」。「金」從「今」聲，故本書「紟」之籀文作「絵」，「淦」或作「泠」，《廣均》「唫」亦古「吟」字是也。今本《說文》析「荃」、「芩」爲二，誤。《玉篇》：「芩，黃芩也。《詩》云：『食野之芩。』荃，同上。」猶是《說文》舊本，今據之，而以《釋文》校補。《廣均》：「芩，黃芩，藥名。荃，草名，似蒿。」

【發明】「黄芩也」，見《本艸》。「《詩》曰……」者，《鹿鳴》文。傳：「芩，艸也。」陸疏：「莖如釵股，葉如竹蔓，生澤中下地鹹處，爲艸真實，牛馬亦喜食之。」蘭按：陸所説不知今何艸也。許義乃與毛、陸異，而與鄭同也。毛以爲三章三艸，故曰：「苹，蓱也。蒿，菣也。芩，艸也。」許、鄭則以爲一艸，故鄭以「苹」爲「藾蕭」，許以「芩」爲「蒿」也。此毛、陸、許、鄭之異，前人多不明之。《廣均》：「菳，似蒿。」

【音均】《鹿鳴》：芩、琴、甚、音。

菳　芩，或從金聲。

【校勘】各本次「芩」上：「黄菳也。從艸，金聲。」今正。説見「芩」下。本書「裣」爲籀文。按此字《玉篇》曰「同芩」，則非籀文也，當是或體耳。今按：「淦」或從「今」聲，則此亦從「金」聲耳，依正。

藨　鹿藿也。從艸，麃聲。讀若剽。一曰蒯屬。（《字林》工兆反）

【校勘】《南賦》注引「蒯屬」（「蒯」今訛「蔽」，依何校本）。「藿」，據小徐、《均會》別本，作「藿」。《字林》音出《爾疋》《釋文》，「工」疑誤。《均會》引「鹿」上有「艸名」二字，非。

【發明】小徐：「按《爾疋》：『鹿藿，鹿豆也。一名蔨。藨，麃。』注：『即莓也，與鹿豆相近。』疑《説文》注誤以『藨麃』爲『鹿藿』字也。」蘭按：《廣疋》亦云：「藨，鹿藿也。」王引之云：「如鍇説，則是許誤讀『藨』爲『鹿』也。草之名『鹿』者，若『鹿蓐』爲『王芻』、『鹿腸』爲『元參』之類多矣。但言『藨，鹿』，何以知爲『鹿藿』？即今許氏善於附會，亦不至謬妄如此。且《説文》所用《爾疋》與今不合者，如『蘠蘼實』、『蘉灌渝』之屬，皆句讀之異耳，未有誤讀本文而又率意增之者也。」蘭按：「藨」爲鹿藿，《廣雅》訓同，則段氏《説文注》謂「『藨』誤爲『鹿』，淺人妄增『藿』字」之説，乃依附小徐而增成其訛矣。蘭按：錢大昕曰：「《釋艸》：『蔨，鹿藿。』『藨』、『蔨』二字形聲全別，然其致誤亦有由。《春秋》『楚子麇卒』，《穀梁》作『卷』。『卷』、『麃』聲相近，蓋因『藨』訛爲『麇』，又以聲轉爲『蔨』耳。」蘭按：「蔨」，《釋文》：「謝『其隕反』。」正可證錢説。然吾意謝雖出郭後，本或不同。謝所音乃「菌」字也。蓋「藨」誤爲「蘪」，即「虋」，或又讀「虋」爲「菌」，郭本則「菌」形訛爲「蔨」，與訛爲「茵」

同例(「菌芝」條)。施乾、沈旋皆承其誤也。嚴可均云:「《說文》無『蔨』字,蓋許所見本作『藨』。」蘭考《釋文》「蔨」下出「蔍」字,云「力斛反。本今作『鹿』」。凡《釋文》云「本今作某」者,皆宋人校語(王冊山說)。蘭考唐石經各注疏本「鹿」無作「蔍」者,《說文》、《廣疋》皆作「鹿」,《說文》、《五經文字》無「蔍」字,《玉篇》「蔨,鹿豆莖」,而「蔍」下則云「蔍,蹄艸,又蔍葱也」,與鹿藿不相涉。《本艸》亦作「鹿豆」。蓋此艸命名原因鹿所食而起,焉得更從「艸」邪?且古今本無作「蔍」者,豈陸氏而陋至此乎?蓋「蔨」下陸本有「一本作『藨』」之文(大抵是漢人之本),文有脫訛,校者見其與「蔨」字形聲義皆不相續,而《疋》文有「鹿」字,遂改「藨」爲「蔍」,爲作音且曰「今作鹿」以附會之。校書者多未參互考證,而古本多戚裂矣。今古本《尚書》《釋文》傳本與今大異,校者所亂,皆此類也。陸氏之書,網羅經師異說至詳,而多湮没,惜哉!「鹿豆」即「勞豆」,見《本艸》。陸機云「苕似勞豆」,而桂疑爲一物,亦非也。「蒯屬」者,《喪服傳》疏:「屨者,藨蒯之菲也。」《釋艸》又云:「藨麃。」蘭按:古本似不作「藨」也。孫炎「藨,蒲驕反」,而《玉篇》、《廣均》「藨」皆「平表反」。「蒯屬」,《廣均》四蕭「甫驕切」則云「萑葦秀」,皆無「莓」義也。

【眉批】《說文》「菌宍」,《玉篇》正誤作「蔨宍」,可證余說。

虉 綬艸也。從艸,鷊聲。《詩》曰:「邛有旨鷊。」是也。

【校勘】各本無「艸」字,依《均會》十二錫引補。「也」字各本無,據通例增。「邛」,汪本誤「卬」,非。《玉篇》:「鷊」同「虉」。《廣均》收「鷊」不收「鷊」。

【集解】毛傳同。《爾疋》:「虉,綬。」注:「小艸有雜色,似綬。《詩》作『鷊』。」《篇》引作「虉」。「《詩》……」,《陳風》文。

蔆 芰也。從艸,淩聲。楚謂之芰,秦謂之薢茩。

【校勘】小徐「秦謂之」作「秦曰」。《齊民要術》引「蔆,茨也」。按:「陵」,「淩」之別體,「茨」恐誤。《釋草》疏引「楚曰芰,秦曰薢茩」,亦作「陵」。

【集解】「芰也」、「楚謂之芰」者,《字林》:「楚人名淩曰芰。」《釋艸》:「淩,蕨攈。」郭云:「今水中芰。」《國語》:「屈到嗜芰。」

注：「芰，蔆也。」《漢書・司馬相如傳》注，張揖、應劭皆曰：「蔆，芰也。」《内則》、《籩人》注皆同。按《籩人》「加籩之實，蔆、芡、栗、脯」，此自是天子之制，屈建所述乃侯國之制。侯國之祭不備庶物，本無可疑。而孫楚混同之，以議屈建，過矣。小徐又因「薢茩，決光」之文，附會芰爲草決明，斯真可笑。「秦謂……」者，《廣疋》：「蔆，芰，薢茩也。」《離騷》注：「芰，蔆也。秦人曰薢茩。」《釋艸》：「薢茩，決光。」郭云：「芵明也。葉鋭，黄赤華，實如山茱萸。或曰：蔆也。關西謂之薢茩。」蘭按：郭載二説，後説是也。《本草》決明無「決光」之名。《廣疋》别出「決明，羊角也」一條，知「決光」非「決明」也。「蕨攈」、「決光」一聲之轉。

【眉批】「蕨」、「芰」一聲之轉。

司馬相如説：蔆，從遴。

【校勘】《玉篇》同。

蔆也。從艸，支聲。

杜林説：芰，從多。

【校勘】《玉篇》引同。《四分律音義》引《蒼頡》「渠智反」。

【集解】桂注：「多聲……同音。」（又見《句讀》）本書「袳」、「移」並從「多」聲。

薢茩也。從艸，解聲。

薢茩也。從艸，后聲。

雞頭也。從艸，欠聲。

【校勘】《齊民要術》十、《廣均》五十琰引首句。小徐、《均譜》篆作「[illegible]」。

【集解】段注。

蘜 日精也，㠯秋華。從艸，𥸨省聲。

【校勘】「蘜」，各本作「蘜」，依《篇》、《均》引正。「𥸨」，各本作「𥶕」，小徐作「鞠」，今正。「㠯」，趙抄本、各本作「佀」，宋本、葉本、顧本小徐作「㠯」，《均會》一屋引同，今正。《玉篇》、《廣均》引二句，「㠯」作「似」，非。《釋艸》《釋文》引首句，「蘜」作「鞠」。

【集解】《夏小正》：「九月築鞠。」傳：「鞠，艸也。」《月令》：「鞠有黄華。」《章句》：「菊，艸名也。黄華者，土氣之所成也。」《楚辭・九歌》作「鞠」字。《本艸經》：「一名曰精。一種紫莖，氣香，而味甘美，葉可作羹，爲真菊。一種青莖而大，作蒿艾氣，味苦不堪食。名薏，非真菊也。」

䕮 蘜，或省。

【校勘】各本「蘜」作「蘜」，依嚴、桂説正。毛、鮑本作「䕮」，非。

蘥 爵麥也。從艸，龠聲。

【集解】《釋艸》「爵」作「雀」。注：「即雀麥也。」

藗 牡茅也。從艸，遬（遬，籀文速）聲。

【校勘】篆朱本、錢本、宋本《均譜》同。顧本、大徐本皆從「[篆]」。大徐本有「遬，籀文速」四字，舊混入正文，今别爲舊注。《篇》、《均》：「白茅也。」

【集解】《釋艸》文。疏：「牡茅，茅之不實者。」

茅莠也。從艸，私聲。

【校勘】「莠」，各本作「秀」，據《廣均》、《集均》引首句改正。《句讀》。（按：此本桂說。）

【集解】《廣疋》：「葤，菘，茅秀也。」

雚之未莠者。從艸，兼聲。

【校勘】各本作「雚」，段、桂作「萑」，皆不言所據，非是。《廣均》：「荻未秀。」

【集解】段注：「蒙上茅秀……曰薍、曰菼也。」桂云：「《夏小正》傳云：『雚未秀爲菼。』本書『菼』爲『初生』，『蒹』爲『未秀』，小異。」

⿱艹剡也。從艸，亂聲。八月薍爲雚、葭爲葦也。

【校勘】各本挩「薍葭爲」三字，段、王據《毛傳》增，今從之。

【集解】《釋艸》：「菼，薍。」注：「似葦而小，實中。江東呼爲烏蓲。」「八月……」者，段注：「按此……毛語。」

雚之初生也。一曰薍，一曰鵻。從艸，剡聲。

【校勘】各本作「雚」，汪本作「萑」，非。《埤疋》十六引「萑之初生」，作「萑」，「雚」、「萑」通。《廣均》四十九敢引三句，作「萑」，亦非。各本無「也」字，《廣均》引同。《玉篇》：「萑初生也。一曰薍也」，有「也」字，據補。《廣均》引「曰」作「名」。《均譜》：「薍，初生。」「鵻」，汪本作「騅」。《釋艸》《釋文》：「菼，《說文》作『⿱艹剡』。」

【集解】《七月》正義：「初生者菼，長大爲薍，成則名爲萑。小大之異名。」《大車》傳：「菼，蘆之初生者也。」戴氏說「蘆」爲「萑」之訛也，說見《毛鄭詩考正》。《急就》：「萑葦。」注：「薍爲萑，謂荻也。其新生曰菼。」「一曰薍」者，《釋言》、《釋艸》文。「一曰鵻」者，《釋言》、《大車》傳同。《大車》箋：「菼，薍也。毳衣之屬。衣繢而裳繡，皆有五色焉，其青者如鵻。」鄭

《志》：「騅烏青，非草名。蒮亦青，故其青者爲騅。」《釋言》《釋文》作「騅」，本書：「騅，馬蒼黑雜毛。」

𦵹，或從炎。

【校勘】《釋艸》《釋文》引「菼，或𦵹字」。《廣均》同「𦵹」。《玉篇》則以「菼」爲正，「𦵹」同「菼」。

蒹也。從艸，廉聲。

【校勘】《廣均》廿四鹽引首句。

【集解】《釋艸》注：「似藡而細，高數尺，江東呼爲蒹藡。」蘭按：曰蒹藡，則仍是藡類矣。

青蘋也，似莎而大者。從艸，煩聲。

【校勘】各本無「而大」二字，據《均會》十三元引補。各本無「也」字，《玉篇》：「青蘋（今訛作『蘋』）也，似莎（今訛『蘋』）而大。」據補。《廣均》：「蘋，似莎（今訛『蘋』），内府本則誤以正文爲『蘋』，云『似萍而大』）而大。」

【集解】《子虛賦》注張揖曰：「青蘋，似莎而大，生江湖，雁所食。」《西山經》注：「蕃，音煩。似莎而大。」用「蕃」爲之。《招隱士》：「青莎雜樹兮蘋草靃靡。」

昌蒲也。從艸，卬聲。益州生。

【校勘】「生」，依小徐，毛剜改本同。初印本作「云」。宋本、葉本、趙本、《五音均譜》、《集均》、《類篇》皆作「云」，說見下。「昌蒲」上段補「茚茆」二字，嚴《議》同，說謬。見「茆」下。

【集解】《廣疋》：「卬，昌陽，昌蒲也。」蘭按：「茚」、「陽」疊均，「茚」、「昌」疊均，「昌」、「陽」疊均。《吕覽・任地》注：「菖，菖蒲。」《周禮・醢人》注：「昌本，昌蒲根。」然則亦單呼「昌」也。《淮南・說林》作「昌羊」，亦疊均字。「昌蒲」見《本艸經》。「益州生」者，《別録》：「生上洛池澤及蜀郡嚴道。」弘景曰：「上洛郡屬梁州，嚴道縣在蜀郡。」然則生梁益閒也。作

「云」者，非。茆爲疊均字，豈必益州始稱之邪？然亦本有闕文，「益州生」三字不詞。

艸也。從艸，邪聲。

【校勘】「艸也」，各本訛作「茆莃也」，今依宋本《均譜》正。《篇》、《均》皆「艸名」。《篇》次「茆」下「莃」上有「蘢」字，不連文。

【集解】桂、王皆以爲即「荼」字，然此云「艸」，則非菸花，俟考。

葦華也。從艸，刀聲。

【校勘】《篇》、《均》訓同。

【集解】《釋艸》：「葦醜，芀，葭華。」蘭按：葭之華曰「華」，葦之花曰「芀」也。

芀也。從艸，列聲。

【校勘】《廣均》十七屑引首句。宋本《均譜》作「葦芀」，似非。

【集解】《周禮·戎右》注：「茢，苕帚，所以掃除不祥。」段注。蘭按：襄廿九年《左傳》注：「茢，黍穰。」則借爲「栵」字。茢爲芀，栵爲黍穰，各有分别。猶木曰華、草曰秀，雖可通用，而本不相亂也。朱駿聲謂「茢苕」本字當作「栵」，「茢」之本字當爲《爾疋》之「茢，勃茢」。亂其體例以議許君，不自量其力矣。

水之曰菡蔄也。從艸，函聲。

【校勘】各本無「水之曰」三字，《均會》引有「芝曰」二字。《古今注》：「夫容，一名水芝。」《句讀》曰：「兩字爲一名者，如珊瑚之類，皆詳説於上字下，此獨詳説於下字下，即由水芝之别名而然，若如今本則非例。」據其説補。（又按：《均會》引「芝」字或「花」之訛，俟更考。）宋本《均譜》引「菡，艸木華未發」，又「马」下引「菡也」，與今皆異，俟考。

【集解】《澤陂》傳：「菡蕳，荷花也。」郭璞《釋草讚》：「一曰澤芝。」

菡蕳。扶渠華未發者爲菡蕳，已發者爲夫容。

【校勘】「扶渠」，各本作「芙蓉」，汪、祁本作「夫容」。又各本無二「者」字，「夫容」作「芙蓉」。今據元應書三及八引補正。末「夫容」二字，汪、祁本不訛。《釋艸》疏引「菡蕳，花未發也。已發名芙蓉」。《五經文字》：「萏，《説文》作『蕳』。」（慧苑書三引「芙蓉，花未發者爲菡萏。」又曰：「《玉篇》作『菡蕳』。《字書》作『菡萏』。《説文》作『莟萏』。」）

【集解】《釋艸》：「荷，芙蕖。」李巡曰：「扶渠，其總名也，別名芙蓉。」「未發爲菡蕳」者，高誘曰：「其秀曰菡萏。」《易林》：「萏菡，未華。」本書：「𢎘，嘾也，艸木之華未發函然。」蘭按：「菡萏」即「𢎘嘾」，皆疊均。「已發爲夫容」者，疑亦當作「夫渠」，再出「一曰夫容」句也。陸機疏：「已發曰夫渠。」郭《音義》：「今江東人呼荷華爲芙蓉。」《招魂》：「芙蓉已發。」是也。蘭按：「夫渠」、「夫容」皆聲類字也。《釋艸》注：「蕍，猶敷蕍，亦華之貌。」「敷蕍」、「扶渠」疊均。「容」猶「榮」，亦花也。《説卦》：「震爲旉干。」注：「鋪爲花貌，謂之藪。」然則「夫容」猶「敷榮」也，亦疊均字也。「夫」、「扶」本字皆當作「藪」，《釋艸》又云「的藪」是也。

【音均】《澤陂》：萏、儼、枕。

【眉批】按「菡蕳」、「芙蓉」二説與王念孫《廣疋疋證》闇全，亦可自信矣。「容」，王以爲「甬」聲之轉。

扶渠之實也。從艸，連聲。

【校勘】各本作「芙蕖」，汪、祁本作「夫渠」，今依元應書三引改（此據桂）。

【集解】《釋艸》：「其實蓮。」郭云：「蓮謂房也。」又：「的藪。」注：「即蓮實。」蘭按：古詩「魚戲蓮葉東」，今俗又呼荷花爲蓮花，此皆郭《音義》所謂「以蓮爲荷」也。郝疏云：「未聞何邪。」段注：「《陳風》：『有蒲與蕳。』箋：『蕳，當作蓮。蓮，夫渠實也。』鄭意欲合三章爲一物耳。」蘭按：《采苓》「采苓」，又以「苓」爲之。《龜策傳》：「龜千歲乃游苓葉之上。」是也。

茄　扶渠之莖也。從艸，加聲。（音加，又音歌。）

【校勘】各本作「芙渠」，汪、徐作「夫渠」，宋本《均譜》作「芙渠」。又各本無「之」、「也」二字，並依「蓮」下例補正。二音出元應書十四、慧琳書五十九引。

【發明】段云：「茄之言柯也，古與『荷』通用。」蘭按：《古今字詁》：「茄，亦荷字也。」漢樂府：「鷺何食？食茄下。」《揚雄傳》：「衿芰茄之綠衣兮。」《釋艸》：「其莖茄。」樊光注引《詩》：「有蒲與茄。」則樊據《詩》作「茄」。今《詩》「茄」作「荷」。鄭箋云：「芙渠之莖曰荷。」則鄭據本《爾疋》作「其莖荷也」。韓保昇《本艸》引陸機疏亦云「其莖曰荷」，與鄭合。錢大昭以爲毛、鄭本作「茄」，非是。

荷　扶渠之葉也。從艸，何聲。

【校勘】各本作「芙蕖葉」，祁、汪刊鍇本作「夫容葉」，錢本、小徐、宋本《均譜》作「芙蓉葉」，今依「蓮」下例補正。

【發明】《釋艸》：「其葉蕸。」《釋文》：「蕸，字或作『葭』。」眾家並無此句，惟郭有。然就郭本中或復脫此一句，亦並闕讀。蘭按：古本有「其葉荷」一句也。李巡注曰：「皆分別蓮莖、葉、華、實之名。」李本若無「其葉」一句，則安用此「葉」字？知李本本有也。《初學記》引《爾疋》「其葉荷」，與許正合。《類聚》引《爾疋》「其葉葭」，與陸言或本合。蘭按：古音「茄」與「荷」同，故多通用。鄭、陸機據本《爾疋》作「其莖荷」是也。傳授之間因其聲同，遂脫去一句。陸見眾本無者，脫也。郭本本亦作「其葉荷」，與許不異，即徐堅所引之本也。當是別本作「其葉茄」，「茄」誤爲「笳」，因寫作「葭」（《文選》注：「笳，《說文》作『葭』。」「胡笳」即「胡葭」）。此《類聚》及陸所據之或本也。《詩疏》引作「蕸」，與今本同。是又流俗加「辵」旁，《說文》所無之字也。知郭本亦作「其葉荷」者，郭《音義》云：「北方人以蓮爲荷，蜀人以藕爲茄，用根子爲莖（今本作『母』，誤）葉號。」然則郭本作「荷」，確矣，況有徐堅之引邪（堅所引「荷，芙渠」下亦郭《音義》文，知據郭本）。陸氏未得善本，自古本滅絕而千餘年無知此者矣。段氏注《說文》而云《爾疋》以無此句者爲是者，謬也。荷爲葉名，芙蕖爲華名，曰「荷，芙渠」者，舉花葉爲總名耳。或因此而謂荷非葉名，亦非。若李巡本即作「蓮，扶蕖」矣（陸雖不舉此異，然李云「皆分別蓮」云云，又云「菡萏，蓮花也。的，蓮實也」，是李本作「蓮，扶蕖」無疑），可謂蓮非實名邪（李本則似不出「其實蓮」句）？

【音均】《澤陂》：陂、荷、何、爲、沱。《招魂》：蛇、池、荷、陂、陀、羅、離、爲。又：羅、歌、荷、酡、波、奇、離。

蔤 扶渠之本也。從艸，密聲。

【校勘】各本作「芙蕖本」，汪、祁本作「夫渠本」，今據「蓮」下例補正。

【集解】段注……

蕅 扶渠之根也。從艸，禺聲。

【校勘】各本作「芙蕖根」，汪、祁作「夫渠根」，《均譜》作「芙渠根」，今據「蓮」下例補正。「禺聲」，各本作「水禺聲」，今正。嚴反疑水部舊無「湡」篆，段欲訂爲「耦聲」，皆非也。《篇》、《均》「蕅」同「藕」，蓋本《説文》。

【發明】見《釋艸》。《周書》：「藪澤竭則蓮藕掘。」按：藕，扶渠根之大名也。蔤者，根頭白蒻，不過數寸。藕則有長尺外矣。《釋艸》本文已亂，「其中的」二句不當連「其根蕅」下。李巡云「皆分別蓮莖、葉、花、實之名」，許君亦以「蓮」、「茄」、「荷」相次，與李次同。不以花次其下者，因以「菡䕼」領諸文而變其次也。不及實者，李注以「的」爲實，許以實即「蓮」也，先出「蓮」矣。此形書，不當出「的」於此也。李云莖、葉、花、實而不及「蔤」、「藕」，蓋次序更在「薏」後。李本或別起文故也。許次同之。高誘《淮南》注：「荷，夫渠也。」「茄」、「蔤」、「夫容」、「菡萏」、「蓮」、「的」、「薏」相次雖異，李、郭亦以「茄」、「蔤」、「藕」與「蓮」、「的」、「薏」分次，甚分明也。段氏誤以今本《疋》次爲作者手定之本，乃生妄説，以蔤爲全荷之本，藕爲下近蔤上近花莖之根。謬妄孰甚，抑不思今《疋》本而可信者，則藕中乃有的，將爲何物矣？今本固可信邪？

蘢 天蘥也。從艸，龍聲。

【集解】見《釋艸》。注：「未詳。」或以爲即紅蘢古也。

蓍　蒿屬也。生千歲三百莖。《易》吕爲數。天子蓍九尺，諸侯七尺，大夫五尺，士三尺。從艸，耆聲。

【校勘】大徐本篆誤從「耆」。「蒿屬也」，各本無「也」字。《易》《釋文》引同。《釋艸》《釋文》及疏、《曲禮》疏引皆有「也」字，據補。小徐本作「蒿葉屬」，汪本無「葉」字，《均譜》、《均會》皆無「葉」字，有者衍。《均會》引此句下有「用之以筮」四字，鈕云非。「生千歲三百莖」，依《五音均譜》及小徐本、毛本，《玉篇》、《廣均》、《集均》、《類篇》、《均會》、《易》《釋文》、《釋艸》《釋文》及疏、《曲禮》疏、《御覽》九百九十七引並同。兩宋本、葉本皆作「生十歲，百莖」(孫鮑刻誤本同)。《釋艸》疏引「莖」下有「可以爲卜策」一句。「《易》以爲數……三尺」，《廣均》引同。《易》《釋文》、《曲禮》疏、《玉篇》引皆無「蓍」字。

【集解】「蒿屬」者，《下泉》傳：「草也。」疏：「似藾蕭。青色，科生。」「生千歲三百莖」者，《博物志》同。「《易》以爲數……三尺」者《蒼頡篇》：「蓍，策也。」段注「耆聲」者，《尚書大傳》：「蓍之爲言耆也。」

【音均】《下泉》：蓍、師。

菣　香蒿也。從艸，臤聲。

【校勘】《廣均》廿一震：「香蒿，可煮食。」

解見「蒿」下。

[illegible]　菣，或從堅。

【校勘】王云：「《釋文》『菣』，《字林》作『𦺉』。恐此字《說文》本無，後人以《字林》補入。」

莪　蘿也。從艸，我聲。

【校勘】各本作「蘿，莪，蒿屬」，小徐作「蘿，莪，蒿屬也」，今正。

【發明】王毌山《釋例》十五：「案《爾疋》：『莪，蘿。』注：『今莪蒿也。』……然則『我』、『羅』二字，在今音爲疊韻，在古人爲恒言。故艸與蟲皆有是名矣。且以『蘿』下云『莪也』例之，則『莪』下當云『蘿也』。『蒿屬』不當連言『莪』。」蘭按：王説猶未然也。凡《説文》之例，二字連語及轉注之有訓解者，苟相類次，其義必出於下字。如此二字，則元文爲「莪，蘿也。……蘿，莪也。蒿屬」，此許本例也。唐人便於誦習，乃以「蘿」下注附「莪」下，後校者又據别本「蘿」下有「莪也」二字，合二本爲一，遂不可通矣。《説文》多有此。王氏見今本多有訓釋在上字下者，故不知此例，説之多有牽强也。

【集解】《釋艸》注：「今莪蒿也。」見《詩義疏》。

【音均】《菁莪》：莪、阿、儀。

【眉批】段改「蘿莪」作「莪，蘿也」，非。《句讀》删「莪」字，作「蘿，蒿屬也」，以爲本毛傳，更誤。毛云「莪，蘿蒿」，言莪一名蘿蒿，未嘗言「屬」。若言蘿蒿屬，則是以莪爲蘿蒿之屬，非一物異名矣。豈非大誤？若云毛以「莪蘿」爲句，「蒿也」爲句，則亦非。陸疏云「一名蘿蒿」，固承毛語也。

蘿 莪。蒿屬也。從艸，羅聲。

【校勘】諸本作「莪也」，今補正，説見上。

【音均】《楚辭・山鬼》：阿、蘿。

菻 蒿屬。從艸，林聲。

【校勘】《廣均》訓同。《玉篇》無。徐鍇曰：「䕲蒿字亦作此。」《集均》：「菻，或從廩。」《廣疋》：「莪蒿，䕲蒿也。」蘭疑「菻」是《字林》字也。不然，何許君説之而不綰合「莪」、「蘿」二注邪？

蔚　牡蒿也。從艸，尉聲。

【校勘】《篇》、《均》：「茺蔚。」

【集解】《義證》：「《釋艸》：『蔚，牡菣。』郭注：『無子者。』《詩·蓼莪》傳：『蔚，牡菣也。』陸疏：『牡蒿也……』馥案：牡鞠、牡荆、牡茅皆非無子，郭説失之。」

【音均】《蓼莪》：蔚、瘁。《侯人》：薈、蔚。

蕭　艾蒿也。從艸，肅聲。

【校勘】《艸木疏》、《采葛》疏皆引「艾蒿」。

【發明】陸機疏曰：「蕭萩，今人所謂萩蒿者是也。或云牛尾蒿，似白蒿，白葉，莖麤，科生，多者數十莖，可作燭。有香氣，故祭祀以脂爇之爲香。許慎以爲艾蒿，非也。禮《王度記》曰：『士蕭，庶人艾。』艾、蕭不同，明矣！」蘭按：陸機誤也。許若言「艾也，蒿也」，乃是蕭一名艾，艾一名蕭，甚如其謬。今尗重言艾蒿，則明本自蒿之一類，名曰艾蒿，非蕭是艾也。陸云「似白蒿」，白蒿即是皤蒿。陸又云「凡艾白色爲皤蒿」，然蕭之偁艾蒿，以艾白色也。是艾爲蒼色，猶青蒿、皤蒿耳，許未嘗誤也。

【音均】《采葛》：蕭、秋。《車攻》：蕭、悠、庖（句中均）。

【眉批】檢段注甚與余言合，可參觀。若《句讀》補正乃讛語耳。

萩　蕭也。從艸，秋聲。

【校勘】《篇》：「蒿也。」《均》：「蕭，似蒿也。」

【集解】《釋艸》：「蕭，萩。」注：「即蒿。」《釋文》：「音秋。今訛作『荻』。蘆薍之『薍』亦作『荻』，正字皆當作『萑』。」

鳧茈也。從艸，勺聲。

【集解】《釋艸》文。段注。

王彗也。從艸，湔聲。

【校勘】《釋艸》：「葥，王彗。」《釋文》引《說文》作「湔」（「⿱艹湔」之誤）。《玉篇》：「葥，王彗艸，可爲帚。⿱艹湔，同上。」

【集解】王，大也。《釋艸》作「葥」。郭云：「王帚也。似藜。其樹（疑誤）可以爲掃篲，江東呼之曰落帚。」今《疋》文「彗」訛「篲」。今本《說文》上又有「葥」字，今刪。說具彼。

【校勘】各本「艸也。從艸，爲聲」。《古文苑》十九引「蔿，姓。楚有蔿氏，世爲大夫」（《廣均》爲「薳」下注「蔿」皆作「薳」）。《字典》引「晉大夫蔿伯」（見《廣均》）。蘭按：「艸也」之義，於古無徵。二書所引，疑並以他書當《說文》也。《文選·琴賦》：「眾葩敷榮曜春風。」注：「古本『葩』字爲此蒍（一本『此蒍』作『花貌』，非）。郭璞：《三蒼》（一本『三倉』作『曰葩』）爲古『花』字。今（一本作『合』，誤）讀音『于彼切』，《字林》音『于彼切』。張衡《思玄賦》曰：『天地烟煴，百卉含蘤（一本訛「葩」）。鳴鶴交頸，雎鳩相和。』以韻推之，所以不惑。」又《思玄賦》「蘤」作「葩」，注：「《說文》曰『蘤』古『花』字，本誤作『蘤』，音『爲詭切』，非此之用也。」（《後漢書》作「蘤」，注引張揖《字詁》：「蘤，古『花』字也。」）蘭按：《說文》無「蘤」，李所引當爲「蔿」字也。《選》文及注多誤。《琴賦》本爲「蔿」字，注「葩」當作「爲蘤」，「蒍」、「爲」、「蘤」三字皆當作「蔿」。《思玄賦》文亦當「蔿」，注引《說文》亦當作「蔿」，「花」皆當作「華」。蓋「蔿」古音同「華」，《廣疋》「蔿」訛「蒍」也，《類篇》「蔿」有「吁瓜切」一音是也。故《說文》、張揖（《漢書》亦當作「蔿」）、郭璞皆云古「華」字也。後世讀「蔿」爲「于彼切」，乃與「蘤」字相混。《玉篇》：「蘤，花榮也。」《廣均》：「花也。榮也。」蓋即《說文》「䮂」字，聲義並同也。故李氏辨之耳。《拾遺記》：「西王母進洞淵紅蘤。」《唐書·西域傳》：「坐金蘤榻。」並以「蘤」爲「華」，蓋「蔿」、「蘤」之亂久矣。傳寫《選》、注者多不識字，故不可通。

《字林考逸》載戴說、《句讀》「葩」下説皆誤。蓋自李而下無有知「蔿」古「花」字者，或以《說文》華部古文「蔿」字析入艸部（此似亦因《玉篇》而來），校者又意改爲形聲字，而《說文》亦不可解矣。今訂正當爲「華」下古文。蔿姓之字疑本作「鄬」。

【音均】《思元賦》：蔿、和。

【眉批】《方言》注：「蔿，音華。」

《五經文字》次在「藡」字後。

𦬸　艸也。從艸，冘聲。

【校勘】

【集解】段注云：「此與𦬸藩各物。」王云：「上文『蕁』既不類列，此又不云『𦬸藩也』，蓋非一物。」蘭按：《玉篇》：「𦬸，丁敢切。艸也。又除林切。蕁，𦬸藩。」與段說合。桂以「葴」當「𦬸」，則與「丁敢切」不合。然《說文》相承音「直深切」、《廣均》「徒敢切」之字亦云「𦬸藩」，所未能詳也。

蘜　治牆也。從艸，鞠聲。

【校勘】《釋艸》《釋文》引首句。「牆」，小徐本作「蘠」，《玉篇》同。

【集解】義闕。承培元云：「疑即牆衣、薜荔之屬，《周禮》所偁『牡蘜』是也。」

蘠　蘠靡，虋冬也。從艸，牆聲。

【校勘】大徐本「虋」作「虋」。宋本《均譜》「靡虋」作「蘼虋」。

【集解】《釋艸》同。然本各艸，未詳其說。李時珍説《釋艸》有脱簡。

芪母也。從艸，氏聲。

【校勘】《廣均》引同。

【集解】《字林》：「莡母，即知母艸也。」《廣疋》：「芪母，兒踵，東根也。」《爾疋》注：「一曰蝭母。」《本艸》：「知母，一名蚳母，一名蝭母。」案今本《說文》後有「莡」，是以《字林》字闌入，說見下。案本書不與「蕁」類聚，疑《爾疋》注以「蕁」爲知母，非是。

茈菀，出漢中房陵。從艸，宛聲。

【校勘】《篇》、《均》「茈」作「紫」。

【集解】段注。

貝母也。從艸，囧聲。

【校勘】《均會》引作「貝母艸，療蛇毒。」各本「明省聲」，嚴云：「當作『囧聲』，《均會》八庚引作『囧省聲』，衍一『省』字。此作『明省』，則不省即『萌』字矣。」蘭按：嚴說是也，據改，段說謬。案：鈕引《韻會》單作「囧聲」。

【集解】《釋艸》文。注：「根如小貝，圓而白華，葉似韭。」《淮南・氾論訓》注引《詩》「言采其莔」，《本艸圖經》引同。今《詩》作「蝱」（《載馳》）。傳：「蝱，貝母也。」亦作「䖟」，見《管子・地員》。一作「貝父」，見《廣疋》。

山薊也。從艸，朮聲。

【校勘】《玉篇》：「苿，山薊。與朮同。」《廣均》：「苿，同朮。」

【集解】《釋艸》文，彼作「朮」。注：「《本艸》云：『朮，一名山薊。』今朮似薊而生山中。」《廣疋》：「山薑，苿也。」《中山經》：「前山多苿芫。」郭云：「苿，山薊也。」

蓂 析蓂，大薺也。從艸，冥聲。

【校勘】宋本《均譜》「大」譌「火」。《繫傳》挩「聲」字。

【發明】《釋艸》文，「析」作「菥」，非。舍人曰：「薺有小，故言大薺。」郭云：「似薺，葉細，俗呼之曰老薺。」《通卦驗》：「立冬，薺麥生。」《月令》：「靡艸。」注：「靡艸，薺、葶藶之屬。」疏：「其枝葉靡細，故云靡草。」蘭按：「靡」、「蓂」聲轉。《本艸》一名「蔑菥」，即「析蓂」倒文也。「蔑析」連語亦有細意。又名「大蕺」，「蕺」、「薺」聲轉。又云：「一名馬辛，一名大薺，生咸陽山澤及道旁。」然則《釋艸》又云：「姚莖，涂薺。」（「涂」，《釋文》作「蒤」。）郭云「未詳」者，即生道旁之大薺也。「大」、「涂」、「蓂」、「莖」皆聲之轉耳。《吕覽》：「殺三葉而獲大麥。」注：「三葉，薺、葶藶、菥蓂也。」蘭按：此三者皆相似，故陳藏器誤以葶藶爲大薺，而《疋》文以析蓂稱薺也。三者又皆似麥，猶莠之亂禾，故薺冒麥之稱。而欲麥熟者，期枯死三葉也。

菋 荎箸也。從艸，味聲。

【校勘】各本「箸」作「豬」，從宋本《均譜》正。

【集解】《釋艸》：「味，荎豬。」注：「五味也。蔓生，子叢在莖頭。」《釋木》：「菋，荎著。」舍人本作「柢都」，樊本作「屠」，郭作「荎著」，云「疑重出」。蘭按：作「柢都」作「屠」者皆聲轉，「豬」、「著」皆當依此作「箸」。《周禮・韎師》注：「韎，讀爲『味荎著』之『著』①。」「著」正當作「箸」。「五味」，見《本艸》。因其滕類，附木而生，故又入《釋木》，猶宛童矣。郝懿行附會之，以爲別有一種木名，非也。

荎 荎箸也。從艸，至聲。

【校勘】「箸」，各本作「豬」，依宋本《均譜》正。大徐「也」上有「艸」字。

① 整理者按：「著」字應作「味」。

絺綌艸也。從艸，曷聲。

【校勘】《玉篇》：「蔓艸也。」《五經文字》次「蔓」下。

【集解】《詩》：「葛之覃兮，爲絺爲綌。」《采葛》傳：「葛，所以爲絺綌也。」本書：「絺，細葛也。綌，粗葛也。」

【音均】《采葛》：葛、月。

【轉音】《旄丘》：葛、節、日。

葛屬也。從艸，曼聲。

【校勘】大徐無「也」字。《五經文字》次「葛」上。

【集解】《鄭風·野有蔓艸》傳曰：「延也。」許意則以蔓爲葛。「曼」爲曼延之本字，「蔓」則葛蔓之本字，而引申爲藤屬之蔓也。《唐本艸》有「葛葎蔓」。

【音均】《山鬼》：間、蔓、間。

葛屬也，白華。從艸，臯聲。

【校勘】大徐無「也」字。《玉篇》：「如葛，白華也。」《廣均》：「葛之白花。」

【發明】《本艸經》上品有「白菟藿」，吴普謂之「白葛」，陶弘景云「無識者」。按即《唐本艸》之「白花藤」也，蘇恭所言「根苗皆似葛而白花」是矣。昔人以「⿱艹皐蘇」當此，彼則二字一名，且木也，蓋失之矣。

菨餘也。從艸，洐聲。

【校勘】今本出「莕，菨餘也。從艸，杏聲。荇，莕或從行。」同今本《玉篇》字體、次序皆同。《廣均》亦作「莕」、「荇」二體。案《爾疋》：「莕，接余。」《釋文》：「本亦作『荇』。」引《詩》云「參差荇菜」，「《說文》作『䓷』」。《五經文字》：「『莕』、『䓷』二同。」然則「荅」《爾疋》字、「苻」《詩》字、「蒤」《說文》字至明，今本《說文》亂之。《玉篇》經後人删節矣。漢印兩見「苻」字，即「蒤」之省。《家訓》引《釋艸》本作「苻」，然則作「蒤」正字矣。「荾」，宋本《均譜》作「菨」。

【集解】《家訓・書證篇》引《爾疋》：「苻，荾余。字或作『荅』。」今本作「荅，接余」。「接」字蓋依《詩》傳改，《玉篇》猶作「荾」。注：「叢生水中，葉圓，在莖端，長短隨流水深淺，江東葅食之。」《關雎》傳：「苻，接余也。」劉芳疏：「黄花，似蓴，江南俗亦呼爲豬蓴，或呼爲苻菜。」

【附疑】「荾」下云：「荾餘，蒤也。」疑此字説解不當如此之簡。又《釋艸》《釋文》引《詩》後出「《說文》作『蒤』」，疑本有引《詩》語，今脱耳。

荾餘，蒤也。從艸，妥聲。

【校勘】各本無「蒤」字，宋本《均譜》有「苻」字，據增正爲「蒤」。《釋艸》《釋文》：「接，如字。《說文》作『荾』，音同。」蘭按：《詩》《釋文》：「接余，音餘。本或作『荾荼』，非。」陸本就《詩》傳説也。且「余」作「荼」，則爲苦菜之字，故曰「非」也。王毌山據此單文反以《釋艸》《釋文》爲後人所增，《說文》此字當删。以一破二已爲不可，況所據又誤邪？此之謂便辭巧説。

艸也。從艸，罤聲。

【集解】《通訓》（屯部十四頁）。蘭按：朱誤也。菎蕗蓋爲「箘」字。箘自有專字，「菎」自當以香艸爲義。

魚毒也。從艸，元聲。

【集解】《句讀》。《類篇》：「蕡，草名，無魚也。凡水有此艸，則無魚。」桂謂即「芫」之俗體。

大苦也。從艸，霝聲。

【校勘】《句讀》。蘭則疑「苦」下説解有奪，此乃許本文也。參看「苦」下。《玉篇》：「大苦，菜。」《廣均》：「菜名，似葵，可食。」

蕛 删。

【校勘】各本作「蕛，蕛苵也。從艸，稊聲」。《韻會》引作「梯聲」。嚴云：「《說文》無『稊』，《釋艸》《釋文》：『蕛，本又作稊。』元應書十四以爲《說文》『稊』作『荑』，不言作『蕛』，知六朝唐初本無『蕛』。」《句讀》云：「《釋艸》郭注：『蕛，似稗，布地生，穢草。』元應引『蕛』作『荑』。《莊子》『道在蕛稗』，即《孟子》『不如荑稗』也。」蘭按：篆文「夷」、「弟」多混，「荑」誤爲「苐」，又作「蕛」耳。今删。

苵 荑苵也。從艸，失聲。

【校勘】「荑」，各本作「蕛」，依嚴説正。

【集解】「荑苵」兩字爲名，與郭異。「荑」、「苵」亦雙聲。

艼 艼熒朐也。從艸，丁聲。

【校勘】宋本《均譜》：「艸也。」《廣均》：「艸名。」

【集解】《釋艸》文。注：「未詳。」「艼」、「熒」疊均。《釋艸》又云：「搴，柜朐。搴，藅。」注皆「未詳」。張照《考證》以「艼熒朐」爲「蒟蒻」，引《本艸經》「一名鬼芋」。蘭按：是當作「鬼芋」，張非也。畢氏校《山海經》以爲「葶藶」。

苽 蔣也。從艸，瓜聲。

【校勘】各本次「蔣」下，今依《玉篇》正。各本説解「雕苽，一名蔣」，舛錯，非許例。宋本《均譜》作「蔣也」，是也，依正。《爾疋・釋艸》疏引「菰，蔣也」。《玉篇》「菰」與「苽」同。

【集解】《廣疋》：「苽，蔣也。」《本艸》：「蔣，艸也。江南人呼爲茭艸。」

蔣　苽也。其實雕胡也。從艸，將聲。

【校勘】各本次「苽」上，依《玉篇》正。各本説解「苽，蔣也」，《南都賦》注引同。《均會》引「菰，蔣也」。《類聚》七十四、《御覽》九百九十九引作「苽也」，據正。（《句讀》：「《莊子·則陽》……爲一也。」）各本無次句。「苽」篆下衍「雕苽」二字，《御覽》九百九十九引作「雕胡」。按《玉篇》「蔣」注：「其實雕胡也。」與説解例合，蓋本《説文》，據正。

【發明】「苽也」者，《相如傳》張揖注同。「其實雕胡也」者，《周禮·食醫》、《禮·內則》注皆云：「苽，雕胡也。」按「苽」、「蔣」通名，皆言其艸。經文但言「苽」，故鄭申之曰「雕胡」也，非謂苽即雕胡。雕胡，《大招》名之曰「菰粱」，注：「菰粱，蔣實，謂雕胡也。」《七發》謂之「安胡」，《本艸》謂之「菰米」，又稱「苽手」，今俗名「茭白」。《相如賦》言「蓮藕菰蘆」，又言「東薔雕胡」，則「雕胡」是實名明甚。今本《説文》乃以「雕胡」二字入「苽」注，校者又臆改「胡」爲「苽」，是以實與艸一名矣。既以雕胡爲苽，則「苽」注「蔣也」不可通，乃改爲「一名蔣」，然則雕胡將又有「蔣」之一名耶？其不通明甚。注家沿襲其謬，甚矣，《説文》之難知也。

⿱艹育　艸也。從艸，育聲。

【集解】《義證》（又見《句讀》全引桂説）。

藣　艸也。從艸，罷聲。

【校勘】小徐挩「聲」字。

【集解】《繫傳》：「按《爾疋》：『旄，謂之藣。』注：『旄牛尾也。蓋似此艸也。』蘭按：《集均》、《類篇》引《釋器》文「旄」並作「髦」也。《釋草》：「髦，顛棘。」或許見本「旄」作「藣」。

⿱艹難　艸也。從艸，難聲。

【校勘】孫本、顧本篆如此。鈕引小徐同，《均譜》亦同。汪本、各大徐本篆作「⿱艹難」，錢抄本作「⿱艹難」。按後更有「鷬」篆，

「蘺」、「鷏」一字，是重出也。《玉篇》：「蘺，如旃切，艸名。又爇也。鷏，同上。又呼旦切，草也。」《廣均》收「蘺」，不收「鷏」，今依《廣均》存此删彼。然下宋本《均譜》無重文，今有「蘺」又與此重出，非。《汗簡》引《碧落文》以此爲「然」字。

茛　艸也。從艸，良聲。

【校勘】錢本篆作「[illegible]」，孫本篆作「[illegible]」。

【集解】段注。蘭按：《下泉》箋：「稂，蕭蓍類也。」郭璞《爾雅序》：「搴其蕭稂。」則莨，蒿屬也。

葽　艸也。從艸，要聲。《詩》曰：「四月莠葽。」劉向説：此味苦，苦葽也。

【校勘】「莠」，各本作「秀」，今正。小徐捝末「也」字。

【集解】《七月》傳文。《廣疋》：「葽，莠也。」《穆天子傳》：「茅萯蒹葽。」注：「葽，莠屬。」徐鍇曰：「《字書》：『狗尾艸也。』」「《詩》曰……」者，《七月》文。戴震曰：「葽者，幽莠也（按當云『幽也』）。《國策》：『幽莠之幼也，似禾。』《夏小正》：『四月莠（蘭按：此亦「秀」字之借）。』『幽』、『葽』語之轉耳。」「劉向……」者，説見「芙」下。曹粹中以爲「葽繞」者誤也。「葽繞」是二字一名。

薖　艸也。從艸，過聲。

【校勘】《五經文字》次「蔿」字前。

【集解】桂以爲「薖苣」。

菌　地蕈也。從艸，囷聲。

【校勘】小徐、《均會》捝「也」字。《篇》、《均》「地菌」。

【集解】《句讀》。

桑䓴也。從艸，覃聲。（《字林》式甚反）

【校勘】各本無「也」字，依《釋艸》疏引增。《玉篇》：「地菌也。」《五經文字》：「菌也。」《字林》或云：「桑䓴也」。《廣均》：「菌生木上。」「《字林》……」者，出《釋艸》《釋文》。《釋艸》疏引「桑䓴也，謂菌生木上也」。下句似邢語，否則舊注。

【集解】段注。蘭按：「⿱艹深」、「蕈」音近也。

木耳也。從艸，耎聲。一曰萮茈。

【校勘】各本「萮」作「蕍」，本書無「蕍」字，桂、鈕謂當作「渝」。按《釋［草］》「蘿蕍」本書作「灌渝」，然則此作「蕍」，當依嚴《校議》作「萮」也。《玉篇》：「木耳，生枯木也。」

【集解】「木耳也……聲」者，《字林》：「木耳也。」段注。

【發明】「一曰萮茈」者，《義證》云：「《類篇》：『⿱艹渜，艸名，紅藍也。』『⿱艹渜』即『䓴』之俗體。茈，染艸，故紅藍曰蕍茈。」蘭按：桂説是也。《篇》、《均》皆云：「㮕，紅藍。」「㮕」即「䓴」字。《説文》不曰「紅藍」而曰「萮茈」者，「萮茈」蓋「焉支」之正字也。《匈奴歌》曰：「失我焉支山，使我婦女無顔色。」《古今注》：「燕支，西方土人以染紅，中國人謂之紅藍。」習鑿齒書曰：「山下有紅藍，北方人採取其花染緋黄，挼取其上英鮮者作煙支。」蘭按：「焉支」、「燕支」、「煙支」皆取其聲也。本爲艸名，而爲婦女顔色之用，故《古今注》云「以染粉，爲婦人顔色名」。燕支粉，後乃又作「燕脂」、「胭脂」等字也。張騫自西域采得此物，而中國人易以紅藍之名。或乃就其焉支之聲，名之曰萮茈耳。茈爲染艸，則於義有取矣。漢時蓋有如此稱者，許君有所承之也。「《集均》曰『萮茈，木耳』」者，許義失傳，妄附會也。

桑實也。從艸，甚聲。（《字林》時審反）

【校勘】《泮水》《釋文》：「黮，《説文》、《字林》皆作『葚』。」《釋木》《釋文》及疏、《廣均》皆引首句。「《字林》……」者，見《泮水》《釋文》。《釋木》《釋文》引作「式忍反」。

【集解】《字林》同。《小疋》：「桑之實謂之葚。」《泮水》詩作「黮」。傳：「黮，桑實也。」《氓》詩《釋文》：「葚，本又作椹。」《廣疋音》云：「今人以椹爲桑葚，失之。」

蒟 果也。從艸，竘聲。

【集解】木部：「枸，可爲醬，出蜀。」即此果之木也。此則專爲果名，《廣志》所謂「蒟子」是也，實如桑葚，故次在「葚」下。味似茱萸，故次「茱萸」上。諸家不知木實之異名，故紛紛之說多誤。或以蒟蒻，此則非果也。各本次此有「芘」下，今次「蓏」下，說見上。

【眉批】又似即「枸」重文。

蕣 木菫也，朝華莫落者。從艸，舜聲。《詩》曰：「顔如蕣華。」是也。

【校勘】小徐本「聲」下衍「省」字。各本作「菫」，嚴《議》改爲「菫」。宋本《韻譜》、《韻會》、《文選·王明君詞》、陸雲詩注皆引作「槿」。各本無「也」字，《離騷艸木疏》引「木菫也」，據補。「莫」，各本作「暮」，依嚴、鈕說改。嚴云：「《魏都賦》、陸雲、石崇詩注皆引作『莫』（蘭按：亦作『暮』，或嚴本異）。」「者」，石崇詩注引作「也」。「是也」二字各本無，依通例補。《玉篇》：「木槿，花朝生暮落。」

【集解】段注。《句讀》。

茱 茱萸也。從艸，朱聲。

【校勘】各本篆作「萸」，從「臾聲」。蓋誤與「茱」篆倒，依《玉篇》次正。

【集解】《本艸》有吳茱萸、食茱萸二類。

茱萸也。茮屬。從艸，臾聲。

【校勘】各本篆作「茱」，從「朱聲」。誤與「茱」篆倒，今依《篇》次正。大徐本無「也」字，依小徐補。小徐無「茮屬」二字。

【集解】「茮屬」者，《圖經》：「茱萸結實如椒子。」

茮莍。從艸，尗聲。

【校勘】「茮莍」，各本皆誤，無可校改。《玉篇》：「莍也。」按莍是實，則不可以爲訓。段以「茮莍也」三字爲句，亦非。桂引小徐作「茱莍」。殆本當作「茱萸屬，其實莍也」，今本多捝文耳。（桂引郭注「今江東亦呼莍茮」，以爲或「茱茮」之訛。乃承注疏本之訛，宋本、單疏本皆不重「莍」字，桂説誤也。）然各小徐本皆作「茮莍」，且「萸」下云「茮屬」，則不當言茱萸屬矣。今仍舊文，更待考證。（王毌山據《御覽》補「似茱萸，出《淮南》」二句，然是「榝」下注也。）

【音均】《東門之枌》：荍、椒。

【眉批】《五經文字》於此次有「菽」字，即此字。作「茮」，殆非。

茮榝實，裹如裘也。從艸，求聲。

【校勘】「茮榝實」，汪、馬本作「茮椒實」，宋本《均譜》作「椒榝實」，《釋木》《釋文》引作「榝茮實」。「裹如裘也」，各本作「裹如表者」，小徐本作「煮如表者」，今依《釋木》《釋文》正。顧本依《釋文》改。

【集解】《釋木》：「茮榝，醜莍。」郭云：「莍萸子聚生成房皃。」李巡云：「椒、茱萸皆有房，故曰『梂，梂實』也。」陸機疏：「椒榝之屬，其子房生爲梂。」《椒聊》箋：「一梂之實。」疏：「梂謂椒之房裹實者也。」蘭按：諸「梂」字皆爲「莍」。本書：「梂，櫟實。」《釋木》：「櫟，其實梂。」則又別一名也。段謂「梂」即「莍」，非。許曰「實如裘」者，正言其房，且以綰合求聲也。桂議改爲「梂」，亦誤。

楚，木也。從艸，荆聲。

【校勘】各本篆誤從「刑」，解「荆聲」誤作「刑聲」。桂引王基碑、古銅印「孫荆」，其文並從「井」。蘭按：宋本《説文均譜》正作「□」，與桂説合。錢抄本小徐作「□」，蓋底本亦作「荆」也。考漢印「荆」字八見，兩字從「井」是也，四字皆從「井」，蓋省。孫荆印作「□」(與桂引不合)，周子荆印作「□」，則變也。今據《均譜》正。《均譜》從「井」亦省「、」，今正之。慧琳書三引至「聲」也。

【集解】「楚」者，「楚」下云「一名荆」。「木也」者，《廣均》：「木名，可染。」陳啓源曰：「荆有牡荆、蔓荆。楚乃叢木，非蔓生，其牡荆與？」「荆聲」者，桂云：「荆，法也，荆以立法，故從荆。」

古文荆。

【校勘】《玉篇》：「苅，古文。」《汗簡》引《古文尚書》「荆」作「苅」。《廣均》捝此字。

水衣也。從艸，治聲。

【校勘】各本無「也」，依《均會》引補。《初學記》廿七、《廣均》引同。《釋艸》《釋文》引「水青衣也」。

【集解】《廣疋》：「水衣，菭也。」段注：「《醢人》……當正者也。」蘭按：「箈」正「菭」誤，説見余《説文外編訂》。後鄭之破爲「⿱⺮怠」，則以菭不可爲菹也。「治聲」者，《釋艸》《釋文》：「菭，徒來反，或丈之反。」引《説文》、《醢人》《釋文》「菭」音「迨」，引沈云：「北人音『丈之反』。」按「丈之反」者，「菭」之古音也。《本艸》一名「陟釐」，「陟釐」亦切「治」音。

萌牙也。從艸，牙聲。

【校勘】「牙」，各本作「芽」。錢抄、朱竹君抄小徐本作「牙」(王云殘字非「牙」字，足格，明非殘缺)，依正。《句讀》：「此篆……上耳。」蘭按：王此説甚精。「牙」借字，「芽」後起專字。《玉篇》次序同此，意「芽」字是許所收。明古但作「牙」字，故注衹作「萌牙」，亦即以「萌牙」釋「芽」耳。單云「萌也」，則不知古今之異而他篆注作「牙」爲非矣。單云「牙也」，則其義不盡。段作「芽，萌也」，非。

【集解】《廣疋》：「萌芽，始也。」又：「萌芽，蘖也。」

【音均】《月令》：芽、孤。

艸木牙也。從艸，朙聲。

【校勘】各本作「艸芽也」，《均會》引同。朱本、錢本、鈕所據本、顧本小徐皆作「艸也」。案《繫傳》亦當有「芽」字。《玉篇》、《篇海》引作「艸木芽也」。宋本《均譜》作「艸牙」，據參定補正。

【集解】《月令》：「艸木萌動。」段注。《序卦》：「蒙者，蒙也，物之穉也。」鄭注：「齊人謂『萌』爲『蒙』也。」蘭按：《易》之《屯》、《蒙》皆艸木之始生也。

艸初生出地皃。從艸，出聲。《詩》曰：「彼茁者葭。」是也。

【校勘】小徐、《均會》無上「出」字。《均譜》：「艸初生。」《廣均》同。「是也」二字，依通例補。《玉篇》：「艸出皃。」《均會》無「聲」字，非。

【集解】《廣疋》：「茁，出也。」《關尹子・八籌》：「草木俄茁茁，俄亭亭，俄蕭蕭。」蘭按：《孟子》：「牛羊茁壯長而已矣。」注：「生長皃也。」按「茁」字引申爲始生之義，言牛羊始生至壯至長也。故《史記》曰：「牛羊遂而已矣。」「遂」者，達也，達其生長之道也。或以茁爲芻艸，此邪説也。「《詩》曰……」者，《騶虞》文。傳：「出也。」

艸木榦也。從艸，巠聲。

【校勘】各本作「枝柱」，鈕引宋本、孫刊本大徐有「也」字。琳書引「枝主也。從艸，巠聲也」，《玉篇》引作「艸木榦也」，《廣均》義同，據正。「枝主也」義出《字林》。慧琳所引疑亦併合《字林》之本（《字典》引《説文》、《字林》分別甚明）。

【集解】《九歌》：「緑葉兮紫莖。」

【音均】《少司命》：青、莖、成。

【眉批】此字更待考核。

莛 莖也。從艸，廷聲。

【校勘】《玉篇》引首句。下云：「東方朔曰：『以莛撞鐘，言其聲不可發也。』」似顧語。

【集解】《句讀》。《漢書》注：「文穎曰：『謂稾莛也。』」《楚辭》：「索藑茅以莛篿。」今作「筳」，非(「莛」據《玉燭寶典》引)。

葉 艸木之葉也。從艸，枼聲。

【校勘】《玉篇》無此字。

【集解】凡物之薄者稱葉，是字本當作「枼」也。「葉」亦薄，故從「枼」聲。「枼」從「世」，《詩》言「中葉」猶中世也。《吳都賦》言「累葉」猶累世也。故拍盤「永枼勿出」作「枼」，不作「葉」，猶言永世勿出耳。

𦮵 艸之小者。從艸，𠛱聲(舊注：𠛱，古文鋭字)。讀若芮。

【校勘】舊注各本混入正文，今別出。「古」當爲「籀」，《玉篇》作「𦮵」。

【集解】《句讀》：「桂氏……音鋭。」《左思賦》：「鬱兮䓲茂。」蘭按：此及《方言》之「小」皆當讀「少」也。

芣 華盛也。從艸，不聲。一曰芣苢。

【校勘】各本無「也」字，《篇》、《均》：「𦬸，華盛也。」據補。疑此字本作「𦬸」，芣苢字則本作「不苢」，後人改「𦬸」爲「芣」，又以芣苢義附益之。

【發明】徐鍇曰：「慎意以此爲『棠棣之華，萼芣韡韡』之『芣』也。」蘭按：「萼芣」，《詩》作「鄂不」，徐所引非是。考《小疋》箋曰："不，當作『柎』（今本作『拊』，訛，依《韻會》引正）。《集均》『柎』或作『柎』、『不』、『扶』，云：『艸木房爲柎。一曰華下萼。』亦本鄭箋也（《集均》義亦失）。）柎，鄂足也。"然則鄭君破"不"爲"柎"也。許於木部曰："柎，闌足也。""柎"有足義，故以鄂柎爲鄂足。"不"、"柎"以聲假借，非"不"有足義也。《説文字原》云："不，鄂足也。象形。"此耳食者流，不知破字假借之條者也。小徐語亦致不可通。鄭曰："鄂足得華之光明則韡韡然盛。"然則鄭以"足"釋"不"、以"盛"釋"韡韡"也。許安得以"不"作"芣"而曰"華盛"邪？《詩》所以取興者，程子曰："常棣花萼相承甚力，故以興兄弟是也。"鄂足猶今蔕也。許下文"葩"、"芛"諸字皆華也，義豈相近邪？（即不以"不"爲足，既言"鄂"，即不可更言"花盛"。語不可通，甚易辨也。）桂、王皆承小徐爲説，誤矣。蘭考《玉篇》："菩，芳扶切，華盛也。"《廣均》同。《集均》："菩，或省作芣。華盛皃。"是《篇》、《均》之"菩"，即許君之"芣"也。本書無"菩"字，菩之俗字又作"蓓"。《玉篇》："蓓，蓓蕾。蕾，蓓蕾，花綻皃。"《廣均》："蓓蕾，始華也。"按"蕾"亦俗字，疑本作"雷"。今謂花含苞將放爲蓓蕾，蓋含盛意。以下文"葩"推之，則許意亦同。猶人之方壯謂之盛年，非謂繁多也。《易·豐》："豐其蔀。"《説文》無"蔀"字，《釋文》鄭、薛作"菩"，云："小席。"按本書："菩，艸也。"陸績《易》注曰："茂盛周帀之義。"則陸據本當作"芣"，許説"芣"爲盛，正與陸合（説以"華"者，就字形從"艸"也）。則所據《易》本亦作"芣"也。"芣"一作"菩"，與"菩"字之異，爭一點耳。故許、陸本作"芣"，鄭、薛本作"菩"也。此皆正字，"蔀"乃俗字耳。許時經傳文字與今異者眾矣，不細體會之，安能得其故？强爲附會，則非所聞矣。"一曰芣苢"者，疑後人附益語。

【眉批】《玉篇》又出"苤，華盛也"，亦即此字。

葩　華也。從艸，皅聲。（普華切）

【校勘】《西京賦》注引首句及切音。《五經文字》次"芣"後"蘣"前。顧本依段改篆爲"[篆文]"，誤。

【集解】《廣疋》同。

芛　艸之葟榮也。從艸，尹聲。

【校勘】汪本、鮑本、毛本、宋本《均譜》"葟"作"皇"，非。《玉篇》："芛，華榮也，草木華初生者。"

【集解】《釋艸》：「芛，葟華榮。」本書「䑞」下云：「華榮也。」特此亦當作「華榮也」。

蘳 黄華也。從艸，鞋聲。讀若墮壞。

【校勘】各本無「也」字，《廣均》引同。小徐本誤作「華黄」。《後漢・馬融傳》注引「黄花也」，據補。大徐無「墮」字，依小徐補。

【集解】段注。

蔈 苕之黄華也。從艸，票聲。一曰末也。

【校勘】「末也」，小徐作「未」。

【集解】《玉篇》：「黄華也。」段注。《淮南》高注：「蔈，古文作秒。」

英 艸榮而不實者曰英也。從艸，央聲。

【校勘】各本「曰英」作「一曰黄英」。顧本「曰」作「名」。《韻會》引在「央聲」下作「一曰黄英，木名」。按徐鍇曰：「《爾疋・釋木》有『權，黄英』。」蘭按：許於「權」下云：「黄華木也。」即《釋木》之「黄英」。則鍇説非也。郝、段又以當《釋艸》之「權，黄華」。蘭按：「權，黄英」、「權，黄華」，「英」即是「華」，《釋艸》、《釋木》本是重出，郭以艸釋之，故於《釋木》曰「未詳」。許以「權」從「木」，故主木言之，曰：「黄華木也。」安得於此更言「黄英」？桂氏以爲當爲「葍英」。蘭按：亦非也。凡黄英、薏英即黄華、薏華也。曰「榮而不實」，則華之義已顯，不能多此贅疣也。《篇》、《均》皆云：「華也，榮而不實曰英也。」次句蓋本《説文》。今《説文》乃因「英」、「黄」形近，衍一「黄」字，校者又增一字耳。《説文》大例，一曰之義皆在「某聲」之下，今乃不然，則其誤顯然也。今正之。删「一黄」二字，補「也」字。許君之義，庶幾明爾。

【集解】「艸榮而不實曰英」者，高氏注《吕覽》引《爾疋》：「榮而不實曰英。」今《爾疋》「曰」字作「謂之」二字也。許言「艸」者，字從「艸」也。

薾　華盛也。從艸，爾聲。《詩》曰：「彼薾惟何。」是也。

【校勘】《集均》引「惟」作「維」。各本無「也」，依《字典》引補。《玉篇》：「艸盛皃。」《廣均》：「華茂也。」《五經文字》：「薾，今《小疋》借『爾』字爲之。」「是也」二字，據通例補。

【集解】郭璞注《三倉》：「華繁曰薾。」「《詩》曰」者，《采薇》文。今省作「爾」。傳曰：「花盛皃。」（此爲專字。段以爲與「爾」音義同，非。朱以此爲俗，更非。）

萋　艸盛皃。從艸，妻聲。《詩》曰：「菶菶萋萋。」是也。

【校勘】各本無「皃」字，依《均會》引補。《廣均》同。《玉篇》：「艸茂皃。」「是也」二字，據通例補。

【集解】《廣疋》：「萋萋，茂也。」《葛覃》：「惟葉萋萋。」《韓詩章句》：「萋萋，盛也。」《漢書・外戚傳》注：「萋萋，青艸皃。」「《詩》曰……」者，《卷阿》文。傳曰：「梧桐盛也。」《句讀》：「案……言之。」

【音均】《葛覃》：萋、飛、喈。《巷伯》：萋、斐。

菶　艸盛皃。從艸，奉聲。

【校勘】各本無「皃」字，依《字典》引補。

【集解】《通俗文》：「草盛曰菶。」《廣疋》：「菶菶，茂也。」《詩・生民》：「瓜瓞菶菶。」傳：「菶菶然多實也。」今本訛作「唪」。《說文》兩引皆作「菶」。《玉篇》：「菶，菶菶，多實也。」正本毛傳。則原本所引亦必爲「菶」，陳時猶未訛也。《采菽》：「其葉蓬蓬。」

【音均】《卷阿》：菶、雝（句中均）。

薿　茂也。從艸，疑聲。《詩》曰：「黍稷薿薿。」是也。

【校勘】《玉篇》：「薿薿，茂盛皃。」《廣均》六止：「草盛皃。」廿四職：「茂盛。」

【集解】《廣疋》：「薿薿，茂也。」「《詩》曰……」者，《甫田》文。箋：「薿薿然而茂盛。」《漢書·食化志》以「儗」爲之，《白帖》以「嶷」爲之，皆借字。《玉篇》：「薿薿，茂盛皃。」又引《詩》「黍稷彧彧」，云「茂盛皃」，皆三家詩。

蕤　艸木華乑皃。從艸，甤聲。（汝誰切）

【校勘】《吴都賦》、《文賦》注引首句。《琴賦》注引首句，脱「花」字。江淹詩、陸機詩注引「乑」作「盛」。「乑」，各本作「垂」，依段改。切音出《琴賦》注。《玉篇》：「葳蕤，艸木實（當爲『華』）垂皃。」《廣均》：「葳蕤，艸木華皃。」

【集解】《纂要》：「艸木華曰蕤。」段注：「引伸……敬也。」

葼　青、齊、沇、冀謂木細枝曰葼。從艸，㚇聲。

【校勘】齊，鮑本訛。徐曰：「顧本訛也。」

【集解】見《方言》。引傳曰：「慈母之怒子也，雖折葼笞之，其惠存焉。」《魏都賦》：「弱葼系實。」《廣疋》「篗，箓也」作「篗」。

䔟　艸萎䔟。從艸，移聲。

【校勘】《篇》同。蘭按：「萎」、「䔟」疊均。然此即「葳蕤」字也。疑與「蕤」一字。

蒝　艸木形。從艸，原聲。

【校勘】《篇》、《均》：「莖葉布也。」《集均》卅三線：「艸木皃。」

艸實也。從艸，夾聲。

【校勘】各本無「也」字，依《字林》補。《玉篇》訓「豆莢」，次俗字中。蘭按：《急就》「皁莢」字，皇本作「夾」，蓋古通用「夾」。此字疑《字林》增也。然《五經文字》亦次此。

【集解】《文子·上德》：「艸實生於莢。」《廣疋》：「豆角謂之莢。」段注。

艸耑也。從艸，亡聲。

【校勘】「也」字依《字典》引補。《廣均》：「艸端也。」蘭按：宋本《説文均譜》無「芒」字，但有「莣，艸也」（上文「莣，杜榮」）。按《爾疋》《釋文》：「莣，本又作芒。」豈「莣」爲正字，所據本無「芒」邪？然漢印有「芒」無「莣」，今不能定。

【集解】《句讀》。

藍蓼莠也。從艸，隋聲。

【校勘】各本無「也」，依《玉篇》引補（《玉篇》此字在部末，亦綴拾所存）。「莠」，各本作「秀」，今正。宋本《均譜》、《均會》引脱「藍」字。「隋聲」，大徐作「隨省聲」，非。

【發明】徐鍇曰：「藍蓼屬，華之穗也。」蘭按：《夏小正》：「正月緹縞。」傳曰：「縞也者，莎隨也。緹也者，其實也。先言緹而後言縞者，何也？緹先見者也。何以謂之小正？以著名也。」文瀾閣本「緹縞隨」字作「媞蒚蓨」（「縞」作「蒚」非）。《釋艸》：「蒚侯莎，其實媞。」注：「《夏小正》曰：『蒚也者，莎蓨。媞也者，其實也。』」《廣疋》：「地毛，莎蓨也。」蘭按：《本艸經》上品有「藍」，《別録》：「藍實，生河内平澤，其莖葉可以染青。」又中品有「蓼」，《別録》：「蓼實，生雷澤、川澤。」而《別録》又出「莎艸」，云：「生田野，二月、八月采。」陶宏景曰：「方藥不復用。古人爲詩多用之。而無識者，乃有鼠蓑療體異此。」蘭按：莎艸即藍蓼類也。《別録》非一人所撰集，故多歧出。而陸機疏：「夫須，舊説莎艸。」「莎」乃「蓑」之借字，即《廣疋》「其蒿青蓑」，及陶、顧所説之「鼠蓑」也。陶氏猶知鼠蓑之非莎艸，而唐後本皆以鼠蓑爲莎艸，非也。《別録》言莎艸除胸中熱，今驗香附實温藥（《本艸》皆承苦寒之説，其實非也）。《小正》、《爾疋》皆言其實，今香附雖亦結子，然細甚，其根則非子也。古來亦無用及其子者，而藍蓼之實皆見於《本艸》，然則莎是藍蓼，非香附明甚。注釋家皆承唐後《本艸》爲説，非也。許君不言莎秀而言藍蓼秀者，《夏小正》「正月緹縞」，「五月啓灌藍蓼」與「四月取茶」、「七月灌荼」，其文同也。戴傳「緹縞」以《爾疋》爲説，而藍蓼下無説者，人皆知之也（蘭按：緹縞之名蓋以藍爲染艸而生，《月令》「五令民毋刈藍以染」可證之也）。許説薦以藍蓼者，即以申戴傳，又以明上文之「緹縞」即下之「藍蓼」也。《文選・射雉賦》：「青鞦莎靡。」徐爰曰：「莎艸名。」《楚詞》曰「青莎雜樹」，則莎色青也。《司馬相如傳》：「薛莎青薠。」《淮南》曰：「路無莎薠。」本書：「青薠，似莎而大。」蘭疑即《别録》之大青也。

【集解】「隋聲」者，《王氏讀説文記》。

瓜當也。从艸，帶聲。

【集解】《聲類》：「蔕，果鼻也。」《倉頡》：「蔕，䔕也。」《句讀》：「案『蔕』蓋後起之專字……蓋『疐』即『蔕』也。」蘭按：當猶環也。《玉藻》：「瓜祭上環。」是也。耳環謂之當，俗作「璫」字。小徐曰：「當，底也。」故《韓子》曰「玉巵無當」也（《三都賦序》亦有此語）。蘭按：《淮南・説林》：「三寸之管而無當。」注：「猶底也。」

艸根也。从艸，亥聲。

【校勘】《釋艸》《釋文》引首句。

【集解】見《釋艸》及《方言》。郭曰：「今俗以韭根爲荄。」《通俗文》：「韭根曰荄。」《漢書・魯恭傳》：「養其根荄。」「亥聲」者，亥，荄也。

茇也。謂茅根也。从艸，均聲。

【校勘】各本無「謂」字，依元應引補。《玉篇》引「茅根也」。王毌山説「謂茅根也」，蓋庾注。

【集解】《句讀》：「吾鄉……爲二。」蘭按：「茇茭」，《爾疋》注宋元本皆作「茭茭」，錢抄小徐引至「爲茭」，顧本衍一「茇」字，非。注疏本作「茇茭」，又疏「药，一名茭」。今注疏本「茭」作「苂」，亦「茇」之誤。桂以爲《爾疋》本作「蕟」，或作「茇」，誤爲「交」，蓋據《玉篇》爲説。然《玉篇》「蕟，江東呼藕根爲蕟」，《廣均》引爲郭説，又似本作「茭」也。且《說文》無「蕟」，似「茭」爲是。

艸根也。从艸，犮聲。春艸根枯引之而發土爲撥，故謂之茇。一曰艸之白華爲茇。（布末反）

【校勘】《篇》、《均》：「艸木根也。」《釋艸》《釋文》引「艸之」句。反語出《釋文》。

【集解】「艸根也」者，《方言》：「荄，杜根也。東齊曰杜，或曰茇。」「犮聲」者，桂云：「犮有根義。本書：『髮，根也。』《曲禮》注：『跋，本也。』」「春艸根……茇」者，段注。蘭按：引，拔也，因拔艸而發土也。王毌山曰「引枯根以發土」，無是事也。蓋誤讀矣，其説毋乃可笑。「一曰……」，段注。

【音均】《甘棠》：伐、茇。

艸盛皃。从艸，凡聲。《詩》曰：「芃芃黍苗。」是也。

【集解】段注。

【校勘】各本「皃」作「也」，據《均會》引改。《玉篇》：「艸茂盛皃。」《廣均》：「房戎切，艸盛也。薄江切，芃芃，草盛皃。」

華葉布也。从艸，傅聲。讀若傅。

【校勘】「也」字各本無，依《字典》引補。「讀若傅」，即「傅」聲，蓋誤。桂云：「當爲『専』，或當『敷』。」嚴云校者所加，非也。（《漢書》注：「傅，讀若『敷』。」）錢本「傅」譌「傳」。

【集解】「蒪」、「布」疊均。《易》爲「旉」，干云：「花之通名，鋪爲花貌，謂之藪。」《禹貢》：「篠簜既敷。」《釋草》注：「藪蘥，亦花之皃。」《吴都賦》注：「敷蘥，華開皃。」蘭按：皆疊均字。《釋草》：「傅，橫目。」疏：「艸蔓延生。」

蓻 艸木生也。一曰茅牙。從艸，執聲。

【校勘】「生也」，各本作「不生也」。《玉篇》：「艸木生皃。」《廣均》：「艸生多皃。」蘭按：《集均》：「艸不生也。」當是本作「艸木生也」，展轉訛成今本耳。桂云「不」當爲「才」，非也。「牙」，各本作「芽」，依朱竹君本、錢本小徐正。《玉篇》同。蘭按：《玉篇》「茅牙」句在上。今此「一曰」句在「從艸」上，疑有一義非《說文》本有也。本書「𢹂」、「爇」皆從「蓺」而無「蓺」，或以爲「埶」之重文。桂以爲此字即「蓺」訛，從「埶」。《玉篇》「蓺」、「蓻」別訓，《廣均》「埶」重文作「蓺」，更俟考定。（《五經文字》用《說文》次，「蓺」在「苾」前「蕢」後。）

菥 艸多皃。從艸，狾聲。江夏平春有菥亭。 可刪。

【校勘】《玉篇》：「艸也。又江夏郡有菥亭。」《廣均》：「亭名，在江夏。」蘭按：宋本《均譜》「菥」注：「亭名。」非屬辭之例，蓋從《切韻》來。疑「菥」篆非《說文》本有也。又今本《說文》部末有「菰」字，訓釋與此全同。而《篇》、《均》皆無其字，諸家皆以傳寫歧出刪之，是也。蘭更按：宋本《均譜》廢均内出「茇」字，訓「艸多貌」。既與上「茇」義不當，復均書皆無此音，亦傳寫歧出也。蘭以爲「菥」當即「菰」字形近之訛。今《說文》上文更出「蘄」字，注：「艸也。江夏有蘄春亭。」徐鉉曰：「《說文》無『斳』，他字書亦無。此篇下有『菥』字，注云：『江夏平春亭名。』疑相承誤重出一字。」蘭按：「蘄」非字，上已刪正，當作「菦」也。一字之訛歧出至三四，眩人莫此爲甚。今猶未了了，故姑仍此而逕刪「菰」。

茂 艸木盛皃。從艸，戊聲。

【校勘】各本「艸豐盛」，誤以《釋詁》「茂，豐也」亂之也。宋本《均譜》作「木盛」，《均會》引作「艸木盛皃」，今從之。《玉篇》：「艸木盛。」《廣均》：「卉木盛也。」嚴《校議》說「木」疑當作「芔」，其說誤也。

【集解】《廣疋·釋詁二》：「茂，盛也。」《易》「茂對時」注亦云。

【音均】古訓：《淮南·天文》注：「茂，冒也。」古均：《斯干》：苞、茂、好、猶。《生民》：道、艸、茂、苞、褎、秀、好。

《還》：茂、道、牡、好。《天保》：壽、茂。《南山有臺》：栲、杻、壽、茂。《良耜》：朽、茂。《韓非·揚權》：道、茂。宋玉《笛賦》：寶、道、老、好、受、保、楚、茂。

艸茂也。從艸，暘聲。

【校勘】《玉篇》作「蕩，俗，艸木盛」。《廣均》「艸盛」。

【集解】《孟子》：「艸木暢茂。」

艸陰地也。從艸，陰聲。

【校勘】各本無「也」，依《廣均》引補。《玉篇》引「艸蔭地也」。《集均》訓「草木蔭翳也」。《句讀》：「『地』蓋即『也』字之譌。」按「荒」下言「艸淹地也」，王未必是。蘭疑古衹作「陰」。《玉篇》在部末。

【集解】文七年傳：「本根無所庇蔭矣。」《荀子》：「樹成蔭而衆鳥息焉。」（《勸學》）「陰聲」者，《桑柔》：「既之陰如。」《句讀》：「《詩》……於下。」（此引桂說）

艸根。一曰雜也。從艸，造聲。

【校勘】「根」，各本作「皃」。按《玉篇》「艸根」，《廣均》「同簉，又艸根」。蓋「根」譌作「艮」，因譌作「皀」，轉爲「皃」也。各本無「一曰」句。《玉篇》：「𦾓，雜也。」《文選》江淹詩注引「簉雜字如此」，據補。《左》昭十一年傳注：「簉，副倅也。」《釋文》：「簉，《說文》從『艸』。」《長笛賦》「簉弄」注引「簉倅字如此」。《唐均》：「𦾓，充（此不知何字，似考）。一云齊，《說文》從『艸』。」《廣均》：「簉，簉倅。一曰齊也。」《五經文字》：「𦾓倅也，《春秋傳》作『簉』。」蘭按：《說文》無「倅」，蓋即「雜」也。一義王毌山又補「倅也」，一義非。段、嚴皆但議補「雜」義，是也。更按：本或與《篇》同，但訓「艸根，雜也」，更俟考。此不與「荄」字類，宜少此說。

【集解】「艸根」者，《廣疋》：「造，始也。」《易·屯》：「天造艸昧。」虞注：「生也。」造有「始」義「生」義，故曰艸根。「𦾓」

與「菑」、「蕾」聲近。菑、蕾，大根者也。「雜也」者，《廣疋》：「造，猝也。簉，盈也。」《小爾疋》：「簉，倅也。」《左傳》注：「簉，副倅也。」桂馥曰：「猶今之佐雜也。」《周禮·車僕》：「掌戎路之萃。」注：「萃猶副也。」段云：「今人言集，漢人多言雜、倅。《周禮》作『萃』作『倅』，亦集意也。」蘭按：《周禮·諸子》「故書掌國子之卒」，先鄭讀如「物有副倅」之「倅」，「倅」是「雜」之聲借。雜更次於副，副不過一二，雜則衆矣。朱駿聲以爲「卒」、「倅」一字，誤。不施於物而施於人者，桂説甚是。《西京賦》：「屬車之簉。」薛注：「副也。」《長笛賦》：「聽簉弄者。」注：「蓋小曲也。」蘭按：簉弄者，雜弄也。

茲　艸木多益也。從艸，丝聲。

【校勘】各本無「也」字，依《玉篇》補。錢抄本「木」訛「禾」。「丝」，宋本、葉、趙本《五音均譜》、毛初印本皆「兹省聲」。小徐本「絲省聲」，毛改同。《均會》引「丝聲」，今依《均會》。段云：「丝，古文『絲』字。」是也。本書「絲」下無此古文而從之者數見。「糸」下有古文「幺」，金文屢見「𢆶」字，王氏《釋例·補篆篇》議補之，是也。「兹」，石鼓文作「茲」，漢印作「茲」、「茲」，從「艹」，是「艸」變。開母石闕銘作「茲」，乃變「艸」從「艸」也。後人不知「𢆶」爲「絲」字（此字《説文》或脱落，或許以爲以「糸」字例之而可知，故雖有從者而不録，亦未可知），遂改爲「兹省聲」（此最誤本，從兩「玄」也）、「絲省聲」（此亦似是實非。「絲」從兩「糸」，若果是從篆文「絲」而割取其上半以爲聲，非字例矣。《均會》所引小徐不誤，此不知何人改之）。因知舊注多有「△，古文△字」，後人往往説解雖多庸妄，然因而免改正文者多矣，亦自有功也。王毌山《釋例》十五（又見《鈔存》）認「丝」爲四篇於虯切之「丝」，以「茲」當作「𢆶」，謂從「叀」之古文「𢆶」。謹而又謹，受益之道，不必謂之從「艸」。蘭按：此之妄説更甚陽冰之徒。苟如其言，更將謂「茲」即倒文「𢆶」矣，不尤玄妙耶？其作《句讀》不用己説，或當自知其妄。然此説流行，恐誤人不少，安得不疏而闢之？本篆從「茲」，篆又變圓就方也，然於「絲」形遠矣。小徐作「𢆶」（錢抄、顧作「𢆶」），近是。金文作「𢆶」，本書古文皆作「𢆶」，據正。

【集解】段注：「《詩·小雅》：『兄也永歎。』……兄，兹也。」蘭按：此「兄」字本作「䒨」，從「𡳿」，「艸木妄生也」，故曰「兄，兹也」。假借爲「益」義。今「兄」變作「況」，非。草木多益之「兹」與滋益之「滋」多雜用，《左傳》「物生而後有象，象而後有滋」是也。王毌山據毛傳以爲「兹」祇是「益」，其説誤矣。

【眉批】《玉篇》有「蒁」字，訓「菟絲」，亦不知此字而妄作。

蔋　艸木旱死也。從艸，淑聲。《詩》曰：「蔋蔋山川。」是也。

【校勘】各本篆作「[篆]」，「艸旱盡也」，「從俶聲」。錢本誤「椒聲」。《唐均》十八錫引「蔋，艸本旱死」。按「本」字誤。《廣均》訓「艸木旱死也」是也，據正。《玉篇》引《詩》亦作「蔋」。「是也」二字，據通例補。

【集解】段云：「與艸木多益反對成文。」蘭按：然則唐本善矣。且《詩》言「山川」，生於山者兼有艸木也，今但云「艸旱盡」，則不賅矣。「《詩》曰……」者，今《詩》作「滌滌」。傳：「旱氣也。山無木，川無水。」《玉篇》引「滌」作「蔋」，云「本又作滌」。王氏《詩考》作「蓧蓧」。蘭按：嚴可均說凡「尗」聲皆讀若「秋」，則聲同在幽部，則「滌」是借聲也（以《玉篇》知毛本作「蔋」）。段云：「疑當作『蓧』，艸木如蕩滌無有。「叔」聲、「淑」聲字多不轉爲「徒歷切」。《詩》『踧踧周道』（毛本作『淑』），『踧』字亦疑誤。」蘭按：段說妄極。以義言，從「淑」，清湛也，不必曰「蕩滌」也。以聲言，即以段《表》論之，皆在三部矣。讀爲「狄」，後人自以「滌」音音之耳，非「蔋」本音也。段泥今本字形、字聲，言之武斷極矣。幽、宵爲一類，故《孟子》「是以若彼濯濯也」，注「無艸木之皃」，以「濯濯」爲之。

[篆]　艸皃。從艸，歊聲。《周禮》曰：「轂雖敝，不蔽。」是也。

【校勘】「艸皃」者，有挩文也。《廣均》四宵：「艸皃。」五肴：「禾傷肥。」《集均》：「里各切，木乾蔽也（此是『槁』義）。一曰草肥貌。」蘭疑當作「艸傷肥皃」。今仍舊文，未敢訂正。「雖」字宋本、葉、趙本《五音均譜》、《集均》、毛初印本皆無，今依小徐本及今《周禮》。蘭以爲無者，挩文耳。「敝」，各本作「弊」。錢、顧作「蔽」，依今《周禮》。「是也」，依通例補。錢抄本小徐、宋本《說文均譜》凡從「欠」皆作「[篆]」，後不復出。

【集解】《孟子》：「則苗槁矣。」《唐均》：「禾傷肥。」殆以此爲說。《既夕・記》：「稾車。」注：「散也。」《無羊》疏：「稾車，潦車也，爲雨而設。」《玉篇》：「耗也。縮也。」未谷曰：「傷肥縮耗也。」「《周禮》……」，段注：「鄭衆……皃也。」蘭則疑許說有挩耳，說引申非說通假也。

艸多皃。從艸，既聲。

【校勘】《廣均》引首句。《玉篇》訓同。《五經文字》：「蔇，蔇。上《説文》，下石經。」

【集解】《易》虞注：「蔚，蔇也。」桂云：「《廣疋》：『蔚，茂也。』」「既聲」者，禾部：「穊，稠也。」段云：「音義同。」

艸多皃。從艸，資聲。

【校勘】《篇》、《均》訓「蒺藜」，即「茦薺」字義。

【集解】《繫傳》：「薋猶積也。」段注。蘭按：《漢·禮樂志》：「采薺。」注：「禮經或作『薋』。」正借「薋」爲「薺」。

艸盛皃。從艸，秦聲。

【校勘】《篇》、《均》訓同。

【集解】《句讀》。未谷曰：「《齊詩》作『溱溱』。班固《靈臺詩》：『百穀溱溱。』注：『溱溱，盛皃。』」《韓詩》「蓁蓁者莪」，薛君曰：「『蓁蓁，盛皃也。』」

【音均】《桃夭》：蓁、人。

惡艸皃。從艸，肖聲。

【校勘】《廣均》引首句。《篇》訓「艸根」。

【集解】《淮南·脩務訓》：「野彘有艽莦，槎櫛窟虛，連比以象宫室。」高注：「獸蓐也。」

芮芮，小艸生皃。從艸，内聲。讀若汭。（而鋭切）

【校勘】各本無「小」字，《西征賦》引「小皃，而鋭切」，王毌山據改「生」爲「小」。蘭按：非也。《玉篇》注：「芮，艸生皃。」

《唐均》：「艸生狀。」「生」字不當易。《玉篇》：「苛，小艸生皃。」此文當同彼，今正。

【集解】《本艸》注：「石龍芮生於石上，其葉芮芮短小，故名。」

 艸盛皃。從艸，在聲。濟北有茬平縣。

【校勘】各本作「艸皃」，《廣均》引同。《玉篇》：「艸盛皃。」據補「盛」字。《字林》：「茬（今誤『在』），亦草（今作『艸亦』），非。見彼校本）盛也。」「濟北」句，《廣均》引、《玉篇》訓皆同。桂引《後漢・郡國志》作「泲」，謂此當作「泲」。蘭按：今《郡國志》作「濟」，桂誤也。且濟北國蓋西漢有之矣，非泲也。

【集解】「濟北……」，段注。按《後漢書・郡國志》「茬平屬濟北國」，《漢・尹齊傳》作「茌平」（《廣均》云「俗作茌」）。《水經・河水注》：「茌，山名也。茌平城世謂之時平城。」蓋「茬」、「時」音相近耳。

 艸盛皃。從艸，會聲。《詩》曰：「薈兮蔚兮。」是也。

【校勘】各本「盛」作「多」，《玉篇》、《唐均》皆訓「艸盛皃」，據改。《玉篇》引《詩》同。「是也」，依通例補。

【集解】《江賦》：「潛薈蔥蘢。」注：「水中（疑「艸」之訛，俟考賦文）茂盛也。」《射雉賦》：「翳薈菶茸。」蘭按：亦謂艸盛。《廣疋》：「薈，翳也，障也。」蓋艸盛則可障矣。「《詩》曰……」者，《候人》文。「蔚」亦艸木盛皃。《廣疋》：「蔚蔚，茂也。」《詩》曰：『薈兮蔚兮，南山朝隮。』」「隮」似當讀「霽」，謂朝隮後艸經新雨而薈蔚也。傳以「隮」爲「升雲」，「薈」、「蔚」爲「雲皃」，殆非許義。若「嬒」下又引《詩》，則當爲讀若耳。

 細艸叢生也。從艸，敄聲。

【校勘】《篇》、《均》：「細艸叢生。」

【集解】「䓮」、「茂」音義差同。《廣疋》：「䓮，葆也。」又：「蓩蓩，葆葆，茂也。」段云：「蓩，即『䓮』訛。」蘭按：《漢書》注：「葆，艸木叢生之皃。」

艸覆蔓也。從艸，毛聲。《詩》曰：「左右芼之。」是也。

【校勘】各本無「也」，依《字典》引補。「是也」二字補。《廣均》：「菜食。又擇也，搴也。」謂拔取菜也。芼以蘋蘩爲根，亦艸覆蔓。

【集解】《關雎》文。毛傳：「擇也。」殆毛詩本作「覒」（《玉篇》引《詩》作「覒」），許説「芼」與「葛之縈」同辭，蓋本三家。嚴《校議》疑引《詩》爲後人所加，或有脱文，似皆非也。

【音均】《關雎》：芼、樂。

艸色也。從艸，倉聲。

【校勘】朱本、錢抄、顧本、小徐「色」作「蒼」，因上文「芼」注而誤。

【集解】《廣疋》：「蒼，青也。」《詩》：「蒹葭蒼蒼。」

艸得風皃。從艸，風聲。讀若婪。

【校勘】《廣均》義同。《玉篇》：「艸動貌。」各本無「聲」字，小徐作「風亦聲」。蘭按：《繫傳》云「此會意」，則「風亦」二字小徐加之，大徐乃用小徐説，删「聲」字耳。今正。

【集解】「風聲」者，《王氏讀説文記》：「『風』字古音孚凡反……是其證。」蘭按：《玉篇》：「葻，負可切。」

艸皃。從艸，卒聲。讀若瘁。

【校勘】「艸皃」者，當有挩文。「瘁」，《説文》所無，當爲「顇」，或爲「悴」。小徐挩，次立用鉉補。

【集解】《吴都賦》：「櫹矗森萃。」蘭按：森萃，言竹茂盛皃也。

【音均】《墓門》：萃、誶。《公孫丑》：類、萃。

更別穜也。從艸，時聲。（《字林》上吏切）

【校勘】各本無「也」字，《字林》同。小徐「穜」作「種」。《均會》引同，有「也」字，據補。《玉篇》：「更種也。」蘭疑「別」字是校者所注，後人亂入正文。

【集解】《方言》：「蒔，更也。」注：「謂更穜也。」《廣疋》：「蒔，穜也。」《堯典》鄭注：「時，讀曰『蒔』。種蒔五穀。」

艸生於田者。從艸、田。

【校勘】「田」上大徐有「從」字，小徐、《均會》無，從之。毌山於末補「也」字。《篇》、《均》：「田苗。」

【集解】「艸生於田」者，本書：「樹穀曰田。」則生於田者，穀也。他艸則薅之矣。《碩鼠》傳：「苗，嘉穀也。」《春秋》莊七年注「五稼之苗」是也。習用爲禾之專名。段氏纍纍數苗訓禾之事，不知《詩》「彼黍離離，彼稷之苗」，此黍稷稱苗也。陶潛詩：「種豆南山下，草盛豆苗稀。」則豆稱苗也。豈必拘嘉穀之禾邪？引申而凡艸之生亦稱苗，見《本艸》者多矣。上古之時，凡竹木之類皆曰艸，古文偏旁亦多互通，五穀獨非艸乎？即今世不稻食之處，其視稻也，亦艸而已矣。昔聖人別艸之可養生者，使民種之。種穀而成田，則爲生於田之艸矣。此造字之本義也。段氏以其私智，輒議許氏，末之難矣。王氏云：「當隸田部，曰『從「田」、「艸」聲』。」蘭按：先有五穀之艸而後有田，不以田爲主，王説非。

【音均】《黍離》：苗、搖。《碩鼠》：苗、勞、郊、號。《下泉》：苗、膏、勞。《車攻》：苗、囂、旄、敖。

小艸也。從艸，可聲。一曰苛尤劇也。

【校勘】「小艸也」，《後漢書・光武紀》注、《廣均》引同。《玉篇》：「小艸生皃。」《後漢書・宣秉傳》注引作「細艸也」。鍇《繫傳》曰：「細艸，喻細政。」本疑亦作「細」。各本無「一曰」下義。玄應書一、十二並引「苛尤劇也」。「尤」疑「猶」之訛。據補。

【集解】「小草」者，蓋苗穗之類。顏延年《曲水詩序》：「並柯共穗之瑞。」注：「並柯，連理也。」《廣疋》：「柯，莖也。」

《詩・湛露》疏：「柯，枝也。」皆以柯爲之。《漢書・高記》注：「柯，細也。」「劇也」者，煩劇也。《晉語》注：「苛，煩也。」

【音均】《大招》：苛、罷、麾、施、爲。

薉也。從艸，無聲。

【校勘】《篇》訓同。

【集解】《廣疋》訓同。《方言》：「蘪，蕪也。」注：「謂艸穢蕪也。」《招魂》注：「不治曰蕪，多艸曰穢。」

【音均】《哀郢》：茹、蕪。《少司命》：蕪、下、子、苦。

蕪也。從艸，歲聲。

【校勘】《廣均》引首句。

【集解】《句讀》。

【音均】《招魂》：沬、穢。《九辨》：帶、介、慨、邁、穢、敗、昧。《離騷》：刈、穢。轉音：《文子・道原》：亂、穢。

蕪也。從艸，巟聲。一曰艸淹地也。

【校勘】《玉篇》：「荒，蕪也。」《廣均》：「荒，蕪。」「淹」，宋本、葉本、趙本《五音均譜》、毛初印本如此，小徐作「掩」，《集均》、《類篇》、毛剜改本同，《韻會》引無此句。蘭按：桂引《方言》「淹，敗也」。然謂艸敗地亦即蕪義，此似非許語也。然《繫傳》云「艸雜水掩地也」，似鍇本有此句。然似鍇以「荒」爲會意，故作此説。轉轉傳誤，又竄改鍇書入許書也。俟更考。

【集解】《大司馬》注：「荒，蕪也。」

【音均】《樛木》：荒、將。《公劉》：糧、陽、荒。《天作》：荒、康。

䔳薴也。從艸，爭聲。

䔳薴，艸亂皃。從艸，寍聲。杜林説。

【校勘】各本「薴」先「䔳」後，依《玉篇》正。各本「薴」注：「艸亂也。杜林説：艸䔳薴皃。」「䔳」注：「䔳薴皃。」宋本《説文均譜》：「䔳，䔳苾（誤），艸亂。薴，艸亂。」《玉篇》：「䔳，䔳薴，艸。薴，艸亂也。」《廣均》：「䔳，䔳薴，艸亂皃。薴，䔳薴。」今參各書及本書例正之如此。段改爲「䔳，䔳薴，艸亂也。杜林説：䔳薴，艸皃。薴，䔳薴也」，非是。元應書廿一：「鬇鬡，《説文》作『䔳薴』，同。」下云「髮亂也」，非《説文》語。嚴以校《説文》，誤。説詳【辨疑】。

【集解】「䔳」、「薴」疊均。《廣均》：「鬇鬡，毛髮亂皃。」《集均》：「狰獰，惡皃。」

凡艸曰蘦，木曰落。從艸，洛聲。

【校勘】「凡」上似當依《玉篇》補「墮也」一義，與《離騷》注同。「凡」字《王制》、《釋艸》《釋文》、《釋艸》疏引、《玉篇》、《廣均》皆無。「蘦」，各本作「零」，《王制》、《釋艸》《釋文》引作「苓」，《釋艸》疏引作「蘦」。嚴云：「當作『蘦』。按：『霝，雨零也。』故《釋詁》曰：『蘦，落也。』」按：嚴説是，今據正。

【集解】《王制》：「艸木零落。」《釋詁》：「蘦，落也。」《離騷》：「惟艸木之零落兮。」注：「零、落，皆墮也。艸曰零，木曰落。」

蔽蔽，小艸皃。從艸，敝聲。

【校勘】各本「皃」作「也」，慧琳書一引「小艸皃」，「從」至「聲」，又二引「從」至「聲」。

【集解】《釋詁》：「蔽，微也。」段注。蘭按：《我行其野》云：「蔽芾其樗。」魏元丕碑：「蔽芾其從。」張遷碑：「蔽芾常樹。」皇侃《急就章》書「蔽」作「蔽」，疑本書訛「蔽芾」爲「蔽蔽」。桂亦疑之。毌山以小徐引《詩》爲證。然本書無「芾」，則終可疑也。或本無「蔽蔽」二字。

【音均】《越語》：蔽、察、蓺。《荀子・成相》：蔽、勢、制、埶。《離騷》：蔽、折。

艸木皮葉落陊地爲蘀。从艸，擇聲。詩曰：「十月隕蘀。」是也。

【校勘】大徐「皮」上有「凡」字，小徐、《均會》、宋本《均譜》並無，從之。《類篇》、《集均》引無「落」字。「陊」，小徐、《均會》作「墮」，汪本小徐則同大徐作「陊」。「隕」，小徐作「殞」，《説文》無。鈕云：「舊本《繫傳》亦作『隕』。」「是也」二字，依例補。

【集解】《鶴鳴》傳：「蘀，落也。」《句讀》。「《詩》曰……」者，《七月》文。傳：「蘀，落也。」《玉篇》「艹奠」同「蘀」。本書：「㮚，木葉墮也。」音義同。

【音均】《蘀兮》：蘀、伯。《七月》：穫、蘀、貉。《鶴鳴》：蘀、石、錯。

積也。从艸，温聲。《春秋傳》曰：「蘊利生孽。」是也。

【校勘】琳書二引「从艸，緼聲也」。《廣均》引首句，「春秋」至「孽」，云：「俗作『蘊』。」《五經文字》：「蘊，於問反。」次序同《説文》。「是也」二字，依例補。未谷云：「孽，當作『孼』。」

【集解】「積也」者，《字林》同。段注。「春秋傳……」者，昭十年傳文。

菸也。从艸，焉聲。

【校勘】《篇》訓同。

【集解】蘭按：艸萎也。《大戴禮・用兵》「百艸殨黄」，以「殨」爲之。引申爲凡物不鮮之名。《廣均》：「物不鮮也。」《玉篇》：「黦也。」《廣疋》：「葾也。」《玉篇》：「葾，敗也。萎，葾也。」蘭疑「葾」當作「黦」或作「菀」。（《詩》：「我心苑積。」《禮運》：「大積焉不菀。」皆借爲「蘊」。本書無「葾」。）「蔫」、「菸」雙聲，所從「焉」、「於」皆烏名，今俗言猶有「蔫」音。《初學記》引《風俗通》「苑，蘊也」，言薪蒸所蘊積也。

鬱也。（一曰痿也。）從艸，於聲。

【校勘】《中谷有蓷》《釋文》引首句。段、桂注本改「鬱」作「鬰」。各本有「一曰痿也」，《中谷有蓷》疏引「綏（一作『萎』）也」。按《均會》引《說文》無此句，本書：「痿，痛也。」與「菸」義不甚稱。即云「痿」有病義，菸鬱而病則仍與「鬱」義同。按呂靜《均集》：「今關西言菸，山東言蔫，江南亦言痿。」靜是忱弟，則「痿也」是《字林》義也。後人寫入許書，改爲一曰義耳。《聲類》：「萎，艸菸也。」許君於「萎」則但說「飤牛」，蓋今言「萎黃」，即《大戴》言「殤黃」矣。「萎」、「殤」一聲之轉，許君本無「痿也」之義信矣。今定爲舊校語（此舊校語，他日重寫時當闌入校戡之前，別爲一類）。宋本《說文均譜》：「菸，篶也。」李本作「篶」，蓋皆當作「蔫」也。與本書訓似異，似考。

【集解】「鬱也」者，「菸」、「鬱」雙聲。《爾疋》：「鬱，气也。」《元倉子》：「草鬱則爲腐。」《九辨》：「葉菸邑而無色兮。」注：「菸，鬱也。」《風賦》：「憞溷鬱邑。」《廣疋》：「菸，臭也。」《玉篇》：「菸，臭艸也。」蘭按：《中谷有蓷》：「暵其乾矣。」傳：「暵，菸皃。陸艸生於谷中，傷於水。」劉歆、李巡皆曰是「自穢艸」。陳藏器曰：「田野間人呼爲鬱臭艸。」段氏云：「暵即『蔫』之叚借。故既云『暵其乾』，又云『暵其溼』，『乾』、『溼』文互相足。」是也。

艸旋繞皃也。從艸，榮聲。《詩》曰：「葛藟⿱艹榮之。」是也。

【校勘】各本無「繞」字，依宋本《均譜》補。「是也」，依通例補。

【集解】引申爲凡旋繞之字。《漢・李局傳》注：「營，繞也。」《思元賦》：「縈，紆也。」朱駿聲以「營」爲本字。按「營」訓「帀居」即「師居」也，非本字。當以「⿱艹榮」爲本字。「《詩》曰……」者，《樛木》文，今作「縈」。傳：「旋也。」《釋文》作「⿱𤇾巾」。蘭按：即「榮」之訛字，此借「榮」爲「⿱艹榮」也。古本毛詩必亦爲「⿱艹榮」字。

艸際也。從艸，祭聲。

【校勘】各本無「際」字，《玉篇》：「蔡，艸芥也。法也。草際也。」《篇》例引《說文》多在末，故據補「際」字。段補爲「艸丯也」，非。

【發明】「際」，本書：「壁會也。」《小爾疋・廣詁》：「界也。」「際」字亦作「隙」也。本書：「丯，艸蔡也。象艸生之散亂也。讀若介。」義轉相訓。蘭按：「㓞，巧㓞也。從刀，丯聲。栔，刻也。從㓞，從木。」而楊統碑「㓞銘鳴烈」，直作「㓞」字。蓋「丯」之「彡」象艸生形，而「丨」者，象界形。故「讀若介」。而「㓞」字從「刀」、「丯」聲，取其界畫之意，故有刻義也。更證以「耒，從木推丯」，而界義更顯矣。凡蓬蒿類率無界，小草往往有界，人獸所經行處最易見界之義。引申爲法。《禹貢》：「二百里蔡。」馬注：「蔡，法也。」又轉爲艸之通稱。《玉篇》：「蔡，艸芥也。」《孟子》：「君之視民如艸芥。」《楚辭・九懷》：「繼之以微蔡。」注：「續以艸芥，入已船也。」《魏都賦》：「蔡莽螫刺。」注引《楚辭》注：「蔡，艸莽也。」「祭聲」者，《廣疋》：「祭，際也。」蘭按：古祭於野，必別艸爲界矣。字亦作「蔡」。《廣均》：「蔡，艸蔡。」《篇》、《均》有古文「[illegible]」。

【校勘】《好色賦》：雪、貝、蔡。

茷　艸多葉皃。從艸，伐聲。《春秋傳》曰：「晉糴茷。」

【校勘】各本作「艸葉多」，依宋本《均譜》十八廢正。《玉篇》：「艸多葉也。」

【集解】段注。《句讀》：「王氏……何本。」「《春秋傳》……」者，成十年文。注：「晉大夫。」

【音均】《泮水》：茷、噦、大、邁。

菜　艸之可食者。從艸，采聲。

【校勘】《篇》訓「艸可食者皆名菜」。蘭按：擇菜字本作「采」。孔耽碑：「䑣菜蔆蔏。」帝堯碑：「眉八菜。」皆以「菜」爲「采」。疑「菜」爲「采」或體，許或不收也。

【集解】《句讀》。

艸多葉皃。從艸，而聲。沛城父有楊荋亭。

【校勘】「楊」，毛、鮑本作「揚」。《玉篇》：「艸多皃。又亭名。」《廣均》七之挩。

【集解】小徐曰：「古謂頰毛爲耏，此艸似之也。」「沛城父」者，《續漢志》云：「城父故屬沛。」《漢志》屬沛，許君時屬汝南矣。曰沛者，從夙稱也。

艸浮水中皃。從艸，乏聲。

【校勘】《玉篇》：「艸浮出水皃。」《廣均》：「芝，艸浮水皃。」

【集解】本書：「泛，浮也。」《楚辭·招魂》：「汜崇蘭些。」注：「搖動皃也。」以「汜」爲之。

林薄也。一曰蠶薄。從艸，溥聲。

【校勘】《玉篇》引至「蠶薄」。《廣均》引「林薄」句。蘭按：《繫傳》曰：「木曰林，艸曰薄，故云叢薄。」似鍇本作「叢薄」也。《字林》：「叢生也。」「一曰」句，《均會》引次「溥聲」下。

【集解】《廣疋》：「艸藂生爲薄。」段注。蘭按：《蒼頡》「薄厚」，注：「薄，微也。」可證段説。「一曰……」者，段注。

【音均】聲訓：《釋名》：薄，迫也。古均：《載驅》：薄、鞹、夕。《説卦》：薄、射、錯、逆。《哀郢》：蹠、客、薄、釋。《招魂》：薄、博。《大招》：酪、蓴、薄、擇。《管子·内業》：舒、固、薄、圖。《吕覽·任地》：逆、慕、薄、郄、慕、下。

所㠯養禽獸囿也。從艸，夗聲。

【校勘】各本無「囿」字，《五經文字》「苑」、「菀」同，「《説文》獨以上字爲苑囿字」，據補「囿」字。《玉篇》：「苑，養禽獸園也。」「園」字是「囿」之訛。本書「囿」下「一曰禽獸有囿」（大徐「有」作「曰」，小徐、《廣均》、《均會》作「有」）。《御覽》引「禽」上有「養」字。「有」蓋即「囿」之訛增。是此字之義，後人寫入「囿」下作一曰義耳。小徐、《均會》、宋本《均譜》無「也」字。朱駿聲輒補「囿」字，而不言所據。

【集解】《囿人》注：「囿，今之苑。」是謂古曰囿、漢曰苑也。《三蒼》：「養牛馬林木曰苑。」《靈臺》傳：「囿，所以域養禽獸也。」然許君説「苑」、「囿」又有分別，所以養禽獸囿爲苑，苑有園爲囿。「囿」，古文從二「林」。園，所以樹果也。然則兼禽獸樹木者，囿也，非苑也。《三蒼》混之，誤矣。

藪　大澤也。從艸，數聲。九州之藪，揚州具區、荆州雲夢、豫州甫田、青州孟諸、沇州大野、雝州弦圃、幽州奚養、冀州楊紆、并州昭餘祁是也。

【校勘】「大澤也」，小徐無「也」字。「揚州」，大徐作「楊州」，非。「甫田」，毛初印、宋本、葉本、趙本《五音均譜》、《類篇》、《集均》同，小徐、毛改本作「圃」。「孟諸」，汪本作「孟豬」。「沇」，小徐作「兖」。「雝」，小徐作「雍」。「圃」，小徐及毛改本作「蒲」。「楊」，《均會》引作「揚」。「餘」，小徐作「余」。《均會》無「是也」二字，非。《釋地》《釋文》及疏、《御覽》七十二引首句。《路史·餘論九》：「《説文》用《職方》説，以『圃田』爲『甫田』，『貕養』爲『奚養』，則異。」

【集解】段注。又參考桂注、《句讀》。

【音均】古訓：《風俗通》：「藪之爲言原也。」

菑　一歲田也。從艸，甾聲。《易》曰：「不菑畬。」不耕也。

【發明】「一歲田也」，各本作「不耕田也」，《廣均》引同，無下「不耕也」句。蘭按：「不耕」之詞與引《易》語不合。段引陳鱣、桂引王念孫説皆謂當爲「才耕」。陳云：「謂始耕田也。」段云「不」當爲「反」，引《韓詩》、董遇《易章句》「菑，反艸也」爲證。王毌山《釋例》十五曰：「許收『菑』於艸部，以艸爲主，田而有艸，是不耕也。《釋地》《釋文》：『菑，孫音災。』案：孫叔然此音與許同，許蓋謂『甾』從『田』從『巛』，『巛』亦聲（蘭按：此字形及説皆誤，詳見下）。『菑』又加『艸』，以表其巛之由於多艸，故以菑害爲正義，菑畬爲借義。『畬』下引《易》曰：『不菑畬，凶。』（今本作『田』，非。）『凶』字亦與此文相應。然此乃許君之誤，不必强爲之解。『菑』字當以田爲主，《釋地》曰：『田一歲曰菑。』是此地向來荒蕪，彌望皆艸，既耕則反其艸入地中，故《韓詩》曰『反艸』。然依以改《説文》爲『反耕田也』，則詞不可通。若夫『二歲曰畬』、『三歲曰新田』，則年年耕之，雖仍有艸可反，因不似前之爲艸所宅也。」蘭按：「才耕」、「反耕」詞皆不安，王説「反艸」是矣。於説解仍昧許志。桂氏又云：「《六書故》引作『不耕也，二歲田也』。」蘭按：今本《説文》有捝文也。諸家紛紛，過矣。「二」當作「一」，經傳不見「二歲」之義，「畬」下許、鄭皆説曰「二歲」，則此不當作「二」可知。《玉篇》：「菑，阻飢切。一歲田也。」與經傳義合。然經傳注家無有云「一歲田也」者（如《釋地》曰「田一歲曰菑」等，其詞皆異），而與戴所引獨合，證知野王所採《説文》義也。今據改「二」爲「一」。以「畬」下説校之，疑當作「一歲治田也」。今以二書皆然，未改輒增。蘭按：「不耕也」者，是引《易》下訓解語（本書多有此例，如「圛」字是）。「畬」下曰「二歲治田也」，治田即耕，不治田即不耕也。後人不解，疑爲説解之墮落者，移之本義之上，然後因以捝誤矣。今依戴引訂正，移於引《易》下。（《易》上文曰：「不耕獲。」）王毌山《句讀》據「不耕田也」之誤文，而云「菑」以害爲正義（詳彼書）。蘭按：《玉篇》：「菑，又子來切。害也。」王氏蓋因此誤也。《五經文字》：「菑，側其反，經典或借爲『災』。」「菑」、「災」蓋同聲叚借，「菑」固安得以害爲正義邪？豈許君於「畬」説以《易》義，而於此反取災害之借義説之，自相違錯邪？果如此，將亦率爾操觚之流矣，又豈「五經無雙」者乎？

各本篆作「菑」，解曰：「從艸、甾。」汪刻小徐作「甾聲」。小徐曰：「此爲從『艸』、從『巛』、『田』，凡三文合之。舊解從『艸』、『甾』（此從錢抄本，汪、顧有『聲』字，非）。傳寫誤以『巛』、『田』合爲『甾』，亦無『聲』字。何以言之？若實從『艸』下『甾』，則下不合別有『甾』字云『或省艸』。省『艸』，則與『東楚名缶曰甾』同聲同體，而別出名缶之『甾』在第二十四卷也。臣以爲當言從『巛』（音災）從『田』，田不耕則艸塞之，故從『艸』；『巛』者，川壅也。但許慎約文，後人不曉，誤以『巛』、『田』合（錢本捝爛，作『人』）成『甾』字，因誤加『聲』字耳。」蘭按：《繫傳》刊本多訛，錢抄唯説解中「從艸、甾」作「甾」字，其他「菑」、「甾」字皆從「甾」不從「甾」，是也。大徐引徐鍇曰：「當言從『艸』、從『巛』、從『田』。田不耕則艸塞之，故從『巛』。『巛』音『災』。若從『甾』，則下有甾缶字相亂。」蘭按：舊本《説文》作「菑，從艸，甾聲」，一本無「聲」字。而徐鍇以爲與名缶之「甾」混，當從「巛」。故今二徐本作「菑」，從「甾」也。（《五經文》「菑」刊本，疑刊本之訛，當作「菑」字。他書則多宋以後所訛。）段懋堂本改爲「從艸、田，巛聲」，注云：「鍇本原有『聲』字，惟『田』、『巛』二字倒易，又誤合爲一字。鍇欲作『從艸、巛、田』，無『聲』字，非也。初耕反艸，故從『艸』、『田』會意，以『巛』爲聲也。」蘭按：段氏蓋用王念孫説（王説見《讀説文記》，大義略同，不復引）。據「巛」字爲説，承小徐之誤也。王《釋例》十五曰：「小徐所疑是也，然尚未盡。『甾』當入田部，而説之曰：『從田，巛聲。』而以『菑』爲重文。」蘭按：此説誤於小徐，又誤於《玉篇》田部之收「甾」，益尤謬矣。顧渭賓曰：「徐鍇曰：『舊解從「艸」、「甾」，亦無「聲」字。』又曰：『因誤加「聲」字。』按據此鍇所見本『甾』下或有『聲』字或無『聲』字不同，鍇以無爲是，故用其本，正鉉本之所自出也。近人刻《繫傳》此下（蘭按：謂説解『甾』下）添『聲』字，又於舊解從解『從艸，甾』之下亦添『聲』字，而誤惑讀者矣。」（顧説見鈕《校録》。）蘭按：顧所説《繫傳》與錢抄本合。所謂「近人刻」，指汪本也。然祁刻顧本於《繫傳》亦增「聲」字，非顧舊矣。蘭按：顧所説亦未是也。《繫傳》中有「聲」字，因爲不通若説解，則鍇本原有「聲」字也。何以言之？鍇於所注本有「聲」字，故曰「舊解亦無『聲』字，因誤加『聲』字耳」。蓋別以舊本校正所注本，故其説如此。若所據本無「聲」字，便當云「一本有『聲』字」矣，不當如此致説也。此則汪刻本爲是，抄本及大徐本皆依鍇説去之耳。嚴氏《校議》曰：「小徐作『從艸，甾聲』。《通釋》亦云：『舊作「從艸，甾聲」。』（《通釋》云云誤，見上。）大徐輒删『聲』字，非。」蘭按：「甾」爲古文（見「甾」下），而「菑」從之，例與「褎」、「麗」同。嚴説最確。然亦不知《説文》舊本篆作「菑」，從「甾」聲也。蘭按：漢印臨淄侯印「淄」作「□」。案《説文》無「淄」字，《廣均》：「淄，古通用菑。」（《周禮》「幽州其浸菑」，《續漢・郡國志》「臨菑」。）則「淄」即「菑」字之異，而從「甾」不從「甾」也（臨菑令印作「□」，菑川侯印作「□」，景君碑「臨菑」作「□」，皆不知所從）。皇侃書《急就章》「輜」作「輜」，亦不作「甾」也。原本《玉篇》糸部「緇」不從「甾」也。《汗簡》男部「□」，「男」，出王庶子碑，又「甥」作「□」，出孫强《集字》，皆變「田」從「甾」，亦不作「甾」也。蘭按：宋以前「菑」、「甾」無從「巛」者，徐鍇惑於隸書「甴」字（即名「缶」之字）作「甾」，而附會會意之説，杜撰「菑」、「甾」之字，而被誤者多矣。此尗重之罪人也。今並訂復許君之舊。鈕氏《校録》引大徐所附鍇説而説之曰：「樹玉謂徐説非是，凡《説文》云『從某』者，當有其字。蓋即從甾缶字，宁部『[illegible]』字可證。《玉篇》『甾』爲『甴』之今文，其『菑』下無重文『甾』。《廣均》重文『甾』注云：『東楚名缶曰甾。』『□』之爲『甾』，篆隸之變，故其音不殊，不當別出『甾』字。」蘭按：徐氏誤疑「甾」同「甴」字，鈕氏則誤以「甾」爲即「甴」，皆非也。蓋「甴」、「甾」之亂久矣，今因此條之耳。蘭按：《説文》無「由」字，小徐《疑義》曰：「《説文》有『油』、『宙』、『軸』等字，而無此字，亦脱誤。李陽冰云即『缶』字，同。」今按：古有「由」字，亦未審也。王毌山曰（《釋例》十三）：「少温以『缶』爲『由』，與夢英以『甴』爲『由』，正相匹敵。《説文》『苗』……『妯』皆從『由』，凡二十一文，此马部『甹』之古文也。『甹』下引《書》而又云『古文言由枿』者，此『由』篆之説解也。」（嚴以爲重文附於説解中。）王玉樹曰：「『甹』爲正文，

「由」爲古省。」（段注駁此說，以「甹」從「由」聲。）王煦曰：「《說文》無『由』，『粬』、『由』古音通轉，疑此古文『[字形]』即『由』字也。」蘭按：諸說並謬（雷氏《外篇》一條當補於此）。原本《玉篇》用部：「甴，餘周反。」注：「《說文》以從『甴』爲『䛻』字，在言部。今爲『由』字。《說文》以『由』『東楚謂缶也』，音『側治反』，在由部。」蘭按：顧說明白可據。又《說文》目録「[字形]」，孫本照以「甾」字（別本作「甾」，非），夢英書部首作「[字形]」，照以「由」字，側注「方九」以爲反切。蘭按：以顧說斷之，則孫本篆是而釋非，夢英又釋是而篆非也（郭忠恕猶作「[字形]」，夢英蓋因隸誤）。蘭按：張本《玉篇》田部「甾」下曰：「與『菑』同。」無「缶」義。甴部：「甴，側持切，缶也。此古文今作『甾』，亦作『甴』。」（以原本照之，此當云『亦作「由」，在用部』，但非《說文》義也。）下又出「甾」，云：「今文《說文》無。」言「今作某」者，凡《玉篇》言「今」者，皆言隸變。蘭按：「甾」爲「甴」之隸變，考金文從「甴」者有「[字形]」（師酉敦），即「畀」字（見《說文》，從「甴」），「[字形]」（舊釋「庸」，蘭疑即「甹」字，今《說文》捝廾部而移次丂部耳，侯攺），「[字形]」、「[字形]」（趨亥鼎），「[字形]」（吳釋「廄」，又舊說「僕」字亦從「由」，釋皆未是），又薛書有「[字形]」（雞單彝，舊釋「旗」。舊釋誤也），「[字形]」（齊安鑪），「[字形]」（大官銅鍊），漢印有「[字形]」（汝由私印）、「[字形]」（胡由之印，舊釋「甾」，誤）、「[字形]」（[字形]□之印），《汗簡》彳部出「[字形]」，照以「迪」字，山部「[字形]」，照「岫」字，出裴光遠《集綴》。蘭按：據此諸文，或從「[字形]」，或從「[字形]」，或從「[字形]」，乃知「由」、「甴」確是一字。而漢印有「[字形]」（王胄印信）、「[字形]」（樊延迪印），乃知「甴」之變「由」其來已久。而「甴」之變「甾」，於古絶無，蓋斷「[字形]」之上三畫爲之。筆畫近俗，其爲隸變無疑矣。變而與「菑」之古文「甾」相亂，千載而下幾無可明真字，學之不幸也。蓋《說文》「由」聲之字皆在幽部，而「甴」字則「側持反」，與從「甾」、「菑」字同文，在之部，字音全異，然則野王之說將不讎，而金文、漢印、《汗簡》皆誤矣。蘭按：此蓋音者之過也，其誤亦已久矣。野王所引「側治反」者，出《音隱》。然此正由隸變作「甾」，與艸部字亂而以艸部「甾」字之音音之也。蓋名缶之「甴」，古本音「油」，此固數千年無知者矣。野王曰：「《說文》以從『由』爲『䛻』字，在言部。」蘭按：唐本《說文》：「䛻，從也。從言，從肉，肉亦聲。」嚴可均曰：「讀若『由』。蓋經傳皆借『由』爲『䛻』字，而徐鍇本輒以『謡』字徒歌之義改易從迪之訓，與改『菑』、『甾』爲『菑』、『甾』，昧乎古文，其妄同也。」凡古字通借輒由聲轉，「䛻」、「由」同在幽部，故相借也。若「由」音「菑」，則聲類遠隔矣。然猶未敢確定「由」之古音也。又考《方言》五：「䍃，瓿甊，甖也。」注：「䍃，音由。」（此節引。按此條與下「罃」及「缶」諸條，疑本是一條。）又曰：「缶，謂之瓿甌。」蘭按：《說文》：「東楚名缶曰甴。」又曰：「䍃，土器也。」「䍃」義蓋本《方言》，「甴」義似亦本

《方言》，而今《方言》挩耳。《方言》之「瓿甊」即「瓿甀」也。缶亦土器，「䍃」從「缶」，然則䍃亦缶也。「凷」、「䍃」蓋聲義相類，「䍃」之借「由」，蓋因此矣。於是而「凷」之古音爲「油」，「凷」即「由」字，皆可確定，舉千古相承之誤一空之，輒自喜爲之一夕不寐也。蓋自「由」之借義行，而人漸昧其本義。「由」既隸變作「甾」，或又以「菑」、「甾」字誤其聲，顧氏生六朝，猶有傳受，故雖聲義迥不相同，而猶及知其故（其時形未異，顧於用部猶作「凷」，今《説文》諸書則一作「由」，一作「[illegible]」（或更作「[illegible]」，尤非），全異矣。正當以金文等正之），而後世則歧爲二字。猶幸「菑」、「甾」字不誤，而鍇復誤於「由」之俗字，誤音而改之，蓋幾經傳訛矣。今故詳「凷」即今「由」字，本讀「油」，隸變作「甾」而有「菑」音，非古也。「甾」是古文「菑」，徐氏臆改從「巛」，非古也。庶幾學者於「凷」、「甾」、「菑」、「菑」之辯，不致淆惑耳（《玉篇》不誤。《廣均》：「甾，同菑。」又《説文》『東楚名缶曰甾』。」其誤蓋始《廣均》）。本書宁部「[illegible]」字則《汗簡》引作「[illegible]」，蓋亦訛，當是從「[illegible]」，展轉訛耳。引《易》「菑」字，汪本作「甾」。

【集解】「一歲田也」者，《釋地》：「田一歲曰菑。」郭云：「今江東呼初耕反艸爲菑。」孫云：「菑，始災殺其艸木也。」（蘭按：此以聲訓，非「菑」即「災」字。若謂「菑」是「災」字，則「菑」、「災」將成古今文乎？非孫意。）毛傳，馬、虞《易》注，鄭《禮》注皆用《疋》義，《方言》、《韓詩》、董遇皆云「反艸也」，義皆相成（詳【發明】內《釋例》説）。段注：「《詩·大田》箋……害字。」「《易》曰……不耕也」者，《無妄》六二爻辭曰：「不耕獲，不菑畬。」《周禮》注作「不菑而畬」，虞《易》注同。蓋謂不耕而思獲，不菑而思畬，爲之無漸，故凶也（今本無「凶」字，而云則「利有攸往」。然《象》曰「未富也」。蓋本當作「凶，不利有攸往」，今挩誤耳）。然則「不菑」即「不耕畬」，與「獲」雖相對爲文，然「畬」仍未獲，故但曰「不耕」也。乃許君約舉《易》義爲訓耳，且以明「菑」之義爲「耕」（《坊記》注言「必先種之乃得獲，若先菑乃得畬也。安有無事而取利者乎？田一歲曰菑，二歲曰畬，三歲曰新田。」與《詩》義合）。

【眉批】張參「巛」下云：「菑□，皆仿此。」然則參已誤矣。

[illegible] 古文菑。

【校勘】各本篆爲鍇所改作「[illegible]」，大徐作「甾」，更非（上「菑」字同）。今正，説見上。各本解作「菑（依錢鈔本各本改作「菑」，非），或省艸」。《六書故》廿四引唐本作「古文」，依正。

【集解】《釋地》《釋文》：「菑，本或作甾。同側基反。」《詩》：「其菑其翳。」《釋文》：「菑，本又作甾。」蘭按：從「川」從「田」，治田之義。く部有古文「甽」，別一字。

蘨 艸盛皃。從艸，繇聲。《夏書》曰：「厥艸惟蘨。」

【校勘】各本作「䔄」，從「䌛」聲。《均譜》作「蘨」。王毌山曰：「當作䔄。《均會》引作『蘨』，『從繇聲』。鈕云非，《説文》無『繇』字。《玉篇》亦作『蘨』。」蘭按：今本從「䌛」者，《均譜》皆從「繇」（惟「遙」從「言」）；從「䚻」者，從「䍃」（惟肴部「䚻」誤作「䍃」，非）。《廣均》亦皆從「䍃」。漢印「李繇」兩見，皆從「䍃」。原本《玉篇》系部亦作「繇」字，注云：「與傜字同。」（今《説文》亦作「傜」。）然則從「缶」從「言」相亂，《説文》本從「缶」也，今正。引《書》「繇」字，孫、鮑本大徐作「蘨」，一本作「䔄」，小徐、《均會》作「繇」，鈕所據小徐本作「繇」。蘭疑引《書》非本文（故不加「是也」）。此字次此亦非次。《廣均》三蕭「艸茂也」，又作「艸盛也」（十八尤）。《篇》「茂也」。

【集解】桂云：「或借『油』。《麥秀歌》：『禾黍油油。』《補亡詩》：『厥艸油油。』又借『由』。《管子·小問》：『苗至其成也，由由乎茲免。』」「《夏書》……」，《禹貢》文。馬注：「繇，抽也。」

薙 除艸也。從艸，雉聲。《明堂月令》曰：「季夏燒薙。」是也。

【校勘】小徐無「也」字。各本引《月令》在「從艸」上，無「是也」二字。《五經文字》：「薙，燒艸也。」《廣均》：「薙，除艸。」段注：「案《周禮·薙氏》『掌殺艸』，『雉』或作『夷』……《月令》『燒薙』，蓋亦本作『燒雉』。許君《説文》本無『薙』字，淺人所羼入也。」蘭按：《五經文字》「薙」字正在用《説文》字次中，則《説文》本有「薙」字，段説誤也。作「夷」，借字耳。「薙」正專字，「雉」無除義，後鄭讀爲「鬀」，取其聲，非讀爲也。段先存「薙」俗之見，故此注謬甚。鈕《説文訂》：「按《周禮》，非後人增。」

【集解】《句讀》。《月令》注：「迫地芟艸也。」鄭《目録》引《別録》月令屬《明堂陰陽》，《漢志》「《明堂陰陽》卅三篇」，《隋志》馬融傳小戴之學，融又足《月令》一篇。

耕多艸。從艸，耒聲。

【校勘】小徐作「耕名」，挩誤。「耒聲」，各本作「耒，耒亦聲」，今依桂正。《唐均》十八隊引「耕多艸」（原本挩「多艸」二字，據《廣均》補）。《玉篇》訓同。

【集解】易先生以「茂」、「對」，蒔育萬物。按：對亦茂也。《廣疋》：「薱薱，茂也。」《馬融傳》：「豐彤對蔚。」宋玉賦：「嘒兮若松榯。」蘭按：本書無「薱」、「嘒」，皆當作「對」。「對」無茂義，「對」、「耒」音義皆近，疑古借「對」爲「耒」耳。

艸大也。從艸，到聲。（音到）

【校勘】各本作「䓎」，從「致聲」。部末又出「菿，艸木倒。從艸，到聲」。《玉篇》、《廣均》無「䓎」字。《釋詁》：「箌（元刻注疏本作『菿』是也），大也。」《釋文》及疏皆引「箌，艸大也」（當作「菿」）。《廣均》四覺引「艸大也。本音到」。據正，删後「菿」字。蓋「菿」字傳誤，增一筆爲「䓎」（篆文）。别本篆不誤，而解中「大」字訛爲「木」，或又附會「到」義，增「倒」字，不知「倒」乃俗字也。校者不知「䓎」、「菿」一字，輒取並存，誤也。

【集解】《釋詁》：「菿（依元本），大也。」郭云：「未詳。」《釋文》：「郭『陟孝反』。顧野王『都角反』。孫『都耗反』。」《玉篇》：「菿，都角切。《韓詩》『菿彼甫田』，毛作『倬』。又音到。」宋本《詩》《釋文》《甫田》曰：「倬，陟角反。《韓詩》作『菿』（今本訛爲『箌』）。」音同。云：「菿，卓也。」蘭按：《韓詩》、《爾疋》、《說文》用本字，《毛詩》用同聲假借字，景純不詳於《韓詩》，疏矣。

艸相蔪包，裹也。從艸，斬聲。《書》曰：「艸木蔪包。」是也。（《字林》才冉反）

【校勘】各本「包」作「苞」，無「裹」字。《廣均》引同，汪本、顧本作「包」，依正。《玉篇》：「艸相蔪苞裹也。」《字林》：「艸之相苞裹也。」皆用《說文》，有「裹」字，依補。小徐無「也」字。引《書》「包」字，大徐作「苞」。「是也」，依例補。《字林》音出《禹貢》《釋文》。段氏删「書曰」六字，云：「誤以鍇語入正文，今依《均會》訂。」待攷。

【集解】《字林》：「艸之相苞裹也。」徐鍇曰：「蔪相入也。」《禹貢》《釋文》：「漸，本又作蔪。包，或作苞。非叢生也。馬云：相包裹也。」蘭按：字亦作「蔪」。《集均》：「蔪蔪，麥秀。」《埤蒼》：「蔪，麥秀皃。」麥秀則相包裹也。

蔪，或從槧。

【校勘】《玉篇》：「同蔪。」《廣均》無。

道多艸不可行。從艸，弗聲。

【校勘】《篇》、《均》：「艸多。」朱駿聲私改説解爲「艸多也」。

【集解】段注。

【音均】《皇矣》：茀、仡、肆、忽、拂。

馨香也。從艸，必聲。

【校勘】宋本《均譜》：「馨也。」《廣均》五質引首句，下有「《詩》曰『苾苾芬芬』」六字。又十六屑單引首句。蘭按：《繫傳》「臣鍇曰：《詩》云『苾苾芬芬』是也。」蘭疑本是《説文》引《詩》，後人見大徐本無之，乃加「臣鍇曰」耳。

【集解】《廣疋》：「苾，香也。」《埤蒼》：「木香也。苾苾然大香也。」段注：「《詩》『苾苾芬芬』，《景福殿賦》作『馥馥芬芬』。」蘭按：俗「馝」字即此字。

香艸也。從艸，設聲。

【校勘】段注：「『香艸』當作『艸香』……可知也。」蘭按：《篇》、《均》皆訓「香艸」，蓋舊本已如此。

【集解】《廣疋》：「蔎蔎，香也。」《九歎》注：「蔎蔎，香皃。」

香艸也。從艸，方聲。

【校勘】段云當作「艸香也」（朱私依段改）。

【集解】本書：「香，芳也。」《廣疋》：「芳，香也。」

【音均】《士冠禮》：芳、祥、忘。《東皇》：良、皇、琅、芳、漿、倡、堂、康。《惜誦》：糧、芳、明、身。《九辯》：房、颺、芳、翔、明、傷。《招魂》：方、梁、行、芳、羹、漿、鶬、爽。《風賦》：上、蘅、楊、芳、堂、房。《神女賦》：章、方、裳、長、裳、翔、裝、芳。《文子・九守》：穎、堂、芳。

雜香艸也。從艸，賁聲。

【校勘】依《字典》引補「也」字。段云當作「雜艸香」。《廣均》以「葩」（見本部首，均本誤爲「[illegible]」）爲古文。

【集解】《廣均》：「馩馧，香氣。馚，同馩。蒶，蒶蒀，盛皃。氛，氛氳，祥氣。氳，俗氛。」蘭按：「蕡」、「芬」音義同，今俗語曰「香馩馩」。更按：《急就》：「芬重脂筆。」碑本作「蕡」。疑「芬」、「蕡」一字重文，不當歧出。《篇》、《均》訓「艸木多實」。

𤻲病之艸總名。從艸，樂聲。

【校勘】各本作「治病艸」。《廣均》引同。《唐均》引作「療病艸」，此長孫訥言所引也。《玉篇》引作「治疾之艸摠名。」今互據校定。

【集解】《家語》注：「藥，療也。」以聲訓。《世本》：「神農和藥濟人。」《帝王世紀》：「神農氏嘗味艸木宣藥療疾。」《藝文志》：「《神農黃帝食藥》七卷。」蘭按：今傳《神農本艸經》三卷。「本艸」者，初療疾時皆用艸也，其後則及他品。《疾醫》注：「五藥，草、木、蟲、石、穀也。」「樂聲」者，樂療也。

䕻　艸木生箸土也。從艸，麗聲。《易》曰：「百穀艸木䕻於地。」是也。

【校勘】各本作「艸木相附䕻（竹君本、顧本、鮑本作『麗』）土而生」，今從《韻會》引正。按《繫傳》曰：「䕻者，相分佈屬著也。」知《均會》引是。《廣均》十二霽訓「艸木生亞（『亞』，杜詩『花亞欲移竹』，有壓義，未知與『箸』字孰是）土也」，又五支「艸木附地生也」。引《易》「䕻」字，趙本及《類篇》、竹君本、錢本、顧本小徐作「麗」。《易》《釋文》：「艸木麗，如字。《說文》作『䕻』。」《玉篇》引「《易》曰：『百穀艸木䕻乎地。』䕻，附箸也。本亦作麗」。蘭按：「䕻」是「麗」非，説見【發明】。「於地」，毛初印本、宋本、葉、趙本《五音均譜》、《集均》引同，小徐、汲古剜刻作「於土」，《類篇》引作「乎土」，説亦見下。「是也」二字，依例增。

【集解】《廣雅》：「䕻，著也。」宣十二年《左傳》注、郭象《莊子》注：「麗，著也。」《王制》注：「麗，附也。」

【發明】「《易》曰……」者，《離》卦文。「䕻」，彼作「麗」。段注本作「麗」，説曰：「此引《易》説從『艸』、『麗』之意也。凡引經傳，有證字義者，有證字形者，有證字音者。如『艸木麗於地』，説從『艸』、『麗』；『豐其屋』，説從『宀』、『豐』，皆論字形耳。陸氏《易》《釋文》乃云《說文》作『䕻』作『寷』，不亦謬哉。」嚴氏曰：「按上文『離，麗也』，『日月麗乎天』，下文『重明以離乎正』，『柔麗乎中正』，諸『麗』字難皆作『䕻』。段依《類篇》改『䕻』作『麗』，以爲引此以證『䕻』從『艸』、『麗』，是也。」蘭按：鈕氏《段注訂序》疏段六失，曰：「凡引證之文當同本文，今或別易一字以爲引經會意，四也。」蘭按：《說文》引經説會意固自有其例，「閏」下引《周禮》，「八」下引《孝經》説，又下引《周禮》等凡十餘見。然其所説之字皆經傳所習用，而或昧其字形，故引書説之。若「䕻」、「寷」之字，今經傳皆無之。苟非尗重親見古本有如此者，則何以采以入書也？若如段説，則是古本無此字，因《易經》之文而造「䕻」字、「寷」字矣，所謂後出分別字也，殆非許君收采之意矣。且陸氏引之，蓋六朝《說文》本如此，安得爲謬？夫段氏蓋未達聖人解《易》之指與漢師傳授之故耳。聖人之解《易》也，以聲相訓，「乾，健也」，「坤，順也」；而《象傳》曰「天行健」，「健」即「乾」也，以聲易其字也。《蠱》卦曰：「蠱，元亨，利涉大川。先甲三日，後甲三日。」而上九曰：「不事王侯，高尚其事。」二「事」字即上五爻之「蠱」也。是周公易「蠱」爲「事」字也。《象傳》曰：「蠱，元亨，而天下治也。利涉大川，往有事也。先甲三日，後甲三日，終則有始，天行也。」孔子釋「蠱」以「治」、「事」、「始」三義，此三字皆同聲也。故以聲相訓而萬條一貫，此《易》之理也。故《序卦》曰「垍（『垍』依《釋文》一本，然當作『臽』。《説文》：「臽，小阱也。」）者，陷也」，而初六、六三皆曰「入於坎窞」，作「窞」字。《彖傳》曰「水流而不行」，《象傳》曰「水存至」，則又當作「淊」字矣（《説文》：「淊，泥水淊淊也。」）。九二曰「坎有險，求小得」，則又當作「欿」字矣（京房、劉表正作「欿」，《説文》：「欿，欲得也。」《廣疋》：「欿欿，聲也。」即「坎坎」）。《説文》又曰：「坎，陷也。」則「坎」亦正字也（六四「尊酒簋」，則亦有「啗」義）。「埳」、「陷」、「窞」、「淊」、「欿」、「坎」皆同聲之字也。《彖傳》曰：「坎，險也。」九二曰：「坎有險。」而六三曰：「檢且沈（用古文）。」「險」、「檢」亦同聲之字也。凡古昔傳經，皆尚口授，《禮》與《春秋》皆制度名物，則布在方策，故質而不文。《易》、《詩》則均而文之，皆誦習而少傳寫，故多通借。古音未昧，任舉一聲而其義自見。故舉「臽」聲而「窞」、「淊」、「欿」、「啗」之義皆在其中矣。故漢之經師各有傳授，本皆不同而義各相攝，即以此也。許君所承，孟《易》也。又安得以今本繩之？「麗」、「豐」之爲「蘺」、「靊」字，當本義，正聖人解《易》之恉也。而段逞其私説，過矣。雖然，漢學絶而此義久昧，最易見者「乾」之爲「健」，而人各一説，紛紛其喙，而未有探其故，然則獨段氏乎哉！近有法人著論謂《易經》爲古字典，解説《離》卦等諸卦以其卦名爲偏旁，每爻各以形聲專字一字或數字當之，其説妄也。聖人解《易》以聲相訓，故一字而兼數義，此因聲通借之條也。若以彼論觀之，無論「大畜」、「小畜」、「大壯」、「家人」、「同人」、「未濟」、「既濟」等皆不能通，即字亦非文王所造，安得云卦名是古文、爻中是後世字邪？（爻中無卦名字，而附會一形聲專字，尤妄。）《周易》之前尚有《連山》、《歸藏》，其卦名又不同《周易》邪。附記於此，以志予説之不承於彼，且以袪其妄也。

【集解】「地」，《易》作「土」，《釋文》王肅本作「地」，李鼎《集解》本作「地」，引虞注同。元應書六亦引作「地」。「於」，《易》作「乎」。《論衡》説曰：「引《易》『百果艸木麗於土』，麗者，著也。」元應亦引作「於」。

【眉批】若《説文》不用聲借之條，則一字一義矣。

蓆 廣多也。從艸，席聲。

【校勘】《緇衣》《釋文》引「廣多」。

【集解】段注。

刈艸也。從艸，殳聲。

【校勘】宋本《均譜》「刈也」。《廣均》「刈艸」。「殳聲」，大徐作「從殳」，非（段、朱從大徐，不知形聲之例，强附會意之條）。

【集解】《載芟》傳：「芟，除艸也。」「殳聲」者，本書：「搰，讀『芟刈』之『芟』。」

荐席也。從艸，存聲。

【校勘】「席」，各本作「蓆」，依宋本《均譜》、《均會》引正。［王田山《句讀》主「蓆」字，非。惟「席」字，故能引申有重、再義也（其《繫傳校録》亦云當作「席」）。］

【集解】「薦」者，「荐」、「薦」聲訓，經傳多以「薦」爲「荐」。《釋名》：「薦，所以自薦藉也。」薦爲艸，廌所食，而有陳義者，獺祭魚，亦有陳義也。故《釋詁》「薦，陳也」，《易》「殷薦之上帝」，本書「且，薦也」，皆「薦」之引申義也。荐席，所以敷陳，故曰荐薦。《士虞禮》「藉用葦席」，注：「藉，猶薦也。」「席也」者，凡親地者謂之筵，加於筵者謂之席，席即茵也，重於筵也。《廣疋》：「薦，席也。」引申則有重義，《釋言》：「薦，再也。」《釋天》：「仍饑爲荐。」《小爾疋・廣言》：「荐，重也。」《雲漢》：「饑饉薦臻。」《左》定四傳：「不虞荐至。」席有容積，故引申又有聚義。《左》襄四傳：「戎狄薦居。」《釋文》「薦」作「荐」，《國語》作「荐處」，韋注：「聚也。」若服虔曰「艸也」，則謂借爲「薦」。「存聲」者，《書・大傳》：「薦之言存也。薦當作『荐』。」

藉祭藉薦也。從艸，耤聲。一曰艸不編狼藉也。

【校勘】各本無「薦」字，慧琳書二引「祭藉薦也」，「從」至「聲」，據補。一曰義本在「從艸」上，今依正。本無「也」字，《玉篇》訓「狼藉也」，據補。

【集解】「祭藉薦也」者，《士虞禮》注：「藉，猶薦也。」《管子》注：「藉，席也。」《遊天臺山賦》：「藉萋萋之纖艸。」注：「以艸薦地而坐曰藉。」本書：「稭，祭天以爲藉也。」《句讀》。「耤聲」者，《甸師》注：「藉之言借也。借當作『耤』。」「一曰……」者，《新論》：「道路皆蒿艸，寥廓狼藉。」《孟子》：「樂歲粒米狼戾。」注：「狼戾，猶狼藉也。」

蒩 茅藉也。從艸，租聲。禮曰：「封諸侯以土，蒩以白茅。」是也。

【校勘】《封禪書》《索隱》引首句。蕭該《敘傳音義》引首句，從「艸」、「祖」。《玉篇》：「茅蒩藉封諸侯。」《廣均》：「茅蒩藉封諸侯。蒩以茅。」（「蒩」字不敢補者，疑用《鄉師》「共茅蒩」之文。）「以土」，疑當作「包以黃土」，此後世所用包蒩字也。「是也」，依例補。

【集解】段注。《句讀》。「《禮》曰」云云，孔穎達曰：「是必古書有此說，故先儒之説皆同也。」（桂所引當出《書》疏，侯檢。）段注。《句讀》。

蕝 朝會，束茅表位曰蕝。從艸，絶聲。《春秋國語》曰：「致茅蕝表坐。」

【校勘】《玉篇》：「束茅以表位。」《廣均》：「束表束茅表位。」毌山曰：「『表坐』衍文，或曰當作『設望表』。」

【集解】「朝會」二字當讀。《句讀》補正。「束茅表位」者，賈注《國語》。又《史記·叔孫通傳》「緜蕞」《集解》如淳曰：「置設緜索，爲習肄處。蕞，謂以茅翦樹地爲篹位。《春秋傳》曰：『置茅蕝也。』」《索隱》：「韋昭曰：『引繩爲緜，立表爲蕞。』」顔師古曰：「蕞與蕝同。篹又曰蕝，今之纂字。」蘭按：纂者，編也。上文「藉」下曰：「艸不編狼藉。」此則「引繩編茅者也」。本書：「禜，設緜蕝爲營。」「春秋……」者，《晉語》：「昔成王盟諸侯於岐陽，楚爲荆蠻，置茅蕝，設望表，與鮮牟守燎，故不與盟。」注：「蕝，謂束茅而立，所以縮酒。望表，謂望祭山川，立木以爲表。表，其位也。」馥案：「此即朝會表位，韋以爲縮酒，非是。」蘭按：韋説不誤。僖四年傳管仲對曰「昔如康公命我先君太公」，此即成王盟諸侯而召公命之也。下又曰「爾貢包茅不入，王祭不共，無以縮酒」，注：「束茅而灌之以酒爲縮酒。」《甸師》：「祭祀供蕭茅。」注：「鄭興曰：蕭字或爲『茜』。茜，讀爲『縮』。束茅立之祭前，沃酒其上，酒滲下去，若神飲之，故謂之縮。縮，滲也。故齊桓公責楚『不貢包茅，王祭不共，無以縮酒』。」韋蓋用鄭義也。昭十八年《左傳》：「屏攝。」韋昭曰：「周氏云：『屏者，並攝主人之會。』昭謂屏，屏風也；攝，形如要扇；皆所以分别尊卑，爲祭祀之位。鄭司農曰：『攝，束茅以爲屏，祭神之處。』」「攝」亦「蕝」字，此言祭祀表位也，即以之茜酒耳。古者天子五歲一巡狩，朝會諸侯於五嶽，固與望祭山川同時之事也。

茨 以茅蓋屋也。從艸，次聲。

【校勘】各本作「以茅葺蓋屋」，《東京賦》「慕唐虞之茅茨」注引「茅茨，蓋屋也」。蘭按：李但引「蓋屋也」，「茅茨」二字因賦文而衍，據補「也」字。《均會》四支引作「茨，茅蓋屋」。蘭按：《字典》引作「以茅蓋屋」，其所據《均會》本如此也。《繫傳》曰：「次，第茅以蓋之也。」亦無「葺」字。知小徐本固然，今從訂正。段刪「以葺」二字，《釋例》十五曰：「段非也。所引《釋名》固云『以艸蓋曰茨』矣。《甫田》鄭箋：『茨，屋蓋也。』疏引《墨子》『茅茨不翦』而釋之曰：謂以茅覆屋……作靜字用。」蘭按：段刪「以」字固非，刪「葺」字則是也。王言甚辨，然茨之言次也，葺之爲笮，則編之非茨義矣。況「笓」、「笮」從「竹」，固當多以竹爲之，即使許君言及笓笮之事，便當言以葺爲笮，更以茅覆之以蓋屋，不當如此含混。知「葺」字非許本有，審矣。應璩《與從弟書》注引「屋以艸蓋曰茨」，此誤以《釋名》當《說文》。

【集解】《甫田》箋：「蓋屋也。」《圉師》注：「蓋也。」《釋名》：「屋以艸蓋爲茨。」蘭按：《莊子・讓王》「茨以生艸」，《韓詩外傳》「茨以蒿萊」，可爲茨者，不僅茅也，但用茅居多耳。「次聲」者，《釋名》：「茨，次也，次艸爲之也。」

葺 茨也。從艸，咠聲。

【校勘】《篇》訓同。元應書十三引首句。

【集解】《廣疋》同。《通俗文》：「覆蓋曰葺。」《考工記・匠人》：「葺屋三分。」「咠聲」者，葺之爲言緝也。

蓋 苫也。從艸，盇聲。（户苔反，又公害反）

【校勘】琳書二引首句，「從艸，從盇」。朱駿聲私改作「從艸從盇會意」。蘭按：《釋言》：「曷，盇也。」《廣疋》：「盇，何也。」《釋言》：「蓋，割裂也。」《孟子》：「蓋亦反其本矣？」「蓋」與「曷」通。然則「蓋」從「盇」聲無可疑也。慧琳所引疑唐人不知聲者所改。《廣均》引首句。《五經文字》引首句及反音。《九經字樣》引從「從艸從盇，公害翻」。

【集解】《九經字樣》引《字統》同。《釋器》：「白蓋謂之苫。」孫炎曰：「白蓋，茅苫也。」李巡云：「編菅茅以蓋屋曰苫。」

《周禮・圉師》：「茨牆則翦闔。」注：「茨，蓋也。闔，苫也。」「盇聲」者，盇覆也。

蓋也。從艸，占聲。

【校勘】

【集解】《字林》：「茅苫也。」（《篇》同。）《廣均》：「艸覆屋。」

蓋也。從艸，渴聲。（音蓋）

【校勘】唐本《唐均》十二泰、《廣均》十四泰引首句（《唐均》原引於「瞌」下，《說文》無「瞌」，是《唐均》挩誤，依《廣均》正）。《玉篇》挩。《路史・前紀七》注引「葛，蓋也。與『⿰葛鳥』（疑當作『鶡』）皆音『蓋』」。《上林賦》注引《說文》曰：「馣馤，香氣奄葛也。」《說文》無「馣馤」。《玉篇》艸部無「⿱艹渴」而有「藹」，訓「晻藹」。《爾疋》：「蕡藹。」注：「樹實繁茂晻藹。」疑李善引他書「馣馤，香氣」，而云《說文》作「奄藹」也。「藹」疑當作「⿱艹渴」。猶屋蓋之引申爲雨蓋，此則又引申爲樹蔭也。《離騷》「揚雲霓之晻藹」，亦蓋義引申。《蜀都賦》、江淹《檉頌》皆作「菴藹」，《上林賦》作「晻薆」，《高唐賦》作「闇藹」，疑《說文》此注當補「一曰奄⿱艹渴也」。更俟詳考。

【集解】《句讀》。言部：「藹，臣盡力之美。」與「晻藹」義不近。

㕞也。從艸，屈聲。

【校勘】「㕞」，宋本大徐作「刷」，段云當作「刷」。《篇》、《均》訓同。

【集解】《字林》同。王冊山曰：「即茘根可作㕞之㕞，乃縛艸所作之器。」蘭按：《廣疋》：「馬帚，屈馬第也。」是也。《廣均》：「䓛，或從竹。」《廣疋》：「䈏，謂之㕞。」

藩 屏也。從艸，潘聲。

【校勘】《篇》、《均》訓同。《五經文字》次「莝」下。

【集解】《板》詩「價人隹藩」傳同。《蒼頡篇》：「藩，蔽也，蘺也。」慧琳引《周禮》「九州之外爲藩國」，今作「蕃」。《易·晉》鄭注：「蕃，遮禽也。」一本《書》：「籓，蔽也。」《廣疋》：「藩，蘺也。」

菹 酢菜也。從艸，沮聲。

【校勘】《玉篇》：「淹菜爲菹也。」《廣均》引首句。

【集解】《句讀》。蘭按：酸菜，今謂之淹菜，亦曰齏菜、生菜也。多以蕓薹、芥菜等爲之。《周禮》：「韭、菁、茆、葵、芹、菭、筍。」鄭云：「凡醯、醬所和，細切爲齏，全物若牒爲菹。《少儀》『麋鹿爲菹』，則菹之稱菜、肉通。」蘭按：許君於此曰「菜」，以從「艸」也。於「䔾」曰醢，醢，肉醬也，以從「皿」也。分別菜、肉之名，與鄭異。又按：酢菜之義，王説是也。小徐曰：「以米粒和酢，以漬菜也。」似臆説也。《聲類》：「藏菜也。」《離騷》注同。蘭按：與芸田、冬菜略同。今皆冬藏之，至明春乃食。「沮聲」者，張納碑：「既修沮桓。」「沮」、「俎」通。（漢印有「菹」字。）《玉篇》：「葅，同菹。」

各本此有「䔾，或從皿。𧂒，或從缶」二重文，李燾本注「或從血」。血部：「䔾，醢也。從血，菹聲。𧂒，或從缶。」據李本，知是後人以「菹」、「䔾」通用，以血部「䔾」、「𧂒」二文寫入此，而又誤「血」爲「皿」，以爲重文耳。《玉篇》艸部無此二重文，血部有「䔾」、「𧂒」，次與《説文》同。皿部無二字也。《説文》、《玉篇》皆以「菹」與「䔾」、「𧂒」異訓，而《廣均》「菹」引《説文》下又出「⿱艹⿰禾亶」字，同「菹」。按書傳無「⿱艹⿰禾亶」字，《廣均》別不收「䔾」、「𧂒」，「䔾」、「𧂒」之字，《説文均譜》承用《切韻》，「菹」下收重文「䔾」而亦無「𧂒」、「䔾」、「⿱艹⿰禾亶」三字，知《廣均》「⿱艹⿰禾亶」乃「䔾」或「𧂒」之訛。以字形論之，當爲「𧂒」。蓋《切韻》以「菹」、「𧂒」通用而同之。「䔾」訛作「𧂒」，而宋人校《説文》者又承《切韻》之誤也。今删此而存血部二文，以復《説文》之舊。「䔾」，或體從「缶」。鄭氏所謂「作醢塗置瓶中，百日則成」之義也。此則桂馥云「既從『皿』矣，或又從『缶』，缶非皿乎」。蘭更按：「菹」或從「皿」，尚合本書重文之例。「𧂒」或從「缶」，則爲「菹」之或文乎？爲「䔾」之或文乎？其爲血部誤衍於此，決無可疑。或更欲爲塗附，非所願聞矣。

荃 芥腌也。從艸，全聲。（初劣切）

【校勘】各本作「芥脃」，鈕云：「《繫傳》、《均會》『脃』作『肥』是也。」段注：「芥脃者，謂芥齏鬆脃可口。」蘭按：段説非説解之例。《句讀》曰：「脃，當作荃。《説文》本無『脃』字（説見《釋例》十四，其説極是）。」蘭按：王説亦未是也。錢抄本小徐作「芥肥也」，《字典》引《説文》同（殆出《均會》），本書亦無「肥」，《集均》「腌」或作「肥」。按腌義與菹相近，作「腌」是也，作「肥」是唐宋間人别寫耳。校者不識，乃妄改作「脃」耳，今訂正。《六書故》引鼂説之曰：「芥脃（此亦誤，鼂亦不識『肥』耳）之荃，當從唐本『初劣切』。」

【集解】本書：「䪥，讀若以芥爲齏，名曰芥荃也。」

䔒 韭鬱也。從艸，酤聲。

【集解】《廣疋》：「䔒，菹也。」《蒼頡解故》：「䔒，酢，菹也。」蘭按：許説則謂即《周禮》「韭菹」也。段注。王毌山曰：「鬱幽其韭而成之。」

𧅬 瓜菹也。從艸，濫聲。

【校勘】各本篆作「藍」，解作「監聲」。《繫傳》次立按：「前已有『藍』，注云『染青艸也』，此文當從『艸』、『濫』聲，傳寫之誤也。」李燾本注云：「《類篇》、《集均》均從『艸』從『水』。」蘭按：《唐均》卌二闞引「𧅬，瓜菹」，《廣均》五十四闞、《類篇》、《集均》廿三談引「𧅬，瓜菹也」，據正。《玉篇》「𧅬」訓同。

【集解】《廣疋》：「𧅬，菹也。」《詩·信南山》：「疆埸有瓜，是剥是菹。」傳：「剥瓜爲菹也。」箋：「剥削淹漬以爲菹。」「濫聲」者，《句讀》：「《内則》……下文。」蘭按：《釋名》：「桃濫，水漬而藏之，其味濫濫然酢也。」又曰：「桃諸，藏桃也，諸儲也。藏以爲儲，待給冬月用之也。」可證王説。

菹也。從艸，泜聲。

【校勘】《篇》訓同。大徐篆作「」。

【集解】《廣疋》：「薀，菹也。」

菧，或從皿。

【校勘】各本有「皿，器也」三字（錢、顧本小徐無「也」字），校語也，今删。《篇》、《均》：「盁，同菧。」

乾梅之屬。從艸，橑聲。《周禮》曰：「饋食之籩，其實乾䕩。」後漢長沙王始煮艸爲䕩。

【校勘】《均會》引無「之」字。《五經文字》、《篇》、《均》「乾梅也」。桂云：「梅，當爲某。」嚴云：「『後漢』下十字當是校語，東漢人不自稱後漢也。」桂云：「『後漢』二字非許所稱，後人加之。」段云：「謂《周禮》之後，至漢長沙王始煮艸爲䕩，不用梅桃也。」《句讀》：「『後』字承……此也。」蘭按：二説未可定，姑並存之。

蘭按：「乾梅之屬」者，蘭甚疑之。《夏小正》：「五月煮梅。」傳：「爲豆實也。」豆實即籩實矣。《籩人》：「饋食之籩，有棗、栗、桃、乾䕩、榛實。」注：「乾䕩，乾梅也。有桃諸，梅諸，是其乾者。」賈疏謂：「桃謂濕桃。」蘭按：經云「乾䕩」，則桃是濕桃。鄭意亦同，故别之曰「是其乾者」也。濕桃者，《夏小正》「六月煮桃」。蘭按：煮桃與煮梅文同，然則《周禮》言「乾䕩」者，䕩是煮梅也。陸氏《詩疏》云：「煮而暴乾爲蘇（一作腊），可著羹、臛中。」《寰宇記》：「洪州貢梅煎。」皆其義。本書上文皆菹之事，下文乃煎之事，則亦不當「乾梅」可知。《玉篇》、《五經文字》之訓「乾梅」，蓋皆本鄭義而失之。本書又不知何人所改也。《蜀志》：「蜀人名梅爲䕩。」似亦未是。今無可是正，姑存其舊。

䕩，或從潦。

【校勘】《篇》、《均》無之。

蘔 煎茱萸也。從艸，顡聲。漢律：會稽獻蘔一斗。

【校勘】 宋本《均譜》篆作「蘔」，《玉篇》以「藙」爲正，「蘔」同「藙」。《唐均》：「藙，茱萸。」無「蘔」字。《廣均》引《說文》作「蘔」，「蘔」同「藙」。今未知孰是。「也」字各本無，《廣均》引「煎茱萸也」，據補。

【集解】 段注。

䔂 羹菜也。從艸，宰聲。

【校勘】《篇》、《均》訓同。

【集解】 段注。蘭按：皇侃書《急就章》「糟糠汁䔂槀莝芻」，「䔂」顏本作「滓」。

若 擇菜也。從艸，又聲。

【校勘】 各本篆作「若」，「又聲」作「右，右手也」。鈕云：「從艸、右，宋本作『從艸、左』（今孫、鮑本皆改作『右』）。」蘭按：錢抄小徐説解作「右」，《繫傳》則曰「故訓『左右手也』（刊本亦改『右』）」。蘭按：本當云「從艸、又」，校者注「右手也」三字耳。楷作「艿」，故或訛「左」也。若《說文》本作「右」，則「右」不訓手。故知作「右」非，今訂正。各本有「一曰杜若，香艸」，段云：「依《均會》，恐是鉉用鍇語增，今人又用鉉本改鍇本耳。」（「今」當作「後」，「改」當作「增」。）蘭按：《唐均》別出「若」，云「杜若，香艸」於「若」下。知校者用此文亂入《說文》也。「艾」無此義。

【發明】 陳詩庭曰（《證疑》）：「若木之『若』作『叒』，『艸』頭加『ナ』作『叒』，『叒』即『叒』字，故『若』聲同『叒』。何以從右手而列於艸部乎？案：『叒』籀文作『叒』，『叒』即『𦍌』之側形，省之作『艸』，『ナ』即『口』字，『又』即『又』字，『右』亦『右』之側形。右，手口相助也。故從『艸』爲擇菜，而聲從『叒』省。」蘭按：陳説最謬，不足辨。王毌山曰（《句讀》補正卷二）：「疑與叒部『𣑭』本是一字，小篆分爲二，許君即各爲之説。」又曰：「『叒』本作『若』，『若』字蓋亦作『若』，即『若』重文加『口』者，如『𠶷』之象根形。是以《說文》之『叒木』，他書作『若木』，並非同音假借也。即其籀文『叒』，亦當作『若』。是以

《玉篇》『叒』下有籀文『𣑭』，『若』下亦有籀文『𣑭』，足知『叒』、『若』之爲一字。蓋漢人猶多作『□』。是以八分『桑』字作『桒』，《隸辨》引二文無作『桑』者。《集均》、《類篇》『桑』古作『桒』，並足徵也。『□』變爲『卉』者，猶『艸』變『卄』，『𦱖』變『卉』，曲者直之也。若『又』字變爲『十』者，則『□』變『廾』之外無有也。《説文》收『若』於艸部，『從艸，右聲』，亦似誤。虫部『蝅』云『若省聲』，或當作『□』聲。《博古圖》『□』、『□』皆釋爲『若』。」蘭按：王識「□」字而未識「□」字也。散氏盤「□」，阮釋「若」，曰：「《説文》『若』字從『艸』從『右』，此作『艾』。『又』，古『右』字。」蘭按：阮説是也。金文數見「□」，吴清卿曰：「華之茂者，枝葉繁生，『春』字從此。後人以『若』爲『芓』，非。」龜文「□」，羅云：「象人舉手而跽足，乃象『諾』字，巽順之狀。(按：此説誤。龜文又有一形作『□』，明是□木字。)『擇菜』之義，非其朔矣。」蘭按：吴、羅皆以「□」混「□」，非也。龜文亦有「□」、「□」，羅云：「從『又』持斷艸，是『芻』也。散盤『□』與此同。古陶文『騶』從『□』，漢騶四朱小方錢亦作『□』，均尚存古文遺意矣。」蘭按：羅説非也。本書「芻」象包束艸之形，上林鼎作「□」是也。漢印「鄒」字所從有「□」、「□」、「□」、「□」諸體，「騶」所從有「□」、「□」、「□」、「□」諸體，正可見篆體之變，非「芻」字從「又」也。「□」、「□」二字當依阮氏釋「艾」。漢印有文「□」及「□勝」，舊釋「艾」字，非也。「艾」從「又」，不從「又」，有成□君印作「□」，與今本《説文》篆略同(「□」、「□」異)，從「□」從「□」通也。

【發明】「擇菜也」者，《芣苢》「薄言有之」，作「有」，傳曰：「藏之也。」蘭按：《芣苢》首章言「采」言「有」，次章言「掇」、「捋」，三章言「袺」、「襭」，毛傳：「采，取也。掇，拾也。捋，取也。袺，執衽也。扱衽曰襭。」蘭按：次章方言拾取，三章則襭取以歸，而首章一采之後即使藏之，無乃太速乎？且藏之何所，藏於手中乎？蓋當以許云「擇菜」爲正(疑毛傳「藏」字或有訛)。《廣疋》云：「有，取也。」《家語》弟子有若字子有。「艾」引申爲擇義，段氏引《晉語》秦穆公曰：「夫晉國之亂，吾誰使先？若夫二公子而立之，以爲朝夕之急。」段曰：「此謂使誰先，擇二公子而立之。『若』正訓『擇』。」蘭按：《廣均》十八藥：「若，姓，魯人也。」此蓋有子之後也。漢印有「艾勝」，漢有下邳相若章。

「又聲」者，字或從「右」。「又」、「右」古通。《篇》、《均》又出「𦬁，艸也」，疑亦「艾」之異文。《玉篇》艸部無「艾」，「若」下云：「如灼切，杜若，香艸。又如也。汝也。𣑭，籀文。」《廣均》：「如也。順也(二義《唐均》同)。汝也。辭也。又杜若，香艸(此義《唐均》別出『若』字)。而灼切。」蘭按：「□」之亂「□」，蓋始於六朝乎！「□」字，《詩》、《廣疋》作「有」，故知從「又」

聲，乃得與「有」通叚也。字或作「若」。凡《篇》、《均》所出「若」字之音義則皆當作「𠰥」也〔顧亭林說古讀「若」爲「汝」。蘭按：《儀禮》注：「今文若爲如。」「若」皆當作「𠰥」、「叒」。金文「王叒曰」或作「𠰥」，猶王如曰也。《易》《釋文》：「古文若作𠰥。」（今本多訛。）此「辭」義也。「順」義，則本作「諾」，借用「若」字〕。蓋田鼂碑「養善𠰥春陽」，字猶未誤（斷下爲「又」，已小誤）。而隸書大都變爲「若」字，遂與「芆」之或字「𦱶」相亂。《說文》「叒」、「𠰥」傳寫既訛爲「叒」、「叒」（叒木之字古書皆作「若」，可證隸變「叒」爲「若」），而從「𠰥」聲者「𧩬」（以聲知當從「𠰥」）、「𦱶」（此字見石鼓）、「婼」（訓云「不順」，即「諾」之反義。叔孫婼，《公羊》作「舍」，亦「𠰥」聲之證）三字。「叒」聲者，「𦱶」一字（金文尚有「𦱶」字）。《說文》皆從隸訛作「𦱶」，校者又改「芆」爲「𦱶」以合之。於是「芆」義既昧，其音亦挩。「叒」形既失，「𦱶」形亦亡，獨一「若」字兼據衆義，冒「𠰥」之聲，舛訛相承，豈復有能正之者乎？凡此皆非許君訓「芆」爲擇菜之義，無怪數千年無通擇菜之義者。今庶幾明白，著定之。（本書禾部說解兩見「若」字，亦「𦱶」之變。）

【眉批】蘭按：杜撰「𦱶」字。

蘭按：散盤之義，或當爲藏。

杜若之字，蓋亦以「叒」爲之。

蓴　蒲秀也。從艸，專聲。

【校勘】各本「秀」作「叢」，依《均譜》改。《廣均》訓同，與《廣疋》合。然「秀」當作「莠」，且在此非次也，疑非許書原文。《類篇》：「艸叢生皃。」亦非。小徐挩「聲」字。

【集解】《廣疋》：「蒲穗謂之蓴。」

⿱艹因　以艸補缺。從艸，因聲。讀若俠。

【校勘】顧本改「缺」爲「闕」，非。《廣均》：「艸補缺。」「俠」，大徐各本作「陸」，李燾同，毛𠛬爲空白，未改。各本「俠」下有「或以爲綴」四字。《玉篇》：「艸補缺，或爲綴。」蘭按：此以《玉篇》語亂入《說文》也。《玉篇》本當云「或以爲綴字，在叕部」，張本經删節也。各本「綴」下又有「一曰約空也」五字，亦展轉傳誤，衍入《説文》。「約」謂繩縮之「縮」，與「茵」通。然與「補缺」義近，徐楚金則謬説也。今並删九字。

【集解】《廣疋》：「茵，補也。」茵，或誤「箇」。《玉篇》：「以竹補缺也。」「讀若俠」者，《廣疋》「補也」義内皆是綴補鞋履破敗之事。《方言》：「俠斯，敗也。南楚凡人貧衣被醜敝，或謂之挾斯。器物敝亦謂之挾斯。」《廣疋》：「挾斯，敗也。」蘭按：「斯」是語辭也。敗而後補，其義相近，《玉篇》以爲或「綴」字。「茵」、「綴」音同。《廣疋》：「綴，連也。」蓋皆引申之義（嚴、鈕以爲「㐁」讀若「導」，與「陸」音近。段以爲「俠」、「綴」皆是讀若，非）。

【眉批】△

蕁　叢艸也。从艸，尊聲。

【校勘】《玉篇》本：「蕁，艸叢生。」《廣均》：「艸叢生皃。」蘭按：在此非次，可疑。

【集解】《廣疋》：「蕁，聚也。」《句讀》。

莜　艸田器也。从艸，攸聲。《論語》曰：「以杖荷莜。」是也。

【校勘】各本無「也」，唐本《唐均》卅四嘯引首句，同。云：「又音苕。」《論語》疏十八引「芸田器也。」《均會》十八嘯引作「芸田器」，作「芸」。《論語》「荷蓧」與「芸」兩事也。蕓用耒，此器名也，故知其非。依補「也」字。「攸聲」，各本作「條省聲」。段云：「淺人所改，『條』亦『攸』聲也。」蘭按：校者見《論語》作「蓧」，臆爲「條省聲」，而加「今作蓧」三字於末也。今正。引《論語》「莜」，錢本、朱本、竹君本皆誤「蓧」。大徐末有「今作蓧」三字，是校語，今删。「是也」，依例補。王云：「荷，當作何。」

【集解】「艸田器也。从攸聲」者，「艸」疑衍字。「攸聲」者，《唐均》引「又音苕」，《廣均》同。而「苕」聲内《唐均》、《廣均》皆但有「𠤷」字，知「𠤷」、「莜」一字也。「𠤷」、「莜」同從「攸」聲。匚部：「𠤷，川田器也。」從「匚」者，重文多從「竹」，故字或借「蓧」也。然則「莜」、「𠤷」當類聚而訓爲「田器」。田器者，《廣均》十八錫所謂「蓧，盛種器」是也。蓋《玉篇》分之，而後人遂歧出也。此字與次序不合，「茜」、「萆」、「苴」、「䕯」皆草爲衣履之名，「蕢」始爲艸器名，而匸部則甚整齊，且與《篇》次同，知此字當移爲「匧」之重文，而刪「草」字，無可疑也（既歧出，或乃加「艸」耳。其誤已始於唐）。「《論語》……」者，《釋文》：「蓧，本又作『條』，又作『莜』。」包注曰：「竹器名也。」按「竹」是字訛。《孔子世家》注引包注作「艸」。《玉篇》引《論語》作「莜」，云：「艸器名。」亦本包也。蓋「莜」字變從「竹」，而或改注文就之。《義疏》本作「篠」。

萆 雨衣。一曰衰。從艸，卑聲。一曰萆歷，似烏韭。

【校勘】「衰」，毛作「衰」，小徐作「蓑」，非。各本「衰」下有「衣」字。《玉篇》：「雨衣，一曰蓑。」據刪。與「衰」下轉相訓也。「歷」，大徐、《集均》引作「藨」，非。蘭疑此一曰義，非原文。

【集解】《廣疋》：「萆，謂之衰。」《句讀》：「衣部……衣也。」「一曰萆歷……」，《句讀》：「即萆茘……本譌。」段注：「烏韭……四五寸。」

𦱶　刪。

【校勘】《句讀》。各本有此篆，「艸也。從艸，是聲」。小徐無「聲」字。蘭按：《句讀》説是。宋本《均譜》「芪」、「𦱶」並「市支反」，並訓「芪母」。《繫傳》「芪」下云：「按《本艸》芪母即知母之一名也。」「𦱶」下云：「臣鍇按：即今之知母。」然則小徐本「𦱶」注原作「芪母艸也」可知。《繫傳》音「芪」、「𦱶」皆「是支反」亦可證本爲一字。「氏」、「是」一字，故《説文》作「芪」。《字林》重出「𦱶」，知非《説文》本有重文「𦱶」者，以羼次於此。而《均譜》不云「𦱶」同「芪」，又各訓爲「芪母也」，羼廁之跡本甚顯著，而今本又挩注文「芪母」二字，遂若二字。可見校古書之難也。今刪。《玉篇》「𦱶」訓同《字林》。《字林》本訓「𦱶母艸也」，見余《字林校本》。

苴 履中薦。從艸，且聲。

【校勘】「薦」，各本作「艸」。《廣均》八語訓同。《玉篇》訓「履中薦」，據正。

【集解】本書：「屟，履中薦。」《句讀》：「《漢書》……以此爲之。」「且聲」者，且，薦也。

艸履也。從艸，麤聲。

【校勘】《廣均》引首句。《玉篇》訓同。

【集解】段注。

艸器也。從艸，貴聲。

【校勘】《論語》疏十四引「艸器」。《篇》、《均》訓同。

【集解】《論語》：「未成一蕢。」包注：「土籠也。」《漢書・何武王嘉師丹傳》注：「織艸爲器，所以盛土也。」《王莽傳》：「咸在一匱。」借「匱」爲之。注同。段注。蘭按：今俗⿰虫欠人履大曰似土□（此字音「若」）。「埭」蓋即「蕢」也，多用以盛土，未得其字之形），知《孟子》之喻本於時俗所言也。

古文蕢，象形。《論語》曰：「有荷臾而過孔氏之門。」是也。

【校勘】各本篆作「臾」，非。宋本、李本《均譜》、《五音均譜》作「」，依小篆及「貴」字、「寅」字、「遺」字從「」、金文「遺」字正。《均會》引作「臾」。《廣均》「臾」同「蕢」。《玉篇》此文不知在何部，未檢得（鈕云：「《玉篇》、《廣均》同。」蘭惟見臼部有「臾」，云古文「坤」）。引《論語》「臾」字，小徐作「蕢」。「門」下王補「者」字，非也。今《論語》雖有「者」字，《後漢書・逸民傳》注引作「首」字，或許據本無「者」字也。「荷」，當作「何」。「者也」二字，今補。

【集解】「象形」者，「」是兩手形，「人」象器形。引《論語》者，《憲問》文。何注：「艸器名。」今本作「蕢」，古本作「簣」。「孔氏」，古本、足利本作「孔子」。

蔓 删。

【校勘】各本有此篆，解曰：「覆也。從艸，侵省聲。」《玉篇》引首句。《廣均》訓同。小徐作「艸覆地」。蘭按：此字後人亂入也。曰「侵省聲」，而下文則有「蓡」字矣。不省之謂何？一也。曰「覆」曰「艸覆地」，而上下文皆器也。二也。《玉篇》「蔓」廁部末，爲宋人所增。而「䕢」下有「幂」，云「俗帚」字，知後人以俗字亂入《說文》也。三也。今删。

車中重席也。從艸，因聲。

【校勘】各本無「中」字、「也」字，《廣韻》、《均會》引「車重席也」，元應書三、廿一引「車中重席也」，據補。《玉篇》：「鞇，車中重席。」

【集解】《句讀》：「漢……著也。」

司馬相如說，茵從革。

【校勘】《玉篇》：「鞇，亦作茵。」《廣均》：「同茵。」

【集解】《急就》：「鞇靯鞲。」皇本作「茵茯薄杜」。蘭按：《急就》用《倉頡》正字，皇本是也。許引相如說者，以其異於《倉頡》也。所謂頗有出矣。《句讀》。

刈艸也。象包束艸之形。

【校勘】各本篆作「」，獨錢抄本作「」，亦小誤。今依漢鼎正，說見「」下。《篇》、《均》引首句。《綢繆》《釋文》引「包」作「苞」，「艸」作「草」。《繫傳》、《韻會》「也象」誤「爲也」，錢抄本不誤。昭十三年《左傳》《釋文》引「割艸也」。《九經字様》「刈草也。象包裹束艸形」。

【集解】《急就》注：「刈生艸也。」《句讀》。蘭按：似是刈取生艸曰芻。本是動字，故象包束也。王非。

乾芻也。從艸，交聲。

【校勘】各本無「也」，《廣均》引「乾芻也」，據補。「聲」下各本有「一曰牛蔪艸」五字。《句讀》：「此句乃後人增也……亦後人增也。」蘭按：余注已刪「蔪」矣。鈕氏云：「《繫傳》無『牛』字，『蔪』作『蘄』，譌。」蘭按：錢抄本與鈕引合，顧本則改合大徐矣（汪、馬本待檢）。大徐本非也。《玉篇》「茭」上爲「莝」字，訓「斬艸」，蓋舊本有，傳寫誤入「茭」下。引《説文》者（今本無引《説文》），校者輒取以補《説文》，後又誤於「斬」，增「艸」頭遂成。小徐本、大徐本則又爲校者附會《爾疋》而改之。今又以大徐改小徐矣。校讐之獘，至於斯乎！今刪此句。

【集解】《繫傳》。蘭按：小徐以爲即茋艸，則非也。此但通名耳。《費誓》鄭注、《聲類》同許。

亂稾也。從艸，步聲。

【校勘】各本作「亂艸」，宋本《均譜》作「艸也」，今依《廣均》正。《玉篇》：「牛馬艸，亂稾也。」

斬艸也。從艸，坐聲。

【校勘】各本「艸」作「芻」，《篇》、《均》皆訓「斬艸」，據正。大徐次「茹」後，非。

【集解】本書：「鈇，莝斫刀也。」《夗央》：「摧之秣之。」傳：「摧，莝也。」箋：「摧，今莝字也。」《五經文字》：「莝，《小疋》借『摧』字爲『莝』字，其『莝』字見注。」蘭按：《繫傳》引《詩》曰「秣之剉之」，則此「莝」字豈第三章作「摧」、第四章本作「剉」邪？下叶「綏」字，則作「剉」爲得。《韓詩傳》「摧委也」，「委」即「萎」。

飤馬也。從艸，如聲。

【校勘】《篇》、《均》（去聲九御）：「飯牛也。」

【集解】《方言》：「茹，食也。」

食牛也。從艸，委聲。（於僞切）

【校勘】《玉篇》引首句，「於僞切」。《廣均》：「萎牛。」

【集解】《句讀》。

以穀萎馬置莝中。從艸，敊聲。

【校勘】《玉篇》：「以穀和艸萎馬也。」《廣均》麥均不收。顧本（彙函刊本、俟檢祁刻）篆從「朿」，錢抄本、顧本（同上）說解「敊」作「敊」，非。小徐「萎」作「餧」，非。「莝」，宋本《均譜》誤「莖」。

蠶薄也。從艸，囯聲。

【校勘】各本誤「曲聲」。《玉篇》：「養蠶器也。」《廣均》：「蠶薄。」並作「曲」。

【集解】《廣均》引《漢書·周勃》「織薄苗」（徐鍇亦引「苗」作「曲」）。今作「曲」。韋昭曰：「北方謂薄爲曲。」《豳風》傳：「豫蓄萑葦，可以爲曲也。」《月令》「具曲植籧筥」，注：「曲，薄也。」《方言》：「薄，宋衛陳楚江淮之間謂之苗。」許君《淮南》：「葦薄爲曲。」蘭按：曲部或說「曲，蠶薄也」。苟非此是「曲」重文或後增字，即彼說因此而增也。俟更考。

蠶蓐也。從艸，族聲。

【校勘】各本「蠶」上有「行」字，《玉篇》「巢也（依《周禮》說），亦蠶蓐也」，殆「亦」誤爲「行」，校者以增入《說文》也。删之。著此說以俟考。《廣均》：「蠶蔟。」

【集解】本書：「蓐，蔟也。」《古文苑·元后誄》注：「蔟，竹器，以茅籍之，承老蠶作繭。」按引申有「巢」義，見《周禮》。

束薪而灼之（舊注：謂大燭也）。從艸，巨聲。

【校勘】各本作「束葦燒」，《均會》引「束葦燒也」，《後漢·甫嵩傳》注引作「束葦燒之」，慧苑書一引「束薪而灼之，謂大燭也」。今依慧引，别次句爲舊注。

【集解】

艸薪也。從艸，堯聲。

【校勘】各本無「艸」字，《左》昭十三年《正義》、《板》《正義》引首句，同。《板》《釋文》、《長楊賦》注、《字典》引「草薪也」，《玉篇》訓同，據補。

【集解】嚴云：「以别於棷、梡、㮯之爲木薪。」桂引《漢書·賈山傳》、《楊雄傳》注竝云：「艸薪。」

蕘也。從艸，新聲。

【校勘】《板》《正義》引首句。

【集解】《句讀》。「新聲」者，新取木也。蘭按：新，動字。薪，静字。

析麻中榦也。從艸，烝聲。

【校勘】「析」，各本訛「折」，依《廣均》十六蒸、《增均》、《類篇》引首句改。

【集解】段注。《句讀》。蘭按：桂云「去粗留細以束薪」，桂蓋不知麻幹何用也。

蒸，或省火。

【校勘】段注。蘭按：如其説，則當爲「丞」聲。然張參則但作「蒸也」，存疑。《廣均》引《説文》同「蒸」。《玉篇》同「蒸」。

王毌山《繫傳校録》云：「『⿱艹丞』、『箮』下云：『蒸省聲』。不云『蒸聲』，恐此篆係後人附益。」

蕉　生枲也。從艸，焦聲。

【校勘】《玉篇》：「⿰糸焦，生枲，未漚也。」《廣均》：「⿰糸蕉，生枲也。」

【集解】《句讀》。蘭按：南方艸木狀甘蕉，一名芭蕉，或曰芭苴，莖解散爲絲，可紡績爲絺綌。蘭按：芭蕉之名起於後代，蓋因績之如麻，故遂名之曰蕉也。原本《玉篇》糸部：「⿰糸焦，子堯反，《字書》亦蕉字也。蕉，生枲，未漚也。在艸部。」

𦵔　糞也。從艸，胃省。

【校勘】《廣均》引首句。《玉篇》訓同。朱駿聲云：「《説文》『胃』亦聲，誤。」各本無之。《玉篇》別有「𦵔，艸也」。篆依大徐，顧本從「[illegible]」，錢從「[illegible]」。

【集解】《句讀》。

薶　瘞也。從艸，貍聲。

【校勘】《篇》訓同。

【集解】本書：「瘞，幽薶也。」《釋天》：「祭地曰瘞薶。」《廣疋》：「薶，藏也。」《月令》：「掩骼埋胔。」《淮南》作「薶」。「從艸」者，徐鍇曰：「藏於艸下也。古之葬者，厚衣之以薪。」「貍聲」者，《大宗伯》：「貍沈。」蘭按：《吴語》：「狐埋之而狐搰之。」狐貍屬好埋也。

葠　喪藉也。從艸，侵聲。

【校勘】《字典》引作「喪藉艸也」。《玉篇》：「葠，猶苫也。草自藉也。」段注。蘭按：「⿱艹𠬶」蓋後人增，前已删之矣。《廣均》收「⿱艹𠬶」不收「葠」，「⿱艹𠬶」即「葠」之省。義亦相近。若本書次序，則「薶」、「葠」相次亦無可疑。惟《玉篇》、鉉、鍇皆音與

「苦」同，乃可疑耳。今經典皆同「苦」，而《廣疋》人蔑字則反用此。

斷也。從斤斷艸。譚長説。

【校勘】《廣均》引首句，作「折」，錢抄本、宋本《均譜》篆作「」，並非。《玉篇》訓同。《説文》無「譚」，徐鉉説當作「鄿」。《九經字樣》引譚長説「從斤斷艸」。

【集解】《廣疋》：「㫁，分也。」《漢書・五行志》：「中木曰折。」「從斤……説」者，此許君博訪通人所記也。漢印折衝將軍、折衛將軍二印「㫁」作「」、「」。蓋漢篆聯「屮」作「」，此隸變所以從「手」也。故許君特入艸部而引譚説以正之也。《周禮》「折瘍」，劉昌宗本作「㫁」。師寰敦、號季盤皆作「」，毛公鼎作「」，古文具在，許君之功大矣。蘭以爲古蓋象形字。譚長者無考，《後漢・逸民傳》有譚賢，則字伯升。

籒文折。從艸在仌中，仌寒故折。

【校勘】《玉篇》：「䔥，同㫁，出《説文》。」《廣均》引又作「䔥」。小徐作「㫁」。《釋例》十五：「『㫁』重文『䔥』，説解以爲從「仌」，似非……從二耳。」

【集解】齊侯罍有「」字。《文子》：「冬冰可折。」段云：「《廣疋・釋器》『斷』字從此。」

艸之總名也。從艸、屮。（《字林》虚謂反）

【校勘】《事類賦》引同。琳書一引首句（「艸」作「草」），作「從屮從草」。《篇》、《均》（去聲）：「艸總名。」

【集解】《字林》：「草總名也。」《釋艸》：「卉，艸。」注：「百艸總名也。」《方言》：「卉，艸也。」

遠荒也。從艸，九聲。《詩》曰：「至于艽野。」是也。

【校勘】篆依宋本《均譜》，各本從「」。「是也」二字，例增。《玉篇》引《詩》「至于艽野」，「遠荒之野曰艽」。

【集解】《埤蒼》同。《小明》傳：「艽野，遠荒之地。」

蒜　葷菜也（一本云：菜之美者，雲夢之葷菜）。從艸，祘聲。

【校勘】各本「葷菜」，錢本「菜」訛「菓」。《齊民要術》三引「葷菜也」。《釋艸》《釋文》引「葷菜也。一本云：菜之美者，雲夢之葷菜。」疏及《離騷艸木疏》引同作「一云」。《蜀本艸》引同，無「一本云」及末「菜」字四字。《齊民要術》十引「菜之美者，雲夢之焄（《集均》『葷』字）菜」。《御覽》九百七十七引同，「焄」作「葷」。據補。蘭按：《說文》兩本之歧出，蓋自唐初已然。然「雲夢之葷菜」者，今《吕氏》作「芹」（《齊民要術》引《吕氏》作「荳」。今《說文》亦有「荳」字，疑後人以《字林》亂入），似「芹」當作「菳」字也。《字林》「菳」音「吟」，「菜似蒜，生水中」，即《本艸拾遺》所謂「澤蒜」也。或《說文》本有「菳」字，與「蒜」相次，下有引「伊尹曰」云云，本有挩誤，乃入「蒜」下耳。蒜有生於山，有生原野，不能專主澤説也。存疑。《蜀本艸》邢疏引「雲夢」句下有「生山中者名蒚」一句，皆沿舊疏，非《説文》語。《篇》、《均》訓「葷菜也」。

【集解】《别録》有「蒜」有「葫」，陶云：「今人謂葫爲大蒜，蒜爲小蒜。」蘭按：《圖經》曰：「《説文》所謂葷菜乃今大蒜，其説非也。許自據《夏小正》卵篆言之耳。」

【發明】大徐各本「蒜」篆下有「左文五十三，重二。大篆從茻」十一字，小徐無。段注曰：「皆小篆從『艸』，大篆從『茻』。是以莽與蔣一物而不相屬……蒸與菆一物而不相屬，皆由此分别。」顧説略同，見鈕《校録》。又曰：「鉉本十一大字，斷非鑿空。」嚴云：「小徐無此條，他部亦無此例。（鈕亦云：『他部無此例，疑有訛。』）許君《敘》言『史籀箸大篆十五篇』，則大篆即籀文也。乃左文『蓬』，籀文省作『莑』。從『茻』之言，竟不復驗。他部字次以類相聚，審觀左文則『卉』篆前都有此類，顯非原次，此條必校者所加也。議删。」蘭按：嚴説是也。今所傳龜甲、金文、古文略具，凡從「中」、「艸」、「木」、「林」、「茻」「棥」之字形多互通，以義近也。然則此不當獨舉五十五字，亦不當言大篆也。且《玉篇》、《五經文字》、《九經字樣》俱遵用《説文》而無一言及之，郭忠恕《汗簡》收采古文大篆至備，而不采一字，亦可知古本無此矣。「蒜」、「芥」義實相次，而横加分裂，則加者之妄，不言可知。而自來注家多受其愚，亦奇矣。《説文》本當以「卉」終部，而有「艽」、「蒜」以下數十字者，蓋以多本互校得之，故記部末。或爲《説文》古本而别本脱者，或爲後人所增，或爲篆體偶誤，説解分歧也。小徐

「芄」下有「蘇」、「芋」、「蕈」三字，而大徐在前，蓋據別本移之也。「苗」、「莆」、「萑」仿此。然則其餘文如爲《說文》本有者，亦必本在前與同類字相次也。此十一字如非大徐所加，即五代人妄作，與宋儒說《乾》卦經傳別次爲孔子之謙，同爲不知區蓋者也。而段、王（《釋例・補篆》）因之杜撰五十餘大篆矣，豈不謬哉！今删。

辛菜也。從艸，介聲。

【校勘】各本無「辛」字，《廣均》：「辛菜名。」（作「名」者，《說文》「也」字，他書多作「名」。）與《字林》合，據補。《篇》：「菜名。」《五經文字》次「苟」後「蕨」前。

【集解】《字林》同。蘭按：《急就》作「介」，顔本作「芥」。漢印有「芥」字。

葷菜也。從艸，悤聲。

【校勘】各本無「葷」字。《篇》、《均》：「葷菜也。」據補。《急就》作「葱」，《篇》云「俗」。《五經文字》作「葱」，《篇》、《均》同。

艸也。從艸，雈聲。《詩》曰：「食鬱及雚。」

【校勘】小徐無引《詩》。桂云：「鬱，當作欝。」

【集解】《句讀》。《釋艸》疏引「菜名」。

亭歷也。從艸，單聲。

【校勘】「亭」，錢抄本作「葶」。蘭按：上文所删之「蘄」，疑本當作此字也。彼訓義當在此下，此訓疑後人以《爾疋》爲之。此與「莛」義亦近。《本艸》：「葶歷，一名蕇蒿。」「莛」篆解云：「菜類蒿。」故陸德明曰：「蘄，古芹字也。」漢印□□州陽洵蕇督，「蕇」當是人姓。《通志》：「漢有弘農太守蘄良知。」「蕇」、「蘄」一字也，「蘄」當是隸變。更待博考。

艸也。從艸，句聲。

【校勘】《五經文字》「苟」從「艸」下句，次「芥」前。

【集解】《急就》注同。《玉篇》：「菜也。」

鼈也。從艸，厥聲。

【校勘】《玉篇》：「菜也。」

【集解】毛《艸蟲》傳同。《句讀》。陸機疏。

鎬矦也。從艸，沙聲。

【校勘】《篇》、《均》：「艸也。」

【集解】《司馬相如傳》張揖注同。《夏小正》：「縞緹。」傳：「縞也者，莎蕕也。」《釋艸》：「薃侯，莎，其實媞。」郭注引《夏小正》傳。蘭按：侯，語餘詞也。諸家讀「侯莎」爲名者，誤。《漢書・地理志》清河郡「芯題縣」顏注：「古莎字，今訛作芯。」蘭按：「題」即「媞」、「緹」也。依「蕕」解，則莎即藍蓼。

各本此有「蓱」字，今移「苹」下。

删。

【校勘】各本有此字，「艸也。根如薺，葉如細柳，蒸食之甘。從艸，堇聲」。掌禹錫引作「根如薺，葉如細柳，子如米，蒸灼食之甘滑」。蘭按：《玉篇》：「蓳，居隱切，草也。《說文》又巨巾切。黏土也。堇，同蓳。槿，木槿，朝生夕隕，可食。」《廣均》十九隱：「槿，木槿，櫬也。又名蕣，一曰朝華，一曰日及，亦曰王蒸，又曰赤堇。堇，菜也。《說文》作『蓳』。黏土也。又音芹。」《篇》、《均》並無「蓳」字。蘭按：《詩》、《禮》、《爾疋》皆借「堇」，本書則作「莚」也。《周禮》《釋文》引「莚」音「謹」可證。

《爾疋》云：「芹，楚葵。」而又云：「齧，苦堇。」郭注云：「今堇葵也。」則「芹」、「堇」一字。又云：「芨，堇艸。」「芹」、「堇」亦一字(見「藋」下)。二證也。本書「藋」下、「芨」下、「蕣」下皆作「堇」，三證也。鈕云：「此注與上下文全不類，疑後人改。」蘭謂此即《爾疋》注，後人以亂入《説文》耳，以掌氏所引與《爾疋》注大同。掌往往據《爾疋》疏(此必是舊疏，孫、高所作者。以下證知之)引《説文》，故多以疏語爲《説文》。此必舊疏引《説文》(未知所引當爲何字解)後繼以郭注，掌不察，以爲《説文》也。今郭注有脱耳。四證也。「菦」省爲「芹」，而借「堇」爲之者，或變作「蘄」；借「蕇」爲之者，或變作「蘄」；皆「斤」爲聲也。知古借「堇」爲「菦」，則不當更有「堇」字，明矣。今删。

【眉批】石經、《釋文》皆作「堇」。

菲　芴也。從艸，非聲。

【校勘】《篇》、《均》：「菜名。」當依《玉篇》次「葑」、「茦」間。

【集解】《釋草》孫注：「葍類也。」蘭曰：詳「葍」下。

芴　菲也。從艸，勿聲。

【校勘】當依《篇》次。

【集解】《釋艸》：「菲，芴。」又：「菲，蒠菜。」某氏皆引《詩》「采菲采菲」，鄭君曰：「此二菜當蔓菁與葍之類也。」

⿱艹⿰𦰩鳥　删。

【校勘】各本有此篆，「艸也。從艸，⿰𦰩鳥聲」。按上已有「䕢」。「難」、「⿰𦰩鳥」一字。《玉篇》：「⿱艹⿰𦰩鳥，同䕢。又呼旦切。草也。」《廣均》有「䕢」(平聲)無「⿱艹⿰𦰩鳥」，今删此存彼。

萑　亂也。從艸，萑聲。

【校勘】《篇》次「藍」、「薖」、「荻」下。「薖」、「荻」本書所無，知此亦非《說文》字也。

【集解】《碩人》傳：「菼，亂也。」陸機云：「至秋堅成則謂萑。」《漢書・鼂錯傳》、《貨殖傳》注：「亂也。」蘭按：《廣均》：「萑，萑葦。《易》亦作『萑』，俗作『雚』。」「雚」本自音「灌」，蓋謂《易》本有作「萑」也。然《易》《釋文》但作「萑」，引《廣疋》：「萑，薍也。」又按：皇本《急就章》「薪炭雚葦炊熟生」，顏本「雚」作「萑」。然則萑亂之「萑」字，古假萑鳥字爲之，無正字也。本書「蒹」、「薍」下兩見皆作「雚」，《韓詩》「雚葦淠淠」，《夏小正》「七月莠雚葦」，《穆天子傳》「休於深雚」，亦皆作「雚」。其他書傳則皆作「萑」。「薍」下云：「雚之初生也。一曰薍，一曰雖。」蓋「雚」、「雖」同是借字也。雚，水鳥；萑，鴟屬；同爲鳥類，故亦同用。且古音相近，《廣均》尼於今音，以「雚」爲俗，似非也。「雖」亦鳥，故二名。《爾疋》：「蒹，薕葭。蘆，菼薍。其萑灌渝。」許皆出正字（灌渝之「灌」，疑當作「雚」。蓋葦曰節，葭曰華曰荼也。「渝」即「荼」之借）。「雚」、「萑」、「雖」亦九出正字矣，則不當更有「萑」字可知。蓋後人因「萑」與從艸之「萑」相雜，乃加「艸」爲「萑」以別之，因以增入《說文》耳。今刪。《公食禮・記》：「萑席。」注：「今文萑爲莞。」本書：「芄蘭，莞也。」《爾疋》作「雚，芄蘭」。然則又借「萑」、「雚」爲「莞」也（本書：「莞，可爲席。」）。葭亂之一名萑，正如芄蘭之一名莞、萑、雚，此必無專字之一證也。《息夫躬傳》：「涕泣流兮萑蘭。」「萑蘭」即「芄蘭」也（今又作「紈」），則借「萑」爲「芄」也。古人字簡，往往以馬獸之名借爲艸木之名，故《爾疋》往往前後重出。大徐曰「艸木偏旁肆意增益」，則此類是矣。王毌山謂：「《詩》曰『蒹葭蒼蒼』，故許曰『蒹，萑之未秀者』。葭，葦之未秀者』。《詩》又曰『八月萑葦』，故許曰『葦，大葭也』，『萑』當曰『大葦也』。」蘭按：王說甚有思致。但不知「萑」是「萑」、「雚」，爲後起字耳（「其明」，《釋艸》許君當讀「其萌」爲句，別以「蘉灌渝」爲句，恐非）。然即此可證「萑」非許君所收，不然不應矛盾也。

【眉批】更按：《玉篇》「萑」下不出「萑葦」義，我說未能確定是否也。更俟考。我說通也。《五經文字》艹部：「萑，户官反，從『卄』下『萑』。今經或相承隸省草，作『萑』。」正似爲我說而發。

葦　大葭也。從艸，韋聲。

【校勘】慧琳書引至「聲」。《文選・檄吳將校部曲文》注引首句。《篇》訓同。《篇》次「莞」上，似當與「菼」、「薍」類聚。

【集解】「八月萑葦」，傳：「葭爲葦。」疏：「初生爲葭，長大爲蘆，成則名爲葦，小大之異名。」《夏小正》：「七月莠萑葦。」傳：「萑葦未莠則不爲萑葦，莠然後爲萑葦，故先言莠。」

葭　葦之未莠者。從艸，叚聲。

【校勘】《廣均》引首句。《答蘇武書》注：「笳，《說文》作葭。」（按《玉篇》引《蘇武書》「胡葭互動卷，蘆葉吹之也」，今作「笳」，李說或本此。）《篇》訓「葦未秀也」。各本作「秀」，今改「秀」爲「莠」，以復古本。小徐次「萊」下，非。

【集解】《夏小正》：「葦未秀爲蘆。」李巡注：「《釋艸》：『葭，葦初生。』」蘭按：以「蒹」、「菼」下推之，許蓋以初生爲蘆、未秀爲葭也。

萊　蔓華也。從艸，來聲。

【校勘】宋本《均譜》及《均會》引作「蔓艸也」。按《繫傳》引《釋艸》「釐，蔓華」，注：「未詳。」「釐」與「萊」音同，則小徐本作「華」也。然《篇》次「蔓」下，「蔾艸也」。《廣均》訓同。似作「艸」爲是。今並存之。案：若以「蔓華」爲訓，則即是「舜」下之「蔓地連華」，上文之蕾、葍、菲、芴也（今郭注有「一曰蒙華」，無「未詳」語，未知小徐何據）。前人以此當「北山有萊」，則非，傳、箋皆不用《疋》文也。若以「蔓艸」爲訓，則與《詩》之「萊」義近。俟更考。

荔　艸也。以蒲而小，根可爲㕞。從艸，劦聲。（音隸）

【校勘】「艸也」，《均會》引作「艸名」。「以」，各本作「似」，《西京賦》注引「艸，似蒲而小」。「爲」，各本作「作」。《玉篇》、《家訓・書證》引「似蒲而」句，作「爲」，《御覽》一千、《均會》八霽引皆作「爲」，據改。《御覽》七百十四、《類篇》引作「作」。段依

《家訓》正「㕞」爲「刷」。

【集解】段注。《司馬相如傳》注：「徐廣曰：茢，艸，似蒲。」蘭按：茢爲馬藺、馬大也。但似藺而大，實非藺也。

蒙 王女也。從艸，冡聲。

【校勘】鮑本「王」作「玉」，非。《五經文字》「蒙」作「蒙」，訛；次序略同。《玉篇》次「蔞」上，似非。

【集解】《釋艸》文，今本訛「玉」，唐石經、宋本、雪窗本皆不誤。錢大昕曰：「女蘿之大者名王女，猶王彗、王芻也。」《釋艸》又云：「唐蒙、女蘿。」舍人、赤然皆曰：「別三名。」「爰采唐矣」，傳：「唐蒙，菜名。」蘭疑本當作「唐蒙」也。

范 艸也。從艸，氾聲。

【校勘】各本次「蓍」下，今依《五經文字》正。《玉篇》次序同。小徐無「也」字。

【集解】「范」從「氾」聲，與「藻」相次，疑與上文「芝」爲一字也。《楚辭》：「氾崇蘭些。」注：「搖動皃也。」

藻 水艸也。從艸，澡聲。《詩》曰：「于以采藻。」是也。

【校勘】各本篆作「藻」，解「澡」作「從水巢聲」，小徐作「水巢聲」。蘭按：經傳皆作「藻」，鄭君曰：「藻之爲言澡也。」漢印亦作「藻」。然則「藻」當爲正字。許君說「荓」曰「洴聲」，說「范」曰「氾聲」，又「璪」下曰「玉色，以水藻也」，然則許君當以「藻」爲正字也。《五經文字》先「藻」後「藻」，曰：「二同。並音早。」宋本《均譜》先「藻」後「藻」，知許君本以「藻」爲正字。後人亂之，而改爲「水巢聲」耳。今正。《玉篇》：「藻，同藻。」此今本所由出。《廣均》引「藻同藻」，已據今本。引《詩》小徐、《均會》皆作「藻」，此亦「藻」是正字之確證，大徐乃改作「藻」。「是也」，今增。

【集解】《采蘋》傳：「聚藻也。」「澡聲」者，箋云：「藻之爲言澡也。」

【眉批】《左傳》疏三引「水艸。從艸，從水，巢聲」。

藻，或從水、巢聲也。

【校勘】各本作「藻，藻或從澡」，錢本、竹君本有「也」字，今意改爲此，說見上。然解說恐未是，俟更考。毛傳曰：「聚藻也。」似此爲毛本字，從「巢」，故訓「聚」。鄭則作「藻」也。

王芻也。從艸，录聲。《詩》曰：「菉竹猗猗。」是也。

【校勘】小徐無「也」字。「是也」二字，補。

【集解】《釋艸》文。郭云：「菉，蓐也。今呼鴟脚莎。」《詩》疏引某氏作「鹿蓐」。《離騷》注：「菉，王芻也。」「《詩》曰……」者，《淇澳》文。《大學》引如此，今作「綠」。傳：「王芻也。」《韓詩》作「菉」。王逸引「終朝采菉」，今亦作「綠」。

艸也。從艸，䡆聲。

【校勘】「䡆聲」，各本作「曹聲」。《篇》、《均》作「蓸」。《篇》次「苟」下「范」上。

艸也。從艸，卤聲。

【校勘】《廣均》引首句。《玉篇》：「蓾，艸也。蓾，《說文》蓾。」

艸也。從艸，佋聲。

【校勘】各本從「沼」聲。《玉篇》「蓾」下有「菬」字，「市招切，草也」。《廣均》同。後別出「苕，之少切，苕子，蘗」。《廣均》：「苕子，艸。」蘭按：以《篇》次及大徐「昨焦切」、小徐「前焦反」校之，當從「佋」聲。今正(《廣均》平聲有「苕，草名」，據今本《說文》)。然似即「邛有旨苕」之或字。

艸也。從艸，吾聲。《楚詞》有「菩蕭艸」。

【校勘】《篇》、《均》：「艸，似艾。」

【集解】《方言》注：「呼荏爲菩。」蘭按：許意爲艾，與郭異。「《楚詞》……」者，段注。蘭按：《釋艸》：「萩蕭。」知「楸」、「蕭」通用。

艸也。舊艸不芟，新艸又生曰艿。從艸，乃聲。

【校勘】各本無「舊艸」至「艿」二句。《玉篇》、《增均》並引「舊艸」二句。按《廣均》：「艿，艸名。謂陳根艸不芟，新艸又生，相因仍也。所謂燒火艿者也。」今姑依《廣均》並存二義。《玉篇》又出「艿，草芟陳者又生新者」（二字皆在部末）。

【集解】《列子·黃帝篇》：「藉芿燔林。」注：「艸不翦曰艿。」

艸也。從艸，血聲。

【校勘】《玉篇》在後增字中，「草名」。《廣均》：「艸皃。」《類篇》：「地⿱艹血，蒨也。」蘭以爲「⿱艹血」即地血字，後人增。

艸也。從艸，匋聲。

【校勘】《篇》、《均》：「蒲萄。」

白苗嘉穀。從艸，己聲。《詩》曰：「維虋維芑。」

【校勘】各本無「《詩》曰」六字，依《均會》引補。《五經文字》：「芑，白苗嘉穀。」《玉篇》次「蕁」下。

【集解】《釋艸》：「芑，白苗。」注：「今之白粱粟，皆好穀。」《管子》：「其種蓼杞。」「《詩》曰……」者，「虋」作「穈」，傳：「芑，白苗也。」《采芑》傳：「草也。」「豐水有芑」，傳：「艸也。」

水舄也。從艸，𧶠聲。詩曰：「言采其藚。」是也。（其或反）

【校勘】「是也」二字，今補。「其或反」，見《詩》《釋文》。

【集解】段注。

艸也。從艸，冬聲。

【校勘】《篇》、《均》訓同。函海本《均譜》：「苳冬艸。」《集均》：「苣苳，冬生。」

薔虞蓼也。從艸，嗇聲。（音色）

【校勘】各本無「也」字，《釋艸》《釋文》引「虞蓼也。音色」，《均譜》「虞蓼」，皆無「薔」字，似是也。依「蓼」下則又當有「薔」字，今未能定，但補「也」字。《廣均》（入聲）：「薔，薔虞蓼。」

艸也。從艸，召聲。

【校勘】《篇》訓同。《廣均》：「苕菜。」

【集解】《句讀》。

艸也。從艸，楙聲。

【校勘】《篇》、《均》訓同。

艸也。從艸，冒聲。

【校勘】《玉篇》訓同，在俗字中。鈕云：「《玉篇》無誤也。」《廣均》號部無此字，屋均訓「萺蓿菜」。此疑後人羼入。

茒 鳧葵也。從艸，卯聲。《詩》曰：「言采其茆。」是也。（音柳）

【校勘】各本作「茒」、「丣聲」，引《詩》亦作「茒」。惠棟曰：「《汗簡》《古文尚書》『縮』作『茒』。按『丣』爲古文『酉』，是『茒』即『莤』也。《説文》酉部有『莤』字，而艸部又有『茒』字，以爲『鳧葵』，此必『茆』字之誤。《周禮·醢人》有『茆菹』，《詩》『薄采其茆』，皆從『卯』。」桂未谷：「按《文選·籍田賦》：『思樂甸畿，薄采其茅。』《周禮·醢人》注：『鄭大夫讀「茆」爲「茅」。茅菹，茅初生。或曰茆，水艸。杜子春讀「茆」爲「卯」。玄謂茆，鳧葵也。』」蘭按：《説文》「莤」字斷不複出，先儒讀「卯」、「茅」，則從「卯」顯然。又《漢書·律曆志》曰：「冒茆於卯。」更一鐵證也。《詩》《釋文》音「卯」，徐音「柳」，韋昭「萌藻反」。「柳」亦從「卯」，雖音異，然非從「酉」也。段氏反以「茆」爲俗，非也。今依《均會》引正。《增均》：「茒，莫飽切。本作『茆』，從寅卯之『卯』。」《玉篇》：「茆，鳧葵也。《詩》曰：『言采其茆。』茒，出《説文》。」鈕云：「引《詩》同《説文》，其重文疑後人增。」蘭按：《廣均》卅一巧：「茆，鳧葵。《説文》作茒。音柳。」亦宋人所增。《均會》引「言」作「薄」，非。「是也」二字，今增。

【集解】「鳧葵也」者，《釋艸》文。見《文選·南都賦》注及《後漢書·馬融傳》注，今本脱。《句讀》：「《廣疋》……失之。」「《詩》曰……」者，《泮水》文。「言」，今作「薄」。傳：「鳧葵也。」干寶曰：「今之鳧蹗草堪爲菹，江東有之。」何承天曰：「此菜出東海，堪爲菹醬也。」鄭小同云：「江南人名之蓴菜，生陂澤中。」

荼 苦菜也。從艸，余聲。

【校勘】「菜」，各本作「荼」。《釋艸》：「荼，苦菜。」《釋文》：「音徒。《説文》同。」蓋陸所據《釋文》作「菜」字也。《玉篇》：「荼，苦菜也。」下引《爾疋》「檟，苦荼」及注，則上義亦本《説文》。《廣均》：「荼，苦菜。」據正。

【集解】《釋艸》文。郭云：「『誰謂荼苦』，苦菜，可食。」按毛傳亦同。《采苦》傳：「苦，苦菜也。」《月令》：「苦菜秀。」《章句》：「苦，蕒也。」按即今苦苣。

白蒿也。從艸，緐聲。

【校勘】《篇》訓同。孫本、毛本「緐聲」作「繁聲」。

【集解】《釋艸》：「蘩，皤蒿。」郭注同。又云：「蘩之醜秋爲蒿。」（蓋初生爲白蒿，老則青。）又曰：「蘩，由胡。」郭云：「未詳。」按「蘩，由胡」者，出《夏小正》。傳曰：「由胡者，蘩母也。蘩母者，旁勃也。皆豆實也。」按豆實者，葅實也。陸機云：「蘩，皤蒿，今白蒿是也。一名游胡，北海人謂之旁勃。郭氏疏矣。」「緐聲」，《儀禮》「采緐」用「緐」字。

菣也。從艸，高聲。

【校勘】《篇》訓同。

【集解】《釋艸》、《鹿鳴》傳文。陸云：「蒿，青蒿，荊豫之間、汝南、汝陰皆云菣也。」

蒿也。艸之不理者也。從艸，逢聲。

【校勘】各本無次句。《玉篇》：「蒿，艸也。」《廣均》訓「艸名」。《爾疋·釋艸》疏引「蓬，蒿也，艸之不理者也」。據補。

【集解】「蒿也」者，當連篆讀曰「蓬蒿也」。「蓬蒿」，經傳皆連言，此以蓬蒿申其名。《史記·老子傳》正義：「蓬，其狀若皤蒿，細葉，蔓生。」《七諫》注：「蓬，蒿也。」《爾疋》：「齧雕蓬，薦黍蓬。」注：「別蓬種類。」按《爾疋》與蒿類相次，蓋蓬亦蒿屬也。或以爲雕苽，似非。「草之不理者也」者，《召南》：「彼茁者蓬。」傳：「艸名也。」《荀子》：「蓬生麻中，不扶自植。」《説苑》：「秋蓬惡於根本而美於枝葉，秋風一起根且拔也。」蘭按：枝葉多而生不直，故曰「不理」也。

籀文蓬。

【校勘】各本「蓬」下有「省」字，非。此當云：「從夆聲。」段欲改爲「古文」，則受五十三大篆之欺也。試思標題曰「古文五十三，重二」下曰「大篆從茻」，則此及「薻」（今本作「藻」）又皆有從「茻」之大篆矣，豈可通哉？

蔾　艸也。從艸，黎聲。

【校勘】《繫傳》作「[illegible]」。《玉篇》訓「蒿類」。《廣均》訓「蔾藋」。

【集解】段注。蘭按：此與「釐，蔓華」之一名萊蔙者不同。

蘬　齊實也。從艸，歸聲。

【校勘】小徐、錢本及鈕據本「實」上衍「食」字。

【集解】今《爾疋》作「紅，蘢古，其大者蘬蒫，齊實」，許本無「蒫」字也。《句讀》曰：「《本艸》陶注曰：『馬蓼生下溼地，其最大者名蘢鼓。』據此則『蒫』乃衍字，今本又誤斷其句。」蘭按：玩郭注，似與許讀不異。舍人則讀「其大者蘬」爲句也。

葆　艸茂盛皃。從艸，保聲。

【校勘】各本無「茂」字，《廣均》訓同，依《篇》訓補。

【集解】《廣疋》：「葆葆，茂也。」《漢書・武五子傳》注：「艸叢生曰葆。」

蕃　艸茂也。從艸，番聲。（夫袁切）

【校勘】《西征賦》注引首句及音。

【集解】《坤・文言》：「艸木蕃。」《急就》注：「滋也。」

茸　艸茸茸皃。從艸，耳聲。

【校勘】首句，元應一引同，一引作「艸茸也」。「耳聲」，各本作「聰省聲」，依段改。

【集解】《句讀》：「《玉篇》……言同。」蘭按：《韓詩》「戎」即《說文》「茸」。《左傳》「尨茸」，《外傳》作「蒙茸」，《詩傳》作

「蒙戎」也。《倉頡》：「艸皃。」「耳聲」者，段云：「此以雙聲爲聲。」朱駿聲引或說：「耳之爲『禯』、『茸』，猶『戎』之爲『爾』、『汝』也。」

艸多皃。從艸，隹聲。

【校勘】大徐次「蓷」下，非。「艸多皃」，《集均》、《均會》引同。《篇》、《均》均無此訓。《增均》：「萑，一名蓷，《說文》：『鬱也。』《韓詩》云：『茺蔚也。』」蘭按：《詩》作「蓷」，此所引皆「蓷」字。解今《說文》「蓷」下訓「萑」，後人以《爾疋》改也。「鬱」者，即陳藏器所謂鬱臭艸，非「萑」下義。桂、王據以補「萑」篆解，非。

艸茂皃。從艸，津聲。《詩》曰：「葏葏者莪。」是也。

【校勘】鮑、毛本篆作「葏」，非。各本無「茂」字，《玉篇》訓「艸茂根」，「根」蓋「貌」之譌，據補「茂」字。各本無引《詩》，《義證》：「《集均》云：『《說文》引《詩》「葏葏者莪」，李舟說。』」桂曰：「舟所見本有引《詩》之文，今闕。」（按《字典》引《集均》「《詩》『菁菁者莪』，李舟說作『葏葏』」，段亦但引作「李舟說」，俟考《集均》。）據補。又補「是也」二字。

【集解】「艸茂也」者，《字林》同。「《詩》曰」者，今《詩》作「菁菁」，傳：「盛皃。」

艸叢生皃。從艸，叢聲。

【校勘】「艸叢生皃」，毛、鮑本、明刻《五音均譜》作「叢」，《篇》、《均》宋本訓同，皆非。內府本《廣均》亦作「叢」。《釋魚》《釋文》引「草眾生也」。

【集解】《玉篇》：「俗作藂。」

草斗（一曰樣斗），櫟實也。從艸，早聲。

【校勘】小徐無「也」。各本「實也」下出「一曰象斗子」，汪本作「一曰象斗」，錢、顧本作「一曰橡斗」，《玉篇》引作「一曰樣斗」。本書無「橡」有「樣」，今依《玉篇》，而別爲舊校語。《廣均》：「草，草斗，櫟子。」蘭按：大徐本本當有「櫟」字。

【集解】《大司徒》注：「司農曰：皁物柞栗之屬。今世間謂柞實爲皁斗。」《釋木》孫炎注：「櫟實，橡也。」《周禮・掌染艸》注：「染艸，藍蒨象斗之屬。」按此爲草，解則「草斗」爲長。

菆　麻蒸也。從艸，取聲。一曰蓐也。（阻留切）

【校勘】《西征賦》注引首句及切。《廣均》十八尤引首句、「一曰」句。毛本「麻」訛「蔴」。宋本、李本《均譜》：「麻莖。」《集均》：「枲，麻幹也。」

【集解】《西征賦》：「感市閭之菆井。」注：「即渭城賣麻蒸之市也。」《漢・五行志》：「或棷一枚。」注：「麻榦也。」「一曰」者，《廣雅》：「蓐謂之菆。」

蓄　積也。從艸，畜聲。

【校勘】《篇》訓「蓄，積也」。宋本《均譜》：「菜也。」《唐均》：「蓄，冬菜。」

萅　推也。從日，從収，屯聲。

【校勘】篆各本作「□」，《玉篇》：「萅，《說文》春。」非是。今正。「從日……聲」，各本作「從艸，從日，艸春時生也，屯聲」。《繫傳》曰：「春，陽也，故從『日』。屯，草生之難也，故云『亦聲』。」祁刻小徐本「屯聲」作「屯亦聲」，蓋用《繫傳》補之。《均會》引作「從日、艸、屯，屯亦聲」。蘭按：「艸」上當如今本有「從」字，今補。「艸」當作「収」，篆書「□」、「□」易誤，且唐人改之也。今正。小徐好説會意，實非許例。「屯亦」二字亦從删削。此字當依《玉篇》入日部（先出「從日」可證）。

【發明】「春」之訛從「艸」，二千年矣。而我得決然正之者，其證有六：「春」從「収」，故說解曰「推也」。今改從「艸」，而入艸部，且說之曰「草春時生也」，則與「屯」義便是重出，非造文之法。一也。《繫傳》說「從日，從屯」之故，而不說從「艸」者，證以《均會》，蓋小徐本從「収」，義易見，故不言耳。二也。薛氏《款識》商鐘「春」作「□」、「□」，楚王彝作「□」，其二文借「屯」爲之，其一字則從「日」從「□」從「□」。《奇字》引作「□」，《逸古》引作「□」，薛《識》別本則作「□」。蓋傳摹皆異，然必從「□」無疑。「從艸」者，古字「艸」、「屯」通也。三也。（《古籀補》「□」下言「春從此」，吾幾受其愚。惟《六書統》作「春」字乃從此耳，豈可信哉？）李春私印「春」作「□」，夏春作「□」，《六書通》引名印作「□」、「□」，皆從「日」、從「収」、從「屯」省（印文或作「□」、「□」、「□」。又從「収」省變）。四也。「□」隸變作「春」，與「秦」、「泰」字同。凡從「収」之字，隸變並作「廾」、「大」、「丌」，而從「艸」則不能變。五也。《玉篇》日部有「春」，在《説文》次中，而艸部有「萅，雜也」，「春」若從「艸」，不得更施「艸」頭。六也。蓋唐人不知從「収」之義，見篆文似從「艸」，遂妄説之，以繫艸部耳。此必李陽冰等妄作，故小徐不從。小徐不信李，大徐甚尊之。函海本《均譜》「萅」下注「萅」，「春」既從「艸」，其誤固宜。

【眉批】當入日部。

當更檢秦漢篆及漢隸證之。

【發明】「推也。從日，從収」者，《考工記》注：「春作也」。《堯典》：「分命羲仲，宅嵎夷，曰暘谷。寅賓出日，平秩東作。日中星鳥，以殷中春。」蘭按：春道日出，故從「日」。春始東作，故從「収」。天子三推，諸侯五推，以及士庶人，故曰「推也」。耒耜推之，器也。種稑推之，事也。故四時惟「春」、「秋」有專字（「冬」古但作「□」）。「秋」則從「禾」，言禾穀熟也。故列國史記古稱「春秋」者，記歲之豐歉也。記事者爲書也。孔子删述春秋，則自有義法在。吾於「春秋」二字，知古聖人之重農功，造字之具精義。「屯聲」者，《考工記》注、《尚書大傳》：「春，出也。」本書：「屯，象艸木之初生，屯然而難。出，象艸木益上出達也。」故或借從「出」、「艸」字。《廣疋》：「截，出也。」疑本作「萅」，後人不識，訛爲「截」耳。

凡四百二十六字

【校勘】大徐「文四百四十五」，小徐「文四百四十」。張次立云：「今文四百三十九。」案《説文》曰「文四百四十五」，補遺「莒」、「蓩」、「蒢」、「蘾」、「蓚」、「萃」六字，共文四百四十五。王念孫曰：「《繫傳》重出『苗』字，共文四百四十。次立遺去『苗』字，故但云三十九，不知實四十也。若再加六篆，是四百四十六。」蘭按：依小徐本，今删「芝」、「蘸」、「蕣」、「蔆」（見「蓩」下）、「蘄」、「蔙」、「芹」、「荃」（此似爲重文）、「萫」、「蕛」、「菥」、「薣」（見「葪」字條）、「萛」、「蔓」、「蓳」、「蘮」、「菰」十七字，亦不重出「茁」，實得四百二十八字，又「蔿」字當入華部，「春」字當入日部，實得四百二十六字。

重二十七字

【校勘】大徐「重三十一」，小徐「重卅」。次立改「三十一」，云補遺「蔆」一字。蘭按：依大徐本今删「⿰爿⿱亠廾」（「莊」下文）、「蔽」、「薀」、「⿱艹⿱鹵皿」、「折」五字，實廿六字，增「荃」字，實廿七字。

【眉批】凡字有可疑，及改易篆文，校正説解，各詳本條，不復出。本部次序，當以「卉」終，今皆亂之，未能全定也。

附文

《字典》所引不在今《説文》者，若無旁徵，今不録。如「蔏」字等是也。

藡

嚴《聲類》據《均會》引補（俟考）。蘭按：《字典》「荻」引《説文》：「萑也。蔏，同荻。」引《説文》作「藡」，當本《均會》。此疑是「拜商藋」（見「藋」下）「商」之訛字。

蓺

嚴《聲類》據《均會》引補（俟考）。又見「蓺」下。

芝　⿱艹釀　薵

三字，見本條。

蓩

見「蓩」下。

蔪 ⿱艹睆 芹

各見本條。

⿱艹否

見「⿱艹洐」下。

蕛 ⿱艹折

各見本條。

⿱艹致

見「菿」下。

⿱艹是 蔓 蓳 蔦

見本條。

⿰爿帝 薇 蒀 蘊

見本條。

菰

【校勘】各本有此篆：「艸多皃。從艸，狐聲。江夏平春有菰亭。」《篇》、《均》皆無，蓋既衍「菰」字，又字誤爲「菰」耳。故説解全同「菰」也。今删。

折

【校勘】各本「斲」下云：「折，篆文斲從手。」小徐《袪妄篇》以爲籀文。《句讀》曰：「此字當删……尤曉然可見。」蘭按：《九經字樣》、慧琳書皆云「隸省作折」，今依删。

芙

【校勘】新附：「芙蓉也。從艸，夫聲。」李本《均譜》、《篇》、《均》：「芙蓉。」《新附考》。

蓉

新附：「芙蓉也。從艸，容聲。」函海本《均譜》、《篇》、《均》：「芙蓉。」

薳

新附：「艸也……遠聲。」鈕《考》。函海本《均譜》亦不録此字。《廣均》：「艸。又姓。《左傳》楚有薳氏，代爲大夫。」

荀

新附：「艸也。從艸，旬聲。」鈕《考》。漢印有「荀」。（《山海經》：「青要之山有艸也，黄華白實，名曰荀艸。」郭《贊》：「荀艸，赤實，厥狀如菽。」）

筰

新附：「越……作聲。」蘭按：此亦非説解之例。《新附考》。蘭按：筰者，竹索也。西南或循之以涉水，故號其人曰邛筰。筰橋者，以竹索爲橋，亦曰夷里橋，見《華陽國志》。

蓀

新附：「……聲。」鈕《考》。蘭按：《集均》或作「荃」。（蘇詩：「秋來霜露滿東園，蘆菔成兒芥有孫。」宋有「芥孫」之名，疑即芥荃也。）

蔬

新附：「……聲。」鈕《考》。蘭按：疏食爲粗米之食，與菜蔬字不同，鈕誤也。《廣均》：「菜蔬。」「蔬」本字當爲「簌」。《詩》：「其簌惟何？惟荀及蒲。」乃肴簌字也。《易》作「餗」，《釋器》注作「茹」（菜茹之總名也），以聲假借「蔬」字爲之，鈕不知何也。

芊

新附：「……聲。」《廣均》：「艸盛。」鈕《考》。

茗

新附：「……聲。」《字典》引《玉篇》：「艸芽也。」鈕《考》。蘭按：鈕云「荼荈」，「荈」當是「蕣」，非。

薌

新附：「……聲。」《廣均》訓同。《新附考》。

藏

新附：「……聲。」《廣均》：「隱也。匿也。」《新附考》。

蒧

【校勘】新附：「……未詳。」《廣均》：「備也。一曰去貨。」《新附考》。蘭按：僎，具也。聲義相近。此非説解例。

蘸

新附：「……未詳。」蘭按：今尚有此俗語。《新附考》。

莄

【校勘】函海本《均譜》。王校。

菸

又。又。

菘

又。又。

芜

又。又。

莊

又。又。

蓒

又。又。

蘭按：《字林》：「蓒，辛菜也。」

著 又。又。

蘭按：宋本《均譜》：「箸，陟慮反。」後再出「箸，遲倨反」。今作「筯」。藥均内不出「箸」。茎豬字作「箸」。

附文四十三

蓐 陳艸復生也。從艸，辱聲。一曰蔟也。凡蓐之屬皆從蓐。

【校勘】首句小徐無「也」。《玉篇》、《廣均》並引首句及「一曰」句。内府本《廣均》引「蔟」作「族」。小徐及《篇》、《均》「艸」作「草」。《五經文字》：「陳草復生。」

【集解】《句讀》。

蓐 删。

【校勘】《篇》、《均》皆無，各本籀文「蓐」從「茻」。小徐「茻」下有同字。

薅 拔田艸也。從蓐，好省聲。

【校勘】大徐各本「拔去田艸也」。汪本、宋本《均譜》無「去」字。《良耜》《釋文》、《均會》引同。《玉篇》蓐部、《五經文字》訓同。元應書十一引作「除田艸」，《玉篇》「茠」下訓同。《廣均》訓「除田艸也」，錢本、朱本、顧本、鈕據本作「拔田艸也」，「拔」蓋訛字。《玉篇》艸部：「薅，同茠。出《説文》。」

【集解】本書：「槈，薅器也。」經傳或借「槈」爲之。《周禮・甸師》：「掌帥其屬而耕槈王藉。」注：「槈，芸芋也。」《王莽傳》：「每縣則薅。」

𦮌（篆） 薅，或从休。《詩》曰：「以茠荼蓼。」是也。

【校勘】各本在籀文後，依宋本《均譜》移轉。「以」，各本作「既」，王毌山云：「《良耜》《釋文》引《説文》『以茠荼蓼』，與《詩》同，據正。」《釋艸》《釋文》引「茠，或作薅」。蘭按：《玉篇》引《詩》在「薅」下，云：「或作茠。」「是也」，今補。

【集解】「《詩》曰……」者，《良耜》文。今作「薅」。郭璞引「荼」作「蒤」，亦作「茠」。

（篆） 籀文薅，省。

【校勘】《玉篇》：「蓐，籀文。」《廣均》無。蘭按：桂以爲當爲古文，又誤於大篆從「茻」之説也。朱駿聲曰：「『蓐』當訓『陳艸復生』，從『艸』、『辰』會意，别爲正篆。『蓐』當訓『拔去田艸』，從『寸』從『蓐』省會意，爲『薅』之籀文。『薅』從『寸』從『蓐』會意。『薅』、『蓐』二字相承互訛。」其説雖野，通存之爾。

凡二字　重二

【校勘】各本重三，今删「𦯏」。

附文

𦯏

見本條。

附字一

茻 衆艸也。從二艸。凡茻之屬皆從茻。讀與冈同。

【校勘】元應書引「眾艸曰莽也」。《玉篇》、《廣均》引首句。「二艸」，各本作「四中」。蘭按：張參說「莽」曰「從犬在兩艸中」，說「葬」曰「上下從兩艸」，則唐本從「兩艸」。本部固承艸部，說解亦曰「象艸矣」。部中字皆從兩「艸」，「寒」字亦同，故知從「兩艸」是也。今正。「冈」，朱本、鈕據本、錢本、顧本作「罔」。

【集解】顧野王《玉篇》引《楚辭》「夕攬州之宿茻」，注：「艸木冬生不死者，楚人謂之宿茻。」今《離騷》作「莽」。《元包經・坤卦》：「巟茻莫默。」《晉卦》：「埜茻茻。」「讀與冈同」者，《句讀》。

莫 日冥也。從日在茻中，茻亦聲。（音慕）

【校勘】各本曰「日且冥也」。《廣均》宋本引同，明本（又鈕據本）「且」誤「旦」。按《唐均》卅鐸引「日冥也」，《九經字樣》「莫，日冥也」，知唐本皆無「且」字。本書：「昏，日冥也。」莫不得先於昏，知無「且」字是，據刪。「從日在茻中」，《廣均》引同，下云：「茻，音莽。」《唐均》引「從茻。音莽」。《臣工》疏引「日在茻（音莽）中爲莫」。《九經字樣》「從日在茻中。茻，音莽。」蘭按：諸引皆有「音莽」二字，或恐人不識「茻」，便取「茻」下音附之。或此注本有舊音，今因易見，不復據補。「茻亦聲」者，大徐無，《均會》引亦無，依小徐、《九經字樣》「茻亦聲」也。「音慕」，見《玉篇》、《廣均》引「模故切」。

【集解】《文王世子》：「及莫又至。」注：「莫，夕也。」《纂要》曰：「將落曰薄莫。」蘭按：薄，迫也。未暮故曰薄暮。莫之爲言宋嗼也，夕則宋莫，莫，冥昧也。不見有物，故引申爲無也。注家牽於將冥之說，誤矣。「茻亦聲」者，《楚辭》：「茻，讀莫補反。」（以部首爲聲，故曰「亦聲」。）

莽 南昌謂犬善逐兔於艸中爲莽。從犬，從茻，茻亦聲。

【校勘】宋本《均譜》：「莽，同茻。」《玉篇》次「茻」下，存此俟考（小徐本兩字音同）。各本無「於」字，「兔」作「菟」，依《廣均》、《玉篇》、元應書補正。小徐、《均會》亦作「兔」。

葬 臧也。從死在茻中。一，其中所以薦之。《易》曰：「古之葬者，厚衣之以薪。」茻亦聲。

【校勘】「臧也」，各本作「藏也」。《篇》、《均》訓同，今正。大徐無「茻亦聲」句，依小徐補（《均會》引□）。蘭按：當在引《易》上。

【集解】「臧也」者，《檀弓》文。經傳通訓爲「臧」。「從……薦之」者，死屍也。《春秋說題辭》：「葬，屍下臧也。」三體石經作「[illegible]」，到上「艸」，又從「爿」。爿者，裝也（《汗簡》引王庶子碑「[illegible]」，略同）。石經又作「[illegible]」（《汗簡》引石經作「[illegible]」），與《說文》略同。「《易》曰……」者，《繫辭》文。

凡四字

【校勘】各本文四。

十四部　六百七十二文　重八十　凡萬六百三十九字

【校勘】十四篇皆有此。小徐本有數卷，依上下卷析，亦有未析。此等皆非許君原文，存之以當餼羊。第二句文字一、二、五、八、九、十、十一、十二在句末，餘在句首。鍇本卷一爲二百七十四文，卷二爲四百六十五文，總七百三十九文（此當誤）。鈕云：「除『璵』字，實六百七十一文。」「重八十」者，宋本、毛初印本作「八十一」。毛剜改去「一」字，鍇本卷一重七十七，卷二重廿二，則有九十九文。鍇無末句。本在卷首，今移此。

【眉批】鍇云：「部數、字數仍舊題」。此類蓋後人改。

唐氏說文解字注卷四

【眉批】始於癸亥五月十八

正 是也。從一，從止。凡正之屬皆從正。

【校勘】《篇》、《均》訓同。「從一，從止」，大徐本作「從止（段改『止』爲『一』，非），一以止」，今從鍇本。《繫傳》曰：「守一以止也。」疑鉉本因鍇語而誤。薛據《孔子集語》下引「孔子席不正不坐，割不正不食，席不正不坐，不飲盜泉之水，積正也」，疑此處挩文，待考。

【集解】「是也」者，《詩·鳲鳩》傳、又襄七年《左傳》：「正直爲正，正曲爲直。」「從一，從止」者，江沅曰：「一，所以止之也。如『乍』之止亡，『毋』之止姦，皆以『一』止之。」嚴云：「『一』即『上』字，一以止，猶言上達，非一、二、三之『一』也。觀重文足以明之。」蘭謹按：金文盂鼎作「□」，鼄文作「□」、「□」。綜而觀之，「□」者的也，「止」則足也。立的於前，行而赴之之謂「正」（止，向前之足），「正」即「征」之古文也。引申爲正鵠之「正」，「正」亦的也。江、嚴並非。（吴大澂謂「□」象履，行必以正。說亦非。）

古文正，從二。（「二」，古「上」字。）

【校勘】唐本《書》《釋文》引「𤴓」爲古文「正」字也。《玉篇》：「𤴓，古文。」小徐本「從二」下有「止」字。各本「二，古文上」作大字，嚴云「校語」，今據改。

古文正。從一、足。（「足」，亦「止」也。）

【校勘】唐本《書》《釋文》引古文作「足」。《玉篇》：「足，古文。」「足亦止也」，大徐作「足者，亦止也」。各本作大字，今改。桂云：「足，當爲疋。」説非。羅先生曰：「殆由『□』而譌。」俟考。

乏 《春秋傳》曰：「反正爲乏。」

【校勘】王曰：「此説義、説形之詞皆捝，但存引經也。」

【集解】蘭按：古文正反同字，此亦「正」字。「正」字亦有不正之義。迨後「正」既爲正義之專字，乃以此爲不正之義之專字。此爲會意也。借爲射禮拒矢之「乏」（因「正」爲射的而借）。《句讀》以「正」、「乏」爲象形，則誤甚矣。

凡二字，重二字。

是 直也。從日、正。凡是之屬皆從是。

【校勘】《篇》、《均》引首句。

【集解】「從日、正」者，段云：「《五經文字》『是』入曰部，則唐本從『曰』也，恐非。」蘭按：金文亦從「日」，段説是也。

□ 籀文是，從古文正。

【校勘】《玉篇》：「昰，古文。」

韙 是也。從是，韋聲。《春秋傳》曰：「犯五不韙。」

【校勘】蕭該《敘傳音義》引首句。《篇》、《均》訓同。

【集解】段注。「《春秋傳》……」者，隱十一年文。

愇　籒文韙，從心。

【校勘】蕭該《敘傳音義》引「愇，籒文韙」。

【集解】《句讀》。（曹大家以「愇」爲「違」。）

尟　是少也。尟俱存也。從是、少。賈侍中說。

【校勘】《篇》引二句。馮本《均譜》訓「少也」。慧琳書二引「從是，少聲也。」

【集解】《繫辭》：「故君子之道鮮矣。」「鮮」，鄭作「尟」，「少也」。又：「尟不及矣。」虞云：「尟，少也。」

凡三字，重二字。

辵　乍行乍止也。從彳，從止。凡辵之屬皆從辵。讀若《春秋公羊傳》曰：「辵階而走。」

【校勘】《篇》訓同。《唐均》廿九藥引「乍行乍止。從彳，止聲。」《廣均》十八藥引作「乍行乍止。從彳，止聲」。嚴云：「作『止聲』非。」各本「春秋」上有「讀若」二字，段、桂云衍文，據刪。嚴云「辵階」當作「躇階」，非。今《公羊》作「躇」，乃「辵」之叚字，不當反讀若「躇」。嚴說因「讀若」二字而誤。

【集解】「乍行……從止」者，《句讀》：「許君……是也。」蘭謹案：《公食大夫禮》：「賓栗階升。」注：「栗，實栗也，不拾級連步趨主國君，不拾級而下曰辵。」《公羊》何注曰：「躇，猶超遽，不暇以次。」何、鄭之義，辵者，一足在堂廉，一足越階次而至階下。以其一足先下，故以「辵」象先下一足之狀。「彳」，其脛；「止」，其足；象全足之形也。《廣疋》訓奔，奔者必一足提起，一足箸地，故衹象一足也。「春秋……」者，宣六年傳文。彼「辵」作「躇」。《釋文》云：「一本作辵。」

步處也。從辵，亦聲。

【校勘】《玉篇》次「逵」後。

【集解】《莊子》云：「夫迹，履之所出，而迹豈履也？」《淮南・說山訓》：「足蹍地而爲迹。」「亦聲」者，朱云：「唐李陽冰云：『蔡中郎以「豊」同「豐」，李丞相持「朿」作「亦」，謂小篆「迹」字「狄」字改從「亦」省，皆謬誤也。』今隸於此（朱隸『朿』聲『趚』、『茦』字下）。」按朱說似未是，俟考（朱本段注）。

或從足、責。

【校勘】《篇》、《均》以「蹟」爲別一字。《切均》十七昔：「跡，又作迹、積。」《唐均》十九昔：「跡，或作迹、蹟。」

【集解】《句讀》。

籒文迹，從朿。

【校勘】《篇》、《均》：「速，籒文。」

【集解】段注。蘭按：段說是。但《說文》當有「遫」字，惟從「速」不从「速」耳。段以爲羼入，則非。陸時不引《說文》而引《字林》，不足怪。惟音「素卜反」，則大誤。然《篇》、《均》皆然，其來固久矣。鈕引石鼓「[illegible]□速速」以駁段氏，謂《釋獸》及鹿部並非後人改羼。然石鼓「速速」但狀鹿行，與鹿迹無關。下又云「麀鹿趚趚」，「趚趚」亦行皃也。鹿迹稱「速」全無意義，遠不如作「速」之安。斷從段說。

無違也。從辵，舝聲。讀若害。

【校勘】《廣均》引同。《篇》在部末，訓「遠也」。桂、鈕皆疑「無」字衍文。

【集解】

先道也。從辵，率聲。

【校勘】《篇》訓同。《唐均》五質引「先遵」。「遵」蓋「導」誤。《廣均》訓「先導」。

【集解】段注。

遠行也。從辵，萬聲。

【校勘】《玉篇》、慧苑書一引首句。《唐均》訓「行也」。《廣均》訓「行也，遠也」。「萬聲」，大徐作「蠆省聲」，非。

【集解】《釋言》、毛傳：「邁，行也。」《小宛》：「我行斯邁。」

邁，或從蠆。

【校勘】《玉篇》：「邁，同上。」「或從蠆」，大徐本作「或不省」。

延行皃。從辵，川聲。

【校勘】毛本作「視行皃」。顧本小徐、馮本《均譜》及《均會》引同。（按錢鈔作「延」。）《篇》、《均》十八諄引作「視行也」。

【集解】「延行皃」者，桂云：「延，當爲延。本書：『延，安步延延也。』《漢書·賈誼傳》：『遁巡不敢進。』『遁巡』即『逡巡』，猶遷延也。」「川聲」者，川猶順也。從「川」聲之字皆有安順之義，本或解作視行，非也。

恭謹行也。從辵，𣪘聲。讀若九。

【校勘】《廣均》訓同。《篇》訓「也」作「皃」。次「逵」下。

【集解】

𨑨 步行也。從辵，土聲。

【校勘】《篇》、《均》訓同。

【集解】《易·賁·初九》：「舍車而徒。」

邎 行由徑也。從辵，䌛聲。

【校勘】各本「由」作「邎」，依馮《均譜》改。段注云：「當作『行徑也』，或作『行由徑也』。」按次説於馮《均譜》本合。

【集解】《論語》：「行不由徑。」蓋古文《論語》「由」作「邎」也。「邎」、「由」古今字。《方言》：「遥，疾行也。」《玉篇》：「邎，疾行也。」即本《方言》。《史記·弟子傳》：「顔無邎，字路。」

延 正行也。從辵，正聲。

【校勘】

【集解】《孟子》：「征之爲言正也。」經典多作「征」。「從辵，正聲」者，《漢書·年表》「征和」皆作「延和」。

征 延，或從彳。

【校勘】《玉篇》云：「今作征。」似後人羼入。

隨 從也。從辵，隋聲。

【校勘】「從也」，大徐作「从也」，非。「隋聲」，大徐作「墮省聲」，非。《均》訓同。《篇》訓「隨從也」。

【集解】嚴云：「从部：『從，隨行也。』轉相訓。」

𨒫　行皃也。從辵，朮聲。

【校勘】汲古、鮑本作「𨒫」。段注。大徐無「也」。《切均》、《唐均》、《廣均》：「跡，行皃。」《唐均》亦作「趉」。《廣均》：「跋，同上。」《玉篇》「跡」訓「急行皃」。

【集解】《廣疋》：「迶，猝也。」《禮記·少儀》：「毋拔來。」《釋文》：「急疾也。」《史記·黥布傳》：「拔興之暴。」《索隱》：「疾也。」《後漢書·寇恂傳》注：「拔，猝也。」蘭謂皆「跡」之借字。

【眉批】當作「跡」，入足部，見下文「迶」注。

迋　往也。從辵，王聲。《春秋傳》曰：「子無我迋。」

【校勘】《篇》引首句。《均》訓同。

【集解】「迋」、「往」疊韻。《廣雅》同。襄廿八年《左傳》：「君使子展迋勞於車門之外。」「迋」，《五行志》作「往」。「春秋……」者，昭廿一年文。杜注：「迋，恐也。」按借爲「恇」。恇，恐也。

逝　往也。從辵，折聲。讀若誓。

【集解】《釋詁》、《方言》文。《方言》：「逝，秦晉語也。」

【校勘】《篇》、《均》訓同。

𨑥　往也。從辵，且聲。𨑥，齊語。

【校勘】《篇》、《均》訓「往也」。「𨑥，齊語」，《均會》引作「齊語曰𨑥」，在「從辵」上。

【集解】《釋詁》、《方言》文。「且聲」者，《溱洧》：「士曰既且。」傳：「且，往也。」省作「且」。「𨑥，齊語」者，《方言》：「徂，齊語也。」

𨑩，或從彳。

【校勘】《玉篇》：「𨑩，與徂同。」《廣均》以「徂」爲正，「𨑩」同「徂」。

籒文，從虘。

【校勘】小徐作「𨒪」，次「徂」上。《玉篇》：「𨒪，籒文。」

循也。從辵，术聲。

【校勘】《廣均》引首句。《篇》訓同。

【集解】「述」、「循」疊韻。《釋詁》：「遹，循也。」孫叔然曰：「遹，古述字。」「述」、「術」通。《詩》「報我不述」，本作「術」。即《沔水》「念我不蹟」也。《沔水》傳：「不蹟，不循道也。」《釋訓》：「不遹，不蹟也。」郭注：「不循軌跡也。」《釋文》：「遹，古述字。」按《釋訓》文釋「報我不述」也。

籒文，從秫。

【校勘】《玉篇》：「⿺辶秫，籒文。」

循也。從辵，尊聲。

【校勘】《篇》、《均》訓同。（《玉篇》有古文作「⿺辶⿱罒幵」，待考。）

【集解】《釋詁》文。「遵」、「循」疊韻。

之也。從辵，啻聲。適，宋魯語。

【校勘】「適，宋魯語」，《均會》引作「齊魯語也」，非。

【集解】《北門》、《緇衣》傳文。段注。「適，宋魯語」者，《方言》文。

度也。從辵，咼聲。

【校勘】《篇》訓同。次「遵」上。

【集解】《廣雅·釋詁二》：「渡也。」段注。蘭按：過所引申爲愆、尤者，原於過不及之意。度越常情故謂之過。如《左》昭元年傳曰「過則爲菑」是也。段説鑿。

習也。從辵，貫聲。

【校勘】《篇》訓同。（《廣均》卅諫有「慣」無「遦」。）

【集解】《句讀》。蘭按：《釋詁》《釋文》：「貫，本又作遦。」又按：「串」即「毌」之異文。又按：遦者，路之習孰也。

遦也。從辵，𧶠聲。

【校勘】各本解作「媟𨗿也」。《玉篇》「𨗿」訓「遦也。易也。數也。亦爲『媟嬻』字」。《廣均》：「𨗿，遦也。」鈕樹玉曰：「『媟𨗿』字，並從『女』，『𨗿』注疑後人改。」蘭按：依原本《玉篇》之例，則當云「或爲『媟嬻』字，在女部」。是訓媟嬻者自以「嬻」字爲正，而「𨗿」不訓媟嬻可知。《篇》、《均》皆有「遦也」一訓，然經典相傳皆以「慣」爲「遦」，而《篇》、《均》此文皆作「遦」，則原出於《説文》可知也。又以本部次序推之，則「𨗿」次「遦」下，故訓「遦也」。於字義、篇例皆無不合也。今據《篇》、《均》改正。（「𧶠」、「遦」誤爲「𨗿」，後人見其與篆文相同，因加以「媟」字耳。）又按：《左傳》：「貫瀆鬼神。」或《玉篇》用其語而佚臢「遦也」二字。不然，何無訓遦之他證邪？然則作「遦也」亦未可確定，當存疑。

【集解】

登也。從辵，闔省聲。

【校勘】《篇》、《均》訓同。

【集解】「闔省聲」者，《玉篇》古文作「邁」。

就也。從辵，告聲。譚長說：造，上士也。

【校勘】

【集解】「造」、「就」疊韻。《廣疋》：「造，詣也。」《小爾疋·廣詁》：「造，適也。」《詩》：「小子有造。」「譚長說……」者，《句讀》。

古文造，從舟。

【校勘】《爾疋》《釋文》、《廣均》三十二引「艁，古文『造』」。

【集解】《句讀》。

𨒫，進也。從辵，俞聲。《周書》曰：「無敢昬逾。」

【校勘】《篇》訓「𨒫也，進也」。《均》訓「𨒫也」。

【集解】《句讀》。「《周書》……」者，《顧命》文。

迨遝，行相及也。從辵，合聲。

【校勘】各本次「遝」下，訓「迨也」。「遝」訓「迨也」。按《説文》此等皆後人刪節。《篇》次「遝」上，訓「迨遝，行相及」。《切均》同。《唐均》訓「合遝，行相及皃」。《廣均》訓「迨遝，行相及也」。據補正。說詳下。

【集解】「迨」、「遝」疊韻，猶沓合也。《廣均》：「沓，合也。眔，目相及也。誻諸，語相及也。迨遝，行相及也。」許君語例如此。古詩：「迨遝高飛莫安宿。」

迨遝也。從辵，眔聲。

【校勘】各本次「迨」上，訓「迨也」。《玉篇》次「迨」下，訓「迨遝也」。《切均》、《廣均》訓「迨遝」。《唐均》訓「合遝」。依正。按《繫傳》曰：「臣鍇按：《史記》曰：『魚鱗雜遝，熛至風起。』謂迨遝，並起也。」是鍇本《說文》本以「迨遝」連文，與《篇》、《均》所本同，故鍇云然也。不然引書爲「雜遝」，何爲以「迨遝」釋之乎？明今鍇本爲後改同鉉本，故與《篇》、《均》所本者異矣。

起也。從辵，作省聲。

【校勘】各本「起」上衍「迮迮」二字，依馮《均譜》删。《篇》、《均》訓同。

【集解】《公羊傳》：「今若是迮而與季子國。」注：「迮，起也，倉卒意。」按經傳皆作「作」。《玉篇》曰：「迮，今爲作。」是迮起之字，「迮」爲正字。「作」疑當訓「爲」，今《說文》訓起，或非原本也。迫迮之義，則以「笮」爲正字。「作省聲」者，《句讀》云：「當云『乍聲』。」蘭按：或古文有「迮」字邪？待考。

这遣也。從辵，昔聲。

【校勘】「这」，各本訛「迹」。據馮《均譜》校正。《廣均》引「这錯也」。《唐均》卅鐸引「交遣也」。《玉篇》訓「这遣也」。小徐「遣」誤「道」。

【集解】段注：「《小疋》……一遣也。」按《文王世子》：「禮樂交錯於中。」本書：「轄，車籍交錯也。」《玉篇》：「这，今爲交。遣，今爲錯。」

往來數也。從辵，耑聲。《易》曰：「目事遄往。」是也。

【校勘】《均會》「目」作「己」。「是也」二字今補。

【集解】《釋詁》：「數也。」「《易》曰……」者，《易·損》作「已」。《釋文》：「本亦作以。」

疾也。從辵，束聲。

【校勘】《篇》、《均》訓同。

【集解】《釋詁》文。《方言》：「東齊海岱之間曰速。」

籀文，從敕。

【校勘】《篇》、《均》：「遬，籀文。」《廣均》先「遬」後「警」，與此序同。小徐本先「警」後「遬」。

【集解】段注。《方言》、《廣疋》：「遬，張也。」《管子》：「侈靡無源則遬竭。」《周語》「石遬」，《內傳》作「石速」。

古文，從欶，從言。

【校勘】小徐無下「從」字。《玉篇》：「古文速。」《廣均》：「警，古文。」次同。小徐次「遬」上。

【集解】《玉篇》：「言疾。」朱駿聲訂爲「誎」之古文（誎，言之促也）。蘭按：許所見古文經借「警」爲「速」也，故以「警」爲「速」之古文。以字義論，則朱說是。

疾也。從辵，卂聲。

【校勘】《篇》、《均》訓同。慧琳書一引「從……聲」。

【集解】《釋詁》文。「迅」、「疾」疊韻。《句讀》。

适 疾也。從辵，昏聲。讀與括同。

【集解】桂云：「或借『活』字。《長笛賦》：『汩活澎濞。』李善注：『汩活，疾貌。』」「讀與……」者，《句讀》。

【校勘】《篇》、《均》訓同。唐本《唐均》十三末引「疾走」。

逆 迎也。從辵，屰聲。關東曰逆，關西曰迎。

【集解】段注。錢《斠詮》。按此亦可通用，不必泥。

【校勘】《篇》、《均》訓同。

迎 逢也。從辵，卬聲。

【集解】《方言》：「逢、迎，逆也。」

【校勘】《均》訓同。《篇》訓「逢迎也」，非。

这 會也。從辵，交聲。

【集解】段注。蘭按：「这」義即「交」義之引申，「这」乃後出字。

【校勘】《文選》沈約《和謝宣城》詩引首句，同。《篇》訓同。次「過」上。

遇 逢也。從辵，禺聲。

【集解】《句讀》。

【校勘】《玉篇》訓「道路相逢也」。

遭 遇也。從辵，曹聲。一曰邐行。

【校勘】《篇》訓「遇也」。慧琳書三引首句。

【集解】「遇也」者，《韓詩傳》文。《曲禮》曰：「遭先生於道。」「一曰……」者，段云：「俗云周遭是也。」俟考。

遘 遇也。從辵，冓聲。

【校勘】《篇》、《均》訓同。

【集解】段注：「按『遘』或作『逅』。《詩·野有蔓艸》：『邂逅，相遇。』《釋文》：『逅，本亦作遘。』《易》作『姤』，則『媾』之或字。《易》文借『媾』爲『遘』也。」

逢 遇也。從辵，夆聲。

【校勘】《篇》訓同。「夆聲」，各本作「峯省聲」。《説文》無「峯」。《均會》引「峯」作「夆」，據改，並刪「省」字。鈕云：「據楚金云言若螽飛，則當是『螽』省。」按鈕説非。

【集解】《釋詁》文。

遻 相遇驚也。從辵，從咢，咢亦聲。

【校勘】小徐無下「從」字。《篇》、《均》十遇「迕」訓「遇也」。「遻」同「迕」（《均》十八藥「遻」引《列子》《釋文》）。《篇》次「雜字」中。

【集解】《釋詁》：「遇，遻也。遻，見也。」《句讀》。

迪 道也。從辵，由聲。

【校勘】《篇》、《均》訓同。

【集解】段注。蘭按：依上下文次序，當以「導」義爲正。

遞 更易也。從辵，虒聲。

【校勘】《廣均》十二霽訓「更遞」。十一薺訓「更代」。

【集解】段注。《句讀》。

通 達也。從辵，甬聲。

【校勘】《篇》、《均》訓同。《集均》引「達」作「遠」，誤。

【集解】段注。

𨑒 迻也。從辵，止聲。

【校勘】《篇》、《均》訓「移也」。段去「聲」字，非。《篇》次部末。

【集解】《廣疋·釋言》同。《蒼頡篇》注同。

𢓊 徙，或從彳。

【校勘】《玉篇》作「𨑼」，非。《均會》云：「《説文》古作𢓊。」

𡱟 古文徙。

【校勘】 各本有此字。小徐在「𨑨」上。《玉篇》、《廣均》並無。段注。桂云：「《詩》『民之方殿屎』，『屎』即『𡲳』之省文，借『徙』字也。」蘭按：從「𡰪」者，「尾」之誤，本當作「𡱟」也。《玉篇》、慧琳皆以「𡲳」為「屎」之俗（《玉篇》並在尸部）。然則本非《說文》字也。今刪。

迻 遷也。從辵，多聲。

【校勘】 各本「遷」下有「徙」字，唐本《切均》第二種五支：「移，按《說文》：『遷也。』」作此「迻」。《廣均》五支引《說文》：「遷也。」皆無「徙」字，據刪。《篇》訓「徙也。遷也」。次「通」上。

【集解】 段注。《楚詞》：「屢懲艾而不迻。」

遷 登也。從辵，䙴聲。

【校勘】

【集解】《字林》同。《廣均》：「去下之高也。《詩》云：『遷於喬木。』」蘭按：遷者，徙於高處也。「䙴聲」者，䙴，升高也。

拪 古文遷，從手、西。

【校勘】 小徐作「⿰扌囟」。《玉篇》作「⿰扌囟，遷徙也」。

運 迻徙也。從辵，軍聲。

【校勘】

【集解】《釋詁》：「遷，運徙也。」（錢坫云：「《淮南子》月運字用此。」）

遁　遷也。從辵，盾聲。

【校勘】《景福殿賦》注引首句。《篇》、《均》與「遯」一字。《五經文字》：「遯、遁，二同。上：《易》卦：『遯逃也。』下：遷也。經典通用之。」各本「遷也」下有「一曰逃也」四字。段云：「以『遁』同『遯』，蓋淺人所增。」蘭按：據《五經文字》，段說是也。依刪。（《白駒》《釋文》：「遯，字又作遁。」宋本「遁」作「遂」。）小徐次部末。

【集解】段注。蘭按：《漢書·平當傳贊》：「逡遁有恥。」《敘傳》：「逡遁致士。」鄭國碑：「逡遁退讓。」又《廣疋·釋詁三》：「遁，避也。」按謂遷延退避也。

遜　遁也。從辵，孫聲。

【校勘】《篇》、《均》訓同。《篇》次「邋」下，「遷」、「逋」上。小徐次「逋」上，疑當依移。

【集解】段云：「六經有『孫』無『遜』。今《尚書》、左氏《經》傳、《爾疋·釋言》淺人改爲『遜』。許書蓋後人據今本《爾疋》增之。」《句讀》：「……」蘭按：段說非、王說是也。遜遁當作「遜」，愻順當作「愻」。惟從「辵」，故訓「遁」。若原作「孫」，衹是古文叚借。且《廣疋·釋詁》：「遜，去也。」凡言遜位、遜於齊者，皆謂逡遁退去，與遯逃不同也。

返　還也。從辵，從反，反亦聲。《商書》曰：「祖伊返。」

【校勘】《篇》、《均》訓同。「伊」，各本作「甲」，依《集均》引改。

【集解】《釋言》：「還，反也。」「《商書》……」者，《戡黎》文。

𢓊　《春秋傳》返，從彳。

【校勘】《爾疋》《釋文》上引《春秋傳》作「𢓊，從彳」。

復也。從辵，睘聲。

【校勘】《篇》、《均》訓同。

【集解】

遣也。從辵、巽。巽，遣之。巽亦聲。一曰選擇也。

【校勘】《均會》引作「從巽。巽，遣之也。亦聲。徐曰：『亦選擇也。』」玄應書九引「選擇也。簡能曰選」。（此語未敢據補）。

【集解】段注。《甘泉賦》：「選巫咸兮叫帝閽。」「一曰……」者，《字林》：「選，簡擇也。」

遣也。從辵、倂省。

【校勘】《篇》引首句。《均》訓同。玄應書十五引作「去也」，非。

【集解】《詩》：「遠送於野。」

籀文，不省。

【校勘】《玉篇》：「送，籀文。」「文」下，《句讀》補「送」字。

縱也。從辵，𠳋聲。

【校勘】《均》訓同。

【集解】《玉篇》：「縱，放也。」（朱駿聲以爲專用於喪禮，蓋不明六書之說。）

行邐邐也。從辵，麗聲。

【校勘】《爾疋・釋丘》《釋文》、《釋丘》疏並引「行也」，蓋節此文。《篇》、《均》皆訓「邐迆」（俱本《釋丘》）。《類篇》引《説文》：「行邐迆也。」疑因《篇》、《均》而誤。小徐無「也」。

【集解】段注。錢云：「《西京賦》：『邐倚。』薛綜注：『一高一下，一曲一直也。』《大人賦》：『容以骫麗。』張揖曰：『左右相隨貌。』即『邐』字。」蘭按：「邐倚」即「邐迆」，《洛神賦》作「徙倚」。

及也。從辵，隶聲。

【校勘】各本「及」上均有「唐逮」二字。鈕云：「宋本『及』作『反』，訛。《均會》兩引並無『唐逮』二字。《一切經音義》一、《華嚴經音義》四十六引及《玉篇》注並作『及也』。則『唐逮』二字蓋後人增。」蘭按：馮《均譜》無二字，據删。《廣均》十二霽訓「逮及也」。十九代訓「及也」。（段以「唐逮」爲古語，然於古無徵。錢以「唐逮」爲「唐突」之古字，待考。）

【集解】《釋詁》：「逮、及、暨，與也。」《釋言》：「遏、遾，逮也。」《方言》七：「蝎、噬，逮也。東齊曰蝎，北燕曰逮。逮，通語也。」

徐行也。從辵，犀聲。《詩》曰：「行道遲遲。」

【校勘】《均》訓「徐也」。

【集解】《釋訓》：「遲遲，徐也。」「《詩》曰……」者，毛傳：「舒行皃。」

籀文遲，從屖。

【校勘】《篇》：「遟，籀文。」次同。大徐次「迟」下。《均》：「遟，同遲。」《五經文字》：「遲、遟。上：《説文》；下：籀文。」

遲，或從𡰥。

【校勘】唐本《切均》第二種六脂：「遲，又按《説文》從辛，又作此。」「遟」，《玉篇》作「迡」，云「同遲」。

【集解】錢大昕曰：「《史記·張釋之馮唐列傳》：『陵遲而至於二世。』《漢書》作『陵夷』。《平準書》：『選舉陵遲。』《漢志》亦作『夷』。《司馬相如傳》：『陵夷衰微。』《漢書》作『遲』。古文『夷』與『遲』通。《詩》：『周道倭遲』，《韓詩》作『郁夷』。《淮南·原道訓》：『馮夷、大丙之御。』高誘云：『夷，或作遲。』婁壽碑：『徲𢓊衡門。』即『棲遲』也。《説文》『遲』或作『遟』，從『𡰥』。『𡰥』，古文『夷』字。」桂馥曰：「《漢書·揚雄傳》：『徘徊招摇，靈遲遟兮。』顔注：『遲，音棲。遟，音文夷反。』宋祈曰：『張揖《字詁》云：遟，今遲，徐也。』馥謂『遲遟』即『犀遲』，本書『犀』下云：『犀，遲也。』」蘭按：《文選·甘泉賦》作「迉迡」，李善云：「迉迡，即棲遲也（按字書無『迉』，疑『遟』之爛字）。迉，音棲。迡，大夷反。」「從𡰥」者，「𡰥」本「夷」字，今《説文》以同「仁」字，誤也。或從「尼」，聲類亦同，然當以從「𡰥」爲正。

徐也。從辵，黎聲。

【校勘】《篇》訓同。《切韻》訓「徐行」。《均》訓「徐行皃」。似可據補。小徐作「黎省聲」，非。

【集解】《句讀》。

去也。從辵，帶聲。

【校勘】《篇》、《均》訓同。

【集解】《句讀》。

行皃。從辵，𡵂聲。

【校勘】《篇》、《均》訓同。

𨘢　不行也。從辵，䮔聲。

【校勘】小徐、《均會》及毛剜補本、馮《均譜》作「馬不行也」。《玉篇》訓「不行也」。《廣均》十遇訓「不行」，三鐘訓「馬不行也」。按：嚴云：「𨘢從『䮔』，非從『馬』也，有『馬』字者非。」各本「聲」下有「讀若住」三字，按古本在「逗」下。「𨘢」、「住」古音亦不近（《廣均》十遇有「𨘢」字，然《唐均》無之）。

【集解】「箠」，訓「策馬也」。

逗　止也。從辵，豆聲。讀若住。

【校勘】《後漢・光武紀》引「逗留，止也」。《句讀》曰：「此因《紀》言『逗留』，《説文》『留』下亦云『止也』，合引以解之。」玄應書六、《文選・舞鶴賦》、《長笛賦》、江文通詩注引首句。《篇》訓同。各本無「讀若住」三字，唐本《唐均》五十侯：「逗，逗留。《説文》音住。」（唐人亦引「讀若」爲「音某」。）據補。今本《説文》誤在上文「𨘢」下。

【集解】《思元賦》：「逗華陰之湍渚。」「讀若住」者，鈕云：「住，當是駐。《西狹頌》：『息不得駐。』」段云：「當作侸。人部：『侸，立也。』立部曰：『立，住也。』『住』即『侸』之俗。」蘭按：「侸」爲「住」之正字。「駐」爲「住」之聲借。

迟　迟曲行也。從辵，只聲。

【校勘】「曲」上各本無「迟」字。《玉篇》訓「迟曲行也」。據補。（《廣均》上、去、入皆不見此字，俟考。）

【集解】段注。蘭按：《莊子・人間世》《釋文》：「郤，去逆反。字書作『迟』（本作「迟」，因艸書誤）。」《廣疋》云：「迟，曲也。」可證段説。錢十蘭云：「《考工記》曰『郤行』、『仄行』，亦當作『迟』。」

逶　逶迤，衺去之皃。從辵，委聲。

【校勘】《文選・舞賦》注引作「逶蛇，邪行去也」。《廣絶交論》注作「逶迆，邪行去也」。元應書十九引作「逶佗，行去也」。《句讀》。蘭按：「佗」、「蛇」並聲借。「迆」一字一義，「逶迤」二字一義。王說非。

【集解】《羔羊》「委蛇委蛇」，《韓詩》作「逶迤」。錢十蘭云：「艸之委隨作『萎蕤』，行之委隨作『逶迤』，亦文異義同也。古『迆』、『⿱艹移』、『隨』、『蛇』並同聲。《楚辭》：『載雲旗之委移。』本書釋『委』云：『委隨。』『委隨』亦『委移』也。惟《毛詩》『蛇』字爲假借，然蛇游行曲折，形意亦象之。知古人轉借之道，聲、形、意義必皆相近，然後能通也。」蘭按：「蛇」亦聲同。

𧎚 或從虫、爲。

【校勘】《句讀》。蘭按：唐本《切均》第二種五支「逶」下引《說文》作「蟡」，是唐初本《說文》已有此字，未可刪也。筆之誤，或雕板之失。

【集解】《西京賦》：「聲清暢而蝼蛇。」是「逶」有從「虫」也。逢盛碑：「當遂遏迤。」是「逶」有從「爲」聲也。朱駿聲曰：「即《莊子》『食之以委蛇』字也。」蘭按：《廣均》「蟡」訓曰：「涸水精。一身兩頭，似蛇。以名呼之，可取魚鼈。」

遹 回避也。從辵，矞聲。

【校勘】《玉篇》訓「迴也，避也」。《均會》引「避」作「辟」。按「辟」、「避」通字。

【集解】段注。

避 回也。從辵，辟聲。

【校勘】《均》訓「迴也」。「迴」，「回」之俗字。

【集解】段注。蘭按：回，猶違也。

違 離也。從辵，韋聲。

【校勘】《均會》引無「聲」字，非。《篇》次俗字中。

【集解】《谷風》傳文。《易・文言》：「憂則違之。」注：「知難而避也。」

遴　行難也。從辵，粦聲。《易》曰：「以往遴。」

【校勘】《篇》、《均》訓同。晉灼注《世系表》引作「難行也」。

【集解】《句讀》。

僯　或從人。

【校勘】《句讀》。蘭按：馮本《均譜》亦無此字。删。

逡　復也。從辵，夋聲。

【校勘】《玉篇》訓「退也」。鈕、桂、錢坫、洪頴煊皆云「復」當是「復」。桂引《均譜》「逡，退也」，非。《均譜》：「竣，退也。」

【集解】段注。《釋言》：「逡，退也。」《漢書》：「有功者上，無功者下，則羣臣逡。」

𨑨　怒（一曰驚也），不進也。從辵，氏聲。

【校勘】汪刻小徐本「進也」下有「一曰驚也」四字。別本小徐「驚」皆作「鶩」（段改「鶩」）。按《玉篇》訓「驚不進也」，蓋本《説文》。後人見其字作「驚」，不作「怒」，故注於下曰：「一曰驚也。」是校語也。作「鶩」者非。今別爲小注。

【集解】錢云：「當是『怒也，不進也』。《爾疋》：『底、底，止也。』義與不進近。本書：『牴，觸也。』義與怒同。」

達　行不相遇也。從辵，羍聲。《詩》曰：「𡳾兮達兮。」

【校勘】首句，《均會》引同。小徐無「也」字。《子衿》《釋文》引作「不相遇也」。「𡳾」，本作「挑」。小徐作「佻」。本書「𡳾」

下作「㞢」，《詩》《釋文》引亦作「㞢」。據改。

【集解】段注。「《詩》曰」者，《子衿》文。傳曰：「佻達，往來相見皃。」按《正義》曰：「彼『㞢』作『挑』。明其乍往乍來，故知挑達是往來皃。」是《正義》本無「相見」二字。《釋文》出傳作「桃達，往來見皃。」胡承珙曰：「古『貌』字作『皃』，或誤爲『見』。淺人因於『見』下添『貌』字耳。」蘭謂《廣均》十二曷「達」下「佻達」注「往來皃」，義本毛傳。可證本無「相見」二字。《詩》上云「子寧不嗣音」、「子寧不來」，下云「一日不見，如三月兮」，皆未遇之辭。鄭箋曰：「但好登高見於城闕以候望爲樂。」然則因未遇，故至城闕候望耳。安得於此著「相見」二字乎？自後人妄增而毛傳遂致不通。鈕氏復欲據毛傳誤本而改《說文》「行不」二字爲「往來」，誤之甚矣。毌山知《詩》文之不可通，而謂許改毛之「達」，則又誤於誤本也。本書「㞢」訓滑，「泰」訓滑，「達」、「泰」音近（《字林》：「达，滑也。」），《正義》以「佻達」爲「乍往乍來」，皆有輕利之狀，故後世言輕薄者爲佻達兮（凡乍往乍來者，多不能相遇）。

达 達，或從大。

【校勘】各本「從大」下有「或曰迭」，蓋因《篇》誤。今刪。《玉篇》訓「達也。迭也。亦與達同」。

逯 行謹逯逯也。從辵，录聲。

【校勘】《篇》訓同。元應書五引「行謹逯也」。［似宜從玄應（據《釋名》）。］

【集解】「行」者，《方言》十二曰：「逯，行也。」「謹逯逯也」者，《釋名》：「禄者，録也，取上所以敬録接下，下所以謹録事上。」「謹録」即「謹逯」，蓋古語也。《荀子·脩身》：「程役而不録。」注：「檢束也。」《漢·董仲舒傳》：「録德而定位。」注：「謂存視也。」蘭謂二「録」字皆當作「逯」，訓「謹也」。（《淮南子》：「逯然而往。」）

迵 达也。從辵，同聲。

【校勘】各本訓「迵迭也」。《廣均》一送引無「迵」字。據刪。《玉篇》訓「通達也」。段、桂並云「迭」當作「达」，是也。今據正。《篇》次雜字中。

【集解】《史記》：「……達腋。」（見《句讀》）《淮南子》曰：「通迥。」

迭 更迭也。從辵，失聲。

【校勘】《篇》訓同。各本「聲」下有「一曰达」三字。小徐「达」作「迭」。按此後人語，《均會》引無，今據删。

【集解】《句讀》。段注。《方言》：「佚，代也。」「佚」即「迭」字。《穀梁傳》：「佚害中國。」

迷 惑也。從辵，米聲。

【校勘】《篇》、《均》訓同。宋本「惑」作「或」。

【集解】《釋言》文。《易》：「先迷後得。」

迆 衺行也。從辵，也聲。《夏書》曰：「東迆北會于滙。」

【校勘】《爾疋・釋丘》《釋文》及疏並引首句。

【集解】《句讀》。

連 負連也。從辵、車。

【校勘】各本作「員連也」。《集均》二僊、《類篇》引「員」作「負」，據改正。段改作「負車也」。桂說「員連也」爲「貫連也」之誤。皆非。（「負連」爲漢人成語。）大徐「車」上有「从」。

【集解】嚴云：「《管子》作『服連』，即負連也。」《句讀》。錢坫引江說。「從辵、車」者，蘭按：從「車」則不當更從「辵」，從「車」而又從「辵」者，明人負車也。嚴可均曰：「連即輦，人所負以行。」其說是也。段注：「《管子・海王》：『服連軺輂。』……如負也。」

逑 斂，聚也。從辵，求聲。《虞書》曰：「旁逑孱功。」

【校勘】各本「功」下有「又曰怨匹曰逑」六字，非《說文》語，今刪。

【集解】《句讀》（「又曰怨匹」云云下一節刪）。

退 散走也。從辵，貝聲。《周書》曰：「我興受其退。」

【校勘】各本訓「斆也」。《篇》訓「壞也」。蘭按：《篇》、《均》皆有「散走也」一訓，與從「辵」之義合。疑《說文》古本如此。與下文「追」、「逃」、「逋」……諸字義並合，據改正。不然則「敗」、「退」已爲重複，不應分收兩部。訓壞而從「辵」，許君不□□□□□此訓，亦當次部末，不當次此也（「敗」、「斆」並訓「毀也」）。

【集解】《左》莊十一年傳：「大崩曰敗績。」《釋名》：「敗，潰也。」《顏氏家訓・音辭篇》：「江南學士讀《左傳》，口相傳述，自爲凡例。軍自敗曰『敗』，打破人軍曰『敗』，讀『補敗反』。諸記傳未見有『補敗反』，徐仙民讀《左氏》唯一處有此音，又不言自敗、敗人之別，此爲穿鑿耳。」桂馥：「案自敗當作『退』，敗人當作『敗』，音義有別，並非穿鑿。《增均》：『凡物不自敗而敗之，則「北邁切」。物自毀壞，則「薄邁切」。』物自毀壞即『退』字。」蘭按：「退」從「辵」，故爲「散走」。「敗」從「攴」，故爲「擊毀」。偏旁雖可通借，其專義未可混淆也。「《周書》……」者，《微子》文。今作「敗」。本書引「咈其耇長」，亦偁「《周書》」。蓋許所據不繫於《商書》也。「蹐」下引《微子》偁「《商書》」者，疑後人校誤。

逭 逃也。從辵，官聲。

【校勘】《篇》、《均》訓同。宋本「逃」作「兆」。

【集解】《釋言》文。樊光曰：「行相避逃謂之逭。」段注。

逭，或從藿，從兆。

【校勘】《廣均》云：「同逭。」《玉篇》作「䢀」，云「古文」。《集均》兩收之。

【集解】「從藿，從兆」者，桂云：「當從『兆』，『藿』聲。『八』象分別相背，故有逃義。」朱駿聲曰：「從『逃』省，『藿』聲。」蘭按：從「兆」與「逃」同意，非省也。桂說尤誤。

逃也。從辵，豚聲。

【校勘】「豚聲」，大徐作「從豚」。《篇》、《均》皆以爲「遁」之重文（《篇》次不在此）。《五經文字》：「遯、遁，二同。上：《易》卦：『遯，逃也。』下：遷也。經典通用之。」

【集解】《句讀》。

亡也。從辵，甫聲。

【校勘】《篇》訓同。次「遷」下。

【集解】《易・訟》：「歸而逋。」《象》曰：「歸逋，竄也。」

籒文逋，從捕。

【校勘】《玉篇》：「𨓚，籒文。」（《廣均》無。）

【集解】桂《義證》云：「逋當捕取，故從『捕』。」《山海經・南山經》注引《記》曰：「條風至，出輕繫，督逋留。」《淮南・天文》作「去稽留」。是「逋」訓爲捕也。

遺 亡也。從辵，貴聲。

【校勘】小徐作「忘也」。按字在辵部，作「亡」是，作「忘」非也。《篇》、《均》訓同。

【集解】《谷風》傳文。段注。

遂 亡也。從辵，㒸聲。

【校勘】慧琳書一引首句「會意也。從辵，㒸聲」。《九經字樣》訓「從意也」。《廣均》訓「從志也」。按「從意也」者，本書「㒸」下訓。《篇》、《均》並無「亡」訓。桂云：「亡，爲『乍』誤。」《句讀》。

【集解】未詳。

𨗳 古文遂。

【校勘】大徐作「𨗳」。《玉篇》作「逵」。

【集解】未詳。（段注）

逃 亡也。從辵，兆聲。

【校勘】《篇》、《韵》訓同。

【集解】「亡」、「逃」互訓。桂云：「《春秋通例》……去者也。」（亦見《句讀》）《韓詩外傳》：「桃之爲言亡也。」蘭按：假「桃」爲「逃」。

追 逐也。從辵，𠂤聲。

【校勘】《均》訓同。《切均》二六脂：「追，莎隹反。」按「隹」，《說文》作「追」。桂引或說：「逐，當爲遂。」非是（據《均》訓）。

【集解】《廣疋》同。《句讀》。

逐 追也。從辵，從豕省聲。

【校勘】《篇》、《均》訓同。小徐作「豚省」。大徐作「从豚省」。段據小徐作「豕省」。《均會》同。然篆固從「豕」，非省也。《六書正訛》、段、桂皆謂爲「豕省聲」之誤。桂説最有據，今從正（桂説見下）。

【集解】《句讀》。

逎 迫也。從辵，西聲。

【校勘】《篇》、《均》訓同。《思玄賦》舊注、《釋木》《釋文》、《後漢・張衡傳》注並引「遒，迫也」。汪本小徐作「追也」，誤。馮本《均譜》作「盡也」，蓋沿《切均》而誤。

【集解】《句讀》。「從辵，西聲」，《漢書・景武功臣表》：「逎侯陸彊。」注：「古遒字。」《地理志》：「涿郡逎。」注：「古遒字。」

遒 逎，或從酋。

【校勘】《篇》：「遒，同逎。」《廣均》以「遒」、「逎」爲二字（「逎」蓋後增入故也）。

【集解】《句讀》。

近 附也。從辵，斤聲。

【校勘】《篇》訓「附近也」。《均》侯檢（廿問）。「附」，段云：「當作坿。」桂云：「當作駙。」今仍其舊。

【集解】《易》：「爲近利市三倍。」

𣥎　古文近。

【校勘】《玉篇》在止部，訓同。

【集解】嚴云：「此蓋後人所加。『𣥎』古『旂』字而以爲『近』，誤識耳。」案嚴説甚是。然古文或借「旂」爲「近」，猶《祭法》「相近於次壇」之借「近」爲「祈」也。《汗簡》以「𣥎」爲「近」，云「出《尚書》」（止部），又云「出馬日磾《集羣書古文》」（斤部），可知古文確有以「𣥎」爲「近」者。或「𣥎」當從「止」從「斤」作「𣥎」，省「辵」爲「止」，非從「㫃」也。更俟詳考。

邋　㦘也。从辵，巤聲。

【校勘】各本作「搚也」。《説文》無「搚」字，段改爲「拹」，諸家説同。蘭謂「拹」訓「拉折」，與部次未協。《玉篇》、《集均》引作「㦘也」。㦘者，以威力相恐㦘也。與上文「迺」、「近」，下文「迫」、「遾」至「迣」、「迾」諸字義均相近（恐「㦘」亦云「迫㦘」），今從之。《篇》次「逭」下「遯」上。

【集解】《廣均》廿九葉：「邁也。」《禮記・學記》曰：「學不躐等也。」疏：「踰越也。」《楚辭・國殤》：「淩余車兮躐余行。」注：「踐也。」《爾疋・釋言》：「跋，躐也。」注：「跋前行曰躐。」並以「躐」爲之（《説文》無「躐」）。《釋言》：「獵，虐也。」注：「淩獵暴虐。」《吴語》：「以犯獵吴國之師徒。」注：「震也。」（《羽獵賦》引賈注：「取也。」）並借「獵」字。訓虐訓震，尤與㦘義爲近。

逼　當補。見部末。

迫　近也。从辵，白聲。

【校勘】《均》訓同。

【集解】《句讀》。桂云：「經典借『薄』字。《易》：『雷風相薄。』《左傳》：『薄而觀之。』《荀子・天論篇》：『寒暑未薄而疾。』」

䢅 近也。從辵，臸聲。

【校勘】《篇》、《均》訓同。《篇》次「遜」下「逋」上。

【集解】《句讀》。未詳。

邇 近也。從辵，爾聲。

【校勘】《篇》、《均》訓同。

【集解】《釋詁》文。

迩 古文邇。

【校勘】篆，《五音均譜》訛作「䢅」，孫本同。字書多沿《韵譜》之訛。《篇》、《均》皆以「迩」同「邇」。《五經文字》「邇」作「迩」，同。

【集解】

遏 徽止也。從辵，曷聲。讀若桑蟲之蝎。

【校勘】各本作「微止也」。今按《繫傳》：「臣鍇曰：繳繞使止也。」（校勘記云：「當作『徽繞』。」説誤。）故《博物志》曰「響遏行雲」。考「微」無繳繞之義，《説文》「徽」訓「三糾繩」，與繳繞之義正合。蓋鍇本原作「徽」，字形相近，誤而成「微」字耳。今正。「讀若桑蟲之蝎」，段云：「之字衍。」按此説非。

【集解】《釋詁》：「訖、徽、妥、懷、安、按、替、戾、底、厎、廢、尼、定、曷、遏，止也。」郭云：「今以逆相止爲遏。徽，未詳。」

許所見本次序或與郭異。《蒼頡篇》：「遏，遮也。」《句讀》。郝懿行云：「徽，從『微』省聲，微之止也。王説小誤。」（王《釋例・存疑篇》反以今誤本疑《爾疋》誤，非也。段以「徽」爲細密，則當作「敳」。其説亦誤。）「讀若桑蟲之蝎」者，「蝎」見虫部。《釋言》：「遏，逮也。」《方言》作「蝎」。

遮 遏也。從辵，庶聲。

【校勘】慧琳書一引首句，「從辵，從蔗省聲也」。「庶聲」作「蔗省聲」，非。

【集解】《呂覽・名類》：「子不遮乎親，臣不遮乎君。」注：「遮，後遏也。」

遾 遮遾也。從辵，羕聲。

【校勘】馮本《均譜》訓「遮」。《玉篇》、《廣均》訓「遮也」。似説解舊本無「遾」字。

【集解】未詳。蘭據《上林賦》「巴俞宋蔡，淮南于遮」。「于」、「遾」雙聲，疑「遾遮」即「于遮」也。舊説「于遮」曲名，今「遾遮」二字並從「辵」，則豈舞之狀與？許於口部録「嗙」、「喻」，或於此録「遾」、「遮」也。存以俟考。《玉篇》：「遾，移也。」則當時尚識「遾」字。（《廣均》一先又訓「行皃」。）

迣 迾也。晉趙曰迣。從辵，世聲。讀若寘。

【校勘】《篇》、《均》訓同。「寘」，各本作「真」，《説文》無，依段、嚴説當作「寘」，據改。《句讀》謂本作「置」，似非。

【集解】《漢書・禮樂志》：「迣萬里。」晉灼曰：「迣，古迾字。」《鮑宣傳》：「部落鼓鳴，男女遮迣。」晉灼曰：「迣，古迾字也。」《廣疋・釋詁二》：「迣，遮也。」

迾 遮也。從辵，列聲。

【校勘】《玉篇》引首句。《均》訓「遮遏」。

【集解】《句讀》。《玉藻》：「山澤列而不賦。」注：「列之言遮列也。」

迀　進也。從辵，干聲。讀若干。

【校勘】《篇》、《均》訓同。「讀若干」，「干」，小徐作「千」。按《玉篇》次「迁」上有「迁」字，「且堅切，行進也」。《廣均》一先：「迁，伺候也，進也，又迁葬，又標記也。」或疑《説文》古本亦有「迁」字，存考。（「迁」有進義，見余《玉篇疏》。餘義未詳。「遷葬」殆「遷」之俗。）

【集解】段云：「干求字當作『迀』，干犯字當作『奸』。」（蘭謂干犯字衹當作「干」，犯淫乃作「奸」。）按《楚辭》：「既干進而務入兮。」《釋言》：「干，求也。」

⿺辶侃　過也。從辵，侃聲。

【校勘】《篇》訓同。《廣均》無。《篇》次「追」下。

【集解】元應曰：「愆古文，寋、⿺辶侃二字。」按此古文借「⿺辶侃」爲「愆」耳。「愆」從「心」，「⿺辶侃」從「辵」，字義不同。《易·歸妹》：「愆期。」當作「⿺辶侃」。《漢書·劉輔傳》：「元首無失道之⿺辶侃。」則借「⿺辶侃」爲「愆」耳。段注：「本義……引伸也。」

遱　連遱也。從辵，婁聲。

【校勘】《廣均》引首句。《玉篇》訓同。

【集解】「連」、「遱」雙聲。《句讀》。（臣鍇按「《淮南子》有『連遱』之言」云云，俟考。）

⿺辶巿　前頓也。從辵，巿聲。賈侍中説。一曰讀若拾，又若郅。

【校勘】小徐篆作「[篆文]」，馮本《均譜》同。「頓」，大徐誤作「頡」。「巿聲」，《五音均譜》作「朩聲」，誤。汪刻本小徐校改爲

「𣎵聲」，以應鍇本，篆文亦非也。顧澗薲曰：「考『⿺辶𣎵』前後二字，鉉本《說文》同作『市聲』，故《集韻》十三末：『迊，《說文》：「前頓也。賈侍中說。」北末切。迊，《說文》：「行皃。」薄撥切。』筆畫無異。《類篇》辵部：『迊，北末切。《說文》：「前頓也。賈侍中說。」又薄撥切。行皃。』且並之爲一字也。逮李燾編《五音韻譜》，則二字正相接連，覺其不可通，故改前從二百十四部首之『𣎵』，改後從二百六十一部首之『巿』，以作分別。其實『前頓也』之『迊』並不從『𣎵』。『讀若髕』之『𣎵』，李燾所改，殊誤也。唯其此二字鍇本《說文》同作『市聲』，故鉉本仍之。若有一爲『𣎵聲』，則鉉本既不容不可通，李燾復不容如此之改。然則今本《繫傳》後『⿺辶𣎵』字，恐是校者臆加一筆。故雖篆失其舊而『市聲』尚存也。」蘭按：訓行皃與訓前頓二字，據鉉本則並從「市」，據鍇本則後字從「𣎵」。然《篇》、《均》並無「迊」字，《切均》「迊」字「蒲活反」，則仍當從「市」。以二本所附音切考之，鉉本前「蒲撥切」，後「北末切」，鍇本前「步捋反」，後「北末反」，皆不能應「𣎵」聲也。然則從「𣎵」者，決非二本之舊可知。然《說文》無重出之例，今此二篆明明相重，故校改歧出，異議紛起。今按：《切均》十一末「博末反」內有「迊」字，訓「急走」；「蒲活反」內有「䟛」字，訓「行皃」。「蒲活反」，《唐均》作「蒲撥反」；「博末反」，《廣均》作「北末反」。訓義皆同。以《說文》校之，則前篆訓「行皃」切「蒲撥」者，當依《切均》諸書從「足」旁作「䟛」（《切均》訓當本《說文》）；而此訓前頓之「迊」則正切「北末」，與急走之訓又合符也。蓋唐時《說文》本一爲從「足」、「市」聲，一爲從「辵」、「市」聲，本不相亂。後來不知何緣以足部之「䟛」誤爲從「辵」而入辵部，遂與此篆重出而相亂矣。今改前「迊」篆爲「䟛」，區入足部，使還《說文》之舊。唐人作「市」字，常誤爲「𣎵」，《切均》、《唐均》寫本可證。故此篆鍇本誤從「𣎵」，或據以爲當從「𣎵聲」，非也。「拾」，孫本作「袷」。大徐無「曰」字。《玉篇》：「⿺辶業，口黠切。又竹季切。前頓也。」與此篆次序相當，訓義亦同。段氏據此改「⿺辶𣎵」篆爲「⿺辶業」，「市聲」爲「業聲」。桂亦云：「本書前有『迊』字，此文當爲『⿺辶業』。」蘭按：從「業」聲，則不當有「口黠」、「竹季」二音，《廣均》「⿺辶業」字收入三十怗「先頰切」，云「⿺辶亟⿺辶業走也」。「⿺辶亟」、「⿺辶業」二字，《切均》、《唐均》並不收，義又與前頓不合。而《說文》之「迊」，諸韻書列於「北末切」，可知從「市」決非誤文。然則《玉篇》之「⿺辶業」，正是「迊」之誤文耳。市，篆文作「巿」，與「業」形極似，故有此誤。其誤始於唐時，故孫强重修收《切均》之「迊」（博末切。急走），不知《篇》本有「迊」字（凡在《篇》末之字，大都重修所收），而《類篇》、《集均》皆承「⿺辶業，前頓」之訓也（改切爲「乙業切」，則與《篇》不同）。而《玉篇》音爲「口黠」，則與「市」聲爲近；爲「竹季」，則正「讀若郅」之音，猶未誤也。段、桂據已誤之《玉篇》，改不誤之《說文》，蓋亦非矣。朱駿聲改訓行皃之「迊」爲「𣎵聲」，亦非。正由不知「迊」爲「䟛」誤也。

【集解】「前頓也」者，《釋名》：「頓，僵也。」《荀子・禮論篇》注：「頓，因躓也。」《論語》：「顛沛必於是。」《詩・蕩篇》：「顛沛之揭。」本書：「跋，顛跋也。」則謂當作「顛跋」。「賈侍中說」者，謂「前頓也。從市聲」皆賈說也。「一曰讀若拾，又若郅」者，徵異說。「拾」疑當作「跲」，本書：「跲，躓也。」「郅」從「至」聲，「至」聲字皆有止義。《廣疋・釋詁三》：「駤，止也。」《易・訟》：「有孚窒。」虞注：「塞止也。」疑許所引後說以爲從「禾」聲（禾，止也。與「郅」、「疐」聲近），與賈異也。

【眉批】原本《玉篇》字多仿篆形書之。

〔篆〕迦互，令不得行也。從辵，枷聲。

【校勘】「互」，馮本《韻譜》作「牙」。按《繫傳》云：「迦互，猶曰犬牙。」疑本亦作「牙」。《玉篇》訓「迦牙，令不得進也」。《廣均》訓「不得進也」。

【集解】「迦互」猶言「梐枑」。《易・大畜》：「豶豕之牙。」鄭讀「牙」爲「互」，以與上文「童牛之告」相儷。按鄭讀是也。「互」隸作「㸦」，與「牙」相混，故《說文》本亦有作「迦牙」者。《集均》四十禡「迦」注：「迦枒，木如蒺藜，上下相距。」既作「牙」，而又增「木」耳。古以「枷」訓「打穀具」，其枷鎖之字當正作此字。（《切均》八麻：「枷，枷鎖。」）「枷聲」，今釋迦字即此字之省。

〔篆〕踰也。從辵，戉聲。《易》曰：「雜而不越。」是也。

【校勘】「是也」二字各本無，今補。《廣均》引首句。《玉篇》訓「散走也」。

【集解】段注。《曲禮》：「戒勿越。」疏：「戒慎勿得踰越。」

〔篆〕通也。從辵，呈聲。楚謂疾行爲逞。《春秋傳》曰：「君何所不逞欲。」是也。

【校勘】「君」字大徐無。「是也」二字各本無，今補。《玉篇》引「通也。楚謂疾行爲逞。《春秋傳》曰：『何所不逞。』」。《廣均》訓「通也」。《文選・思玄賦》舊注引《説文》：「逞，極也。」按此唯尤本有之，袁茶陵本無，即尤本亦有脱誤，以他訓誤爲《説文》，非《説文》有此訓也。《楚辭・哀時命》洪興祖注引首句、「楚謂」句、「一曰快也」。按「快也」者，《左傳》注也，非《説文》義。

【集解】「通也」者，昭十四年傳：「子何所不逞欲。」成十六年傳：「若逞吾願。」桓六年傳：「今民餒而君逞欲。」杜注並云：「逞，快也。」按通暢而快意，與窒塞而憂鬱相反。是快義即通義之引申也。《方言》十二：「逞，解也。」《左》隱九傳、成元傳：「乃可以逞。」注皆訓「解」。《論語》：「逞顔色。」皇疏：「申也。」亦皆通義之轉。「楚謂疾行曰逞」者，《方言》三：「逞，疾也。楚曰逞。」「《春秋傳》」云云者，昭十四傳文。「君」，彼作「子」。王筠曰：「上文已呼南蒯爲君矣。或此亦然。陪臣而用大夫、君之稱也。」

遼 遠也。從辵，尞聲。

【校勘】《篇》、《均》訓同。

【集解】段注。《九歎》：「山脩遠其遼遼兮。」《廣疋・釋訓》：「遼遼，遠也。」

遠 遼也。從辵，袁聲。

【集解】《方言》：「遥，遠也。」

【校勘】

𨗨 古文遠。

【校勘】毛本誤作「𨗨」，脱二筆。《玉篇》：「遠，古文。」《汗簡》引「遠」。

【集解】阜部「陟」古文從「歨」，是「歨」即「步」字也。然於聲未類，疑有誤。

遠也。從辵，狄聲。《詩》曰：「舍爾介逖。」是也。

【校勘】《篇》、《均》訓同。各本無引《詩》，據《集均》及《詩考》引增。「是也」二字今補。

【集解】《釋詁》文。彼作「逷」。《易・渙卦》：「渙其血，去逖出。」王云：「逖，遠也。」《書・牧誓》：「逖矣，西土之人。」《史記・周本紀》「逖」作「遠」。僖廿八年《左傳》：「糾逖王慝。」杜注：「逖，遠也。」「《詩》曰」云云者，《句讀》。蘭按：古書多省形用聲，故今本作「狄」。段氏以毛訓遠，謂爲假借，竊所未安。

古文逖。

【校勘】毛本篆誤「□」。《釋詁》《釋文》引「逷，古逖字」。《篇》、《均》：「逷，古文。」

【集解】「狄」、「易」聲近，本書「惕」或從「狄」。《白虎通》：「狄者，易也。」《句讀》。

遠也。從辵，同聲。

【校勘】《篇》、《均》訓同。

【集解】段注。

遠也。從辵，卓聲。一曰蹇也。讀若掉苕之「掉」。

【校勘】「掉」，大徐作「棹」。《説文》無「棹」字。《篇》訓「蹇也」。《均》訓「遠也。一曰驚走」。《切均》作「警夜」。《唐均》作「驚夜」。《楚辭・七諫》《補注》引「踸踔，行無常皃」。《句讀》。按《均》訓未知何本，許君所見《方言》「逴」當不訓驚（詳余《方言疏》），此未必出《説文》也。

【集解】「遠也」者，《廣雅》同。《楚辭・哀時命》曰：「處逴逴而日遠。」《九章》曰：「道逴遠而日忘。」亦作「卓」。《逢尤》曰：「世既卓兮遠眇眇。」注：「卓，遠也。」「一曰蹇也」者，《方言》二：「自關而西，秦晉之間，凡蹇者或謂之逴。體面偏長短亦謂之逴。」注云：「行略逴也。」又六云：「逴、騷、𧻨，蹇也。齊楚晉曰逴。」注同。「讀若掉苕……」者，王氏煦曰（《句讀》）。朱氏校定本曰：「《方言》：『逴、騷、𧻨，蹇也。』據此『掉苕』即『掉騷』，同音通叚。亦與『一曰蹇也』義合。」蘭謂王説近是，朱似附會。

迂　避也。從辵，于聲。（羽夫切）

【校勘】《篇》訓同。次「⿺辶聿」下。「羽夫切」，見《文選·答賓戲》注引。

【集解】《句讀》。本書：「僻，避也。」

⿺辶聿　自進極也。從辵，聿聲。

【校勘】《篇》訓同（《廣均》先、仙、真、臻未見）。

【集解】《埤蒼》：「⿺辶聿，至也。」「⿺辶聿」、「進」音近。《釋名·釋形體》：「津，進也，津進出也。」

邍　高平之野，人所登。從辵、夊、田，彖聲。

【校勘】各本篆誤從「录」。《周禮》、《玉篇》諸書楷法同。《汗簡》引《尚書》作「□」，亦誤。朱本小徐作「□」，錢本同，則惟小誤。王氏《繫傳校録》曰：「朱本似後人校改。《繫傳》固云未知何故從『录』矣。且『彖』從『彑』，與『□』上半不同，又知校改者亦不識篆。要之，石鼓作『□』，從『辵』從『夊』從『田』以會意，『彖』則聲也。又鄭㒓饔父鼎銘作『□』，省『辵』爲『彳』，省『□』爲『□』。然自是『彖』字，非『录』也。金刻『录』多省作『录』，有『□』、『□』、『□』、『□』諸體，與『彖』本不相似。」蘭按：金文所從未能審爲何字，今以《説文》誤爲「录」推之，知小篆本從「彖」，王説得之。嚴校亦同。今據改。《玉篇》引「高平之野，人所登」二句。《韵會》引作「高平曰邍」，段據改。蘭按：據《玉篇》則古本作「高平之野」，且「人所登」三字正承「野」字，《韻會》所引非也。「夊、田」各本並作「备」，《説文》無「备」字，段、嚴議以爲「略」省，謂「經略土地也」。桂云：「徐鍇本作從『辵』、『夊』、『田』、『录』。王菉友曰：《繫傳》分釋『夊』、『田』，則知二字誤合爲一也。按彼鍇本亦作『备』，惟《繫傳》分之耳。」王説是也。今據正。段、嚴説非。「彖聲」，各本作「录闕」二字。「闕」者，蓋因舊本闕去「聲」字，乃校者之辭，非許君之舊也。「录」爲「彖」之誤。今依嚴、王説正。

【集解】「高平之野」者，《尚書大傳》：「東邍底平，大而高平謂之大原。」《小爾疋·廣器》：「高平謂之太原。」《春秋説題辭》：「高平曰大原。原，端也，平而有度。」王逸《楚辭》注：「高平曰原。」鄭《大司徒》注：「下平曰衍，高平曰原，下濕曰隰。」按《釋地》：「廣平曰原，高平曰陸。」而此諸文並以「高平」釋「原」者，段玉裁曰：「謂大野廣平……唯見《周禮》。」蘭按：《公羊》昭元年傳：「上平曰原，下平曰陸。」説又不同。「人所登」者，蒙上文之義，以會於從「辵」也。許君蓋以從「辵」之字義主於人，故上文諸篆皆主於人者，行動之字也。而自此篆下至「邊」篆，則不主於人而主於物，是實字非動字也。故於此篆特舉文以喻之。謂「邍」、「道」諸字，雖爲物質，然皆爲人畜所登，或行或踐，故從「辵」也。其文理之密，可謂至矣。而淺者不察，如段氏謂當「从辵，从略省，从录。人所登也，故从『辵』」十四字，實背許君之例［許君於字不應部首者，常有彌縫之辭。而從無如段例者也（即有之，亦後人校語）］也。然段謂此三字爲解「從辵」，則尚非誤。桂氏謂當作「人所食」，附會《爾疋》「可食者曰原」之文，則大誤矣。無論「登」不當爲「食」所誤（字形、字音並遠），且原野所産未必但爲人食，即「人所食」三字而論，亦不通也（言「人所登」，明是詮「從辵」之意，故不必賅畜）。「從辵、夊、田」者，徐鍇曰：「人所登，故從『辵』。登而上，故從『夊』。夊，止也。《春秋傳》曰：『原田每每。』《詩》曰：『周原膴膴。』故從『田』。」王筠曰：「『夊』不嫌與『辵』複者，『⿺辶夊』從『辵』從『夊』可證。」「彖聲」者，古者遊牧擇水草而居，原田每每則獸所食也，故從「彖聲」。

道　所行道也。從辵，從首。一達謂之道路。

【校勘】各本無「路」字，《廣均》引首句、「一達」句，同。據《御覽》一百九十五引增。段注：「行部偁『四達謂之衢』……遂不可讀矣。」《句讀》「所行道也」句：「此文似……測矣。」蘭按：段氏謂「自『邍』以下字不繫於人」，其識至卓。而其據「衢」、「馗」二文以議此解，則殊誤也。「所行道也」一句正承「邍」解「人所登」一句，故省「人」字耳。王氏不知此例，而以「行」爲實字，故多此紛錯也。惟其承上文，故必繫於篆下。與「衢」、「馗」二解例正不同。段氏强爲移易，殊非許君之意矣。

【集解】「所行道也」者，承「䢇」解「人」字，謂人所行之道也。《周禮・遂人》：「澮上有道。」注：「道，容二軌。」道之引申爲道理（「理」古字當爲「里」，見「理」注），亦爲引道。「從首」者，嚴云：「當爲首聲。」蘭按：一達作道，九達作馗也。「一達……」者，《釋宮》文。《釋名》：「一達曰道路。道，蹈也。路，露也。人所踐蹈而露見也。」

古文道，從首、寸。擬删。

【校勘】《玉篇》無（《汗簡》亦有「衜」無「𩠐」）。按從「寸」不當爲「道」之古文。桂云：「『從首、寸』者，本書：『導，導引也。從寸，道聲。』馥謂『𩠐』即『導』。寸部『導』後人加之。」王筠云：「谷部『㕡』、木部『棪』、穴部『突』，其説皆云『讀若《禮》「三年導服」之「導」』。」蘭謂據王説，本書必有「導」字，桂説非也。而此作「𩠐」，與「導」略同，故朱駿聲移此篆爲「導」之古文。其實《説文》本無「𩠐」字，故《玉篇》亦無之。《玉篇》行部有「衜」字，注曰：「古文衜。」《切韵》卅皓「道」注：「作此衜。」按《切均》所言「作此」者出《説文》，詳見王靜安先生所爲跋。然則《説文》原本作「古文衜」，不作「𩠐」也。（《廣均》「衜」、「𩠐」並古文。先出「衜」，承《切均》。「𩠐」，承誤本《説文》也。）蓋「衜」字脱去「彳」旁，因誤「亍」爲從「寸」耳。今删「𩠐」補「衜」。

古文道，從行。

【校勘】各本無此篆，今據《玉篇》、《切均》補。詳上。「古文……」五字，蘭據例補。

【集解】「從行」者，「衢，四達道也。從行，瞿聲」。毛傳屢云「行道也」。《韓詩》薛君《章句》同。段玉裁云：「道者，人所行，故亦謂之行。」蘭按：金文貉子卣「[glyph]」，從「行」從「首」，可爲古文之證。散氏盤「導」作「[glyph]」，亦從「衜」。

傳也。一曰窘也。從辵，豦聲。

【校勘】「一曰」四字，小徐本在「聲」下。《羽獵賦》注引「窘也」。《廣均》訓「窘也」。《玉篇》次「迅」下。

【集解】「傳也」者，本書：「傳，遽也。」段注。「一曰……」者，本書「悤」、「勿」二解見此義。徐鍇曰：「傳車尚速，故又爲窘迫也。」按此引申之義。《廣疋》：「遻，畏懼也。」

𨑩　至也。從辵，弔聲。

【校勘】各本「𨑩」次「迒」下，《玉篇》同。今以「迒」移部末。《篇》、《均》訓同。

【集解】段注：「《小雅》、《盤庚》……爲伍。」

邊　行垂崖也。從辵，臱聲。

【校勘】篆，盂鼎作「[illegible]」，散盤作「[illegible]」，與隸合（漢印有從「臱」者）。《廣均》訓「崖也」。《均會》一先引作「行垂崖也」，誤。蘭疑此字當次「道」下。此校者所補，故在篇末也。

【集解】段注。《句讀》曰：「言『行』者，爲其從『辵』也。」「臱聲」者，「矏」解云：「目旁櫋。」注云：「屋櫋聯也。」

迒　獸迹也。從辵，亢聲。

【校勘】各本次「邊」下。王筠曰：「迒當在末。」其說蓋以別人、獸也。今從之。（《廣均》訓「獸迹」。）

【集解】《釋獸》《釋文》引阮孝緒說同。《釋獸》：「兔，其迹迒。」《字林》及諸詮之皆云：「迒，兔道也。」段玉裁曰：「《序》曰：『見鳥獸蹏迒之跡。』是凡獸迹皆稱迒，不專謂兔也。」蘭按：《方言》：「迒，迹也。」《太玄・居》：「見豕在堂，狗繫之迒。」《釋名》：「鹿兔之道曰亢。」是迒不專謂兔也。《廣疋》：「迒，道也。」薛綜注《西京賦》同。則引申爲泛指道路者。

⿰足更　迒，或從足、從更。

【校勘】《玉篇》足部「⿰足更」訓「獸迹」，與「迒」同。蘭按：訓獸迹即本《說文》也。（《玉篇》又有「逕」字，云「同迒」。）

逕　近也。從辵，巠聲。

【校勘】各本無此字。《唐均》四十八徑「逕」注引《説文》云：「近也。」據補。「從辵」四字今補。《玉篇》訓同，次雜字中。疑或非《説文》本有，《唐均》此字云「加」，乃後人所增或新本《説文》也。

【集解】與「徑」字略同。《楚辭》：「夫惟捷徑以窘步。」

逼　近也。從辵，畐聲也。

【校勘】各本無此字。慧琳書一引從「從辵，畐聲也」，一引「近也。從辵，畐聲」，據補。（新附有此字，訓同。）按此字當補，《玉篇》次「遒」下「迫」上，可證其在《説文》也。［《玉篇》承《説文》序次，間有而入俗字者，必與其上字形近，如「迦」下廁「迦」字之類。或別書以爲古文。（此説似未畫然。）］

【集解】《小爾疋·廣詁》同。《爾疋·釋言》：「逼，迫也。」《左》隱十一年傳：「實逼處此。」

【眉批】擬補入「迫」篆上。

凡一百十九字

各本文一百二十八，今移「跡」字入足部，補「逼」、「逕」二字。

重廿八字

各本重卅一，汲古初印同，後剜去一字。鍇本重三十。張次立曰：「今重二十七，補遺『蟡』、『僯』二字，共重二十九。」

蘭按：各本皆重三十，次立説似誤。鉉本云三十一，或舊本「道」下有「衜」、「𩠐」二古文，如《廣均》邪？然「𩠐」字亦非《説文》原有。今仍補「蟡」字，「僯」字不補。又删去「屎」、「𩠐」二字，補「衜」字，實得廿八字。

附

邂 邂逅，不期而遇也。從辵，解聲。

【校勘】見新附。《玉篇》訓「邂逅，不期而會也」。

逅 邂逅也。從辵，后聲。

【校勘】見新附。《篇》訓同。

遑 急也。從辵，皇聲。或從彳。

【校勘】見新附。《篇》訓同。

邈 遠也。從辵，貌聲。

【校勘】見新附。《篇》：「邈，遠也。邇，同上。」

遐 遠也。從辵，叚聲。

【校勘】見新附。徐鉉等曰：「或通用『假』字。」《篇》訓同。

迄 至也。從辵，气聲。

【校勘】見新附。《篇》次「遽」下，訓同。

迸　散走也。從辵，并聲。

【校勘】見新附。《篇》訓「散也」。

透　跳也。過也。從辵，秀聲。

【校勘】見新附。《篇》訓「跳也」。

邏　巡也。從辵，羅聲。

【校勘】見新附。《篇》訓「游兵也」。

迢　迢遰也。從辵，召聲。

【校勘】見新附。《篇》訓「迢遰」。

逍　逍遥，猶翺翔也。從辵，肖聲。

【校勘】見新附。臣鉉等案：「《詩》只用『消摇』，此二字《字林》所加。」

遥　逍遥也。又遠也。從辵，䍃聲。

【校勘】見新附。

凡附十二字。

彳 小步也。象人脛形，三屬相連也。凡彳之屬皆從彳。（丑赤反）

【校勘】篆形小徐作「彳」。《校録》云：「顧本私改爲『彳』，而部中字皆從『彳』。」蘭按：金文、秦篆刻皆從「彳」，形義未詳。《繫傳校録》謂篆本作「𠄌」，附會可笑。《文選·魏都賦》注引首句及音。《唐均》十八昔引「小步，象人脛」。《廣均》廿二昔訓「小步也，象人脛」。《玉篇》訓「小步也」。各本無「形」字，《五經文字》訓「小步也。象人脛形，三屬相連」，今據增。

【集解】《句讀》。蘭謂此説可疑，俟訂。「三屬相連也」者，《句讀》。

【眉批】以彳部觀之，似《五經文字》次序不足憑。（《五經文字》「得」次「德」前，「循」次「復」前。）

蘭按：錢本似同，顧本俟考。

德 升也。從彳，悳聲。

【校勘】按篆凡從「悳」者皆作「𢛳」，獨此篆各本作「悳」。金文亦皆從「𢛳」，從「直」省。虢叔鐘則作「德」。《篇》、《均》訓同。段云：「升，當作登。」按段説謬，此不必與「遷」爲例。

【集解】錢十蘭《斠詮》曰：「……」桂未谷《義證》曰：「『升』與『登』通，故《喪服》注：『布八十縷爲升，「升」當作「登」。』古『升』、『登』、『陟』、『得』、『德』五字，義皆同。『陟』讀爲『德』者，古聲同。」朱豐芑《通訓》曰：「《易·剥》虞本：『君子德車。』按與『剥廬』對文，登也，升君子以順。『德』亦本字。姚信本以『得』爲之。」

徑 步道也。從彳，巠聲。

【校勘】《廣韵》訓「步道」。

【集解】《月令》：「審端徑術。」《論語》：「行不由徑。」鄭注並云：「步道曰徑。」《通俗文》：「邪道曰徯，步道曰徑。」皆本此。然蘭竊有疑。馬、許既訓「彳」爲「小步」，則從「彳」之字皆當以步義爲先。而「徑」字則以道義爲主，不以步義爲主，似不當置之部首也。古書引《通俗文》與《説文》有相混，如《後漢·輿服志》注引《説文》「令」、「星」，乃《通俗文》，非《説文》。疑此字亦本《通俗文》，後人誤據校入《說文》也。唐本《唐均》引《說文》有「迳」字，訓「近也」。疑《說文》有「迳」無「徑」。（《說文》間「復」、「𢓊」二篆而有「徎」，《玉篇》「徎」下間「德」篆而有「徑」，皆可疑。）

【眉批】疑。

復 往來也（謂往來複重也）。從彳，复聲。

【校勘】朱竹君本小徐篆作「[篆]」。曶鼎作「[篆]」，散盤作「[篆]」。《廣均》四十九宥訓同。元應書六引首句，並引「謂往來」一句，蓋舊注或元應語也。《篇》次「𢓊」下「往」上。蘭按：《篇》次是也。（「復」訓「往來」，故承以「往」字。）

【集解】段注。蘭謂不往而來謂之來，必往而再來乃謂之復也。《易·泰》曰：「無往不復。」《雜卦》曰：「復，反也。復曰反，復其道。」《玉篇》「復」訓「返復也」。疑本《易》舊注，誤。《說文》複重之字作「⿰彳⿹勹⿱日夊」，與「復」異也。

𢓊 復也。從彳，柔聲。

【校勘】《篇》次「徑」下「復」上，訓同。「柔聲」，大徐作「從柔，柔亦聲」。小徐無「從」字。《韵會》廿六厚引但作「柔聲」，今從之。

【集解】《釋言》文。今作「狃」。《玉篇》曰：「𢓊，或與狃同。」按李巡本蓋作「𢓊」，與許君所見同。故《爾疋》《釋文》引其注曰：「狃，能屈申之復。」謂爲能屈申者。《說文》：「柔，木曲直也。」「𢓊」從「柔」聲，是其義也。今《釋文》「之復」之字誤作「曰」，遂似此句爲「復」之注語。以李氏注例按之，無此也。《詩》：「將叔無狃。」傳：「習也。」箋：「復也。」《左傳》：「莫敖狃於蒲騷之役。」注：「忕也。」錢十蘭以爲前義與此字同，後義與犬部「狃」訓「犬性驕」同。蘭則謂「習」與「忕」一義之引申，皆非許君之本義也。許君以此字列彳部之首，其意固以爲從「彳」，必屬步行矣。其訓爲「復也」，而又次「復，往來也」之下，則許君之意固以「𢓊」爲亦可訓「往來也」。至於轉爲習、忕之義，則必訓爲重複之「複」。許君以「複」作「⿰彳⿹勹⿱日夊」，若許君亦以此篆訓復重之義，則必不次於此。故知許君之義，必爲「往來」之「復」無疑。《詩·時邁》：「懷柔百神。」《詩·民勞》及《左》昭廿傳：「柔遠能邇。」《國語·周語》：「以懷柔之。」諸注皆曰：「安也。」蘭以爲「柔」字實有來義，即「𢓊」字之本義也。習、怢之義皆當爲「狃」之引申，而《釋言》「狃」字實「㣢」字之叚。而孫、郭諸家並以叚義奪其本義，蓋皆遜於許君矣。以舊本《爾疋》「㣢，復也」觀之，則許義最優，灼然可見。

【眉批】《論語》：「遠人不服則修文德以來之，既來之則安之。」

徎　徑行也。從彳，呈聲。

【校勘】《玉篇》訓「徑也」，次「德」上。《廣均》訓「雨後徑也」。《句讀》。蘭按：據王說，則「徎」爲實字，不當次此也。「徎」疑即「逞」之異文，許君所不收，故馮本《韻譜》無。小徐本「徎」「丑郢反」，與大徐正同，疑亦校者所加耳。大徐本此文亦校者所廁入，故間於「㣢」、「往」二篆之中，不知許君「復」、「㣢」、「往」諸篆義相連貫也。（《玉篇》以「㣢」、「復」、「往」諸字爲次，蓋承許舊。）今刪。

【眉批】《廣均》四十静「徎」字實當爲「彾」字之誤，詳《玉篇》、《廣均》眉批。《廣均》原本或無「徎」字。

往　之也。從彳，㞷聲。

【校勘】《九經字樣》、《廣均》訓同。

【集解】《釋詁》：「之，往也。」《方言》：「適，往也。」《易・屯卦》：「求而往明也。」虞翻曰：「之外稱往。」「㞷聲」，「㞷」從「㞢」，故訓「㞢也」。《詩・板》：「及爾出王。」傳：「往也。」「王」即「㞷」之隸變，「㞷」、「往」古今字。

䢊　古文往，從辵。

【校勘】各本無「往」字。《甘泉賦》注引「䢊，古文往字也」。據補。《玉篇》辵部：「䢊，古文往。」各本篆作「䢊」。《汗簡》：「䢊，出《尚書》。」段據改。按小徐竹君本作「䢊」，錢本作「䢊」，今依之。

【集解】與「迋」字略同（迋，往也）。

忂　行皃。從彳，瞿聲。

【校勘】《篇》訓同。馮本《均譜》訓「行也」，非。按各本有此字，次「往」、「彼」之間。其實此字與足部「躍」字音義並同，是當爲「躍」之重文。本部：「往，之也。彼，往有所加也。」二文相次，不應羼入「忂」訓「行皃」之字。此蓋《玉篇》析重文入彳部，校《説文》者因而羼入此部也。《廣均》十虞：「躍，行皃。忂，上同。」此正「躍」字重文之證。今移入足部。

【眉批】稱入足部「躍」下。

彼　往有所加也。從彳，皮聲。

【校勘】篆各本作「□」，誤。今據漢印諸從「皮」字改正。石鼓及金文「皮」字皆作「□」。（《説文》「皮」從「爲」省，此取「□」之「□」也。）桂、王以「加」爲「如」之誤，其説非。作「□」亦可，此隸作「彼」所從出也。若作「□」，幾不知如何變矣。

【集解】「往有所加也」者，「彼」、「加」疊均。許以「往」釋從「彳」，以「加」釋從「皮」也。「彼」有往義者，「彼」、「此」對文。此部「此」釋曰：「止也。」與「彼往」對文。《釋名》：「往，暀也，歸暀於彼也。」有加義者，經典多用「被」。《堯典》「光被四表」是也。靈臺碑：「德彼四表。」用「彼」字。「彼」字會往、加二義，故居於此而遥指他處或他物曰「彼」。《吕覽·本味》：「道者，止彼在己。」注：「謂他人也。」《先己》：「令困於彼。」注：「亦外也。」言行出於己，加於百姓，則百姓爲彼矣。此正「彼」字之本義，而朱豐芑指爲叚借，誤矣。

徼　巡也。從彳，敫聲。

【校勘】各本作「循也」。《五經文字》、《廣均》卅四嘯訓同。《後漢·董卓傳》注引「巡也」。今據改。本書：「巡，視行也。循，行順也。」二義不同。書傳巡、循二義多混，故《漢書》言「徼循」。

【集解】段注。

循　行順也。從彳，盾聲。

【校勘】桂云：「當爲順行也。」（朱駿聲改同。）《書》疏十一引「行也」。玄應書十三、十七、廿二引同。慧琳書一及二引「行也。從彳，盾聲也」。段據《書》疏、玄應刪「順」字，非。各本次「循」下。案《篇》次「彶」、「⿰彳歰」下。小徐次「彶」下。此蓋大徐見「徼」注「循也」，因移以相次耳。不知「徼」注當作「巡」，與此字義不同也。今依小徐。

【集解】《句讀》。按：《文選》注引《廣疋》：「循，從也。」《淮南・本經》：「五星循軌。」注：「順也。」

彶　彶彶，急行也。從彳，及聲。

【校勘】各本作「急行也」。《玉篇》訓同。玄應書五及十三、十七並引「彶彶，急行也」。據補。

【集解】「彶」、「急」疊均。《廣疋》：「彶彶，遽也。」《問喪》曰：「望望然，汲汲然，如有追而弗及也。」《文子・上德》：「君子日汲汲以成煇。」玄應曰：「彶，今皆從『水』作『汲』。」

⿰彳歰　行皃。從彳，歰聲。一曰此與馺同。

【校勘】《玉篇》訓「行皃。與馺同，或䟚字」。《廣均》訓「眔行皃」。

【集解】「迨遝，行相及也。⿰言遝誻，語相及也。眔，目相及也。⿰馬沓馺，馬行相及也。」（《說文》：「馺，馬行相及也。」《切均》：「⿰馬沓馺，馬行。」）《玉篇》謂「與馺同」，當謂此字亦假爲「馺」也。又云「或䟚字」者，本書：「䟚，進足有所擷取也。」義皆相近。然此字與「迨」字聲義極近。至《吴都賦》「⿰亻歰譶⿱𦥯泉⿰犭翏」，《琴賦》「紛⿰亻歰譶以流漫」，則皆與「⿰言遝誻」義相當。「誻」與「譶」音近也，與此字本義無關。

微　隱行也。從彳，𢼸聲。《春秋傳》曰：「白公其徒微之。」

【校勘】慧琳書一引「隱行也。從彳，𢼸聲也」。《玉篇》、《廣均》引首句。

【集解】《句讀》。

偍偍，行皃也。從彳，是聲。《爾疋》曰：「偍，則也。」是也。

【校勘】大徐無「也」字。小徐則「也」上有「尾」字。「是也」二字今補。《篇》、《均》訓「行皃」。

【集解】「偍偍，行皃也」者，《爾疋·釋訓》：「懕懕、媞媞，安也。」《詩·葛屨》疏引孫炎注：「提提，行步之安也。」案：孫本蓋作「偍偍」，故與許說合也。《檀弓》：「吉事欲其折折爾。」注：「折折，安舒皃。」引《詩》「好人提提」，亦謂讀「折折」爲「偍」也。許於「偍」蓋亦有安義，故次「徐，安行也」之上。《方言》六：「偍，行也。朝鮮洌水之間或曰偍。」注曰：「偍，皆行皃。」「從彳」，案或作「偍」。《荀子·修身》曰：「難進曰偍。」「《爾疋》……是也」者，《釋言》文。「偍」，今本省作「是」。據《玉篇》訓「則也」，知六朝古本尚作「偍」。好人安諦之容（《葛屨》傳：「提提，安諦也。」），可爲法則也。此引申之義。（《句讀》說誤）

安行也。從彳，余聲。

【校勘】《篇》、《均》引首句。《五經文字》訓同。

【集解】《易·困》：「來徐徐。」馬云：「安行皃。」《詩·北風》：「其虛其邪。」箋云：「邪，讀如徐。」《釋文》云：「《爾疋》作『徐』。」《釋訓》：「其虛其徐，威儀容止也。」郭云：「雍容都雅之皃。」「從彳」者，朱豐芑曰：「以『徑』從『彳』、『路』從『足』、『道』從『辵』，『行』訓『道』例之，『徐』亦訓『道』。字古借『涂』，後變作『途』，又作『塗』。《爾疋·釋宮》：『堂途謂之陳。』又：『路，旅途也。』《釋邱》：『堂涂梧邱。』」蘭謂朱說是也。然「途」即「徐」字，古「彳」、「辵」多通，非變也。訓道路者，引申之義。

行平易也。從彳，夷聲。

【校勘】范應元注《老子》、《廣均》引同。

【集解】《釋詁》：「夷，易也。」《句讀》。「夷聲」者，《釋詁》作「夷」，《詩》「岐有夷之行」同。

使也。從彳，𧦝聲。

【校勘】《篇》、《均》訓同。段云當作「𢔩𢓜，使也」。按段説非。《詩》、《爾疋》皆以單字爲義。

【集解】《釋詁》：「俾、拼、抨，使也。」以「拼」字爲之。《釋文》曰：「以利使人曰拼。」按「𢔩」從「甹」聲。「甹」注：「三輔謂輕財者爲甹。」是以利使人之義也。《詩・桑柔》：「荓云不逮。」傳曰：「荓，使也。」以「荓」字爲之。《小毖》：「莫予荓蜂。」傳：「荓蜂，掣曳也。」原本《玉篇》「甹」注引作「甹蜂」。《釋訓》：「甹夆，掣曳也。」以「甹」字爲之。他人使之，故掣曳也。「𧦝聲」，本書無「𧦝」。段云：「皆云當爲從『言』、『甹』聲。」蘭謂「甹」訓「亟詞也」，古本當有重文從「言」從「甹」之「𧦝」字，今脱之耳。《玉篇》：「𧦝，言也。」

從也。從彳，夆聲。讀若蠭。

【校勘】「蠭」，各本誤「螽」，依汪本小徐改。嚴云當作「𧒒」，非也。《篇》、《均》訓同。段疑作「𢔩𢓜也」。按段説似非。

【集解】《爾疋》：「甹夆，掣曳也。」説見上「𢔩」字下。「讀若蠭」，今《詩》作「荓蜂」。

迹也。從彳，戔聲。

【校勘】《均》訓同。

【集解】段注。《句讀》。蘭按：本書：「𧗱，迹也。踐，履也。」義皆相近。未知何故分隸三部。俟考。又按：疑「踐」謂足履，静字也。「𢓝」、「𧗱」謂行履，動字也。《士相見禮》：「不足以踐禮。」注：「行也。」《左》文元傳：「踐修舊好。」注：「猶履行也。」

附行也。從彳，旁聲。

【校勘】《玉篇》、《五經文字》訓同。《文選》邱遲詩注引「傍，附也」，「徬」誤作「傍」。

【集解】段注。《句讀》：「《牛人》……迴別。」蘭按：依傍與附行不過一動一靜耳，王説非。傍近者，四邊之謂。《爾疋・釋宮》：「道二達謂之歧旁，三達謂之劇旁。」《釋名・釋道》：「物兩爲歧，在邊曰旁。」按「旁」爲道當作「徬」也。《論語》：「放於利而行。」以「放」爲之。

待也。從彳，奚聲。

【校勘】《篇》、《均》（十一薺）訓同。

【集解】《釋詁》文。段注。

徯，或從立。

【校勘】各本「𥩳」作「蹊」，「立」作「足」。按《篇》、《均》皆「徯」、「蹊」各字，聲義不同。《詩・緜》《正義》引《説文》：「蹊，徑也。」與《篇》、《均》「蹊」義合。《玉篇》「徯」注云：「或爲𥩳。」立部「𥩳」下云：「待也。亦作徯。」蓋古本《説文》「徯」下重文本作「𥩳」也。或誤作「蹊」，遂刪足部「蹊」字，而蹊徑之義無歸宿矣。今校正，而別「蹊」字於足部。

【集解】「從立」者，與「竢」同義。

竢也。從彳，寺聲。

【校勘】「竢」，顧本小徐作「⿰山矣」，非。《篇》、《均》訓「俟也」。

【集解】《釋詁》：「竢，待也。」本書立部同。「寺聲」者，段注。

油 行油油也。從彳，由聲。

【校勘】《篇》、《均》引首句。

【集解】經傳作「油」。《孟子·公孫丑上》：「故油油然與之偕。」注：「浩浩之貌。」《史記·司馬相如傳》：「雲之油油。」《集解》：「雲行貌。」《家語·五儀》：「油然若將可越而終不可及者。」注：「不進之皃也。」

徧 匊帀也。從彳，扁聲。

【校勘】各本作「帀也」。《五經文字》訓同。《玉篇》訓「周帀也」。按周帀義唯見《易》孟、虞注，顧野王引《易》則惟王注。此云「周帀」者，蓋即本許君。今據補。說詳【集解】。

【集解】「匊帀也」，本書：「匊帀，徧也。」「匊帀」二字連文。《易·益卦》：「偏辭也。」《釋文》云：「孟作徧，周帀也。」按許君《自序》其偁「《易》孟氏」，故「徧」、「匊」二字訓正本孟《易》也。虞注亦云「周帀也」。按虞亦本孟氏《易》也。《燕禮》注：「今文『辯』皆作『徧』。」按古文《易》有「徧」字而《禮》無之。

徦 至也。從彳，叚聲。

【校勘】《廣均》卌二馬「假」下引《說文》「又作假，至也」。《玉篇》、《五經文字》訓同。

【集解】段注。蘭按：金文皆用「各」字。

復 卻也。從彳、日、夊。（夊，行遲曳夊夊也。）

【校勘】《九經字樣》引首句。《篇》「退」下訓同，「復」下云「古退字」。《廣均》：「退，卻也。《說文》作『復』。」「從彳、日、夊」，大徐作「從彳，從日，從夊」。大徐有「一曰行遲也」五字在「從彳」上。小徐同，無「也」字，在「夊」下。段云：「疑後增。」蘭按：行遲義與卻相類，本書：「夊，行遲曳夊夊也。」蓋舊注取以釋「從夊」，因而混入正文耳。今校正附著於下。

【集解】《廣疋》：「卻，退也。」「從彳、日、夊」者，段云：「彳，行也。行而日日遲曳，是退也。」

復，或從內。

【校勘】《玉篇》：「衲，同復。」又辵部：「迺，退古文。」《九經字樣》：「古文或作迺。」《韻會》引《說文》作「迺」。

古文復，從辵。

【校勘】各本無「復」字，今補。《篇》、《均》、《九經字樣》皆云：「古文退。」

【集解】今隸所從變也。

遲也。從彳、幺、夊。（夊者，後也。）

【校勘】《篇》、《均》引首句。顧本小徐脱「彳」字。各本「幺夊」下有「者後也」三字，段於「者」上補「幺夊」二字。蘭謂當但補「夊」字，乃舊注也。今校正附著於下。

【集解】《論語》：「非敢後也，馬不進也。」

古文後，從辵。

【校勘】《篇》、《均》：「逡，古文後。」

久也。從彳，犀聲。讀若遲。

【校勘】《篇》訓同。《廣均》作「徲」，訓「久待」。桂、段皆云「久」當作「夊」。按二說非，「夊」與「遲」義近。

【集解】《廣疋》：「遲，久也。」《荀子·修身》：「故學曰遲。」注：「待也。」《禮》曰：「遲之又久。」

很 不聽从也。一曰行難也。從彳，艮聲。

【校勘】《華嚴經音義》訓「不聽從也」。「从」，小徐作「從」。各本「聲」下有「一曰盭也」四字，小徐無「也」字。《均會》無之。按盭義與不聽从義相複。本書：「詪，戾也。」是因「詪」下之文誤衍也，今删。

【集解】从，相聽也。《左》襄廿六傳：「太子痤美而很。」服注：「狠戾不從教。」《莊子·漁父》：「見過不更，聞諫愈甚，謂之很。」《吴語》：「今王將狠天而伐齊。」注：「違也。」蘭按：鬩狠之字當作「狠」，狠戾之字當作「詪」。「行難也」者，本書：「艱，土難治也。限，阻也。」

⿰彳重 相迹也。從彳，重聲。

【校勘】玄應書四引首句，「⿰彳重」作「踵」。按此順經文也。《玉篇》訓同。《切均》訓「相跡」。《廣均》訓「相跡也」。

【集解】《廣疋·釋詁三》：「歱，迹也。」《後漢·皇后紀》注：「踵，跡也。」按此字與踵義區別未明。

得 行有所㝵也。從彳，㝵聲。

【校勘】各本篆從「□」。馮本《均譜》、錢本小徐作「□」。解從「㝵」聲。下有「□，古文，省彳」。見部：「㝵，取也。從見，從寸。」與此古文正同。嚴、桂、王諸家皆據衛宏《官書》「得」、「㝵」同體，疑此古文爲後人據彼説所加。朱駿聲則於見部「㝵」篆引或説「當從貝」。蘭按：諸説多誤。《説文》此篆及古文皆當從「貝」。《玉篇》貝部：「⿰貝寸，多勒切。今作得。」是即《説文》之古文也。殷卜辭有「□」、「□」、「□」諸字，皆可爲此篆及古文從「貝」之確證（虢叔鐘作「□」，亦從「貝」）。若「㝵」則隸於見部，自宜從「見」。《玉篇》見部：「㝵，丁勒切。取也。今作㝵，亦作⿰貝寸。」是本與「㝵」、「得」無關也。二字之分，於《説文》、《玉篇》本自昭然。自隸書以「㝵」、「㝵」並作「㝵」形，而二字相混。今《説文》遂誤「得」、「㝵」爲「得」、「㝵」，而馮本《均譜》遂删去重出之「㝵」字，徑以「取也」之義歸「得」，而「行有所得」之義亡矣。若桂、嚴、王諸家則非但不知「得」、「㝵」爲從「貝」之誤，又將删去古文矣。苟非卜辭、金文存其字體，《玉篇》可爲確證，則亦安從而得許君之舊邪？今校正作「𢔶」、「㝵」。説解「㝵」，各本誤「得」。段注云云，今據改。小徐無「也」字。「㝵聲」，舊作「㝵聲」，今校正。

【集解】《孟子》：「求則得之。」

徛 舉脛有度也。从彳，奇聲。

【校勘】「度」，各本作「渡」，依馮本《均譜》改。《均會》引同。《釋宫》《釋文》引作「舉脚有度也」。《類篇》引作「舉足以渡也」。《玉篇》訓「舉足以渡也」。《五經文字》訓「舉脛有渡」。《廣均》五支内無此字。

【集解】王筠云：「謂舉脛而有所過度也。」《釋宫》：「石杠謂之徛。」蘭按：此引申之義，以動字爲實名也。

㣙 行示也。从彳，勻聲。《司馬法》：「斬以㣙。」是也。

【校勘】《玉篇》引首句。玄應書十二引「行示曰㣙」。《六書故》十六引唐本「旬聲」。《五經文字》：「徇，循也。」作「徇」。蘭按：「勻」、「旬」古通。《篇》、《均》皆从「勻」，今姑仍之。《書》疏十一「徇，疾也」。按「徇」當爲「侚」，字之誤也。義見人部。「是也」二字，今增。

【集解】《漢書·陳勝傳》、《劉屈氂傳》顔注並同。皆本此。元應曰：「行走宣令曰徇。」《周禮·司市》：「中刑徇罰。」注：「舉以示其地之衆也。」蘭按：《釋言》：「徇，徧也。」《古今字詁》：「徇，巡也。」皆此字引申之義。「《司馬法》『斬以㣙』」者，《漢書·高帝紀》注引《司馬》同。《博物志》：「《司馬法》，周公所作。」《史記·自序》：「自古王者而有《司馬法》，穰苴能申明之。」《司馬穰苴傳》：「齊威王使大夫追論古者司馬兵法，而穰苴於其中，因號曰《司馬穰苴兵法》。」《漢書·藝文志》：「《司馬法》，百五十五篇。湯、武爰命以師克亂而濟百姓，動之以仁義，行之以禮讓，《司馬法》是其遺事也。」蘭按：太史公所作《穰苴傳》疑即本《穰苴兵法》。傳云：「於是遂斬莊賈以徇三軍。」疑即許君此文所節引者矣。（《史記》《正義》：「徇，行示也。」亦本許説。）

均布也。從彳，聿聲。

【校勘】蘭疑「均」當爲「⿰彳勻」，説詳下。

【集解】「均」、「律」雙聲。桂未谷曰：「按義當是均也，布也。《樂記》：『樂，所以立均。』《周語》：『律，所以立均出度也。』《樂叶圖徵》：『聖人往承天助以立五均。均者，六律調五聲之均也。』宋均曰：『均長八尺，施弦以調六律五聲。』《釋器》：『律謂之分。』《禮運》注：『陽曰律，陰曰吕。布在十二辰。』」蘭按：均、布之説，桂氏盡矣。然竊疑「律」字從「彳」從「聿」，「彳」具行義，「聿」具書義，若以律吕爲訓，似非許君本意。「均」或爲「⿰彳勻」之誤，承上文「⿰彳勻」字而來，謂行而布其事也。《爾疋·釋詁》：「律，法也。」《釋言》：「律，述也。」《易》：「師出以律。」《中庸》：「上律天時。」皆其本義。（《廣疋·釋言》：「律，率也。」《春秋元命苞》：「律之爲言率也，所以率氣令達也。」）《周禮》有讀法之官，則其律令之布於民也。律、度、量、衡之「律」似爲引申之義。（又按：「建」下訓「立朝律也」，「律」之本義可知矣。）

使馬也。從彳、卸。

【校勘】「卸」上大徐有「從」字。段云：「卸亦聲。」《玉篇》馬部：「馭，古文御字，使馬也。」《廣均》：「馭，使馬也。」

【集解】元應書一云：「馭，今作御，駕馭也。」謂指麾使馬也。段注。

古文御，從又、馬。

【校勘】見上注。

【集解】《周禮》：「馭夫掌馭貳車。」《保氏》：「四曰五馭。」《管子·形勢解》：「馭者，操轡也。」《荀子·哀公》：「東野子之善馭。」

[seal glyph] 步止也。從反彳。讀若畜。

【校勘】《玉篇》引「步止也。從反彳」。

【集解】《文選・射雉賦》：「彳亍中輟。」徐爰注：「彳亍，止貌也。」《白馬賦》：「秀騏齊亍。」

凡三十五字。

【校勘】各本文三十七。今刪「徎」字，移「⿰彳翟」字入足部，實得三十五字。

重七字。

[seal glyph] 長行也。從彳引之。凡廴之屬皆從廴。

【校勘】《玉篇》、《五經文字》訓同。《五經文字》引「從彳引之」。《廣均》訓「長行之皃」。

【集解】「廴」、「引」同音。《玉篇》：「廴，今作引。」按《爾疋・釋詁》：「引，長也。」《詩》「勿替引之」，傳同。凡諸訓長、訓進、訓道之字，本當作此「廴」。「引」形聲俱，故「引」行而「廴」廢矣。「引」止爲開弓之義。

[seal glyph] 朝中也。從廴，壬聲。

【校勘】《後漢・郭太傳》注引首句。汪本小徐誤作「從壬，廴聲」。

【集解】《論語》：「其在宗廟朝廷。」《句讀》：「广部……爲別耳。」蘭按：古者自天子至大夫皆有朝，朝於廟門之外，此廷也。寢門之外，則庭也，故庭曰「宮中」。王說非。段注。「從廴，壬聲」，「壬」下云：「朝廷也。」金文中「廷」字皆作「[glyph]」，從「[glyph]」、「壬」聲。

𢓊 行也。從廴，正聲。

【校勘】《玉篇》訓同。《汗簡》引「𢓊」。《廣均》以爲同「征」字，誤也。同「征」者當作「𨑨」。

【集解】《句讀》。「從廴，正聲」者，《史記》：「𢓊道弛兮。」《漢書》作「正」。段注：「漢武帝……亦非也。」

建 立朝律也。從聿，從廴。

【校勘】段及朱駿聲曰：「從『律』省，『廷』省。」蘭按：此解變「從聿」在上，疑非許君舊例。或本在聿部而言「從『聿』從『廷』省」乎？「聿」即「律」，不必從「律」省。《句讀》云：「不先言『從廴』者……之意。」似穿鑿。

【集解】《周禮》：「惟王建國。」注：「建，立也。」「立朝律者」，未詳所出。王《句讀》說鑿。

凡四字。

【校勘】各本作「文四」。

㢟 安步㢟㢟也。從廴，從止。凡㢟之屬皆從㢟。

【校勘】《廣均》引首句。《篇》訓「㢟㢟安步也」。《五經文字》「㢟」注：「㢟，從止從廴。」

【集解】目部「䁞」從「㢟」，云：「相顧視而行也。」《元龜經·無妄日》：「頁顛顛，趾㢟㢟。」

延 長行也。從㢟，厂聲。

【校勘】《文選·始安郡還郡詩》注引「長也」。各本從「丿聲」，聲類不近。桂謂當從「厂」，是也。今依正（段私改之，而不言其故）。《五經文字》：「延，從丿從㢟。」

【集解】《釋詁》：「延，長也。」段注。「厂聲」者，段注。

凡二字。

【校勘】各本作「文二」。

行 人之步趨也。從彳、亍。凡行之屬皆從行。

【校勘】《玉篇》引首句。

【集解】段注。「從彳、亍」者，按殷契及金文並作「卝」，或疑「行」字當以道路爲正訓。蘭按：據《釋宮》所言，「跱」、「步」、「趨」、「走」、「奔」諸字皆主於人，是「行」亦當主於人也。《釋名》：「兩足進曰行。」疑古自有「行」字，象三屬之形，與「卝」不同也。

術 邑中道也。從行，朮聲。

【校勘】《篇》、《均》引首句。《九經字樣》訓同。琳書三引「術，道也。從行，朮聲」。

【集解】《倉頡篇》訓同。《玉燭寶典》引《字林》：「邑中道曰術。」《急就篇》顏注：「邑中之道曰術。」《句讀》：「《月令·孟春》……遂上之徑也。」

街 四通道也。從行，圭聲。（音佳）

【校勘】《廣均》引首句。《篇》訓同。《西都賦》注引「四通也」及音。

【集解】《句讀》。《史記·貨殖傳》：「洛陽街居在齊秦楚趙之中。」

衢 四達謂之衢。從行，瞿聲。

【校勘】《玉篇》訓「四達道也」。馮本《均譜》作「四達之道」。似可據改。慧琳書一引「從行，瞿聲也」。

【集解】《釋宫》文。《淮南・繆稱訓》注：「道六通謂之衢。」蘭謂書傳無六通之義，「六」即「四」之誤，篆形訛也。

通道也。從行，童聲。《春秋傳》曰：「及衝，以戈擊之。」是也。

【校勘】《廣均》引首句。解「衝」字，小徐省作「衝」。李燾本無「戈」字。段、王皆從之。段注曰：「……」蘭按：段説泥，不可從。「是也」二字今加。

【集解】今作「衝」。《漢書・酈食其傳》：「夫陳留，天下之衝，四通五達之郊也。」「《春秋傳》曰」者，昭元年傳文。今本曰：「及衝，擊之以戈。」杜注：「衝，交道。」

通街也。從行，同聲。

【校勘】《篇》訓同。《均》訓「通街」。

【集解】《句讀》。按本桂説，俟考《南齊書》。

迹也。從行，戔聲。

【校勘】小徐作「跡也」。汪本小徐作「踐也」。《繫傳校勘記》議改爲「踐迹也」。《繫傳校録》、《説文句讀》議改爲「後迹也」。並據汪本。蘭按：汪本不可據，二説並非。《篇》、《均》並訓「蹈也」。

【集解】與「後」覆，未詳。

衙衙，行皃。從行，吾聲。

【校勘】各本無「衙衙」二字。《廣均》九魚引「衙衙，行皃」，據補。《兩漢刊誤補遺》引「行皃。音語」，無他音。《甕牖閒評》一引「音語」，無他音。蘭按：據此，則大徐本「魚舉切」下別有「又音牙」三字，非也。

【集解】《九辨》：「導飛廉之衙衙。」

衎 行喜皃。從行，干聲。

【校勘】《篇》次「衕」、「衒」後。朱駿聲私改爲「喜皃」。

【集解】《句讀》。又補正。

段注。

衙 行且賣也。從行、言。

【校勘】各本「賣」作「賣」。《玉篇》引首句，同。據桂説改。「言」上大徐有「從」字。段玉裁曰：「言亦聲也。」《唐均》：「眩，行賣。又作衕、衒。」（《廣均》脱此句，誤。）

【集解】本書：「賣，衒也。」謂且行且賣也。《廣雅》：「衒，賣也。」《楚辭・九思》：「欲衒鬻兮莫取。」注：「行賣曰衒。」

整理説明：

《古文字學導論・自敘》云「箸者最先是治《説文》的，曾做過《説文注》四卷，未完成，稿本今陷在遼寧」，其後找回其中二、四兩卷。現存稿本即找回者，係毛紙，無欄格，每卷裝訂一册。第二卷一百十八頁，約十三萬四千字，注文内容是《説文解字》第一卷下篇中、艸、蓐、茻四部；第四卷四十二頁，約四萬三千字，注文内容是《説文解字》第二卷下篇正、是、辵、彳、廴、㢟、行七部。唐先生的《唐氏説文解字注》四卷，已完成《説文解字》的第一卷全部和第二卷的大部。書名係自題。

該書卷四題下自注「始於癸亥五月十八」（一九二三年）。卷二卷首《識》云：「吾自去年冬成第一卷，今年在館中，自春徂夏所箋不百字，竊自愧。暑假歸乃力爲之……今日夕，始力疾竟第二卷。」末題「七月初三晚」。可見全書四卷寫於一九二一年至一九二三年間，即《天壤閣甲骨文存・序》云：「居錫三年，成《説文注》四卷。」

現存稿本保存尚好，但個别頁下部及頁中有磨損缺字，原稿無標點。

本次整理：

一、書的正文用大字，注文用小字，以相區别。

二、正文要删除的衍文用方框框起，新補的奪文不加符號，如果所補爲舊注或音切，則用括號括起。

三、注文分校勘、集解、發明、音韻、轉音、附録等部分，原稿用方框將相應標題括起，今統一用【】號括起。

四、眉批文字移入相應注文的最後，用**【眉批】**標記。

五、注文中原用雙行小字夾注者，今改爲單行，與注文同大字，並用括號括起。

（劉洪濤）

唐氏説文解字注　卷二

原稿樣張二

原稿樣張三

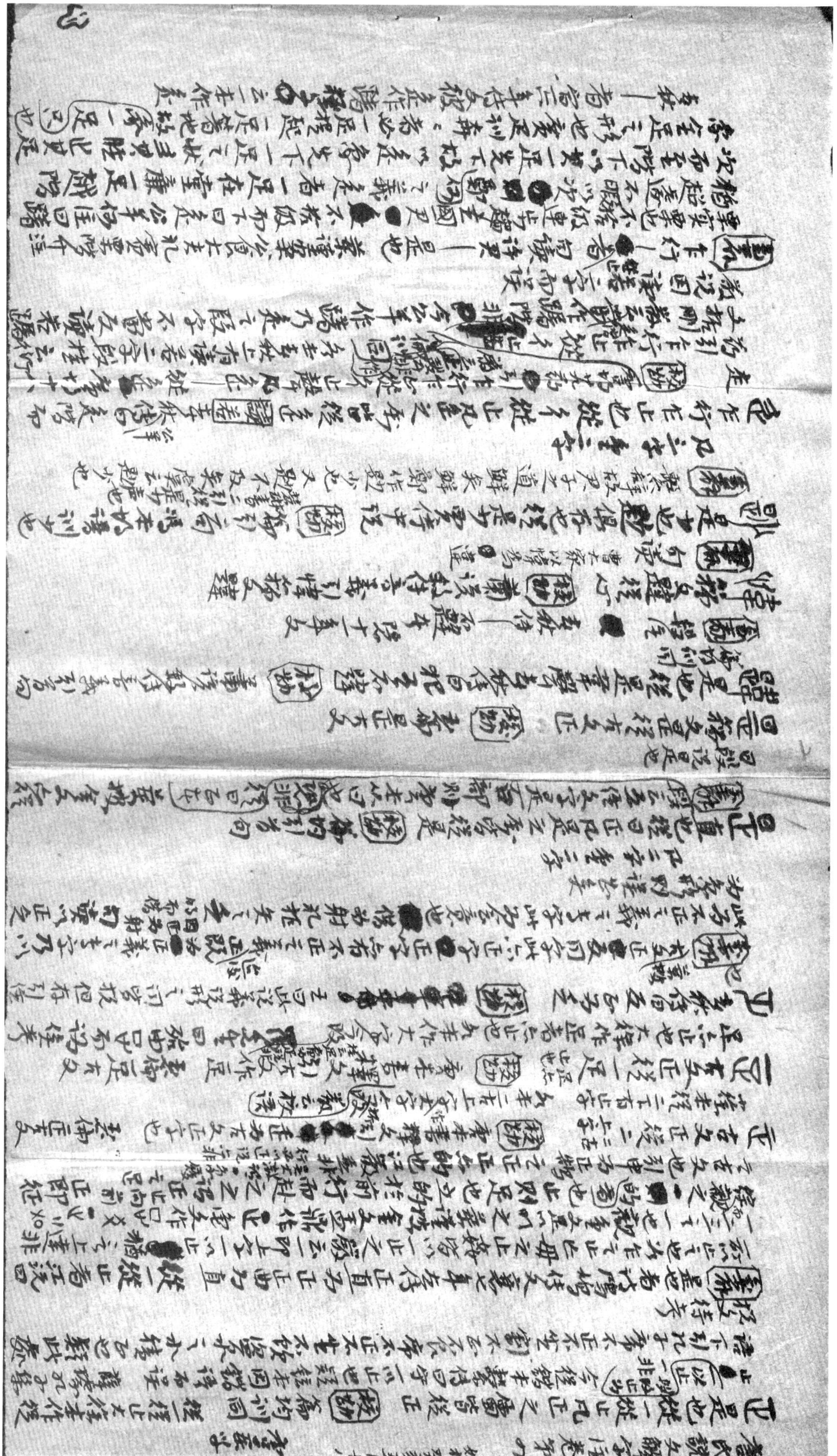

原稿樣張四

說文解字箋正

條例

一、先就《詁林》校讀一過，次讀《詁林續篇》、《說文釋例》、《說文古籀疏證》，箋下己意。再就甲骨、金文、鉩印、匋器、碑版、木簡，每字必徵其證。

二、《說文》畢後，再取其他古書及字書中《說文》未録之字，每字考之，已録之書，亦可參證。

三、甲骨、金文中《說文》所無之字，當另搜集。

四、《說文部首訂》之類，泛取僞造古文，如「玉」引《六書分類》作□之類，今概不取。

【眉批】廿五年十二月起，初讀《詁林》。

一部

此部當收「一」、「二」、「三」、「亖」四字，原所收各字均非從「一」。

【眉批】一篇上。

一

弌 古文一。

見國山碑。小徐說：「弋，杙也。」《六書故》謂「『弌』不能古於『一』」，甚是；謂「『弌』當爲小篆」，誤。凡此六國古文，段以爲「倉頡古文」，誤。王紹蘭以爲「甄豐等改定古文」，亦誤。王煦謂「『弌』從『弋』聲，『弍』、『弎』因『弌』而遞加，前修謂古文不盡可以六書推，此類皆是」，誤。當從「弋」、「一」聲。然此乃文飾之字，非形聲正軌，「一」固非聲母也。

元 始也。從一，兀聲。

從《六書故》所引，一本《說文》及唐玄度《九經字樣》。《繫傳》云：「俗本有『聲』字，人妄加之也。」是鍇以爲不能從「兀聲」耳。戴伯說：「從『儿』從『二』（上），人上爲首。」林義光解爲「人首」，較近之。今按「元」、「兀」一字，本當作「[illegible]」。三體石經「元」古文作「[illegible]」。

【眉批】「兀」同字。

天 顛也。至高無上。從一、大。

本作「[illegible]」，不從「一」、「大」。吴清卿謂：「人所載也，天體圜，故從『●』。」卜辭或作「[illegible]」，羅以爲「『二』即『上』字，人所戴爲天」，並誤。林義光説是。按「其人天且劓」、《山海經》「刑天」當作「□」，乃別一字，與此異。

丕 大也，從一、不聲。

漢石經作「□」。《吴録》闞澤云：「不出十年，丕其没矣。」蓋截「⿱不十」爲「不」、「十」二字也。金文及古書並以「不」爲「丕」，古蓋無「丕」字。不降（？）矛作「□」，毋不敬鈃作「□」，匋文作「□」（此三事見《古籀補補》，當更詳考），蓋即隸書「⿱不十」字所從出。凡直垂之筆多加肥作「□」，更變而爲「十」。是「⿱不十」即「不」之異文，後人誤謂爲兩字。又變爲「丕」，以爲從「一」從「不」耳。此與「卒」、「隼」等字同。

【眉批】「不」同字。宋公佐戈「丕陽」作「□」，乃上畫變兩畫之例。

叓 治人者也。從一，從史，史亦聲。

矢彝、石鼓有「叓」字「□」。「叓」即「事」字也，許説誤。本不從「一」，當入又部。

【眉批】「事」同字。

上部

祇應有「上」、「下」二字，餘不從「上」。

二 高也。此古文上，指事也。

「二」，今本作「丄」，非是。甲骨、彝器作「□」、「□」，無作「丄」者。作「丄」始於天發神讖［古匋「丄公」（？）］。以《説文》本書例之，「帝」、「旁」、「示」並從「二」，則此部首不當作「丄」可知。今從段改。徐灝謂：「段氏訂正古文『上』作『二』，宋張有《復古篇》、李從周《字通》皆如此作，蓋《說文》舊本如是。」許云「指事」，非是。此亦象形。象形有實名，有玄名。玄名最少，「上」、「下」、「方」、「圓」是也。

【眉批】秦公鐘「不㒸才上」之「才上」二字，舊誤識「上帝」，以「上」爲作「丄」，誤。

[glyph] 篆文上。

璽印、匋器多作「[glyph]」或「[glyph]」，三體石經古文「[glyph]」，篆文「[glyph]」，繹山作「[glyph]」。段改「丄」爲小篆，誤。

[glyph] 諦也，王天下之號也。從二，朿聲。

[glyph] 古文帝。古文諸二字皆從一，篆文皆從二。二，古文上字。辛、示、辰、龍、童、音、章皆從古文二。

小徐本「辛」下有「言」字。金文或作「[glyph]」，卜辭或作「[glyph]」、「[glyph]」、「[glyph]」、「[glyph]」、「[glyph]」，三體石經古文作「[glyph]」，與卜辭合。《說文》謂「帝」從「朿」聲，鄭樵《六書略》謂：「[glyph]，象花蒂之形，假爲帝王字。」後儒多從之。吳大澂至謂「[glyph]」爲「帝」字，其實非也。王筠、朱駿聲、徐灝等並疑「朿」作「[glyph]」與字體不合，王謂「恐字形失傳，許君以意爲之」（《釋例》）。彼因未見古文「帝」字率多作「[glyph]」、「[glyph]」也。又卜辭或遝作「[glyph]」，而金文「逨」字、「積」字偏旁多作「[glyph]」，是「帝」即「朿」字之歧者，由「[glyph]」而「[glyph]」而「[glyph]」也。

【眉批】「朿」同字。

[glyph] 溥也。從二闕，方聲。

見漢隸。

[glyph] 古文旁。

見漢隸。

□ 亦古文旁。

卜辭作「□」、「□」，金文作「□」（《金文編》「□」字實「方」，非「旁」）。古文小篆均譌變。許説「從『上』闕」，錢坫云「從人」，諸家多從之，誤。林義光謂「從凡」，是也。從「日」及「井」者，並「日」之變。

□ 籀文。

此當從「雨」、「方」聲，入雨部。此特《籀篇》假借爲「旁」耳。

□ 底也。從反上爲下。

「二」，各本作「丁」，依段改。從小徐本。大徐本無「從反上爲下」句，有「指事」二字。天發神讖有「丁」字。

□ 篆文下。

會稽刻石同。魚匕及古鉩、古匋作「□」。

示部

□ 天垂象，見吉凶，所以示人也。從二。三垂，日、月、星也。觀乎天文，以察時變，示神事也。

□ 古文。

「□」，依小徐。大徐作「□」，非。卜辭作「□」、「□」、「□」、「□」、「□」、「□」、「□」等，金文偏旁作「□」、「□」。許

説「天垂象」云云，章太炎説本義「即三辰之『辰』」，均非。鄭樵謂「象旗斿之形」，周伯琦謂「即今『旗』字」，亦非。字本作「丅」，當是石几之類，可以薦祭物者。

祜　上諱。

金文「祜」、「𥙊」。

禮　履也，所以事神致福也。從示，從豊，豊亦聲。

三公山作「禮」，國山作「禮」，石經《君奭》篆文同，古文作「豊」，碧落作「豊」。今按金文「醴」字偏旁與「豐」字亂。王静安謂「豊」本作「珏」，以碧落推之，頗近似。又《九經字樣》謂「從册」，待更考。

【眉批】？

礼　古文禮。

【眉批】？

禧　禮吉也。從示，喜聲。

《爾疋》：「禧，告也。」或據此謂當作「禮告也」。

【眉批】△

禛　以真受福也。從示，真聲。

【眉批】△

祿 福也。從示，彔聲。

古多以「彔」字爲之。古鉨「王禄」作「禄」，「賈禄」作「禄」，開母廟作「禄」，漢殘石作「禄」。

褫 福也。從示，虒聲。

【眉批】△

禎 祥也。從示，貞聲。

【眉批】△

祥 福也。從示，羊聲。一云善。

石經「祥」、「祥」，漢人多借「羊」爲之。

祉 福也。從示，止聲。

【眉批】△

福 祐也。從示，畐聲。

「祐」，毛本作「祜」，小徐作「備」。甲骨、金文習見。當作「福」。桂云「當從富」，非。卜辭作「𥜕」，從「示」、「畁」聲。金文作「福」者，從「示」、「富」聲。

祐 助也。從示，右聲。

《龜甲獸骨文字》卷一十葉作「□」（?）。《句讀》云：「《永樂大典》中《玉篇》無『祐』字，疑《説文》後增。」按《萬象名義》已有「祐」字。

祺 吉也。從示，其聲。

【眉批】△

禥 籀文。從基。

當云「基聲」。

【眉批】△

祗 敬也。從示，氐聲。

石經《君奭》「□」、「□」，古文借「□」字。案「祗」與「祇」同字，《説文》誤分爲二。前儒强生區別，非也。「氐」即「氏」字之異。《説文》「示」有視意，「視」從「示」聲。而「視」古文作「眂」，金文作「眡」。《説文》「祇」字，《周禮》作「示」。

【眉批】「祇」同字。

禔 安福也。從示，是聲。《易》曰：「禔既平。」

今《易》作「祇」。

【眉批】△

神　天神引出萬物者也。從示，申聲。

小徐本作「[glyph]」。徐鍇云：「疑多『聲』字。」大徐本删。金文作「[glyph]」，開母作「[glyph]」，三公山作「[glyph]」，國山作「[glyph]」，天發神讖作「[glyph]」。《説文拈字》：「按顧炎武《金石文字記》云：『神』，古碑多作『䄠』，下從『旦』。《禮·郊特牲》：『所以交於旦明之義。』鄭康成云：『旦，當爲神，篆字之謁。』《莊子》『有旦宅而無情死』，亦讀爲『神』。蓋昔之傳書者遺其下半，因誤爲『旦』耳。據此是『䄠』謁作『旦』，非『旦』可作『神』也。」蘭按：「䄠」當是「[glyph]」之誤，《汗簡》引《尚書》（？）作「[glyph]」，疑由隸變成。

祇　地祇提出萬物者也。從示，氏聲。

【眉批】「衹」同字（見上）。

祕　神也。從示，必聲。

【眉批】△

齋　戒潔也。從示，亝聲。

小徐本作「齊聲」。從《韵會》正。大徐作「齊省聲」，蓋以《説文》無「亝」字而改之耳。

【眉批】△

[glyph]　籀文𥜴，從𩟔省。

王國維云：「疑從𧝓。」又云：「『𡕥』字『夒』之謁。」詳《史籀疏證》。

【眉批】△

潔祀也。一曰精意以享爲禋。從示，垔聲。

按：「禋」者，煙也，由「煙」字孳乳。

【眉批】△

籀文，從宀。

《玉篇》云：「□，同上。」小徐本作「□」。王國維謂「從『示』，『垔』聲」（「垔」，古文「煙」）。

【眉批】△

祭祀也。從示，以手持肉。

《釋詁》疏引作「從示，從又，從肉。又，手也。以手持肉，所以祭也。」《韵會》作「從『示』，右手持肉」。金文作「□」、「□」、「□」、「□」、「□」等，陶器作「□」。按此字當從「示」、「⿰夕乀」聲，《說文》脱「⿰夕乀」字耳（「詧」從「祭」省聲，實從「⿰夕乀」聲）。卜辭逕作「⿰夕乀」（□）。又按匋器有「□」，舊亦釋爲「祭」，當釋爲「⿰𧾷祭」。

祭無已也。從示、巳聲。

甲骨、金文同。

祀，或從異。

當作「□」。《周禮·大宗伯》、《小祝》皆云：「故書祀作禩。」碧落碑作「□」。《汗簡》引《尚書》「祀」作「禩」。段云：「至魏時乃入三體石經。」未知何據。

祡　燒柴焚燎以祭天神。從示，此聲。《虞書》曰：「至於岱宗，祡。」

「柴」，大徐作「祡」，據小徐本。小徐無「焚」字。今《尚書》作「柴」。按此篆即「柴」之孳乳。

【眉批】△

𥛜　古文祡。從隋省。

《諧聲補逸》云：「從『隋』省聲。」（案：當云「育」聲。）此在脂部，「隋」在歌部，兩部古通。《詩》「屢舞傞傞」，《說文》引作「姕姕」。《引經證例》謂「『𥛜』乃『祭』之古文」，待考。

【眉批】△

禷　以事類祭天神。從示，類聲。

按：此即「類」之孳乳字。

【眉批】△

祪　祔祪，祖也。從示，危聲。

案：由「垝」孳乳。垝，毀也。祪，毀廟主也。

【眉批】△

祔　後死者合食於先祖。從示，付聲。

「付」之孳乳字。郭璞《釋詁》注：「祔，付也，付新死者於祖廟。」《春官・太祝》：「付練祥。」注：「付，當爲祔。」

【眉批】△

祖 始廟也。從示，且聲。

《初學記》十三引嵇含《祖道賦》引「祈請道神謂之祖」。《類聚》作「社」，誤。「[glyph]」、「[glyph]」（三體石經），「[glyph]」（齊鎛）。古多借「且」字。

鬃 門内祭先祖所以彷徨。從示，彭聲。《詩》曰：「祝祭於鬃。」

【眉批】△

當以下「祊」爲正字，「鬃」後起孳乳，「方」、「彭」音近。今《詩》作「祊」。

祊 鬃，或從方。

【眉批】△

當云「從方聲」。按「祊」古本借「匚」（「⿷匚丂」）或「[glyph]」（「[glyph]」）爲之，後爲「⿷匚示」，其後變「⿷匚示」爲「祊」耳。

祰 告祭也。從示，告聲。

【眉批】△

「告」之孳乳字，卜辭祇作「告」，《曾子問》尚作「告」，《肆師》、《大祝》、《王制》借「造」爲之。

祏 宗廟主也。周禮有郊宗石室。一曰大夫以石爲主。從示，從石，石亦聲。

此「周禮」非《周官》。卜辭作「[glyph]」、「[glyph]」古「石」字。今謂以石爲示（「示」即「主」也），從「示」、「石」聲。金文作册卣「不宗不制」。

𥘸 以豚祠司命。從示，比聲。漢律曰：「祠𥘸司命。」

齊鎛有「□」，讀如「妣」。案：作「𥘸」字之始，豈專爲「以豚祠司命」耶？許君蓋求其説而不得，就漢律而附會之。凡此之類，皆俗説也。

祠 春祭曰祠。品物少，多文詞也。從示，司聲。仲春之月，祠不用犧牲，用圭璧及皮幣。

卜辭但用「司」字，與「祀」字通。《生民》傳：「以太牢祠於高禖。」《釋文》云：「本作祀。」此引《月令》文。「仲春之月，品物少，多文辭」云云，附會。「祠」，今亦作「祀」。

【眉批】△

礿 夏祭也。從示，勺聲。

金文作「□」。通作「禴」［卜辭似作「□」（？），「王乎□」，俟考］。《説文》無「禴」字。

禘 諦祭也。從示，帝聲。《周禮》曰：「五歲一禘。」

戴侗云：「三代而上所禘皆帝也。」甚是。當解爲「王者祭其所自出之帝爲禘」。卜辭似用「帝」爲「禘」，俟考。

【眉批】△

祫 大合祭先祖親疏遠近也。從示，合聲。《周禮》曰：「三歲一祫。」

大徐無「聲」字，依小徐。徐鍇曰：「誤多『聲』字。」鉉據而删之耳。按《士虞禮》今文「祫」爲「合」。「祫」者，「合」之孳乳字。（卜辭似以「□」字爲之，「祫」、「協」音近古通。俟考。）

【眉批】△

祼　灌祭也。從示，果聲。

《大宗伯》：「大賓客則攝而載果。」注：「果，讀爲祼。」《大行人》注：「故書祼爲果。」《玉人》注：「或作淉，或作果。」據此是本假「果」字。「祼」者，「果」之孳乳字也。《易・觀》「盥而不薦」，叚「盥」字。陳侯因資鐓作「盥薦吉金」。《論語》「禘自既灌而往……」《大行人》注司農云：「祼，讀爲灌。」《大宗伯》注：「祼之言灌。」「果」、「祼」、「淉」、「盥」、「灌」、「觀」並一聲之轉。

【眉批】△

禶　數祭也。從示，毳聲。讀若舂麥爲禶之「禶」。

小徐作「爲毳之『禶』」。徐鉉疑此語，後人疑者甚多。按此漢俗語。《廣雅》：「⿱毳木，舂也。」從「木」。《説文》：「臿，舂去麥皮也。」「禶」、「臿」聲之轉。《集韵》：「𥻆，穀再舂。」從「米」。《廣韵》又有「篧」，從「竹」。並後起字。

【眉批】△

祝　祭主贊詞者。從示，從人、口。一曰從兑省。《易》曰：「兑爲口爲巫。」

卜辭作「[illegible]」、「[illegible]」，金文作「[illegible]」，卜辭或僅作「[illegible]」，當更詳考。《説文》所釋字形，二説均誤。當從「示」，「兄」聲。「柷」字同。

褶　祝褶也。從示，留聲。

篆本從「[illegible]」，今正。《玉篇》有古文「袖」。惠士奇以爲即《素問》之「祝由」，甚是。「褶」即「由」之後起字。

【眉批】△

祓　除惡祭也。從示，犮聲。

古或以「弗」爲之。《生民》：「以弗無子。」箋云：「弗之言祓也。」《卷阿》：「茀禄爾康矣。」郭注《爾雅》引作「祓禄」。《周語》：「故祓除其心。」注：「猶拂也。」甲、金文「𠦪」、「捧」疑即祓祭。

【眉批】△

祈 求福也。從示，斤聲。

琳《音》廿九、十五引「求福祭也」。金文以「旂」、「旂」、「旂」、「簹」爲之，「祈」蓋後起字。

【眉批】△

禱 告事求福也。從示，壽聲。

朱駿聲云：「《詩·吉日》：『既伯既禱。』《爾雅·釋天》：『既伯既禱，馬祭也。』三家詩作『禂』。按：毛傳：『禱，禱獲也。』『禂』、『禱』實一字。因《爾雅》又製『騳』字，字之所以孳乳寖多也。」按《周禮·甸祝》：「禂牲禂馬。」杜子春云：「禂，禱也。」則「禂」、「禱」聲近一字。

【眉批】△

𥜽 禱，或省。

大徐篆作「𥜽」，《玉篇》以爲「古文」。

【眉批】△

𧧅 籀文禱。

《繫傳》在「禂」上。

【眉批】△

禜　設緜蕝爲營，以禳風雨雪霜水旱癘疫於日月星辰山川也。從示，榮省聲。一曰禜衛使災不生。

小徐作「從營省聲」。按當從「𤇾」聲。大徐有「禮記曰雩禜祭水旱」八字，據《繫傳》乃小徐語誤入。

【眉批】△

禳　磔禳，祀除癘殃也。古者燧人禜子所造。從示，襄聲。

《月令》：「九門磔攘。」《呂氏春秋》作「禳」。「攘」、「禳」古今字。《詩》：「不可襄也。」傳：「襄，除也。」

【眉批】△

禬　會福祭也。從示，會聲。《周禮》曰：「禬之祝號。」

大徐作「從示，從會，會亦聲」，非。小徐「周禮」下無「曰」字。《藝文類聚》引作「除惡之祭」。《初學記》引與今本同。按「禬」見《太祝》、《女祝》、《庶氏》、《詛祝》。《女祝》注謂：「除災害曰禬，禬猶刮去也。」許云「會福祭」者，蓋以字從「會」，殆別有師説也。錢坫云：「《左傳》『將會孟子餘』，祇用『會』。」是「禬」爲「會」之孳乳字。

【眉批】△

禪　祭天也。從示，單聲。

段云：「凡封土爲壇，除地爲墠。古封禪字蓋祇作『墠』。項威曰：『除地爲墠，後改「墠」曰「禪」，神之矣。』」按「壇」、「墠」實一語而異稱。「壇」亦作「禶」。元鼎二年《紀》云：「望見泰一，修天文禶。」「禶」即古「禪」字，《説文》不録。

【眉批】△

禦　祀也。從示，御聲。

《廣均》八語引作「祠也」。段云：「古祇用『御』字。」按：卜辭用「𠨘」、「⿰彳𠨘」、「御」字，金文用「⿰礻𠨘」字。「禦」爲「𠨘」之後起字。

【眉批】△

祮　祀也。從示，昏聲。

段云：「《周禮》注：『禬，刮去也。』疑『祮』乃『禬』之或體也。」又云：「已上三篆疑後人所增。」

【眉批】△

禖　祭也。從示，某聲。

《月令》注：「變『媒』爲『禖』，神之也。」按禽毀：「周公某。」或云即「禖」。

【眉批】△

⿰礻胥　祭具也。從示，胥聲。

《山海經》：「糈用稌米。」郭注：「糈，祀神之米。」《離騷》：「懷椒糈而要之。」王注：「糈，精米，所以享神也」。按「⿰礻胥」爲「糈」之後起字。

【眉批】△

祳　社肉盛以蜃，故謂之祳。天子所以親遺同姓。從示，辰聲。《春秋傳》曰：「石尚來歸祳。」

經典並作「脤」（即「脣」之變體），「祳」爲「脣」之後起字。

【眉批】△

祴 宗廟奏祴樂。從示，戒聲。

見《周禮・笙師》「祴樂」，《鐘師》「陔夏」。《鐘師》注：「杜子春讀爲陔鼓之『陔』。」按「祴」、「陔」古通，經典互見。卜辭有「[illegible]」字，乃陔樂之本字，「陔」爲借字。《大司馬》：「鼓皆駴。」「太僕戒鼓。」注：「故書戒爲駭。」「祴」者，「戒」、「駭」之後起字也。

【眉批】△

禡 師行所止，恐有慢其神，下而祀之曰禡。從示，馬聲。《周禮》曰：「禡於所征之地。」

引禮者，《王制》文。《詩・皇矣》：「是類是禡。」《大司馬》：「有司表貉。」鄭司農云：「貉，讀爲禡。禡，謂師祭也。書亦或爲禡。」《肆師》「表貉」注：「貉，讀爲十百之『百』。」《甸祝》「表貉」注：「杜子春讀『貉』爲百爾所思之『百』，書亦或爲禡。」《詩・吉日》：「既伯既禱。」《風俗通》引作「既禡既禱」，《説文繫傳》引作「既禡既禂」。按「貉」、「伯」蓋皆假借字，「禡」後起字，或以祭馬，故從「馬」耳。

【眉批】△

禂 禱牲馬祭也。從示，周聲。（《詩》曰：「既禡既禂。」）

引《詩》乃小徐語，大徐入《説文》。《周禮・甸祝》：「禂牲禂馬。」注：「玄謂禂讀爲伏誅之『誅』，今侏大字也。」

【眉批】△

[illegible] 或從馬，壽省聲。

小徐本作「[illegible]」。徐灝云：「『禂』即『禱』之異文。因有禱馬之祭，又別作『䮞』，故許別箸之也。」

【眉批】△

社　地主也。從示，土聲。《春秋傳》曰：「共工之子句龍爲社神。」《周禮》：「二十五家爲社，各樹其土所宜之木。」

大徐無「聲」字，誤。今據小徐。「社」、「土」同聲。按后土即社，猶后稷即稷也。卜辭祇作「土」。「社」者，「土」之孳乳字。

【眉批】△

䄤　古文社。

【眉批】△

禓　道上祭。從示，昜聲。

《韻會》引作「强鬼也」。《司巫》：「凡喪事掌巫降之禮。」注：「降，下也。巫下神之禮。今世或死既斂，就巫下禓，其遺禮。」《太祝》：「二曰衍祭。」注：「鄭司農曰：『衍祭，羨之道中，如今祭殤，無所主命。』」《郊特牲》：「鄉人禓。」注：「禓，或爲獻，或爲儺。」《論語》：「鄉人儺。」鄭注：「魯讀儺爲獻。」按「禓」，《釋文》音「傷」。「傷」、「獻」聲之轉。段杜撰「禓」字，從「昜」聲，誤也。卜辭、金文並有「⿰礻卂」字，疑「禓」之本字。

【眉批】△

祲　精气感祥。從示，侵省聲。《春秋傳》曰「見赤黑之祲」是。

「是」字據小徐本增。《字林》作「精气成祥」，是。慧琳八五・九引作「气感不祥也」，誤。按「侵省聲」當爲「𠬶聲」。

□□（查書名）① 云：「五穀不升謂之大侵。」《左》昭十一年：「盟於祲祥。」《公羊》作「侵羊」。《釋名》：「祲，侵也。」蓋「祲」爲「侵」之後起字也。

【眉批】△

 害也。神不福也。從示，咼聲。

會稽刻石作「」，可據正。

 神禍也。從示，出聲。

大徐作「從示，從出」，小徐作「從示、出」。據《繫傳》本當有「聲」字。徐鍇曰：「『出』又音『吹』去聲。故《詩》云『匪舌是出，惟躬是瘁』是也。」王筠《句讀》曰：「案『示』亦聲也。以『柰』從『示』聲，而『隸』、『隷』同字推之。」按王說是也。「柰」、「祟」一字，後人以與「出」聲近，改從「出」耳。卜辭「」（柰）即「祟」。或从「」作「」、「」、「」。

【眉批】「柰」同字。

 籒文祟。從𩏂省。

【眉批】△

 地反物爲祅也。從示，芺聲。

《左》宣十五傳曰：「地反物爲妖。」經典通作「妖」。《漢書·禮樂志》「祅孽」。《藝文志》引《左傳》：「訞由人興也。」「祅」

① 整理者按：出自《春秋穀梁傳》襄公二十四年。

當是後起字。

【眉批】△

祘　明視以筭之。從二示。《逸周書》：「士分民之祘，均分以祘之也。」讀若筭。

兩「筭」字，大徐作「算」，非。《周書》無此語。或謂《本典解》「均分以利之」，「利」當作「祘」。惠棟謂「『士』字依《墨子》（？）當作『言』」，待考。《夏小正》「內民祘」（今本誤爲「卵蒜」，見《廣答問疏證》）。按此字特與「幵」（即「开」）同字。後變爲「𣏟」，又變爲「祘」耳。其實本不從二「示」也。《六書故》廿三引蜀本《說文》「筭」古文作「□」、「□」，「□」即「𣏟」，「□」疑當作「□」（？）（見金文），「巳巳」即「選」，「選」、「筭」通也。「筭」俗作「笇」，蓋即由「□」變。舊謂「『祘』四横六直，象𦈢形」，殆附會之說。

【眉批】△

禁　吉凶之忌也。從示，林聲。

見會稽刻石，作「□」。

禫　除服祭也。從示，覃聲。

《士虞禮》注：「古文禫或爲導。」《喪大記》注云：「禫，或皆作道。」許書「㐁」、「突」、「棪」三字並云：「讀若『三年導服』之『導』。」「突」下小徐注云：「古無『禫』字，借『導』字爲之。」按前人據此謂小徐無「禫」字，非也。小徐本音切與大徐異，知非由大徐增入者。「禫」字經典數見，卜辭作「⿰礻寻」字。

新附

禰 親廟也。從示，爾聲。

此大徐本又引「一本云古文『⿰示壐』（⿰示壐或作⿰犭壐）也」。小徐本作「秋畋也。從示，爾聲」。按《説文》本無「禰」字，故《五經文字序》云：「若『祧禰』、『逍遥』之類，《説文》漏略，今得之於《字林》。」則後人據《字林》附此於《説文》耳。「親廟」之義，即出《字林》也。「一本云古文『⿰示壐』」及小徐作「秋畋也」者，則治《説文》者之説。《釋天》《釋文》云：「獮，息淺反。《説文》從薾。或作⿱艹禰，從示。」按從「薾」乃後人妄改，「爾」自有「壐」音，「壐」、「獮」一聲之轉，「⿱艹禰」即「禰」字也。然則「禰」在《説文》本爲「⿰犭壐」字重文，後人或據《字林》增於示部，或據《説文》本書明其爲「⿰示壐」字重文，而移於此。於是今本《説文》「⿰犭壐」下反脱此篆矣。

【眉批】《新附考》：「錢先生大昕云：『考於七廟爲近，故稱「爾」，後人加「示」旁。古讀「爾」如「昵」，故或爲「昵」。』樹玉謂：《高宗肜日》：『典祀無豐於昵。』《釋文》引馬云：『昵，考也，謂禰廟也。』據馬以禰釋昵，是漢時已有『禰』也（《隸釋》載孟郁修堯廟碑作『⿰示壐』）。許君不收者，蓋以《舜典》『歸格於藝祖』用『藝』也（《禮記・王制》作『歸格於祖禰』，當本《舜典》。《公羊》隱八年傳注：『格於祖禰。』《釋文》：『禰，本作藝。』）。」卜辭「杋」、「忛」字是否作「禰」用，待考？

【眉批】△

祧 遷廟也。從示，兆聲。

小徐無「遷廟也」句，作「從示，從兆」。按此亦據《字林》補者。《周禮》「守祧」注：「故書祧作濯，鄭司農濯讀爲祧。」按史喜鼎「史喜作朕文考翟祭，氒日隹乙」，「翟」當讀爲「祧」。《廣雅》：「祧，祭先祖也。」是古借「翟」、「濯」爲之，「祧」爲後起字。《玉篇》古文作「濯」，亦後起字。

【眉批】△

祆 胡神也。從示，天聲。

小徐作「從天」，非。錢大昕云：「祆，本番俗所事天神，後人因加『示』旁。」按《北魏書》作「天」。《兩京新記》：「右金吾衛西南隅有胡祆祠。」疑唐以後始作「祆」。

【眉批】△

祚 福也。從示，乍聲。

臣鉉等曰：「凡祭必受胙，胙即福也。此字後人所加。」小徐本無「福也」句，作「從示，從乍」。漢帝堯碑、華山亭碑、孫根碑、夏承碑並有「祚」字，開母石闕祇作「胙」。

【眉批】△

逸字

⿰礻虘 祝也。從示，虘聲。

此見小徐本。《玉篇》「⿰礻虘」「祖」亦作「詛」。《漢書·五行志》：「劉屈氂坐祝⿰礻虘要斬。」顏注：「⿰礻虘，古詛字。」蘭按：「⿰礻虘」當爲「祖」之重文，漢司空宗俱碑、孔謙碣、王羲之書曹娥碑並與「祖」同，蓋借爲祝詛字。

【眉批】△

䄚 祭豕先曰䄚。

見《初學記》十三、《藝文類聚》三十八。

祽　月祭曰祽。

同上。張氏《逸字識誤》曰：「當爲『卒』字之譌。蓋《士喪禮》『三月而虞，三虞而卒哭』，卒哭爲月終之祭，故後人加『示』爲『祽』，猶卒歲之作『晬』也。」

【眉批】△

禊

本書「頪」下云：「伺人也。一曰恐也。從頁，契聲。讀若禊。」《史記》：「武帝禊霸上，還。」

【眉批】△

三部

「三」無所從之字，可不立部，附一部可也。

三　天地人之道也。從三數。凡三之屬皆從三。

卜辭、金文、三體石經。

弎　古文三，從弋。

鍇本無「從弋」二字。今按當作「從弋，三聲」，屬弋部。

【眉批】△

王部

「王」亦非部首字。唯「閏」字似從「王」，待考。金文「玟」、「珷」、「瓄」則似有從「王」之字，可爲部首矣。

王 天下所歸往也。董仲舒曰：「古之造文者，三畫而連其中謂之王。三者，天、地、人也。而參通之者，王也。」孔子曰：「一貫三爲王。」凡王之屬皆從王。

古文王。

徐灝曰：「『王』與『玉』篆體相似，故以中畫近上別之。古文『』下曲，亦所以識別也。李陽冰謂『中畫近上，王者則天之義』，楚金謂『地以承天，故下畫上偃』，皆穿鑿之説耳。戴氏侗云『能一下土謂之王』，亦通。」

（前二・十三・五、四・三十・六、後上・十九・七）（？）（三・六）（後下・三一・五）（殷契卜辭、蚟蟲）（前五・三一・五）（卬毁）（卬父毁）

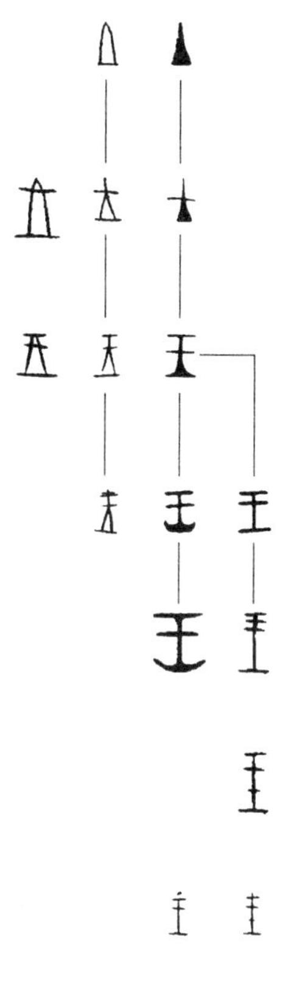

吴大澂謂「王」爲從「二」從「火」，僅據金文作「」而言之。卜辭從「」，則不讎矣。羅振玉尚從其説，反謂「皇」字古金文從「土」爲非土地字，誤矣。余友吴其昌氏謂「王」爲斧形，尤爲無據。今按「王」本作「」，實土象，惟「土」本作「」，變作「」，與此小異耳。「」或生殖器之象徵，與「」字或有關，其何以讀爲「王」，俟更詳考。

閏　餘分之月。五歲再閏。告朔之禮：天子居宗廟，閏月居門中。從王在門中。《周禮》曰：「閏月王居門中，終月也。」

袁安碑作「閏」，漢印作「閏」，漢書言府弩機（見薛《識》）作「閏」。朱駿聲引或曰：「唐虞時尚無『王』字。此字從『三』從『丨』，猶一也，指事；『門』省聲。存疑。」按此説殊附會，然「閏」字舊解亦穿鑿可笑。當爲從「王」、「門」聲，其本義當別求之。許蓋用《周禮》説。故《太史》注引鄭司農云：「故於文『王』在『門』謂之『閏』。」與此合。

皇　大也。從自。自，始也。始皇者，三皇大君也。自讀若鼻。今俗以「始生子」爲「鼻子」是。

當作「皇」。《韻會》引作「從自、王」。小徐「始生子」上有「作」字。大徐無「是」字。秦公毀作「皇」，小篆變爲從「白」。嶧山、秦石權、開母、袁安、石經《君奭》、《無逸》古篆並作「皇」，無從「自」者。汪榮玉謂「皇」爲冕形，誤。林義光謂：「象日光芒出地形。日出地，視之若大。皇，大也。」略近之。又云：「或作『皇』，從古、王。」誤。按卜辭偏旁有「[illegible]」，疑即「皇」，蓋「皇」當即「[illegible]」、「[illegible]」形之變，像日光也。

（秦公毀）

玉部

王 石之美有五德：潤澤以温，仁之方也。䚡理自外，可以知中，義之方也。其聲舒揚，尃以遠聞，智之方也。不撓而折，勇之方也。鋭廉而不技，絜之方也。象三玉之連。丨，其貫也。凡玉之屬皆從玉。

李陽冰曰：「三畫正均，如貫玉也。」「尃」，大徐本或作「專」。「技」，小徐作「忮」，吴淑《玉賦》注引作「劌」。

[古文字形] 古文玉。

此「王」字之古文，後人誤隸於此也。古「王」字作「[字形]」，變作「[字形]」，引而長之則爲「[字形]」矣。「王」字中畫近上，故下有彡飾。「玉」字三畫齊均，不容有此彡飾也。甲、金文「玉」字無如此者，本書古文亦無從此。漢碑「王」字作「[字形]」者極多，而「玉」字不一見，是其證也。此字決非許原本，可删（《五經文字》古文作「[字形]」，似唐時已有）。

按「玉」爲象形，卜辭偏旁作「[字形]」（「寳」字等待查）可證，本象玉琮或玉斧之類也。「[字形]」變省而爲「王」，不象貫三玉之形。「[字形]」字羅釋「玉」，誤。當釋「玨」。

【眉批】「玉」金文偏旁有作「[字形]」。

璙 玉也。從玉，尞聲。

《詩・瞻彼洛矣》：「鞞琫有珌。」傳云：「大夫鐐琫而鏐珌。」《釋文》：「鐐，本又作璙。《説文》云：『玉也。』」按此蓋據別本作「璙」者而增耳，其實當以作「鐐」爲是。《爾雅》：「金美者謂之鐐。」本書：「鐐，白金也。」

【眉批】△

瓘 玉也。從玉，雚聲。《春秋傳》曰：「瓘斝。」

《左》昭十七年文。

【眉批】△

璥 玉也。從玉，敬聲。

【眉批】△

琠 玉也。從玉，典聲。

《晉書音義·列傳五十六》引《字林》同。徐鍇引《符瑞圖》有「玉琠」。《玉篇》有古文「㻏」。俟查《晉書》列傳及《通鑑·秦二世紀》。

【眉批】△

瓇 玉也。從玉，夒聲。讀若柔。

【眉批】△

𤪌 𤪌玉也。從玉，毄聲。讀若鬲。

【眉批】△

璠　璵璠，魯之寶玉。從玉，番聲。孔子曰：「美哉，璵璠。遠而望之，奐若也。近而視之，瑟若也。一則理勝，二則孚勝。」

《說文》本無「璵」字，徐鉉補。「璵璠」見《左》宣五年傳、《呂氏春秋·安死》。或作「璠璵」，見《法言》。「孔子曰」云云，《初學記》、《御覽》等引作「《逸論語》」。

【眉批】△

璵　璵璠也。從玉，與聲。

此爲大徐所補十九文之一。《左》宣五年《釋文》：「璵，本又作與。」漢楊統碑：「器其璵璠之質。」作「璵」。

【眉批】△

瑾　瑾瑜，美玉也。從玉，堇聲。

《左傳》宣十五年：「瑾瑜匿瑕。」《九章》：「懷瑾握瑜兮。」《西山經》：「瑾瑜之玉爲良。」

【眉批】△

瑜　瑾瑜，美玉也。從玉，俞聲。

【眉批】△

玒　玉也。從玉，工聲。

【眉批】△

琜　琜瓄，玉也。從玉，來聲。

《說文》無「瓄」字，段云：「蓋古祇用『賣』，後人加偏旁。」今按段說是也。《史記・大宛列傳》：「漢使窮河源。河源出於寘，其山多玉石采來。天子案古圖書，名河所出山曰崑崙云。」《集解》引臣瓚曰：「漢使采取，持將來至漢。」按「采來」當爲「來賣」之誤。「來」、「采」字近。「賣」誤作「賚」，又誤作「來」。臣瓚所據本已誤，故附會爲說耳。云「其山多玉石來賣」，明「來賣」爲玉屬，或加「玉」，則爲「琜瓄」。故《玉篇》引《史記》云：「崐山出瓄玉。」所據本猶不誤也。《廣雅》玉類有「琜瓄」，與《說文》同。曹憲《音》爲「來瀆」。《晉・輿服志》云：「九嬪佩采瓄玉。」（《隋志》同）《初學記》十引《晉服制》：「婕好佩采瓄玉。」並誤「來」爲「采」，與今本《史記》同。《宋書・禮志五》、《御覽》六九二引《尚書》舊傳並作「采瓊玉」，則更誤「瓄」爲「瓊」矣。嚴可均、王筠輩反欲改《說文》「瓄」爲「瓊」，誤甚。漢印有「琜」（？）（見《鉨印文字徵》）。

【眉批】更查《漢・張騫傳》。

瓊　赤玉也。從玉，夐聲。

「赤玉」，段改「亦玉」，桂改「琜」，丁午改「大玉」，並非。

【眉批】△

璚　瓊，或從矞。

【眉批】△

瓗　瓊，或從巂。

【眉批】△

琁　瓊，或從旋省。

臣鉉等曰：「今與璿同。」案《文選・陶徵士誄》注云：「《説文》曰：『琁，亦璿字。』」今本《玉篇》「琁」爲「璇」之重文。故各家均以爲「琁」非「瓊」字。今按楊倞《荀子・賦篇》注引《説文》：「璇，赤玉。音瓊。」是唐本已如此也。《萬象名義》於「瓊」下有「璇」字，云「同上」。是原本《玉篇》與《説文》同，而與今本《玉篇》異也。蓋「瓊」、「璿」古多通用。《左傳》「瓊弁玉纓」，許書引爲「璿弁」。《詩》云「瓊瑰玉佩」，《山海經》「西王母之山，爰有璿瑰」，《大荒西經》「爰有璇瑰」。《穆天子傳》：「璿瑰。」注引《左傳》「贈我以璿瑰」，云：「旋、回二音。」今《左傳》成十八年正作「瓊瑰」。《史記・五帝紀》「璿璣」，張守節作「瓊璣」。「璿」、「瓊」通用，故後世或以「璇」爲「璿」。徐鉉所注當爲唐人舊説，《文選》注所引亦當是後人説，非許原文也。

【眉批】△

珦　玉也。從玉，向聲。

【眉批】△

瑓　玉也。從玉，刺聲。

【眉批】△

珣　醫無閭之珣玗琪，《周書》所謂「夷玉」也。從玉，旬聲。一曰玉器。讀若宣。

大徐本無「之」字，又「一曰」下無「玉」字。「珣玗琪」見《釋地》。《海内西經》：「開明北有玗琪樹。」「夷玉」見《顧命》。「一曰玉器」者，《釋器》：「璧大六寸謂之宣。」詛楚文：「用吉玉宣璧。」「讀若宣」者，字亦作「瑄」，《漢・郊祀志》：「有司奉瑄玉。」

【眉批】△

璐 玉也。從玉，路聲。

《九章》：「被明月兮佩寶璐。」

【眉批】△

瓚 三玉二石也。從玉，贊聲。《禮》：「天子用全，純玉也。上公用駹，四玉一石。侯用瓚。伯用埒，玉石半相埒也。」

見《考工記》。錢大昕云：「凡字從『贊』者，皆非一之詞。故叢木爲『欑』，車衡三束爲『韊』，以羹澆飯爲『饡』。」

【眉批】△

瑛 玉光也。從玉，英聲。

古書俱作「玉英」。《楚辭》：「懷琬琰之華英。」「瑛」後起字也。

【眉批】△

璑 三采玉也。從玉，無聲。

《周禮・弁師》：「瑉玉三采。」注：「故書瑉作璑。」《說文》「璑」武扶切。桂云「武夫即璑」，甚是。「武夫」或作「碔砆」。

徐灝云：「璑從無聲，言蕪雜也。」

【眉批】△

珛 朽玉也。從玉，有聲。讀若畜牧之「牧」。

「朽玉也」，《玉篇》及唐本《唐韻》四十九宥引並同。《史記・孝武紀》《索隱》云：「《三輔決録》云：『杜陵有王氏，音肅。』《説文》以爲從『王』，音畜牧之『牧』。」段氏據以改此篆爲「王」，注云：「從玉有點。」非也。《索隱》當有闕文，不可輒據也（參後「王」字注）。「朽玉」者，段謂「玉有瑕玷」，引《淮南書》云「夏后之璜，不能無考」，「考、朽古音同」。是也。

【眉批】△

璿 美玉也。從玉，睿聲。《春秋傳》曰：「璿弁玉纓。」

詳「瓊」注。《左》僖廿八年。「璿」今作「瓊」。鍇本「弁」作「冠」，段云：「避李昪嫌名。」

琁 古文璿。

《穆天子傳》有此字。

【眉批】△

籀文璿。

顧本小徐作此，是也。《篇》、《韻》並同。大徐作「叡」，非。㕡部重出。

【眉批】△

球 玉也。從玉，求聲。

大徐本作「玉磬也」。《廣韻》引同。宋本大徐「磬」譌作「聲」，今依小徐。金文嬴寏戠毀「賓」字從「[金文字形]」作「[金文字形]」。

璆 球，或從翏。

《禹貢》：「球琳琅玕。」鄭本作「璆」。《釋地》：「西北虛之美者，有昆侖丘之璆琳琅玕焉。」國山作「璆」。

琳　美玉也。從玉，林聲。

小徐在部末，蓋後人所補。

【眉批】△

璧　瑞玉圜也。從玉，辟聲。

「圜」，《御覽》八百二引作「環」。召伯毁作「□」，齊侯壺作「□」、「□」、「□」，古鉨「□」（丁佛言引），詛楚文作「□」，國山碑作「□」。按「辟」即「璧」之古文，從「〇」、「屖」聲。「〇」象璧形也。金文作「璧」，則是從「玉」、「屖」聲。「璧」者，「辟」、「璧」之後起字也。

瑗　大孔璧，人君上除陛以相引。從玉，爰聲。《爾雅》曰：「好倍肉謂之瑗，肉倍好謂之璧。」

「瑗」者，爰也。《說文》：「爰，引也。」故從「爰」聲。又按：金文□雩卣「□」字蓋即「瑗」之古文，「□」爲從「〇」、「于」聲，「〇」象瑗形也。又從「玉」作「□」者，猶「辟」之作「璧」也。若從「玉」、「于」聲，則爲「玗」字。更變從「爰」聲，則爲「瑗」字矣。「玗」、「瑗」當是一字。

【眉批】「玗」、「瑗」一字。

環　璧也。肉好若一謂之環。從玉，睘聲。

環者，圜也。古本當祇作「〇」，象形。後世「〇」字之用既廣，因借「睘」、「袁」之字爲之。「睘」、「袁」並從「〇」聲也。番生毁作「睘」，尚用假借字也。其孳乳則爲「環」，毛公鼎「□」是也。爲「□」，師遽尊「□」是也。若「□」則連環形，與此異。

璜 半璧也。從玉，黄聲。

金文多以「黄」、「亢」爲之。「黄」其本字，「亢」其假借字。「璜」者，孳乳字也。「璜」見召伯虎毁，作「□」。按「黄」古文本作「□」（後變作「□」），象人佩璜之形。「〇」象兩璜合而爲圜形似璧也。《詩》傳：「上有蔥衡，下有二璜。」其遺制也。則「黄」爲「璜」之本字審矣。

琮 瑞玉大八寸，似車釭。從玉，宗聲。

「琮」從「宗」聲者，以有珇故。「珇」、「琮」聲近，猶「祖」、「宗」也。

【眉批】△

琥 發兵瑞玉爲虎文。從玉，虎聲。《春秋傳》曰「賜子家子雙琥」是。

大徐「子家」下脱「子」字，末脱「是」字。此見昭卅二年傳。大徐作「從玉，從虎，虎亦聲」。聶崇義《三禮圖》云：「白琥爲伏虎形，然則此後世銅虎符之所出也。」其字本即爲「虎」，「琥」者，孳乳字也。琥爲發兵瑞玉，昔人所未聞。孫詒讓據《御覽・珍寶部》引《吕氏春秋》：「戰鬥用琥，成功用璋，大喪用琮。」（今本《吕覽》悉無此文）又考段成式《酉陽雜俎》云：「安平用璧，興事用圭，成功用璋，邊戍用珩（當爲「璜」），戰鬥用璩（當爲「琥」），城圍用環，災亂用雋（疑「瓗」之誤），大旱用瓏，大喪用琮。」以爲即本《吕覽》。其説甚是。則許説出《吕覽》佚文也。

【眉批】△

瓏 禱旱玉也，爲龍文。從玉，龍聲。

本無「也爲」二字，依《左》昭廿九年《正義》引補。大徐作「從玉，從龍，龍亦聲」。此當以玉作龍形，爲「龍」之孳乳字也。《左傳》昭廿九年有「龍輔」。餘詳上注。

【眉批】△

琬　圭有琬者。從玉，宛聲。

《考工記》：「琬圭九寸。」鄭注：「琬猶圜也。」戴震曰：「凡圭剡上寸半，直剡之，倨句中矩。琬圭穹隆而起，宛然上見。」徐灝云：「凡穹隆上起者，謂之宛。窊下而圜者，亦謂之宛。故丘上有丘，謂之宛丘，宛中亦曰宛丘也。」按本當即用「宛」字，「琬」者孳乳字。

【眉批】△

璋　剡上爲圭，半圭爲璋。從玉，章聲。《禮》：「六幣，圭以馬，璋以皮，璧以帛，琮以錦，琥以繡，璜以黼。」

「禮」者，《周禮・小行人》文。金文多以「章」字爲之。子璋鐘作「□」、「□」、「□」，古鉨作「□」（丁引），「章」之孳乳字。

琰　璧上起美色也。從玉，炎聲。

「璧」字似誤，段改作「圭」。慧九三・八引作「玉圭長八寸，執以爲信，以征不義也」。《考工・玉人》：「琰圭九寸，判規。」注：「琰半以上，又半爲瑑飾。」蘭按：「判規」者，疑作「◯」，半爲剡上，半爲規形，有似「火」之古文，故從「炎」也。

【眉批】△

玠　大圭也。從玉，介聲。《周書》曰：「稱奉介圭。」

《顧命》文，彼云：「大保承介圭。」又云：「賓稱奉圭。」按《書》及《詩・韓奕》「錫爾介圭」，並作「介」。《釋詁》：「介，大也。」孳乳爲「玠」字。《釋器》：「珪大尺二寸謂之玠。」

【眉批】△

瑒 圭尺二寸有瓚，以祠宗廟者也。从玉，昜聲。

按金文本作「[古文字形]」（⿰王丮），增作「[古文字形]」、「[古文字形]」、「[古文字形]」、「[古文字形]」、「[古文字形]」等形（⿰昌丮、⿰瑒丮），後省爲「瑒」字耳。金文均借爲對揚字。又後文有「瑬」字，從「湯」聲，實一字。辨見彼注。「圭尺二寸有瓚」者，《周禮·玉人》、《典瑞》謂之「祼圭」，「祼之言灌也」。《魯語》：「文仲以鬯圭與玉磬如齊。」韋注：「鬯圭，祼鬯之圭。」《周語》：「奉犧牲玉鬯。」韋注：「玉鬯，鬯酒之圭。」按「鬯」通「暢」，又通「觴」，《説苑》「玉鬯」作「玉觴」。蓋以玉爲之，故或借「瑒」字，許遂據之爲説也。其實「瑒」字本作「⿰王丮」，象人奉玉對揚之形。聲化爲從「玉」、「丮」聲，後又增「昜」聲，更後又省「丮」耳。瑒圭非本義也。

【眉批】「瑒」、「瑬」同字。

瓛 桓圭，公所執。从玉，獻聲。

小徐本「公」上有「三」字，誤。《大宗伯》：「公執桓圭。」注：「雙植謂之桓，桓圭蓋以桓爲飾。」此蓋古或借「獻」爲「桓」，又孳乳爲「瓛」字也。徐鍇引《字書》：「瓛，又音钀。钀則馬鑣，俗名排沬，此圭刻皆象之。」恐非是。

【眉批】△

珽 大圭長三尺，抒上終葵首。从玉，廷聲。

《王會解》：「朝服八十物，搢珽。」《玉藻》：「天子搢珽。」《荀子·大略》：「天子御珽。」《考工·玉人》：「大圭長三尺，抒上終葵首，天子服之。」注：「王所搢大圭也，或謂之珽。終葵，椎也。爲椎於其杼上，明無所屈也。杼，閷也。《相玉書》曰：『珽玉六寸，明自照。』」《楚辭》王逸注引《相玉書》作「珵」。「珽」、「珵」一字。又按字蓋本作「呈」，古文作「[古文字形]」、「[古文字形]」，與珽形作「[古文字形]」近似也。孳乳從「玉」作「珵」，又借「廷」聲爲「珽」耳。

【眉批】△

瑁 諸侯執圭朝天子，天子執玉以冒之，似犂冠。《周禮》曰：「天子執瑁，四寸。」從玉、冒，冒亦聲。

按當祇云「從玉，冒聲」。（「犂冠」者，郭注《釋樂》云：「鬻形如犂錧。」《釋文》引《字林》云：「田器也。江南人呼犁刀爲錧。」）「《周禮》……」者，《考工記》曰：「天子執冒，四寸，以朝諸侯。」是本作「冒」字，孳乳爲「瑁」字。

【眉批】△

⿰王目 古文省。

小徐云：「古文瑁，從目。」按「目」聲。《玉篇》作「玥」，然《萬象名義》作「珇」，似今本《玉篇》誤也。《汗簡》作「[古文字形]」，則以古文「目」作「⿴冂◎」而誤耳。舊多改爲「玥」，非是。

【眉批】△

璬 玉佩。從玉，敫聲。

【眉批】△

珩 佩上玉也，所以節行止也。從玉，行聲。

小徐脱，次部末。「止」，《玉篇》引作「步」，是也。小徐脱「聲」字。《思玄賦》注引「珩，聽行也。從行」。《楚語》：「白珩猶在乎。」韋注：「珩，佩上之横者。」《晉語》：「白玉之珩六雙。」韋注：「珩，佩上飾也。珩形似磬而小。」《詩》傳曰：「上有蔥珩，下有雙璜。」《周禮·玉府》「佩玉」注引《詩》傳：「佩玉，上有蔥衡，下有雙璜。衝牙蠙珠以納其間。」（又見《賈子》、《大戴禮》）按「衡」字經典所用殊混。《玉藻》「幽衡」，金文作「幽黄」、「幽亢」，即《説文》之「璜」也。《詩》傳之「蔥衡」即「蔥珩」，則金文之「中蔥」、此文之「珩」也。蓋「珩」爲横佩，故亦可借「横」爲之，與半璧之「璜」相亂，乃借「行」聲爲之耳。

【眉批】△

玦　玉佩也。從玉，夬聲。

小徐次部末。《左》閔二傳注：「如環而缺不連。」按玦者，缺也。本當借「夬」字，孳乳爲「玦」。

【眉批】△

瑞　以玉爲信也。從玉，耑聲。

今本無「聲」字。慧廿四・七、四五・廿、八三・六引並有「聲」字。《繫傳》云：「或有『聲』字，誤也。」是徐鍇所見一本有「聲」字也。國山作「瑞」、「瑞」等形。

珥　瑱也。從玉、耳，耳亦聲。

案當「從玉，耳聲」。案以玉塞耳，故從「玉」、「耳」聲。

【眉批】△

瑱　以玉充耳也。從玉，真聲。《詩》曰：「玉之瑱兮。」

江淹雜體詩《擬顏延之》：「巡華過盈瑱。」注：「盈瑱，盈尺之玉也。《說文》曰：『田父得寶玉至尺。』」疑文有誤，不出《說文》也。按瑱者，填也，所以塞耳。「瑱」、「𦗏」均孳乳字。

【眉批】△

𦗏　瑱，或從耳。

徐鍇曰：「『耳』爲形，『真』爲聲也。」

【眉批】△

琫 佩刀上飾。天子以玉，諸侯以金。從玉，奉聲。

《瞻彼洛矣》曰：「鞞琫有珌。」《公劉》曰：「鞞琫容刀。」「鞞琫」連文。《左傳》桓二年曰：「藻率鞞鞛。」「鞞鞛」即「鞞琫」。「琫」、「鞛」一聲之轉。《瞻彼洛矣》傳曰：「鞞，容刀鞞也。」《說文》訓「鞞」爲刀室。然則單言爲「鞞」，重言爲「鞞琫」也。《公劉》傳曰：「下曰鞞，上曰琫。」此分析言之。《釋名》曰：「刀室曰削，室口之飾曰琫。琫，捧也，捧束口也。下末之飾曰琕。琕，卑也，下末之言也。」「琕」即「鞞」之異文，與《詩》合。杜預《左傳》注云：「鞞，佩刀削上飾。鞛，下飾。」則上下正相反。《藝文類聚》六十引《字林》：「琫，佩刀下飾也。天子以玉，諸侯以金。琕，佩刀上飾也。」則與杜說合。或後人改之以從杜也。要之，刀室爲削，其飾爲鞞爲琫，「琫」亦作「鞛」，故刀室亦名鞞。本甚易明。而《瞻彼洛矣》傳乃云：「琫，上飾。珌，下飾。天子玉琫而珧珌，諸侯璗琫而璆珌，大夫鐐琫而鏐珌，士珕琫而珕珌。」乃誤以「珌」爲「鞞」，自《說文》以下皆從之，其名殊混。不知「鞞琫有珌」，猶前章云「韎韐有奭」，「有珌」乃形容詞，非名詞也。毛傳所引古禮佚文之「珌」字似當作「琕」，「琕」即「鞞」字。而「珌」或作「琿」，與之形聲俱近，故易淆也。又按：「琫」、「玤」蓋一字，此假借爲刀室口之飾耳，非本義。

【眉批】△。與「玤」爲一字。

珌 佩刀下飾。天子以玉。從玉，必聲。

戴震疑「珌」爲「文飾皃」，是也。餘詳上。《汗簡》引《說文》有古文作「琿」。

【眉批】△

璏 劍鼻玉也。從玉，彘聲。

《漢書·王莽傳》：「欲獻其瑑。」注：「服虔曰：『瑑，音衛。』蘇林曰：『劍鼻也。』」顔云：「瑑字本作璏，從『玉』、『彘』

聲，後傳寫者譌也。『瑑』自彫瑑字耳，音『篆』也。」朱駿聲云：「按字亦作『瑑』。從「彖」聲，非從『彖』聲也。注謂傳寫者譌以『瑑』，非誼耳。不知『瑑』、『瑑』各字。」蘭按：朱說是。「彘」、「彖」古一字也。《初學記》二十二引《字林》：「劍鼻謂之璏。」《藝文類聚》六十引《字林》：「瑑，劍鼻也。」「瑑」亦「瑑」之誤。此或《字林》補「瑑」字耳。服虔音「瑑」爲「衛」，《匈奴傳》孟康注直借「衛」爲「璏」。

【眉批】△

車蓋玉瑵。從玉，蚤聲。

按車蓋之「瑵」本當作「叉」。「叉」即「爪」字，謂蓋弓頭爲爪形也。《獨斷》云「凡乘輿車皆羽蓋，金華爪」是也。或借「蚤」爲「爪」，《續漢書·輿服志》「羽蓋華蚤」是也。蚤多以金爲華形，然亦有玉爲之者，桓譚《新論》「數見輿輦玉蚤華芝」是也。然則「瑵」爲「爪」及「蚤」之孳乳字。以有玉蚤，故從「玉」耳。

【眉批】△

圭璧上起兆瑑也。從玉，彖聲。《周禮》曰：「瑑圭璧。」

「彖聲」今本作「篆省聲」，據《韻會》十七霰引改。引《周禮》，今見《典瑞》，云：「瑑圭璋璧琮。」按瑑者，篆也。然「瑑」、「篆」並「彖」之孳乳字，「瑑」不必省「篆」爲聲也。

【眉批】△

琮玉之瑑。從玉，且聲。

珇者，鉏牙也。鄭注《玉人》「大宗射四寸」云：「射，其外鉏牙也。」是也。《玉人》：「駔宗五寸，宗后以爲權。駔宗七寸，天子以爲權。」注：「駔，讀爲鉏，以組繫之。」按《記》文又言：「瑑琮八寸。」《典瑞》先言「瑑圭璋璧琮以頫聘」，又言「駔圭璋璧琮琥璜之渠眉」，則駔爲瑑之類，不應讀爲「鉏」也。蓋本或有作「珇」者，故許用之。《方言》十三：「珇，美也，好也」。

【眉批】△

𤩲　弁飾往往冒玉也。從玉，綦聲。

「往往」，小徐作「行行」，非。《周禮·弁師》：「王之皮弁，會五采玉璂。」注云：「鄭司農云：璂，讀如綦車轂之『綦』。玄謂：會，縫中也。璂，讀如薄借綦之『綦』。綦，結也。皮弁之縫中，每貫結五采玉十二以爲飾，謂之綦。《詩》云『會弁如星』，又曰『其弁伊綦』是也。」按《詩·鳲鳩》曰：「其弁伊騏。」作「騏」。箋云：「騏，當作『璂』，以玉爲之。」蘭按：字或作「琪」，從「其」聲，與「基」聲、「綦」聲同。古當僅借「其」或「基」爲之。《周書·王會解》「王玄繚碧基十二」，祇作「基」，又《毛詩》借「騏」爲之，並可證。孳乳爲「琪」或「璂」字。說《周禮》者讀爲「綦」，遂作「𤩲」字耳。「其」、「基」、「綦」並與「結」聲近，玉飾之結者也。

【眉批】△

璂　𤩲，或從基。

【眉批】△

璪　玉飾如水藻之文。從玉，喿聲。《虞書》曰：「璪火黺米。」

「黺」，小徐作「粉」。《玉篇》引作「玉飾如水藻也」。《御覽》引作「玉飾似水藻也」。今本「之文」二字似誤。《西山經》：「洛水其中多藻玉。」注：「藻玉，玉有符采者。」《禮器》：「天子之冕朱緑藻。」注云：「藻絜而文，眾采爲之，故曰藻。」《玉藻》：「天子玉藻，十有二旒。」注：「雜采曰藻，天子以五采藻爲旒。」案：玉象藻者謂之藻，「璪」後起孳乳字。《禮器》及《玉藻》《釋文》云：「本又作璪。」《郊特牲》：「戴冕璪十有二旒。」《聘禮》：「啓櫝取圭垂繅。」注：「今文繅作璪。」是也。許引《虞書》者，明「璪」之爲「藻」。「藻」、「薻」一字，從「巢」、從「喿」之字古多通，疑「璪」、「璅」亦一字。楊譽龍、徐灝說。

【眉批】△。「璪」、「璅」一字。

瑬 垂玉也，冕飾。從玉，流聲。

《周禮・弁師》以「斿」爲之，其他經傳以「旒」爲之。按「㐬」字與旒形相近，古殆衹用「㐬」字。後借「流」字爲冕流，孳乳爲「瑬」字。爲旗斿，則孳乳爲「旒」字。

璹 玉器也。從玉，𠷎聲。讀若淑。

徐鍇曰：「《爾雅》：『璋大八寸謂之琡。』《說文》有『璹』無『琡』，謂宜同也。」

【眉批】△

瓃 玉器也。從玉，畾聲。

錢大昭云：「《韓詩》說『罍，天子以玉』，是瓃爲天子酒尊。」按錢說是。「瓃」即「罍」之異文耳。徐鍇以爲櫑具劍之「櫑」，非是。《說文》無「畾」字，乃「雷」之本字。

【眉批】△。「瓃」、「櫑」、「鑘」、「罍」、「𥁢」，一器之異名。

瑳 玉色鮮白。從玉，差聲。

鍇本無此篆，張次立補之。段氏因鍇所無而删之，非也。《詩・君子偕老》三章：「瑳兮瑳兮。」《竹竿》：「巧笑之瑳。」「景差」，《古今人表》作「景瑳」。《詩・淇奧》「如切如磋」，《大學》《釋文》作「如瑳」。

【眉批】△

玼　玉色鮮也。從玉，此聲。《詩》曰：「新臺有玼。」

《詩・新臺》《釋文》、《君子偕老》《釋文》、慧八十・十五並引作「新色鮮也」。《韻會》引作「玉色鮮絜也」。《詩・新臺》今本作「泚」，「玼」猶「泚」也。

【眉批】△

璱　玉英華，相帶如瑟弦。從玉，瑟聲。《詩》曰：「瑟彼玉瓚。」

小徐作「璱彼」，誤。引《詩》見《旱麓》。按「瑟」古作「[illegible]」，從「珏」。又從「玉」作「璱」者，孳乳字也。

【眉批】△

瑮　玉英華，羅列秩秩。從玉，栗聲。《逸論語》曰：「玉粲之璱兮，其瑮猛也。」

【眉批】△

瑩　玉色。從玉，熒省聲。一曰石之次玉者。《逸論語》曰：「如玉之瑩。」

當云「𤇾」聲。「𤇾」即「熒」字，瑩猶熒也。《後漢・班固傳》：「琳瑉青熒。」瑩猶榮也，故曰「玉色」。又「石之次玉者」，《詩・淇奧》：「充耳琇瑩。」《著》：「尚之以瓊瑩乎而。」國山碑作「[illegible]」。

璊　玉䞓色也。從玉，㒼聲。禾之赤苗謂之虋，言璊玉色如之。

《玉篇》引同。《詩・大車》《釋文》引「䞓」作「頳」，「虋」作「穈」，無「言璊」二字。按《説文》「璊」、「毧」二字皆以虋爲義，謂借其聲以表玉色，因孳乳爲「璊」、「毧」字也。

【眉批】△。此即「璺」字。

璊，或從允。

此字可疑。《新撰字鏡》：「玧，俞引反。滿，玧也。胡蠢反。」王仁煦《刊謬正誤切韻》：「玧，余準反。蠻夷充耳。」《廣韻》：「玧，余準切。充耳玉。」並不以爲「璊」之重文。《萬象名義》「玧」篆次「璊」下，而隸字及解釋並誤爲「玩」。疑「玧」本非「璊」字重文，古以「璊」、「玧」連稱，後佚其説，遂以爲「璊」之或體耳。今本《玉篇》「璊」下有「玧」字，云「同上。又以蠢切，蠻夷充耳」。似後人據今本《説文》所改耳。

【眉批】△

玉小赤也。從玉，叚聲。

《文選·海賦》注、慧三一·三引「玉之小赤色者也」。玉有以赤色爲病者，故赤色爲璊（即璺也），而小赤爲瑕。三體石經作「[?]」、「[?]」。古鉩作「[?]」（吴）。

治玉也。從玉，豖聲。

《孟子》：「必使玉人雕琢之。」《爾雅·釋器》：「雕謂之琢。」「雕」、「琢」一聲之轉。《詩·有客》：「敦琢其旅。」《棫樸》：「追琢其章。」「敦琢」、「追琢」，猶「雕琢」也。古蓋祇借「豖」聲，其後孳乳爲「琢」字。

【眉批】△

治玉也。一曰石似玉。從玉，周聲。

經傳多借「雕」字爲之。金文作「[?]」、「[?]」等形。按「琱」疑本作「[?]」，象琱瑑之形，故「畫」字從「周」。「琱」者，「周」之孳乳字也。

理 治玉也。從玉，里聲。

《戰國策》：「鄭人謂玉未理者曰璞。」《韓非子·和氏篇》：「理其璞而得寶。」理猶里也。國山作「理」、「理」等形，會稽作「理」。

珍 寶也。從玉，㐱聲。

羅振玉以「眗」爲「珍」，誤。

【眉批】△

玩 弄也。從玉，元聲。

慧琳《音義》二·三引作「從玉，從翫省聲」。按「玩」、「翫」本一字，許分隸玉、習二部者，意以爲「玩」者弄器，「翫」者習也。慧所引乃後人改之。

【眉批】△

貦 玩，或從貝。

【眉批】△

玲 玉聲。從玉，令聲。

「令」象其聲。玉聲爲「玲」，金聲爲「鈴」。

【眉批】△

瑲　玉聲也。從玉，倉聲。《詩》曰：「鞗革有瑲。」

《詩·載見》。又彼作「鶬」。「倉」象其聲，玉聲爲「瑲」，金聲爲「鎗」。或爲「將」。《詩·終南》：「佩玉將將。」又借「鏘」。《玉藻》：「然後玉鏘鳴也。」

【眉批】△

玎　玉聲也。從玉，丁聲。齊太公子伋謚曰玎公。

「丁」象其聲，猶「伐木丁丁」也。「玎公」者，蓋許時書傳有借「玎」爲「丁」。

【眉批】△

琤　玉聲也。從玉，爭聲。

「爭」象其聲。玉聲爲「琤」，金聲爲「錚」。《籍田賦》：「衝牙錚鎗。」注：「玉聲也。」當作「琤瑲」，借「錚」爲之。《廣韻》：「鏳鎗，玉聲。」又借「鏳」字。段云：「此字恐係『瑲』之俗。」非也。

【眉批】△

瑣　玉聲也。從玉，𧴪聲。

「𧴪」貝聲也，「瑣」玉聲也。《繫傳》云：「左思詩『嬌語若連瑣』。」徐灝曰：「《廣雅》：『瑣，連也。』蓋以玉製爲小連環，其聲細碎，謂之『連瑣』。繫人琅當以鐵爲連環，其形相似，故亦謂之『瑣』。其後因易『金』旁作『鎖』。」蘭按：今之鏈索，古之瑣或鎖也。今之鎖，古之鑰也。

【眉批】△

瑝 玉聲也。從玉，皇聲。

「皇」象其聲。玉聲爲「瑝」，鐘聲爲「鍠」，小兒聲爲「喤」，樂聲爲「韹」。

【眉批】△

瑀 石之似玉者。從玉，禹聲。

《女曰雞鳴》《正義》引「似」作「次」。《大戴·保傅》：「琚瑀以雜之。」

【眉批】△

玤 石之次玉者，以爲系璧。從玉，丰聲。讀若《詩》曰「瓜瓞菶菶」。一曰若「蛤蚌」。

按字本當作「丰」，或作「丰」，見甲骨、金文，係玉之象。羅振玉釋「玉」，非是。《説文》脱「丰」、「丰」字，僅有「丰」字，古文作「丰」，與此異也。既以「丰」爲「丰」、「丰」，則又從「玉」，孳乳爲「玤」字矣。《左傳》：「虢公爲王宫於玤。」「玤」、「琫」一字。

【眉批】「玤」、「琫」一字。

玪 玪⿱勒玉，石之次玉者。從玉，今聲。

《子虛賦》：「瑊玏玄厲。」《玉篇》「玪」與「瑊」同，「⿱勒玉」俗作「玏」。蘭按：《穆天子傳》「玪瑰」注：「音鈐瑣。」誤也。「瑰」爲「⿰王革」之誤。古「勒」字多省作「革」（如「鞶勒」爲「鞶革」），然則「玪⿰王革」即「玪⿱勒玉」也。

【眉批】△。與「琀」同聲。與「珂」同字。

⿱勒玉 玪⿱勒玉也。從玉，勒聲。

「⿱勒玉」本當作「勒」，馬勒也。以玪爲勒謂之玪勒，因孳乳爲「⿱勒玉」。詳後「玏」注。

【眉批】△

琚　瓊琚。從玉，居聲。《詩》曰：「報之以瓊琚。」

《女曰雞鳴》疏引「琚，佩玉名也」。

【眉批】△

琇　石之次玉者。從玉，莠聲。《詩》曰：「充耳琇瑩。」

今《詩》作「琇」。

【眉批】△

玖　石之次玉黑色者。從玉，久聲。《詩》曰：「貽我佩玖。」讀若芑。或曰若人句脊之「句」。

【眉批】△。讀若「句」，則與「玽」爲一字。

[玉𦣝]　石之似玉者。從玉，𦣝聲。讀若貽。

「似」，《玉篇》作「次」。又引《倉頡篇》云：「五色之石也。」

【眉批】△

珢　石之似玉者。從玉，艮聲。

《玉篇》作「次」。又引《埤蒼》：「瓔珢，石似玉也。」《山海經·西山經》：「羭次之山，其陽多嬰垣之玉。」注：「垣，或作短，或作根，或作埋。傳寫謬錯，未可得詳。」又：「泑山其上多嬰短之玉。」注云：「未詳。」錢大昭曰：「根，當作『珢』。」

【眉批】△

玴　石之似玉者。從玉，曳聲。

【眉批】△

璅　石之似玉者。從玉，巢聲。

《檀弓》：「縣子璅曰。」《釋文》：「依字作瑣。」《東京賦》：「既璅璅焉。」薛注：「小也。」

【眉批】△。「璪」、「璅」一字，詳前。或「璅」、「瑣」一字。

璡　石之似玉者。從玉，進聲。讀若津。

《晉書音義》：「璡與瑨同。」

【眉批】△。「璡」、「琟」一字。

瑨　石之似玉者。從玉，晉聲。

【眉批】△

璁　石之似玉者。從玉，悤聲。讀若蔥。

殆蔥珩之「蔥」，或作「璁」也。

【眉批】△

⿰王號 石之似玉者。從玉，號聲。讀若鎬。

【眉批】△

⿰王䡘 石之似玉者。從玉，䡘聲。讀若曷。

【眉批】△

⿱⿰目又玉 石之似玉者。從玉，⿰目又聲。

【眉批】△

《萬象名義》、《新撰字鏡》都瓘反，《繫傳》都灌反，《廣韻》丁貫切，惟大徐作烏貫切，誤。

⿰王燮 石之次玉者。從玉，燮聲。

【眉批】△

鍇本作「石之玉言次玉者」。

玽 石之次玉者。從玉，句聲。讀若苟。

【眉批】△。「玖」或讀若「句」，與此殆一字。

小徐作「似」。

琂 石之似玉者。從玉，言聲。

【眉批】△

璶　石之似玉者。從玉，盡聲。

【眉批】△

琟　石之似玉者，從玉隹聲。讀若維。

【眉批】△。與「璡」殆一字。

瑦　石之似玉者。從玉，烏聲。

【眉批】△

瑂　石之似玉者。從玉，眉聲。讀若眉。

【眉批】△

璒　石之似玉者。從玉，登聲。

【眉批】△

玜　石之似玉者。從玉，厶聲。讀與私同。

【眉批】△

玗　石之似玉者。從玉，于聲。

字亦作「⿰王雩」，《西山經》：「小華之山，其陽多⿰王雩琈之玉。」

【眉批】「玗」、「瑗」一字，見前。

⿰王叟　玉屬。從玉，叟聲。讀若沒。

卜辭作「□」、「□」、「□」等形。《玉篇》：「⿰王殳，莫骨切。」引《穆天子傳》：「采石之山有⿰王殳瑶。」按今各本《穆傳》並作「⿰王殳」，足證「⿰王殳」字本從「殳」也。《萬象名義》篆作「□」，與「轂」作「□」正同，亦從「殳」之證。蓋「沒」、「役」音相近，故《說文》從「殳」而讀若「沒」。後人見其讀若「沒」，以「殳」聲爲不類，故改從「叟」耳。古「殳」、「攴」通用，凡經傳玫瑰字俱當從「□」作「□」。劉楨《清慮賦》「馮玫瑤之几」，「玫瑤」即《穆傳》「⿰王殳瑤」也。「⿰王殳」、「玫」一聲之轉，與從「文」聲之「玟」亦作「砇」者異字也。

【眉批】？

瑎　黑石似玉者。從玉，皆聲。讀若諧。

《萬象名義》、《新撰字鏡》、《玉篇》並訓「黑玉也」。按鍇，鐵也。

【眉批】△

碧　石之青美者。從玉、石，白聲。

玄應十一，慧琳三・九、又五・六，《御覽》八百九俱引作「石之美者」。《急就篇》：「璧碧珠璣玫瑰甕。」《西山經》：「高山其下多青碧。」按字當從「石」、「珀」聲，或從「玉」、「砶」聲。

【眉批】△

琨　石之美者。從玉，昆聲。《虞書》曰：「揚州貢瑶琨。」

見《禹貢》。《招魂》：「琨蔽象棊。」作「昆」。「琨」爲孳乳字。

【眉批】△

瑻 琨，或從貫。

小徐曰：「貫聲。」《禹貢》《釋文》：「琨，馬本作瑻，韋昭音貫。」《地理志》引《禹貢》亦作「瑻」。國山碑有「瑻」字作「**瑻**」。

珉 石之美者。從玉，民聲。

《御覽》八百九引「石之次玉也。」《文選》潘尼《贈陸機》詩、《周禮》疏引與今本同。《中山經》：「岐山其陰多白珉。」《禮記·聘義》：「君子貴玉而賤碈。」注：「碈，或作玟。」《釋文》：「字亦作瑉。」《荀子·法行篇》作「貴玉而賤珉」。《玉藻》：「士佩瓀玟。」《釋文》：「字又作砇。」《鄭風·子衿》傳作「瓀珉」。按：「珉」、「瑉」、「碈」、「玟」、「砇」並一字。

【眉批】△。與下「玟」同字。

瑤 石之美者。從玉，䍃聲。《詩》曰：「報之以瓊瑤。」

《木瓜》。二徐本作「玉之美者」。今本《玉篇》引同。《文選》潘尼《贈陸機》詩注引作「玉美者」。按《木瓜》《釋文》引作「美石」。慧琳九八·五引作「石之美者也」。《御覽》八百九引作「石之美者」。各家均謂當作「石」，是也。《公劉》：「何以舟之，惟玉及瑤。」是「瑤」非玉也。

【眉批】△

珠 蚌之陰精。從玉，朱聲。《春秋國語》曰：「珠以禦火災。」是也。

《初學記》引「之」作「中」。《玉篇》引「珠」下有「足」字，與《楚語》合。古圜幣「重一兩十二珠」及「重一兩十四珠」作

「絑」，並借爲「銖」。國山作「珠」。于鬯謂：「珠本謂玉之圜者，蚌之陰精亦圜如玉珠，故亦謂之珠。」是也。

玓瓅，明珠色。從玉，勺聲。

【眉批】△

《文選·上林賦》注引「玓瓅，明珠光也」。又《舞賦》注引「的皪，珠光也」。《初學記》十七、《唐韻》十八錫、《廣韻》廿三錫、《龍龕手鑑》引並與今本同。《上林賦》：「明月珠子，的皪江靡。」蓋本有作「玓瓅」者。按「的皪」疊韻連語，本象其聲。如《舞賦》「珠翠的皪而炤燿」，《蜀都賦》「輝麗灼爍」，《思玄賦》「顏的礫以流光」，《魏都賦》「丹藕淩波而的皪」，《羽獵賦》「隨珠、和氏焯爍其波」，《哀郢》「外承歡之汋約兮」，《廣雅·釋詁一》「婥約，好也」，皆是從「玉」而爲「玓瓅」，孳乳字也。

玓瓅。從玉，樂聲。

【眉批】△

珠也。從玉，比聲。宋弘云：淮水中出玭珠；玭，珠之有聲者。

小徐作「玭珠，珠之有聲者」。

【眉批】△

《夏書》玭，從虫、賓。

《禹貢》：「淮夷蠙珠暨魚。」《釋文》：「字又作蚍。韋昭：舊迷反，蚌也。」《史記》《索隱》：「蠙，一作玭，並步玄反。又作濱，濱，畔也。」《漢·地理志》：「蠙珠暨魚。」注：「蠙，或作玭。」按《禹貢》本文今不可詳，注家或讀爲「濱」及「蠙」，或爲「蚍」及「玭」耳。韋昭訓爲蚌者，「蚍」即「蚌」字。《爾雅》：「廳蚌，《説文》：『修爲蜃，圜爲蠇。』」《周禮·鱉人》：「共廳蠃蚳。」杜注：「蜯也。」司農注：「蛤也。」「蠙」、「蚍」、「廳」、「蜯」皆一聲之轉耳。後人以「珠」字從「玉」，改「蚍」字亦從「玉」而爲「玭」。又改

「蠱」字亦從「玉」而爲「琕」。《周禮・玉府》鄭注引《詩》傳：「衡牙蠙珠以納其間。」《大戴・保傅》作「玭珠以納其間」。《新書・容經》作「捍珠」。按「捍」當爲「琕」之誤。《萬象名義》及今本《玉篇》「玭」下云「琕，同上」，《新撰字鏡》「玭、琕二同」，《廣均》「玭」下有「琕」字云「上同」，皆可證也。然則「玭」爲「蚍」之孳乳字，玭本非珠。玭珠，猶蜯珠也。「蠙」者，「蚍」、「蠱」、「蜯」等字之異文，爲從「虫」、「賓」聲。《莊子・至樂》：「水苔蛙蠙之衣。」《廣韻》訓「蠙」爲「珠母」是也。《說文》「玭珠，珠之有聲者」，其義未詳。舊引《山海經》「文魮之魚」當之，謂當作「玭蚌之有聲」，殆非。《山海經》所述自是怪魚，非蜯也。

【眉批】△

珕　蜃屬。從玉，劦聲。《禮》：「佩刀，士珕琫而珧珌。」

引《禮》今見《瞻彼洛矣》傳，「珧珌」作「珕珌」。徐鍇曰：「音如厲，蓋今牡蠣之屬。」

【眉批】△

珧　蜃甲也，所以飾物也。從玉，兆聲。《禮》云：「佩刀，天子玉琫而珧珌。」

《釋魚》：「蜃小者，珧。」《釋器》：「弓以蜃者謂之珧。」《天問》：「馮珧利決。」注：「珧，弓名也。」《東山經》：「嶧皋之水多蜃珧。」注：「蜃，蚌也。珧，玉珧，亦蚌屬。」《江賦》：「玉珧海月。」按：稱玉珧者，以其甲類玉也，故字從「玉」。今其注曰：「江瑤其甲可爲飾者曰螺鈿。」

【眉批】△

玫　火齊玫瑰也。一曰石之美者。從玉，文聲。

玄應六，慧琳九・十四、廿七・九並引「玫瑰，火齊珠也。一曰石之美好曰玫，圜好曰瑰」。玄應三引「石之美好」二句。慧琳二五・八、五四・十八引「火齊珠也」。《寰宇記》：「林邑國獻火珠，大如雞卵，狀如水精。日正午時，以珠承影，取艾依之，火見。」徐灝《段注箋》云：「火齊者，以藥物火治之而成。故玫瑰、琉璃皆有火齊之名。《藝文類聚》引《韻集》

云：『瑠璃，火齊珠。』是也。顏師古《司馬相如傳》曰：『火齊珠，今南方所出火珠，蓋言其出於火也。』」朱駿聲疑火齊、玫瑰之字從「枚」省聲，一作「砇」、「瑉」、「碈」者，從「文」聲。今按朱説近是。「玫」字當從「攴」，即「⿰王殳」之異文也。此從「文」聲者，與上「珉」同。

【眉批】△。與上「珉」同。

玫瑰。從玉，鬼聲。一曰圜好。

《玉篇》引作「一曰珠圜好」。

【眉批】△。與「瓌」同字（今「傀」重文）。

珠不圜也。從玉，幾聲。

玄應三、六、九、十二，慧林九·二、三八·二、四六·十四皆引「珠之不圓者也」。《禹貢》《正義》引「珠不圜者」。《後漢·賈琮傳》注、《初學記》引「珠之不圜者」。玄應十六、《玉篇》引「珠不圓者也」。段玉裁云：「凡經傳沂鄂謂之璣，門橜謂之機，故珠不圜之字從『幾』。」

【眉批】△

琅玕，似珠者。從玉，良聲。

《御覽》八百九引作「石之似玉者」。《釋地》：「西北之美者有崑崙虛之璆琳琅玕焉。」

【眉批】△

琅玕也。從玉，干聲。《禹貢》：「雝州球琳琅玕。」

「球」，小徐作「璆」。

【眉批】△

古文玕。從玉、旱。

按「旱」聲。

【眉批】△

珊瑚，色赤。生於海，或生於山。從玉，删省聲。

小徐本作「或於山」。《玉篇》引「或」作「亦」。《廣韻》二十五寒引作「珊瑚，生海中而色赤也」。《御覽》八百七引「珊瑚，色赤，生於海中，或生於山也」。《華嚴經音義》廿五引作「珊瑚，色赤，生之於海，或生山中也」。按：「删省聲」者誤，當云「册聲」。

【眉批】△

珊瑚也。從玉，胡聲。

【眉批】△

石之有光璧珋也，出西胡中。從玉，卯聲。

「璧」，小徐作「壁」。《江賦》注引「光」下有「者」字。今本篆作「珋」，云「從丣聲」。桂馥云：「當從寅卯之『卯』。」甚是。今改正。按古無「丣」字，後人所臆改也。《江賦》：「玚珋璿瑰璧。」珋者，段氏謂即璧流離是也。佛書作「吠瑠璃」。《玉篇》「瑠」同「珋」。今或曰頗黎，「頗」即「璧流」合音耳。按：此字本借「璧流離」爲聲，後人孳乳爲「珋」字，以代「流」耳。

【眉批】△

琀　送死口中玉也。從玉，從含，含亦聲。

《左》文五年傳《釋文》、《御覽》五百四十九引「死」字並作「終」。慧琳《音義》廿五・十一作「送終口中之玉也」。按經傳多作「含」，或作「唅」。此孳乳字，蓋以所含者玉，因從「玉」耳。玄應二云：「《字林》從『玉』作『琀』，諸書從『口』作『唅』。」似此字由《字林》而增。《說文》無「唅」字，當即「吟」及「含」字。

【眉批】△。與「玲」同聲。

[illegible]　遺玉也。從玉，歔聲。

大徐本篆從「[illegible]」，今從小徐。小徐以爲《山海經》之遺玉，段氏以爲贈遺之玉。

【眉批】△

璗　金之美者，與玉同色。從玉，湯聲。《禮》：「佩刀，諸侯璗琫而璆珌。」

《廣均》卅七蕩引作「金之美，與玉同色者也」。《爾疋・釋器》《釋文》引作「金，與玉同色也」。《釋器》：「黃金謂之璗，其美者謂之鏐。」按：與「瑒」一字，《王莽傳》「瑒琫瑒珌」是其證。然「瑒」、「璗」本是奉玉之義，金之美者字當作「錫」、「鍚」爲正，「璗」爲假借字。許以「與玉同色」爲解，附會之甚也。

【眉批】與「瑒」一字。

靈　靈巫以玉事神。從玉，霝聲。

《玉篇》引「以玉事神也」。《廣韻》引作「巫以玉事神也」。詛楚文、國山碑並作「[illegible]」。

【眉批】與「玲」同字。

靈　𩆜，或從巫。

按卜辭有「霝妃」，古借「霝」字爲「靈」也。「𩆜」字從「玉」、「霝」聲，其本義當爲玉聲，與「玲」同字。《説文》「軨」重文「𨏩」，又霝雨之「霝」《詩》作「零」，「蘦」《詩》作「苓」，「螟𧕋」《詩》作「螟蛉」，「麢」今作「羚」，皆足證「玲」、「𩆜」（或寫作「𤫊」）當是一字也。霝爲巫稱，《楚辭》注：「靈，巫也。」又云：「楚人名巫爲靈子。」故孳乳爲從「巫」、「霝」聲之「靈」字，其字當入巫部。經傳多作「靈」，古或作「𩆜」者，假借字也。許以「𩆜」爲正字，「靈」爲或體，而説爲「以玉事神」，亦强爲附會也。

【眉批】△。應入巫部。

新附

珈　婦人首飾。從玉，加聲。《詩》曰：「副笄六珈。」

《詩·鄘風》。傳：「珈，笄飾之最盛者，所以别尊卑。」箋：「珈之言加也，副既笄而加飾，如今步摇上飾。」按：字本作「加」，加於笄之飾也。《太玄經》：「男子折笄，婦人易哿。」借「哿」字。孳乳爲「珈」。

【眉批】△

璩　環屬。從玉，豦聲。見《山海經》。

《東山經》：「青要之山穿耳以鐻。」注：「鐻，金銀器之名，音渠。」是郭本作「鐻」，不從「玉」。《魏都賦》：「鐻耳之傑。」亦同。此所據或别本也。穿耳之飾殆出外國。玄應書四「瑺渠」下云：「《埤倉》：『珠曰瑺，充耳也。渠，耳渠也。』」又云：「西國王等多用金銀作之，著耳匡中，用以莊飾。」按「渠」即「鐻」也，「鐻」於《説文》爲「虡」之重文。蓋「渠」、「鐻」皆叚其聲，無本字也。耳鐻或以玉爲之，則從「玉」，因孳乳爲「璩」字。《淮南子·泰族訓》：「璩伯玉以其仁寧衛」。《檀弓》：「蘧伯玉。」《釋文》：「本又作璩。」魏應璩，字仲瑗。則漢世已有其字也。

【眉批】△

琖 玉爵也。夏曰琖，殷曰斝，周曰爵。从玉，戔聲。

《玉篇》：「琖，側簡切。《説文》曰：『玉爵也。夏曰琖，殷曰斝，周曰爵。』亦作盞、⿰角戔。」按：此字殆《説文》所本有也。酉部：「醆，爵也。一曰酒濁而微清也。」乃大徐新修之文耳。盞之言淺也。《方言》郭注云：「盞，最小桮。」是也。盞爲皿屬，故從「皿」、「戔」聲。《方言》五：「盞，桮也。」《通俗文》：「盞或謂之盌」。字或作「⿱殘皿」，從「殘」聲。《廣雅・釋器》：「⿱殘皿，盂也。」盞有以玉爲之者，故或孳乳爲「琖」，從「玉」、「戔」聲。《明堂位》曰：「爵，夏后氏以琖，殷以斝，周以爵。」又曰：「爵用玉琖，仍雕。」是也。漢王君廟門碑：「束帛有琖。」則又借「琖」爲「戔」字也。盞有以角爲之者，故或孳乳爲「⿰角戔」，從「角」、「戔」聲。盞爲酒爵，故或孳乳爲「醆」，從「酉」、「戔」聲。《禮運》：「醆斝及尸，君非禮也。」《詩・行葦》傳：「夏曰醆。」是也。蓋其字當以「盞」爲正。《周禮・量人》《釋文》：「琖，劉本作湔。」則假借字也。錢大昕謂當用淺深之「淺」，則拘泥於今本《説文》所無之失也。

【眉批】△

盞 或从皿。

據新附注增。王子申盞盂作「⿱戔皿」。

【眉批】當入皿部。

琛 寶也。从玉，深省聲。

琳《音》九七・二引《説文》「從玉，深省聲」。「深省聲」者，當作「罙」聲。碧落碑作「⿰王朩」，微誤。《詩・泮水》：「采獻其琛。」《爾雅・釋言》：「琛，寶也。」此字當補。鈕疑是「珍」之別體，非是。琳《音》八・十三引《字書》：「琛，寶也。」《古今正字》：「從玉，從深省聲。」

【眉批】△

璫 華飾也。從玉，當聲。

按物之圓底者稱當。《韓子·外儲》：「玉巵無當，瓦巵有當。」是也。引申之爲榱頭之當，今傳世之瓦當是也。《史記·司馬相如傳》：「華榱璧璫。」《索隱》引韋昭云：「裁玉爲璧，以當榱頭。司馬彪云：『以璧爲瓦之當也。』」此文士之藻飾耳，非真以玉爲榱頭之當也。今訓爲「華飾也」，非矣。《釋名》「璫」訓「穿耳施珠」，蓋亦非中國之制。《玉篇》：「瑁玧，蠻夷充耳也。」「璫」、「瑁」一聲之轉也。《史記》、《釋名》俱有「璫」字，則漢時已有其字。疑與「珦」爲一字。

【眉批】△。與「珦」一字。

琲 珠五百枚也。從玉，非聲。

《吴都賦》：「珠琲闌干。」劉淵林注：「琲，貫也，珠十貫爲一琲。」《廣韻》十八隊：「⿱非玉，《埤倉》云：『珠百枚曰⿱非玉。孫權貢珠百⿱非玉。』⿱非玉，貫也。」又云：「珠五百枚也。亦作琲。又蒲罪切。」《唐韻》同。慧琳九七·十五引顧野王云：「琲，謂貫珠之名也。百珠爲貫，五貫爲琲。或作蜚也。」按「蜚」字今本《玉篇》同，疑「⿱非玉」之誤。《萬象名義》作「⿱非玉」，篆作「[illegible]」。按琲之語由「朋」來。古者貫貝曰朋，其字作「[illegible]」，與「非」形聲均相近。故借「非」爲「朋」，爲貫珠之稱，猶「倗」之與「輩」耳。孳乳爲從「玉」之「琲」字。百珠爲琲，猶許書百車爲輩矣。

【眉批】△

珂 玉也。從玉，可聲。

慧琳《音義》數引《古今正字》：「從玉，可聲。」《廣雅》：「瑊功，珂。」又云：「石之次玉。」按「瑊功」即「玲塾」。《說文》：「玲塾，石之次玉。」則「珂」即「玲」之轉音也。劉逵注《吴都賦》「珂珹」云：「老雕化西海爲珹，已裁割若馬勒者謂之珂。珹者，珂之本璞也。」《通俗文》云：「勒飾爲珂。」然則玲⿱勒玉云者，乃以玲石爲勒，猶珂勒也。後世於玲勒之「勒」增「玉」作「⿱勒玉」，以玲⿱勒玉爲一名，而不復知其爲勒飾，乃別選「珂」字以當之矣。慧琳《音義》引《埤倉》曰：「瑪瑙也。」按「瑪瑙」或作「碼碯」，或作「馬瑙」，本無其字。顧薦《負暄録》謂梵言「摩羅迦」隸此言「瑪瑙」，則譯音也（《韻會》謂「色如馬腦」，非也）。王粲有《馬瑙勒賦》，則馬腦即珂之證也。然則古書言玲⿱勒玉，即漢魏之珂也。後又以譯名稱馬瑙，而珂亦隱晦矣。劉淵林謂：「老雕入海所化。」慧琳《音義》廿五·十二引顧野王曰：「螺屬也，出海中，白如雪，所以纓馬膺。」則是以蜃屬爲珂，《西京雜記》所謂「以南海白蜃爲珂，紫金爲勒」是也。非「石之次玉」之本義矣。

【眉批】△

玘 玉也。從玉，己聲。

《切韻》、《廣均》並訓「佩玉」。鈕云：「《説文》『玖』訓『石之次玉黑色者』，引《詩》『貽我佩玖』，讀若芑。音義並近，疑爲『玖』之別體。」《晉書音義》引《字林》：「玘，本作幾字。萬意反。」

【眉批】△

珝 玉也。從玉，羽聲。

鈕云：「《玉篇》引《吴志》：『薛綜，字子珝。』」按「瑀」音義與「珝」近，《春秋》、《左》昭三十年「徐子章禹」，《穀梁》「禹」作「羽」，疑「珝」即「瑀」之別體。案《晉書·藝術傳》有「卜珝」。

【眉批】△

璀 璀璨，玉光也。從玉，崔聲。

《玉篇》：「璀璨，玉光。」按：此連語，猶「翠粲」及「萃蔡」也。《文選·琴賦》：「新衣翠粲。」李注引《子虛賦》曰：「翕呷翠粲。」張揖曰：「翠粲，衣聲也。」《史記·司馬相如傳》作「萃蔡」。《玉篇》「呷」引《子虛賦》亦作「萃蔡」，訓「衣裳張起之聲也」。又作「綷縩」。《漢書》班婕妤賦作「綷縩」。《文選・籍田賦》：「綃紈綷縩。」又作「璀粲」。《洛神賦》：「被羅衣之璀粲。」又作「璀璨」。《史記・司馬相如傳》《索隱》引郭璞云：「萃蔡，猶璀璨也。」《天台山賦》：「琪樹璀璨而垂珠。」《靈光殿賦》：「汩磑磑以璀璨。」是。蓋以象衣聲，則孳乳爲「綷縩」。以象玉光，則孳乳爲「璀璨」。又《洛神賦》但有「璀」字，《新撰字鏡》玉部亦祇有「璀」字(《萬象名義》兩字並不録)。似「璀」字漢世已有，「璨」爲後增也。段云：「『新臺有玼』，《韓詩》作『漼』，云『鮮皃』，即今璀璨字。」然「璁」字或作「琗」，亦與萃蔡近也。

【眉批】△

璨 玉光也。從玉，粲聲。

【眉批】△

琡 玉也。從玉，叔聲。

【眉批】△。與「璹」同用。

與「璹」同字，見前。

瑄 璧六寸也。從玉，宣聲。

【眉批】△。與「珣」同用。

本作「宣」，詳「珣」下。

珙 玉也。從玉，共聲。

字本作「共」。「共」之字本作「[篆字]」，象奉璧也。《商頌》：「受小共大共。」箋云：「共，執也。小共大共，猶所執搢小球大球也。」或作「拱」，「共」之孳乳繁文也。《左》襄二十八傳：「與我其拱璧。」《老子》：「雖有拱璧，以先駟馬。」是也。以所執爲璧，因引申爲璧名，而孳乳爲從「玉」、「共」聲之字。高誘《淮南》注：「拲，讀《詩》『小珙大珙』。」《玉篇》：「珙，大璧也。」是也。

【眉批】△。與「共」一字。

逸字

⿰王畢

已見「珌」下。

【眉批】△

瓄

見本書「⿱夾玉」下。按：本祇作「賣」字，見「⿱夾玉」注。又按：卜辭有「[illegible]」字，疑或「瓄」字也。

琪

見本書「珣」注。按：即「璂」字，《周官·弁師》《釋文》：「璂，本亦作琪。」

【眉批】△

瓀

《西京賦》注引「瓀，石之次玉也」。按即《說文》「碝」字：「石次玉者。」《玉藻》：「士佩瓀玟。」《釋文》：「瓀，又作瑌。」

【眉批】△

珮

慧琳三二·十七引「珮，所以象德也。從玉，凧聲」。九十四·十四引「從玉，凧亦聲」。按此「佩」之俗字。丁福保據補《説文》，誤也。《新撰字鏡》引原本《玉篇》：「珮，《説文》爲佩字，在人部也。」《廣韻》十八隊：「珮，玉珮。俗。」

【眉批】×

玊

琢玉工也。

【眉批】×

玨部

此部不必立。

玨 二玉相合爲一玨。凡玨之屬皆從玨。

《釋器》：「玉十謂之區。」郭云：「雙玉曰瑴，五瑴爲區。」《左》莊十八傳：「皆賜玉五瑴。」杜云：「雙玉爲瑴。」《正義》云：「《倉頡篇》『瑴』作『玨』，雙玉爲瑴，故字從兩『玉』。」僖三十年傳：「皆十瑴。」襄十八年傳：「係玉二瑴。」杜並云：「雙玉曰瑴。」《魯語》：「行玉二十瑴。」韋注：「雙玉曰瑴。」《淮南子》：「玄玉百工。」注：「二玉爲一工，『工』、『瑴』聲近而借也。」卜辭有「丰丰」，自是「丰丰」字，舊誤以爲「玨」，非也。金文噩侯鼎「玉五㱿」，作「㱿」，蓋借爲「玨」也。孳乳爲從「玉」之「瑴」。

【眉批】△。入玉部。

瑴 玨，或從㱿。

按「㱿」聲。

【眉批】△。入玉部。

班 分瑞玉。從玨，從刀。

《堯典》：「班瑞於羣后。」金文作「班」（班鎛），「班」（弭叔簋）。班從「刀」，音義與「分」、「辨」皆近。《周禮・太宰》注：「司農曰：頒，讀如班布之『班』。」《王制》注：「肦，讀爲班。」《士虞禮》注：「古文班爲辨，或爲胖。」是其證也。《五經文字》：「班，從刀，分也。」《廣韻》：「俗作班。」朱駿聲、張文虎均謂從「分」省聲，非是。

【眉批】△。入刀部。

𨋂 車笭間皮篋。古者使奉玉以藏之。從車、玨。讀與服同。

「笭」，《東京賦》注引作「䉶」。「篋」，《東京賦》注、王仁煦《切韻》、《唐韻》一屋並引作「筐」，今本《玉篇》、《廣韻》並引作「篋」。《萬象名義》亦訓「皮篋以藏之」。《玉篇》作「所以盛之」。按字當從「車」、「玨」聲，許説誤也。其本意當與「轂」同，猶「玨」之爲「㱿」也。假借爲車腹。今本《玉篇》車部：「輹，筐也。𨋂，同上。」按：此不見於原本《玉篇》，當別有所本。輹者，車腹，孳乳爲「輹」字。《易・小畜》、《大畜》並曰：「輿説輹。」《大壯》曰：「壯於大輿之輹。」《左》僖十五傳：「輿脱其輹。」皆當作車腹解，説者多誤。馬融《易》注：「車下傅也。」《説文》：「車軸傅也。」此一説也。鄭玄《易》注：「伏兔。」《釋名》：「屐，似人屐也。又曰伏兔，在車軸上似之也。又曰輹。輹，伏也，伏於軸上也。」此又一説也。按《説文》：「轉，車下索也。」《釋名》：「轉，縛也，在車下與輿相連縛也。」則訓爲車下縛者，其本字當作「轉」。《説文》據《考工記》以轐爲車伏兔，則訓爲伏兔者，其本字當作「轐」。然此二訓乃借「輹」爲「轉」，或爲「轐」，均非「輹」之本義也。「輹」音與「縛」、「轐」均相近，而其本義自爲輿之腹。輿腹則車箱也，故引申爲筐矣。輹亦借「服」爲之，此字下云「讀若服」。《考工記・車人》：「牝服。」

司農注：「服，車箱也。」《禮・既夕》注：「服，車箱也。」《詩・大東》曰：「不以服箱。」傳：「牝服也。」均其證也。「輹」亦借「輻」爲之。今《易・小畜》《大壯》「輹」並作「輻」。《後漢書・輿服志》「耕車」、「戎車」、「輕車」下「轓」字凡三見，段玉裁據《漢書・張安世傳》注所引「𤨏弩」字，正今本《輿服志》「轓輒弩」之譌。不知「轓」爲「輻」之繁文，「輻」、「𤨏」並借字也。《輿服志》「輕車，建矛戟幢麾轓輒弩服」者，《説文》：「輒，車兩輢也。輢，車旁也。」鄭注《考工記》：「戈殳戟矛皆插車輢，故於車輒有轓以盛弩服也。」《東京賦》：「𤨏弩。」李注：「置弩於𤨏曰𤨏弩。」是也。然則《輿服志》本無誤字，《張安世傳》顔注乃節引其文，段氏議其譌，非矣。今謂無論爲「服」爲「𤨏」爲「轓」及「輻」，皆「輹」之叚借字。輹爲車腹，即車箱也。後世於「輹」字既失其本義，而以伏兔及車下縛當之，乃誤以「𤨏」爲正字。許君説其字又誤以爲會意，因創「古者使奉玉以藏之」之説以附會之。藏玉於𤨏既無所本，而其字從「玨」，安能會筐篋之意？失之甚也。或者更以𤨏有時盛弩而《説文》「讀若服」，謂爲借「𤨏」爲「箙」，又失許之本意矣。

【眉批】△。入車部。

气部

气　雲气也。象形。凡气之屬皆從气。

《大司馬》注：「皆畫以雲氣。」《釋文》：「氣，本或作气。」經傳通用「氣」字。於气匄字則省爲「乞」。又在偏旁中，形母多用「气」，聲母多用「乞」。按气即雲也。引申爲熱物之气，呼吸之气。後世於雲气但稱爲雲，遂不知气爲何物。而望气之説遂多神秘矣。金文洹子孟姜壺作「□」。疑卜辭、金文之「□」、「□」即「气」字。「□」爲「亂」（訖）。

【眉批】「□」難解。

氛　祥气也。從气，分聲。

氛者，气也。「氛雲」猶「紛紜」、「氛氳」也。蓋天地間除日月星辰外，可見者唯雲气，故象其形以爲「气」字。其气紛紛紜紜，因借「分云」二字爲之。「分」孳乳爲「氛」爲「雰」，「云」孳乳爲「雲」。後世以「雲」爲雲气之專字，而气非雲矣。「氛」爲凶惡之氣之專字，「雰」爲寒气、霧气之專字，而「氛」、「雰」亦似有别矣。

【眉批】△

雰　氛，或從雨。

按「分」聲。

【眉批】△。當互見雨部。

士部

士　事也。數始於一終於十，從一，從十。孔子曰：「推十合一爲士。」凡士之屬皆從士。

《玉篇》、《韻會》作「推一合十」。「士」、「事」聲近可通借，非本義也。《易》：「士刲羊，無血。女承筐，無實。」《詩·溱洧》：「士與女，方秉蕑兮。」《氓》：「女也不爽，士貳其行。」又《女曰雞鳴》：「士曰昧旦。」《野有死麕》：「有女懷春，吉士誘之。」，《荀子·非相》：「處女莫不願得以爲士。」凡士與女對稱，男子也。曰「士卒」，曰「士大夫」，曰「學士」，皆引申之義也。「士」字本作「丄」，象陽性生殖器之形，即後世之「勢」字。故「牡」、「⿰豕土」、「⿰羊土」等字並從之。引申之爲男性之通稱耳。許説穿鑿，其所引孔子語當出讖緯依託，鄙誕不經，與「人持十爲斗」之類何異乎？金文作「士」。林義光謂：「士象構作之形，與『工』、『乍』同意。」俞樾《兒苦録》謂：「從二從丨，通下情以達於上者，士也。」並非。

壻　夫也。從士，胥聲。《詩》曰：「女也不爽，士貳其行。」士者，夫也。讀與細同。

小徐脱「聲」字。《釋親》疏引作「女之夫也」。「士」與「胥」一聲之轉，古殆借「胥」爲「士」，其後孳乳爲「壻」也。古多稱士，惟《儀禮》稱「壻」，對「婦」而言。《爾雅》則以爲「女子子之夫」矣，其稱殆興於東周以後乎！「壻」又聲變爲「倩」，《方言》：「東齊之間，壻謂之倩。」古鉨作「□」（丁）。漢碑「胥」作「□」，省爲「□」。《金石文字記》云：「壻字，一傳爲『埍』，再傳爲『⿰土咠』，三傳爲『聟』，四傳爲『聓』。」

□　壻，或從女。

按「胥」聲。此「壻」字之後起孳乳字也。古鉨作「□」。

□　壯　大也。從士，爿聲。

《釋詁》：「壯，大也。」《方言》一：「秦晉之間，凡人之大謂之奘，或謂之壯。」《曲禮》：「三十曰壯。」《月令》：「養壯狡。」《呂覽》注：「多力之士。」《管子》：「苗始其少也，眗眗乎，何其孺子也！至其壯也，莊莊乎，何其士也！」然則壯者，男子之壯盛也。古鉨作「□」、「□」、「□」。

□　墫　舞也。從士，尊聲。《詩》曰：「墫墫舞我。」

《繫傳》作「墫舞也」。《伐木》及《釋訓》《釋文》並引作「士舞也」。《詩·伐木》文今作「蹲」，《釋文》：「蹲，本或作墫。」《釋訓》：「坎坎，墫墫，喜也。」《釋文》：「墫墫，本或作蹲。」朱駿聲曰：「此重言形況字。毛訓『舞皃』，猶『坎坎』爲鼓聲也。『坎』不得訓鼓，『墫』何得訓舞？此後出字，許可不録。」按此殆《詩》或《雅》本有作「士」旁者，因涉上「坎坎」而誤，因而誤收耳。

【眉批】△

丨部

此不成部。「丨」即「十」字。「中」、「於」均當併入㫃部。

丨 上下通也。引而上行讀若囟。引而下行讀若退。凡丨之屬皆從丨。

《玉篇》作「下上通也」。此俗説也。「丨」在古文爲「十」字，其在他字中直筆非字也。許有「囟」、「退」二音，而《玉篇》「思二切，又古本切」，皆後世隨時所立耳。横、直、㔽、捺俱爲字作僞於許，而張大於鄭樵，其實非也。《萬象名義》思貳、他外二反，「思貳」即「囟」音，「他外」即「退」音。

【眉批】與「十」一字。

中 和也。從口、丨。上下通。

宋本「而也」，麻沙本「肉也」，今依小徐。二徐本作「」，從「」，下二篆同。《六書故》云：「鼂説之曰：林罕謂從『口』，象四方上下通中也。《説文》徐本皆作『』，殆誤也。」今據正。甲骨、金文多以此爲伯仲字，亦間有用爲中間字者。會稽刻石作「」。三體石經尚作「」。

【眉批】當入㫃部。象意字。或立中部。

中 古文中。

此篆無所見，殆書家變其姿勢耳。

【眉批】△

中 籒文中。

甲、金文作「」、「」、「」、「」、「」、「」、「」、「」、「」、「」、「」、「」等形。「中」字本象旗常形，已見《殷虛文字記》。觶文作「」（《續殷》下五五）。

𠁿 旌旗杠皃。從丨，從㫃，㫃亦聲。

此字於經傳無徵，今謂「⿸㫃工」之誤也。「⿸㫃工」字當作「□」，從「㫃」、「工」聲。蓋「工」聲之字可以象長直之形，「杠」、「虹」之屬是也。《釋天》：「素錦綢杠。」《鄉射禮・記》：「杠長三仞，士之制也。」《廣雅》：「天子杠高九仞，諸侯七仞，大夫五仞。」《士喪禮》：「竹杠長三尺。」然則旌旗之杠古多以「杠」爲之。《楚辭・遠逝》：「建虹采以招指。」注：「旗也。」借「虹」爲之。孳乳則爲從「㫃」、「工」聲之「⿸㫃工」字矣。金文剌卣（《殷》上四下）有「□」字，亞旐角（《殷》下廿二、《續殷》下三八）有「□」字，姒觚（《續殷》下四七）有「□」，並從「㫃」、「虹」聲。可證商時已有此字矣。「⿸㫃工」字本應在㫃部，後世「⿸㫃工」字既譌「𠁿」，《説文》乃誤入丨部，而解爲「旌旗杠皃」，則其義訓猶未誤也。《鄉射禮・記》注：「杠，橦也。」《士喪禮》注：「杠，銘橦也。」「杠」、「橦」聲近，今韻並在四江。《廣韻》「𠁿」宅江切，與「幢」、「橦」同紐，是聲猶未誤也。《萬象名義》「𠁿」丁陵反，《玉篇》陟陵切，則宅江切之轉也。《玉篇》、《廣韻》又丑善切，徐本《説文》引《唐韻》同，則又轉也。而今本《説文》謂「從㫃聲」，則失之彌遠矣。

【眉批】當入㫃部。

廿六年一月廿日初稿寫完

整理説明：

《説文解字箋正》現存手稿係朱絲欄框文華閣信箋紙，裝訂一册，每頁十行，每行大字單行，小字兩行或三行，共五十五頁，三萬四千字，全文無標點，内容係《説文解字》卷一上篇。

卷首自注「廿五年十二月起初讀《詁林》」，書末自注「廿六年一月廿日初稿寫完」，知此稿作於一九三六年至一九三七年間。《古文字學導論・自敘》云：「又因爲《名始》裏不能完全舉出《説文》的得失，所以想另寫一部《説文解字箋正》來擱在最後。」

此書的眉批主要有三種形式：一種是記「某同字」，講文字的分化、孳乳；一種是標記△，表示已經確定；一種是標記？，表示還有疑問。

（劉洪濤）

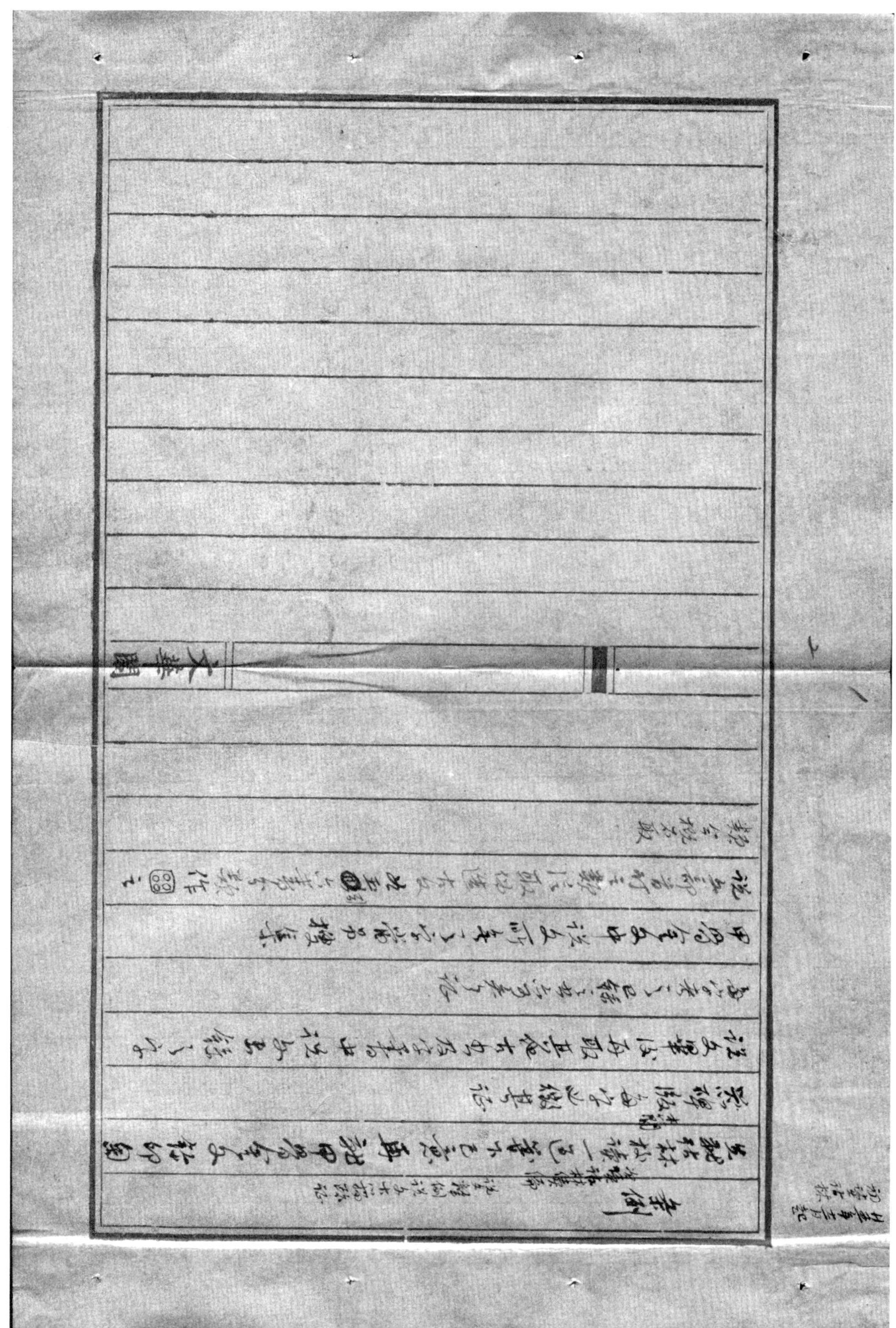

原稿樣張二

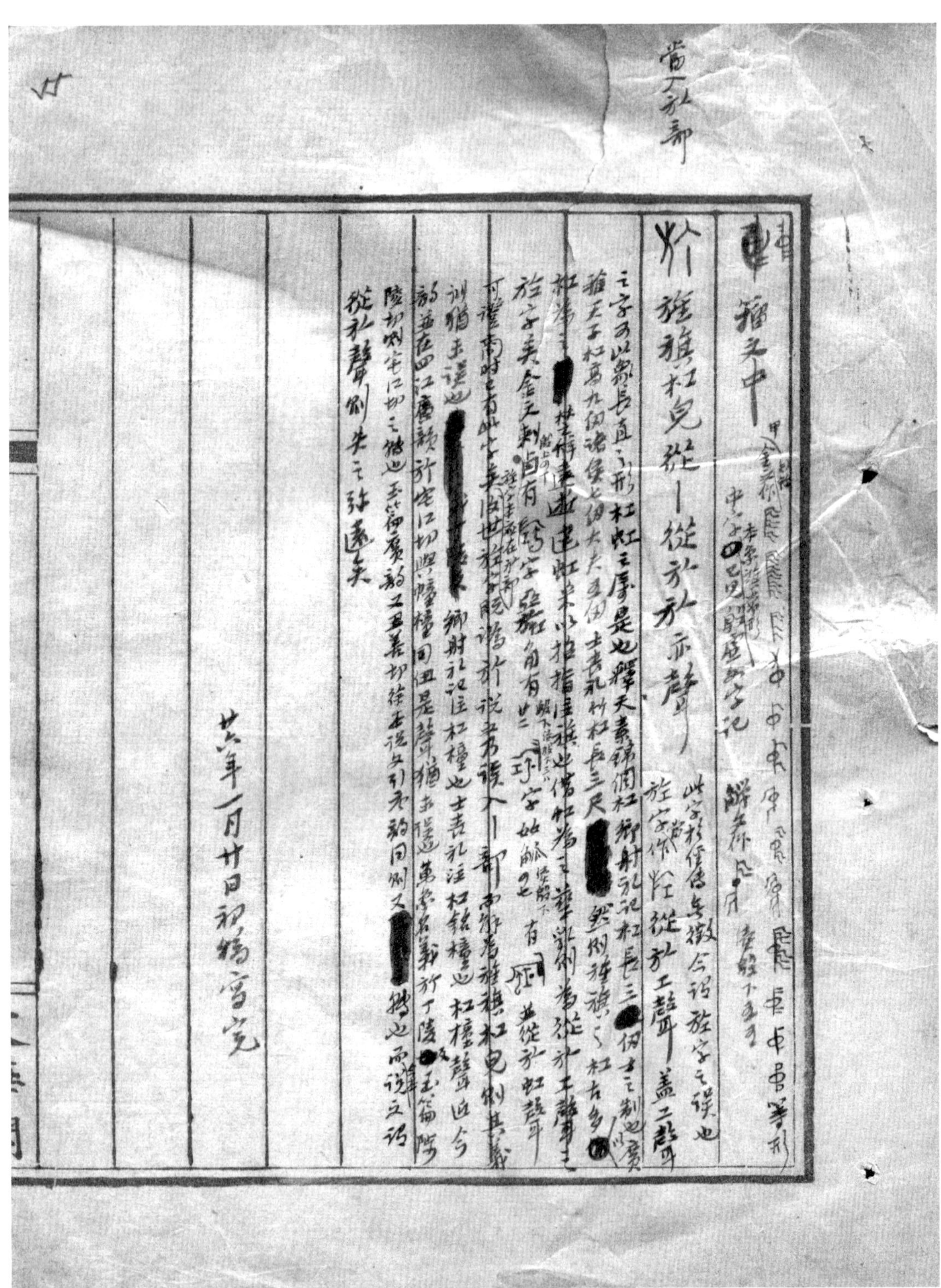

一據萬象名義補此今本凡字增大字

說文解字
卷一上

萬象名義說
文
共廿三畇

一部第一　凡八字一

一　於逸反。說文曰：惟初大始，道立於一，造分天地，化成萬物。道德經云：昔之得一者，天得一以清，地得一以寧，神得一以靈，谷得一以盈，萬物得一以生，侯王得一以為天下正。玉篇曰：一者數之始也，物之極也。又同也，少也，初也。或作壹。

式　古文

天　他前反。說文曰：天，顛也，至高無上，從一大。爾雅曰：春為蒼天，夏為昊天，秋為旻天，冬為上天。詩傳云：尊而君之則稱皇天，元氣廣大則稱昊天，仁覆閔下則稱旻天，自上降監則稱上天，據遠視之蒼蒼然則稱蒼天。呂氏春秋云：天有九野，東方蒼天，東南方陽天，南方炎天，西南方朱天，西方顥天，西北方幽天，北方玄天，東北方變天，中央鈞天。太玄經曰：九天：一為中，二為羨，三為從，四為更，五為晬，六為廓，七為減，八為沈，九為成。釋名曰：天，豫司、兖、冀以舌腹言之，天，顯也；青、徐以舌頭言之，天，坦也，坦然高而遠也。○君也。二
一他前反。萬象名義作奉堅反。
二據萬象名義補，出爾雅釋詁。

兲

兲　並古文。一
一萬象名義作兲、兲、昊、吳四形，並注云古文。按名義一部共八字，是本亦二體，傳寫譌增耳。

元　五袁反。說文曰：元，始也。易曰：元者善之長也。春秋傳曰：狄人歸其元。元，首也。韓詩曰：元，長也。公羊傳曰：元年春者何？君之始年也。何休云：變一言元。元者氣也。左氏傳注曰：凡人君即位，欲其體元以居正，故不言一年一月也。漢書曰：勸元元。野王案：元元猶喁喁，可憐愛貌。三○大也。三四
一五袁反。萬象名義作魚園反。
二今本無野王案云云。別有師古曰：元元，善意也。七字蓋校者據顏注增。
三據萬象名義補。史記孝文紀索隱引顧野王云：當
四萬象名義有。庀，古文。三字似誤衍。

丕　普邳反。虞書曰：嘉乃丕績。孔安國曰：丕，大也。或作丕。○丕也，多也。二
是本今所有今據訂補。
一邳，萬象名義作坯。
二據萬象名義補。丕也疑是丕丕之誤。亦謂釋詁：丕丕，大也。書大誥：弼我丕丕基。多也義未詳。
三五。詩六月：元戎十乘，以先啓行。毛傳：…（此句…）

吏　力致反。說文曰：治人者也。夏書曰：天吏逸德，烈于猛虎。周禮：八則，二曰廢置以馭其吏。左氏傳曰：王使委於三吏。杜預曰：三吏，三公也。禮記曰：五官之長曰伯，其擯於天子也曰天子之吏。○使也，君所使也。二三

原稿樣張二

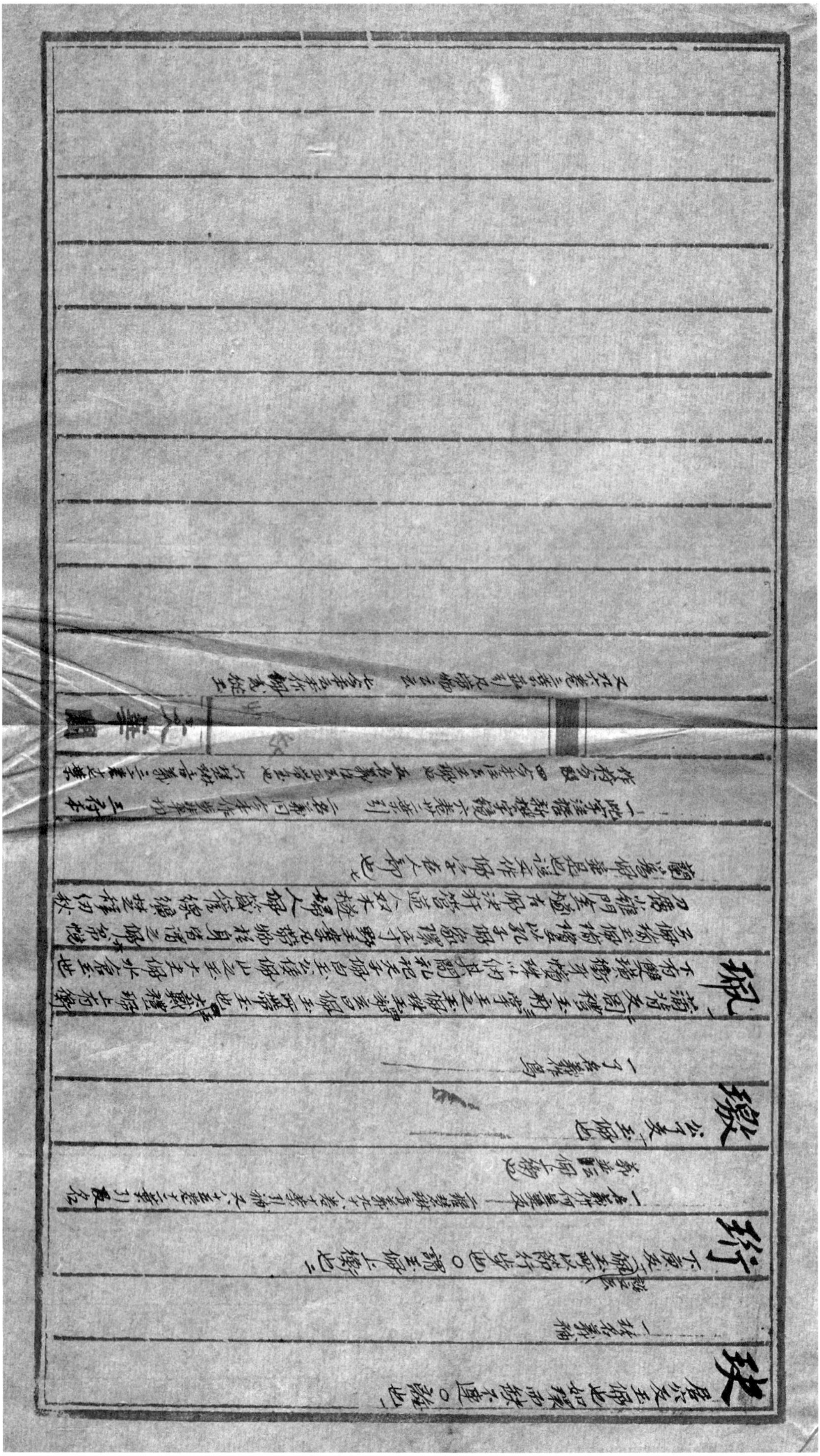

讀説文記

三十四年一月五日

讀説文記卷一（標題係整理者加）

惟初大始，道立於一，造分天地，化成萬物。

「一」與「物」韻，是質、物不分也（越范蠡語叶「物」、「一」、「失」、「利」）。按宋本「太始」，《玉篇》引同，小徐本及《韻會》始作「太極」。不知「極」又在職韻，此不知古韻者改之也。嚴可均云「可隨本」，非也。

一

段云：「於六書爲指事。」

今按：當是象形。「一」、「二」、「三」、「亖」並象形也。（徐灝云：「造字之初，先有數而後有文。『一』、『二』、『三』、『亖』畫如其數，是爲指事，亦謂之象事也。」）

「一」不當爲一部，許從「一」之字均誤。（「一」既不爲形母，亦不爲聲母。許書「聿」從「一」聲，誤。）

弌　弍　弎

李陽冰：「弋，質也。」（見《祛妄》）

徐鍇：「弋者，物之株橛。若言一弋、二弋、三弋，如今人一箇、二箇，一枚、二枚。」

王煦：「弋聲。」（「弍」、「弎」因「弌」而遞加。）

許印林：「從『弋』聲非，前篇（？）謂爲彣飾是也。『弋』古音之部（與職），『一』古音至部（於悉），古今韻皆不合也。況有『弍』、『弎』之必不可『弋』聲乎！」（《釋例》）

蘭按：「弋」聲之誤，許印林言之甚是。徐鍇說最爲人所樂用，然古文字以「弍」爲「二」，「弍」實當讀如「貸」，蓋即「再」之異音也。「弌」字、「弎」字乃由「弍」字推類衍出，殆漢人所造。［禪國山碑有之，隸書尚無此字（？）。］

【眉批】推類。

弌，古文。

《六書故》：「弌，不能古於一。」欲以「弌」爲小篆，「一」爲古文。桂未谷駁戴說，以爲小篆意趨簡易，故省「弌」爲「一」。段謂「凡言古文者，謂倉頡所作古文也」，此說大誤。「一」、「二」、「三」之本古文明矣，何以更出「弌」、「弍」、「弎」也？蓋所謂「即古文而異者」，當謂之古文奇字。

王紹蘭《段注訂補》謂：「此古文『弌』蓋《自敘》所謂甄豐等改定之古文，非孔子壁中之古文也。」

錢大昕謂：「作字之始，先簡而後繁，必先有『一』、『二』、『三』，然後有從『弋』之『弌』、『弍』、『弎』。而叔重乃注『古文』於『弌』、『弍』、『弎』之下，以是知許所言古文者，古文之別字，非『弌』古於『一』也。」

于鬯：「古文，謂古文諸經中字，非別有古字書也。然古文諸經中字實有兩種，其一爲真古文，如上部『丄』、『丅』之類是也；其一乃籀文，如『弌』、『弍』、『弎』。」

于謂許《敘》「其稱《易》孟氏……」，皆古文也，謂即書中之古文而非引經，故引經不限於古文。似可從。

「一」古音在質部，與「壹」同音，故古多通用。（《士冠禮》「壹揖壹讓」，注：「古文壹作一。」《公食大夫禮》「一以授賓」，注：「古文一作壹。」）然「壹」本「壺」字轉讀（商鞅量作「壺」，不從「吉」），非本字也。「一」本數名，引申之可爲獨一（《方言》）、專一（《禮運》「欲一以窮之」）、純一（「惟精惟一」）、合一（「定於一」）、同一（「其揆一也」）、一切（「政事一埤益我」）。

蓋表少數之一則獨一、專一、純一也，表大範圍之一則合一、同一、一切也（統一或一統、一概、一齊均同）。後世獨以「壹」屬專壹，乃强生分别耳。（商鞅量「壹」字與《士冠禮》「壹揖壹讓」、《周禮・典命》「其士壹命」均只數目字。）若《吕氏春秋・知士》云「一至此乎」，則如《東方朔傳》「壹何壯也」。（《燕策》：「此一何慶弔相隨之速也。」雖冠一「此」字，句法亦同。）則皆當讀如「抑」，猶「壹鬱」之爲「抑鬱」也。《莊子・大宗師》「回一怪之」，《禮・檀弓》「予壹不知夫喪之踴也」，則俱當讀如「實」。

然則「一」爲古語，「壹」由音轉而來，適與同音，故通用，其語源則「一」也。（《説文》「壹」讀如「絪緼」，則聲更變入真矣。此質、真之轉也。）《文始》謂：「『一』孳乳爲『匀』（少也），『匀』孳乳爲『酌』（少少飲也）、『趋』（獨行也）。」今按：「匀」有少義，可爲一單獨語源，未必即由「一」聲之所轉。章乃謂「『匀』從『勹』、『二』，即渾沌未分，兩儀勹於太極。然『匀』可晐『壹』、『壺』之義」，則附會穿鑿，殊爲可笑。由彼不知「匀」、「旬」一字，不從「勹」（音包）也。章又謂：「『一』又孳乳爲『馬』，馬一歲也。」按古人於畜之年齡多易新名，「豵」又爲豕一歲，「豝」亦爲豕一歲，豈復是「一」之孳乳乎？「豯」三月豚，「豵」六月豚，「豜」三歲豕，「駒」馬二歲，「駣」馬三歲，「㸬」二歲牛，「羜」五月生羔，「羍」六月生羔，豈復爲「二」、「三」、「五」、「六」等字所孳乳乎？此未可以「犙」、「牭」、「𩡧」三字例之也。（「驂」、「駟」義與「犙」、「牭」又别。）古未有以「一」爲聲者，疑馬之作「馬」，猶豕之作「豖」，皆象牡形，不從「一」也。（犬爲「犮」，疑亦牡形。）

元

當從《九經字様》及《六書故》所引一本、《繫傳》所謂俗本作「兀聲」。然「元」即「兀」字，「兀」象人首。古從「一」之字，後多從「二」也（髡、髨，軏、転，虺、蚖）。《六書故》謂「從人上」，亦非。

横海將軍吕君碑：「民無祂蜴。」

「兀」在没韻，爲魂之入。寒、魂古多相亂也，《莊子》「兀者王駘」、「兀者叔山無趾」，皆以「兀」爲「刖」（亦作「䟤」），在月韻。「軏」亦在月韻，則正元之入聲矣。

天

《釋名》：「豫、司、兖、冀以舌腹言之：天，顯也，在上高顯也。青、徐以舌頭言之：天，坦也，坦然高而遠也。」按卜辭

「天」與「大」爲一字，「□」、「□」即由「□」所孳生，「天邑商」即「大邑商」，「天乙」即「大乙」。（「天子」蓋即「大子」，與小子相對，非謂天之子也。孟鼎「天翼臨子」，逕作「子」。）則「天」本當讀如「嘽」（他單反），在寒部無疑。蓋轉爲陰聲，則爲「大」（「大」有他蓋、徒蓋二音），在泰部也。然則青、徐以舌腹言之者，乃古音也。

三百篇中以「天」叶真部（即先部），故《說文》「天，顛也」。《春秋說題辭》：「天之言鎮也。」（《白虎通》同）《元命苞》：「天之言瑱也。」賀述（?）《禮統》：「天之爲言鎮也，神也，陳也，珍也。」此聲訓之在真部者也。「天冬」即「顛冬」（《山海經》），「刑天」（《山海經》，無首）即「鑿顛」（《刑法志》秦刑。此太炎《小學答問》說），此通假之在真部者也。由寒入先，當遠在周代矣。《釋名》以「顯」訓「天」，「顯」古音本在寒部，亦正是由寒入先者也。（《素問・天元紀大論》「元」、「天」、「玄」、「旋」，則以寒類與先類混。）

諧聲字「吞」在痕韻，則真（先）、文（魂）二部之相混也。《楚辭・惜頌》「顛」、「天」、「雰」，《遠遊》「天」、「聞」，《高唐賦》「天」、「淵」、「論」，則真、文之混也。「忝」在忝韻，則n變爲m，由先入添也。六國時《易・乾》《象傳》以「形」、「成」、「天」、「命」、「貞」、「寧」爲韻，《文言傳》「精」、「情」、「天」、「平」爲韻，以及《坤》、《大畜》、《革》卦，《越語》、《莊子・秋水》、《韓非・揚榷》、《楚辭・招魂》等均與青類叶，則n與ŋ之混，故讀真入青也。

天（讀如「嘽」。商時及漢時青、徐讀如「坦」）t'an（寒）→ 天（他前反。周時、漢時豫及兗、冀讀如「顯」）t'æn（先）

天（他前反）t'æn（先）→ 忝（他玷反）t'æm（添）

天（他前反）t'æn（先）→ 天（讀如「汀」，《易傳》、《越語》、《莊子》、《韓非》（《高唐賦》））t'æŋ（青）

天（他前反）t'æn（先）→ t'an（魂）→ 天（讀如「吞」。《楚辭・惜誦》、《遠遊》、《高唐賦》）→ 吞（吐根反）

□　無㠱段蓋天子字一作「□」。按《說文》「爽」字篆文作「□」，亦從「□」，可證《說文》「□」字即「大」之異文也。

丕，即不字。（《六書故》已有此說。）

師卮（?）敦：「不顯文武。」牧敦：「不顯休。」……據此，則《詩・文王》「於乎，不顯」，《烈文》「不顯維德」，《執競》「不顯成康」，皆當讀爲「丕」。《爾疋》：「不顯，顯也。」（《尚書》：「是有丕子之責於天。」鄭曰：「丕，讀曰不。」）（《席氏讀說文記》）

「肧」、「坏」等字並從「不」聲，而讀與「丕」同。（徐《箋》）段改「敷悲切」爲「鋪怡」。徐謂敷之重唇讀若「鋪」，謂段爲未達。不知段嫌敷悲爲脂韻，故改爲「怡」，明其爲之部字耳，不關輕重唇也。

《隸釋》石經殘碑「丕」作「[字形]」，中直貫下，與「卒」、「隼」篆文同法。《吴録》闞澤論曹丕之名曰：「不十爲⿱不十。」斷而爲兩耳，非真從「十」、「不」聲也。（《句讀》）（按《五經文字》：「不，《説文》；⿱不十，石經。下見《春秋傳》。」）

《漢書·匡衡傳》：「未丕揚先帝之盛功。」注：「或作本。」《後漢·耿秉傳》：「太醫令吉⿱不十。」注：「或作平。」論魏文帝者曰「丕」之字「⿱不十」，皆形似也。（《通訓定聲》）

《説文》：「丕，從一，不聲。」蓋「一」在「不」字之中，後人以「一」字移「不」字下，闞澤之言遂不可解矣。（《讀書雜録》）

按「不」作「[字形]」、「[字形]」、「[字形]」，見《古籀補補》（[字形]本敬），此「⿱不十」字所由來。陳柱《釋丕》以「[字形]」移上一畫於下而爲「丕」，誤也。

「不」聲本在之部，今「甫鳩反」在尤韻者，由之轉幽也（「方久反」在有韻）。「杯」布回反，「肧」芳杯反，「培」薄回反，在灰韻者，由之轉微也。「丕」敷悲反，「邳」符悲反，「嚭」匹鄙反，「否」符鄙反，在脂、旨韻者，又由微轉脂也。惟「伓」普乃反，「倍」薄亥反，尚在海韻（之部）。而「剖」普厚反，「部」蒲口反，在侯韻者，由之轉幽，由幽變爲侯也。此字大體屬平聲，今吴語讀爲入聲如「撥」。

杯（灰）→丕（脂）
｜
不（之）
｜
不（幽）→剖（侯）

【眉批】 按《左》襄十傳「丕玆」，《釋文》本作「不」。《無逸》「乃諺既誕，不則侮厥父母」，漢石經作「丕」。《大誥》「爾丕克遠省」，陳士元曰：「丕，馬融作不。」

「吏」與「事」、「使」爲一字，與「史」亦當爲一字。

□、□、□（與「□」、「□」似非一字。）

上部

「丄」、「丅」當作「二」、「二」，段改不誤。

宋張有《復古編》、李從周《字通》皆如此，蓋《說文》舊本如是。（徐灝《箋》）

《說文釋例》謂：「段改似是而非，如果部首作『二』，則古文『帝』下云『二，古文丄字』，此語何自來哉？」今按：此獨不可爲後人所增乎？王《句讀》「帝」下即删去，自相矛盾。

丄

見天發神讖碑、《汗簡》、王庶子碑（□）、華岳碑。「□」者，蓋據三體石經「元」作「□」也。石經「上」古文作「□」。

「□」、「□」，段改「丄」、「丅」，誤。

「上」、「下」各有上、去兩音者，以動、静分也。上（時掌反，升上；常亮反，高也）、下（胡雅反，底也；胡駕反，行下）。

「上」、「下」以韻言，則一陽一魚，陰陽聲之別也。以聲言，則一禪一匣，齒與喉之別也。然「上」在三等，「下」在二等，此豈古音當如此邪？

「上」，無錫人讀如「釀」，此蓋由禪母變日母。

帝，朿聲。

鄭樵《六書略》謂「□」象華蒂之形，假爲帝王字。説殊新異。然許云「朿聲」，實於篆體小有未合也。（徐灝）

「朿」篆作「[illegible]」，而「帝」字中直不上出，既無所取義，何以變形？恐字形失傳，許君以意爲之也。周伯琦《字原》以此爲花蒂字象形，與「不」字同意。說雖不經，然篆從「朿」而缺其顛，古文亦不類朿形，疑「責」之本字。當爲「啇」。從「口」，與「后」、「君」解同誼。（朱駿聲）

按：卜辭多作「[illegible]」，金文𥨊鼎「[illegible]」，聃毁「[illegible]」，則從「朿」不誤。爲「[illegible]」、「[illegible]」，皆變形。許君蓋有所受之也。然「帝」特「朿」之異文耳。《後編》上四葉作「[illegible]」，可證。「[illegible]」作「[illegible]」，猶「[illegible]」爲「[illegible]」耳。（卜辭作「[illegible]」者，「工」可作「[illegible]」也。）「帝」在齊韻，「朿」在齊類支韻，然則「帝」爲「朿」之古音也。（從「朿」者如「責」，從「帝」者如「啻」，音皆不異。）

古文諸「上」字皆從「一」，篆文皆從「二」。「二」，古文「上」字……皆從古文「上」。

戴侗曰：「六書衡『一』於上者，若『天』若『兩』若『不』若『丌』若『末』，皆指其在上之象，非『一』也，亦非『上』也。衡於下者，若『士』若『丘』若『且』若『至』若『本』若『戚』，皆指其在下之象，非『一』也，亦非『下』也。衡於中者，若『毌』若『王』若『朱』，非『一』也，亦非『中』也。『上』、『下』非從『一』數，而指事之畫同於『一』。」

按：當云凡古作「一」形之字，後世多變爲「二」形，非「一」與「上」字也。

旁，從二闕，方聲。

李陽冰、徐鍇以爲「[illegible]」、「[illegible]」旁達之形。王筠、朱駿聲從之。嚴可均、錢坫據許說「央、旁同意」，謂「旁」從「人」。

按：古作「[illegible]」、「[illegible]」、「[illegible]」者，當從「凡」、「方」聲。（妣貍母毁「[illegible]」乃「[illegible]」之變，「[illegible]」變「[illegible]」。）「凡」本古「盤」字，作「[illegible]」、「[illegible]」，象方盤形。（今傳世有所謂水鑑，疑是方盤也。）後世盤多圓形，故作方盤字爲「旁」耳（猶「鼎」之作「鼎」「[illegible]」也）。由「[illegible]」變而爲「[illegible]」、「[illegible]」，更變爲「[illegible]」（亦古文「旁」），「[illegible]」變爲「[illegible]」，而謬其篆體，則爲「[illegible]」；若「雱」，則當是「[illegible]」形之經後人妄改者也。

若籀文「雱」則假借字也，許每以假借字作重文，此誤。

二徐本云「闕」者，「旁」、「單」、「呰」、「邊」、「諡」、「爪」、「屈」、「叚」、「芇」、「扇」、「盧」、「𠕒」、「从」、「叜」、「某」、「栞」、「㯱」、

「棘」、「稇」、「質」、「邑」、「𨛜」、「䡞」、「東」、「㒳」、「兟」、「𢀳」、「丏」、「夘」、「屾」、「尥」、「豩」、「䳘」、「𩺰」、「奭」、「𣏟」、「䲜」、「𩵋」、「𦥯」、「戠」、「弜」、「所」、「晉」、「郒」、「㬱」、「𦧇」，凡卌六。（《校議》）余謂卌七，自部「𨸏」下亦有「𨺅」字。（《校議議》）

段以互訓爲轉注，大誤。許云「……考、老是也」，異部互訓非「建類一首」明矣。況轉注乃造字之一法，豈可以訓詁之注釋當之乎？轉注之説迄無定論，《繫傳》謂若「耆」、「耋」等字，取類於「老」，「松」、「柏」同受意於「木」，「江」、「漢」同主於「水」，似與「建……受」之恉有合。但如此，則轉注即是諧聲。六書僅有其五，恐非法也。惟戴仲達以轉體爲轉注，如反「上」爲「下」，反「ナ」爲「又」，反「正」爲「乏」之類是也。此説人多疑之，予竊以爲獨得轉注之解，説詳《六書略例》。（徐《箋》）

【眉批】互訓、轉注、轉體。

上　尚（按「尚」有上義，故「冂」本義當如「絅」）　冂、同、絅（衣錦尚絅。由陽入青）　敞（高土可以遠望也）　堂　襄（上也）

驤（馬之低昂也。騰驤。高驤）　卬仰

下　窊（汙衺下也）　（窪）（窊也。以圭爲聲，由魚入支）　洿（窊下也）　窳（汙窬也。段云：「汙窳蓋與汙衺同，亦謂下也。」按《集韻》「窊」亦作「窳」，當是。「窊」烏瓜切，「窳」以主切，是由魚轉入虞耳）

凹

「上」不可爲一部，《説文》從「上」之字古本不從「上」。「上」、「下」二字，古無用作偏旁者。爲諧聲者，惟「下」字有「芐」（侯古切）。

示部

示，從二。三垂，日月星也。

「示」但從「上」，而以三垂象日月星，是以意爲之耳，恐非法也。宋鄭樵《六書略》：「示，音祈，象旗斿之形。」元周伯琦《六書正譌》：「巛即今『旗』字，象飛斿之形，借爲神祇字。古者號令於民以旗召集，又取義爲昭示字。」此二説皆新異，然

《周禮》神祇字皆作「示」，是其音本與「旗」同。（蘭按：「祇」巨支切，「旗」渠之切，諸氏不知古音，妄説耳。）阮氏《鐘鼎款識》古文「祈」作「旛」，則從「示」之字義通乎「㫃」。㫃者，旗旒也。古者畫三辰於旗，神明之象在焉。此「三垂象日月星」之説所由昉乎？旗以象神祇，銘旌以依人鬼，其義一而已矣。（徐《箋》）

《釋例》以「古文『𡿨』所從『一』爲地，『𡿨』與『气』同義，乃流動充滿湊地而出之狀也。」「㫃」或作「[glyph]」。

蘭按：「示」古作「丅」、「亍」、「示」、「[glyph]」，不象旌旗，許説尤不可安。

按：「宗」從「宀」下「示」，卜辭所謂「示」多即「宗」也。（如「雩示」即「雩宗」）。「示」又即「主」字（如「示壬」、「示癸」即「主壬」、「主癸」。）「祏」從「示」、「石」，「宗廟主也，《周禮》有郊宗石室。一曰大夫以石爲主」，則「示」當爲「主」初文也。凡從「示」之字，如「福」（[glyph]），象灌酒于示；「祭」，象陳肉於示；「𥛱」，象陳木於示；「[glyph]」，象陳貝於示；「[glyph]」，象陳鳥於示；「[glyph]」象陳金于示；則古之示，或類祭壇也。《禮器》「大夫、士棜禁」，注：「如今方案。隋長，局，高三寸。」《士冠禮》「有禁」，注：「承尊之器也。」《鄉飲酒禮》「斯禁」，注：「禁之切地無足者。」《士昏禮》「有禁」，注：「所以庪甒者。」按「禁」象「示」在「林」中，則示形如案可知。

「示」，神至反。《儒行》以「示」、「死」、「致」爲韻，是古音在脂部也。《詩》「視民不恌」，鄭箋：「視，古示字。」《曲禮》「常視母誑」，注：「視，今之示字。」《士昏禮》「視之矜鞶」，注：「視乃正字，今文作示。」按「視」即從「示」聲，古音亦在脂部。《易》「寘於叢棘」，《周禮》「朝士」注「示於叢棘」，范甯引作「示」。《詩・鹿鳴》「示我周行」，鄭箋：「示，當作寘。」又鄭注《中庸》：「示，讀如『寘諸河干』之『寘』。」「寘」則由真部轉入脂部者，則「示」當爲脂部無疑矣。

古時天神地祇人鬼均爲示，然殷周之際金文已見百神。「示」之爲「神」，由脂而真也。《周禮》天神地示人鬼猶作「示」，《説文》作「祇」，則由脂入支也（「祇」巨支切，猶「祁」渠脂切耳）。此蓋如「視」或作「眂」，從「氏」聲矣（又作「眡」，從「氐」聲，然「氏」、「氐」亦本一字）。章太炎以「示」變爲「祇」，由脂旁轉支部，「祇」次對轉真而爲「神」，何其迂曲而可笑也。

祇（支）

一

示（脂）→神（真）

「示」孳乳爲「視」，其重文爲「眂」，乃讀入支部者。故有「題，顯也」，「睼，迎視也」，蓋「氏」、「是」同音也。故《左傳》「提彌明」，《史記》作「示眯明」也。

然「示」字轉爲「主」，則在侯部矣。又爲「宗」，則在冬部矣。此與音變軌迹似不盡同，或周前古音「示」本不在脂部邪？「辰」在真部（脂之陽聲），而「農」在冬部，「辱」在屋部（侯部入聲），其嬗變與此正同。更俟詳考。

禮，古文礼。

按古文「礼」疑從「乚」（水）、「示」聲，借爲「禮」耳。「示」、「禮」同在齊部。朱駿聲以爲從「示」、「乙」聲，非也。（徐鍇謂：「乙，始也，禮之始也。又乙者，所以記識也。」《重文管見》謂：「乙以治之。」並非。）

唐玄度謂：「禮、禮，從『示』從『豊』。『豊』音禮，從『册』從『豆』。上《説文》，下隸省。」是唐所據《説文》從「册」也。（《商義》云：「《字樣》『豊』形從『册』，從無此體。唐元度不應荒忽至此，乃書石經人之誤，開成石經所以爲世詬病也。」蘭按：開成石經不作「禮」，唐氏明引《説文》，不關石經也。）然則卜辭「□」即「禮」之古文，「典」、「禮」二字同出一原也。（「漕」即「澧」字。作「□」形者，葉玉森已疑爲「豊」。）若卜辭之「□」則當即「豐」，故金文「醴」與「醴」相混也。王静安《釋禮》以「□」、「□」爲「禮」（按「□」與「□」一字），不知「□」即《説文》「□」字（曲），當從「玨」聲，非「禮」也。

禄

古多作「□」、「□」，後世增「示」。示部字大體如此。《瞻彼洛矣》「福禄如茨」，《既醉》「天被爾禄」，又「百禄是荷」，《少牢饋食禮》「使女受禄于天」（鄭注：「古文禄爲福。」），此均福禄義。

《周禮·天府》「若祭天之司民、司禄」，注：「司禄，文昌第六星，禄之言穀也。」

朱駿聲謂禄位之「禄」乃假借爲「穀」。「按經傳凡云『穀禄』，一借一正，實同字，猶『戲謔』、『乞匄』、『步武』、『曲局』、『族屬』、『方法』之複語也」。

按「□」殆碌碡（一作「磟碡」）之象形，其作「□」者，象其碾穀爲米也。《説文》訓「刻木录录」，若改爲「刻米录录」即合矣。然則「穀禄」之來源相同，猶「角」者之爲「鹿」也。福禄之義，當由食穀之義引申。「穀」爲善，故「禄」亦爲善矣。朱謂假借爲「縠」，非也。

福，從畐聲。

丁佛言謂：「殷商古文『福』皆從『酉』從『尊』。『[glyph]』、『[glyph]』、『[glyph]』、『[glyph]』皆酉尊之訛。」

羅謂：「『福』象奉尊，許君謂『福，畐聲』，非也。」（《文字類編》）

按「福」實象以畐（湢）灌酒于示之形，「畐」亦聲，非尊形也。

祐

古多用「右」字，然卜辭已有「[glyph]」。

祇

《說文》「旨移切」。

段云：「古音凡『氏』聲字在十五部，凡『氐』聲字在十六部。此《廣韻》『祇』入五支，『祇』入六脂所由分也。鉉所據《唐韻》『祇』旨移切，是孫愐『祇』入五支，遠遜於宋《廣韻》所改定矣。《經典釋文》於《商頌》『上帝是祇』諸時反，則又譌入七之；於《孔子閒居》諸夷反，則固不誤。」

蘭按：「氏」、「氐」本一字，則「祇」、「祇」亦本一字。「氐」在支部，故神祇之「祇」訓適。《墨子·非命上》引《泰誓》「禍厥先神禔不祀」，《天志中》云「棄厥先神祇不祀」。《易》「祇既平」，《說文》引作「禔既平」。《史記·徐長孺傳》「禔取辱耳」，徐廣曰：「禔，一作祇。」「祇」既爲神祇義所專，而讀爲巨支切，乃以祇敬字讀爲「氐」聲，在脂部。《費誓》「祇復之」，《魯世家》作「敬」，徐廣曰：「敬，一作振。」《皋陶謨》曰：「嚴祇敬六德。」《夏本紀》作「振」，又作「震」。《無逸》「治民祇懼」，《魯世家》作「震」。《盤庚》「爾謂朕曷震動，萬民以遷」，漢石經作「祇」。《禮·內則》「祇見孺子」，鄭注：「祇，敬也。或作振。」則由脂部轉入真部也。

《説文》旨移切，疑是《説文》舊音。若陸法言則以秖適爲章移反（《廣韻》改作「衹」是也，「秖」俗字），祗敬爲旨夷反。《韻譜》亦正以「祗」爲旨夷反也。《經典釋文》作「諸時反」者，與原本《玉篇》同，則是支、之之亂。可見「祗」原在支部也。

祗適字當本作「祗」，通俗多用「祇」，前人不知「祇」有「章移」、「巨支」二音，因謂祗適義當作「衹」（「緹」之或體），其誤甚矣。（孫奕《示兒篇》曰：「祗兩音，音『歧』者，神祇之『祇』；音『支』者，訓適是也。如《詩》『亦祗以異』，揚子曰：『茲，若也。祗，其所以爲樂也。』陸德明、司馬温公並以爲音『支』。今杜詩、韓詩或書作『秖』，從『禾』從『氏』，而俗讀曰『質』者，非也。」）

「祗」、「祇」爲一字，故祗敬之義，當由神祇義之引申。祗適字，其從「衣」旁者，乃後世所改耳。（段在「衹」下有説，從張參、顔師古説。徐灝謂「語辭之『適』皆借『祗敬』爲之，傳寫或省去一點。其或讀如『支』，或讀如『只』，又讀他禮切，則輕重之異耳，斷無借用神祇字之理也。唐人作『衹』，從『衣』，或作『秖』，從『禾』，皆不可爲典要。張參、唐玄度之徒不通六書，所言不足爲法。近儒多已辨之，而段氏往往仍爲所誤。」蘭按：「祗」之訓「適」，同爲支部字也。徐不明聲訓之理，故謂由「祗」省一點耳。實則語辭本無正字，何必不可借神祇字也。）

【眉批】「祗」與「齊」、「躋」爲韻，見《商頌》。

唐石經用「衹」。按用張參説。

顔注《竇嬰傳》：「衹，適也。音支，其字從『衣』。」

神（真）→與文混　《禮記·孔子閒居》、《楚辭·大招》、《莊子·馬蹄》、《荀子·雲賦》、《素問·寶命全形論》、《八正神明論》、《靈樞·九鍼十二原》、《文子·自然》

←與青混　《韓非·揚搉》、《莊子·天地》、《德充符》

「祇」之誤爲「秖」，猶「祕」之誤爲「秘」，「禊」之誤爲「稧」也。

省聲

段「齋」注云：「凡字有不知省聲則昧其形聲者，如『融』、『蠅』之類是。」

徐云：「凡省體有二例，其一省之而可識者，如『齋』從『齊』省，『羆』從『熊』從『罷』省，『倉』從『食』省，『會』從『曾』省，及『孝』、『考』等字，皆從『老』省是也。其一古籀本不省，後乃省之，如『融』從『蟲』省聲，而籀文『䗓』不省；『麇』從『困』省聲，而籀文『麕』不省之類是也。餘詳《六書略例》。」

蘭按：二例只是一例。

齊，徂奚反。

「齋」從「齊」聲，側皆反。經傳多以「齊」爲「齋」，此「齊」本讀如「齋」也。此可以證「齊」當爲一等。

祭，子例反。

按經傳多以「祭」爲「蔡」（《廣韻》：「又國名。」），是讀七大反爲一等也。《廣韻》「祭」又側界切，則二等也。

蔡（一等，七大反） 祭（二等，側界反） 祭［三等、四等（？），子例反］

鄈

禋、煙（《大宗伯》注：「禋之言煙。」史農碑：「以供煙祀。」受禪表：「煙于六宗。」樊毅脩華嶽廟碑「紫燎堙埋」則作「堙」。《續漢·祭祀志》：「禋也者，埋祭之言也。」） 祡、柴（《書》只作「柴」） 禷、類 祖、且 祰、告（造） 祏、石（石宗不㧑） 祠、司（見卜辭） 禘、帝 祫、合（《士虞禮》注：「今文祫爲合。」） 祼、果（《大宗伯》注：「果讀爲祼。」《大行人》注：「故書祼爲果。」） 祝、兄 福、由（祝由） 禜、營 禳、攘（磔攘） 禬、會（會福祭也） 禪、墠（變墠爲禪，神之也） 禦、御 禑、糈 祳、蜃 禂、騆（禱）

社、土 祅、妖

禍

當爲「祭」之古文。《說文》古文「祡」從「隋」聲。按誤，當爲「祭」之古文。

按《説文》：「隋，裂肉也。從肉，從隓省聲。」《周禮・小祝》「贊隋」，注：「隋尸之祭也。」《守祧》「既祭，則藏其隋」，司農注：「隋，謂神前沃灌器名。」康成曰：「謂尸所祭肺、脊、黍、稷之屬。」《大祝》「隋釁」，注：「謂薦血也。」考《説文》從「隋」之字，有「墯」、「□」、「隨」、「□」、「橢」、「□」、「□」、「憜」、「鰖」、「嫷」、「鏅」等，而從「肴」者有「惰」（「憜」或體，省「阜」）、「媠」（「憜」古文，從「隋」省聲）、「𥙊」（「惰」省聲）、「鬌」（「隋」省聲）。依許説則「隋」從「隓」省聲，而「隓」又作「墯」，從「隋」聲，此徒爲紛亂者一也。「惰」從「憜」省，「𥙊」又從「惰」省聲，「媠」、「鬌」並從「隋」省聲，此徒爲紛亂者二也。今謂古當有「肴」字，「隋」、「惰」、「媠」、「𥙊」、「鬌」等字並從「肴」聲，其他則從「隋」聲耳。「隋」即從「阜」「肴」聲，則當爲「隓」、「□」之本字，裂肉之訓應作「肴」字也。卜辭「□」字，舊釋爲「祭」。按「祭」字見於史喜鼎者作「□」，以卜辭「□」作「□」推之，當作「□」或「□」，不當作「□」也。「肴」字從「左」作「□」，古「左」字只作「□」，漢隸或從「有」（随），則即卜辭「□」字異體之「□」（《後編》上二一），蓋由「□」少變即爲「□」矣。

考《周禮・膳夫》「授祭」注：「禮，飲食必祭，示有所先。」是「祭」當以手祭肉爲本義，祭薦、祭祀爲引申義也。然史喜鼎以下作「□」則有似于從「□」（六國器如陳侯午敦作「□」，更似從「有」）。余疑其字本當作「肴」。「祭」、「肴」本一字，「肴」在歌部，「祭」在泰部，聲相近也。蓋所謂祭者本指尸之祭肉，故象以手裂肉之形。其所祭者亦即謂之肴。其後祭衍爲祭祀之通稱，改「□」、「□」爲「□」，而又加「示」；裂肉之義爲「肴」所專。然以《周禮》借用「隋」字，古書不見用「肴」，而「肴」字又亡矣。

此「𥙊」字，當爲「祭」之重文。今《説文》作「祡」之重文，不知是許君之誤，抑後世誤次之。夫「祡」即「柴」字，今本皆作「柴」。許君所録已是異文，安得別有一古文作「𥙊」者邪？［「隋」在歌部，「此」在支部（宋葆淳《諧聲補逸》謂脂部，誤），歌可變支聲，固可通，以「𥙊」爲「祡」重文，其誤或由此也。］

鬃

按卜辭本作「□」，亦作「□」，均即「祊」字也。經傳亦並作「祊」，惟《廣雅》有「𧜵」字。「方」、「彭」並在陽韻。易「方」聲爲「彭」聲者，殆「方」爲幫母，讀如並母耳。（今「鬃」補盲切，仍在幫母。）

以石爲主

嚴《校議》云：「大夫以石爲主，經傳無文。《公羊》文二年《解詁》云：『主狀正方，穿中央，達四方。天子長尺二寸，諸侯長一尺。』疏云：『皆《孝經》説也。大夫以下，正禮無主，故不言之。』《新唐書・張齊賢傳》云：『社稷主用石。』引崔靈恩曰：『社主用石。《吕氏春秋》言殷人社用石，後魏天平中遷太社石主。』若然，大夫無廟主。其以石爲之者，社主耳。」(《校議議》云：「《公羊》文二年傳何休注引《禮・士虞・記》：『桑主不文，吉主皆刻而謚之。』《魏書・禮志》：『清河王懌引饋食設主，見於《逸禮》。』《通典》：『徐邈云：《左傳》稱孔悝反祏。又《公羊》大夫問君之喪，攝主而往。皆大夫有主之明文也。』」)

《五經異義》：「或曰卿大夫有主不？答曰：今公羊説卿大夫非有土、子民之君，不得禘、祫，序昭穆，故無木主。大夫束帛依神，士結茅爲叢(菆)。古《春秋》左氏説衛孔悝反祏於西圃。祏，石主也。言『大夫以石爲主』，禮無明文，今山陽民俗有石主。」

桂《義證》云：「惟社主、禖主則以石爲之。《周禮・大司徒》『設其社稷之壝』，崔靈恩注：『社主用石，以地産最實歟。』又《小宗伯》『若大師則帥有司而立軍社，奉主車』，鄭注：『社之主蓋用石爲之。』賈疏：『按許慎云「今山陽俗祠有石主」，彼雖施於神祠，要有石主，主類其社，其社既以土爲壇，石是土之類，故鄭注「社主蓋以石爲之」。無正文，故云「蓋」以疑之也。』《禮記外傳》『社主用石』，注云：『石，土中堅者。』《水經注・穀水》云：『禮，天子建國，左廟、右社以石爲主。』後齊天子親征，宜於社，有司載：『帝社石主於車以俟行次。』《唐書・張齊賢傳》……馥謂此社主用石也。晉元康六年高禖，壇上石破，詔書問此石來幾時，出何經典，今應復不？束皙議曰：按《郊祀志》秦、漢不祀高禖，漢武帝《五子傳》武帝晚得太子，始爲立禖，其事未之能審。許慎《五經異義》説云：『山陽民祭皆以石爲主。』然則石之爲主，由來尚矣。此其象矣。今石破則宜理而更造，不宜遂廢。時公卿從太常所處，此議不用。其後得高堂隆故事，魏青龍中造立此禮，詔書更鐫石，令如舊，置高禖壇上。《隋書・禮志》：『梁太廟北門内道西有石，文如竹葉，小屋覆之。』宋元嘉中修廟所得，陸澄以爲孝武郊禖之石。馥謂此禖主用石也。」

《左》哀十六年：「衛孔悝使貳車反祏于西圃，子伯季子追之，遇載祏者，殺而乘其車。許公爲得祏于橐中。」杜注：「祏，廟主石函也。」《六書故》曰：「許公爲得祏于橐中，非石室，亦非石函也。」

按「祏」字見於卜辭，金文「石宗不剌」，即《左》莊十五之「宗祏」，則「石宗」當是一事。以石爲宗，故可名爲「石」，可名爲「宗」耳。（昭十八年曰「主祏」，同。）「許公爲得祏于橐中」，明以石爲主，非石函也。

祉

只應作「礼」（□），猶「妣」作「□」也。

祠，仲春之月，祠不用犧牲，用圭璧及皮幣。

此引《月令》，今本「祠」作「祀」。《詩·生民》傳：「以太牢祠于高禖。」《釋文》云：「本作祀。」

按「祠」、「祀」平、上聲之異，故卜辭借「司」爲「祀」。

礿

金文有「□」字。

按經傳多作「禴」。（《詩·天保》：「禴祠烝嘗。」《易·萃》：「乃利用禴。」《既濟》：「不如西鄰之禴祭。」《漢·郊祀志》作「瀹」，劉作「爚」，蜀才作「躍」。《周禮·大宗伯》「以禴夏享先王」作「禴」，《大司馬》「獻禽以享礿」則作「礿」。）《說文》無「禴」字，卜辭有「王賓龠」，疑即禴祭也。然則「禴」與「礿」，或不同。

禘有三

桂《義證》：「《祭法》『周人禘嚳而郊稷』，大禘也。『禘於武公』，時禘也。閔二年『吉禘於莊公』，吉禘也。」

《禮稽命徵》：「三年一祫，五年一禘。」

《公羊》文二年傳：「五年而再殷祭。」

《異議》：「今《春秋》公羊說五年而再殷祭，古《春秋》左氏說古者日祭於祖考，月祀於高曾，時享及二祧，歲祫及壇墠，終禘及郊宗石室。許君謹案：叔孫通宗廟有日祭月薦之禮，知自古而然也。三歲一祫，此周禮也。五歲一禘，疑先王之禮也。」(陳壽祺謂當作「三歲一祫，五歲一禘，此周禮也。三歲一禘，疑先王之禮也」。)鄭君駁之曰：「三年一祫，五年一禘，百王通義以爲禮。讖云：『殷之五年。』殷祭亦名禘也。」

時禘。《王制》：「夏曰禘。」《祭義》：「春禘秋嘗。」《郊特牲》：「春禘。」

祫

按此即卜辭「⿱劦凵日」字。卜辭有「羽日」、「彡日」、「劦日」。「彡日」即「肜日」，「劦日」即祫，「羽日」待考。

「祫」侯夾反，「協」胡頰反，聲相近。《詩・豐年》「以祫百禮」(《釋文》本作「洽」)，朱駿聲謂假借作「協」。按據此則卜辭或非三歲一祫也。

⿱毳示，數祭也。

《玉篇》：「又重祭也。」此芮反，又楚歲反。

卜辭「㱿」字當即此，《説文》「㱿」之芮反，音相近。(此不憶何人説)

祝　柷(呪)　⿱粥言(「⿱粥言」當從「兄」聲)

「祝」有之六、職救二音。按《詩・蕩》叶「祝」、「究」，是陰聲也。《干旄》叶「祝」、「六」、「告」，是入聲也。殆古有二音矣。

《禮・樂記》「封帝堯之後於祝」，注云：「祝，或爲鑄。」按金文正作「鑄」(《呂覽・慎大》作「鑄」)。《淮南・俶真》「冶工之鑄器」，注：「鑄，讀作祝。」

《穀梁》「祝吁」，《左傳》、《公羊》作「州吁」。

祓

此即卜辭、金文之𠦪祭。

按「祓」之本義當爲祈福。《生民》「以弗無子」，箋：「弗之言祓也。」《卷阿》「茀禄爾康矣」，郭注《爾雅》引作「祓禄」。《爾雅・釋詁》：「祓，福也。」《玉篇》：「祓，除災求福也。」

《周禮》：「女巫掌歲時祓除釁浴。」（鄭注：「如今三月上巳，如水上之類也。」）《左》定四傳：「君以軍行祓社釁鼓。」襄廿五年：「祝祓社。」（注：「祓，除也。」按誤。）僖六年傳：「受其璧而祓之。」（注：「祓，除凶之禮。」）昭十八傳：「祓禳於四方。」《周語》：「王其祗祓監農不易。」（注：「齋戒祓除也。」）「敬其祓除。」（注：「猶掃除也。」）《史記・周本紀》：「周公乃祓齋。」（《正義》：「謂除不祥求福也。」）

《韓詩》：「鄭國之俗，三月上巳於溱、洧二水之上，招魂續魄，秉蘭草祓不祥。」按此蓋祓禊之起源。《史記・外戚世家》：「武帝禊霸上，還。」此「禊」字之始。《續漢書・禮儀志》：「仲春之月上巳，官民皆絜於東流水上，曰洗濯祓除去宿垢疢，爲大絜。」注云：「絜，謂之禊也。」

徐灝謂「上巳」當作「上己」，「《易》『己日』，乃革之去故更新之義也。」

祈

微、文對轉之例。徐鍇云：「聲韻之家所言傍紐也。」（按朱翺音「近離切」，則支、微亂矣。）金文多借「𣄰」爲之，或借「𥫩」、「旍」（省「斤」聲），或借「旂」。

禦

《説文》：「祀也。」他書不見。按卜辭有此祭，當即《詩》「以御田祖」之「御」。

禬，古末反（切）。

朱翺户斡反。按《玉篇》胡括反。

桂云：「《廣韻》：『禬，禳祠。』名義未聞。」按即《周禮・女祝》「掌以時招梗禬禳之事」之「禬禳」也。鄭注云：「除災害曰禬。禬，猶刮去也。」故作「䄆」耳。

禖

《月令》：「玄鳥至之日，以大牢祠于高禖。」鄭注：「玄鳥，媒氏之官以爲候。高辛氏之世，玄鳥遺卵，娀簡吞之而生契。後王以爲媒官，嘉祥而立其祠焉。變『媒』言『禖』，神之焉。」

高注：「《周禮・媒氏》以『仲春之月合男女於時也，奔則不禁』，因祭其神於郊謂之郊禖。或云：王者后妃以玄鳥至日祈繼嗣於高禖。」

《商頌》傳：「春分玄鳥降，湯之先祖有娀氏女簡狄配高辛氏帝，帝與之祈於郊禖而生契。故本其爲天所命，以玄鳥至而生焉。」

《大雅》傳：「古者必立郊禖焉。玄鳥至之日，以大牢祀於郊禖。天子親往，后妃率九嬪御，乃禮天子所御，帶以弓韣，授以弓矢於郊禖之前。」

《漢書・戾太子傳》：「爲立禖。」注：「禖，求子之神也。」

朱駿聲謂變「腜」爲「禖」也。

蘭按：「高禖」當是「高母」。「禖」讀爲「媒」，「高」讀爲「郊」，均誤。

祴

《周禮・笙師》「祴樂」，《鐘師》「祴夏」，杜子春云：「祴，讀爲陔鼓之『陔』。」是「祴」字出《周禮》也。《鄉飲酒禮》、《鄉射禮》、《燕禮》、《大射儀》並作「陔」。按卜辭作「𡲬」是本字，「陔」是假借字，「祴」爲後起字。

禡，師行所止，恐有慢其神，下而祀之曰禡。

按此取《詩》「是類是禡」，《爾雅》所謂「師祭也」。《周禮・春官・肆師》、《甸祝》，《夏官・大司馬》均言「表貉」。《大司馬》注：「鄭司農云：貉，讀爲禡，禡謂師祭也。書亦或爲『禡』。」《甸祝》注：「杜子春讀『貉』爲百爾所思之『百』，書亦或爲『禡』。」《詩序·桓》《正義》：「禡，《周禮》作『貉』，貉亦或爲『貊』字，古今之異也。」

按「禡」、「貉」爲去、入之別，「貉」可爲「貊」，故杜子春讀爲「百」耳。（《肆師》注：「貉，讀爲十百之『百』。」亦同。）《詩·吉日》「既伯既禱」，毛傳：「伯，馬祖也。」《爾雅》：「既伯既禱，馬祭也。」《風俗通·祀典篇》：「《詩》云『吉日庚午，既禡既禱』，豈復殺馬以祭馬乎？」蘭按：「伯」、「禡」聲相近，當亦「禡」之假字，特許但言師祭，不及馬祭。《吉日》爲田獵，故毛傳、《爾雅》但言馬祭耳。然《大司馬》、《甸師》、《肆師》之「貉」，亦皆田獵之事。此蓋移師祭爲田獵之祭，非必禱馬祖與禱氣勢之十百也。毛、鄭説俱非。

禂，禱牲馬祭也。

按此本《周禮·甸祝》「禂牲禂馬」，然即「禱」字之異文耳。鄭云：「禂，讀如伏誅之『誅』，今侏大字也。」此幽、侯之亂。

𩣶

朱駿聲「禱」下云：「『禂』、『禱』實一字，因《爾雅》又製『𩣶』字，字之所以孳乳浸多也。」

社

江淮謂母爲社（《淮南·説山》注），可證「母」應讀「媽」。

禓，道上祭。

《世本》「微作禓」，注：「微者，殷王八世孫也。禓者，强死鬼也（謂時儺、索室、驅疫、逐强死鬼也）。」（按此《郊特牲》注）《急就篇》：「謁禓塞禱鬼神寵。」《周禮·春官·太祝》「二曰衍祭」，注：「鄭司農曰：衍祭，羨之道中。如今祭殤，無所主命。」《司巫》「凡喪事掌巫降之禮」，注：「降，下也。巫下神之禮。今世或死既斂，就巫下禓，其遺禮。」

盧文弨曰：「宋趙彦肅行狀云：『秀州推官犴，多重囚廉其故。蓋俗多淫祀，兇人欲甘心於仇怨，則挾酒食祭拜乞助，謂之起傷。今此風不知尚有否，而其名猶傳於人間。每見强梁肆暴者，輒目之曰起傷。又優人演目連變，必先攜雞酒至叢冢間，殺雞瀝血而飲之，借鬼神附其身以爲助，亦名曰起傷。演畢，仍向元來處解之。』按《禮記・郊特牲》『鄉人禓』，鄭注：『禓，强鬼。』又《周禮・春官・司巫》『下裼』，『裼』與『禓』《釋文》皆音『傷』，則起傷當從『示』爲正。」

蘭按：「禓」當即「殤」字，《楚辭》有《山鬼》與《國殤》，殤當是强死之鬼，殤、鬼義相近也。「禓」字本含二義：（一）《説文》「道上祭也」，《急就篇》之「謁禓」，均與《大祝》注之「祭殤」同，均爲無主命之野鬼也。盧氏所謂「起傷」，亦即《急就篇》所謂「謁殤」耳。後世謂之煞神，詈人强暴者所謂兇神惡煞也。（二）《司巫》所謂「今世或死既斂，就巫下禓」，則人方死之禓，今謂之煞。《顏氏家訓・風操》：「偏旁之書，死有歸煞，子孫逃竄，莫肯在家。畫瓦書符，作諸厭勝。」按今世通稱回煞，北方俗多避煞，南方則曰接煞，則南俗與司農所據漢俗同也。按嘉興（即舊秀州）俗稱接煞爲接禓，「禓」讀如式亮切（《廣韻》：「傷，式亮切，未成人。或作殤。又音商。」），則知禓即今所謂煞也。

禓既爲强死之鬼，則驅强死鬼亦可通爲禓。《郊特牲》「鄉人禓」，注：「禓，或爲獻，或爲儺。」《論語》作「鄉人儺」，鄭注：「魯讀儺爲獻。」按讀「儺」爲「獻」者，歌、寒聲相轉也。（《倉頡篇》：「罣，除疫人也。」按乃多切。）「獻」聲得讀如「莎」，「莎」、「禓」聲亦相近（「桑門」即「沙門」），故作《郊特牲》者寫作「禓」字，其實逐疫當以「儺」爲正字，「禓」雖可通，終非本義也。段謂「昜」聲與「獻」、「儺」遠隔，謂《禮記》「禓」字本從「易」聲作「禓」，杜撰可笑。（陸心源《段氏説文注跋》已駁之。段不知後世聲變多由雙聲也。且陽、寒聲相近，猶魚、歌聲近耳。）

禍，害也。神不福也。　　𥛔，屰惡驚辭也。

當是一字。《漢・五行志》顔注：「旤，古禍字。」

祟

以「叔」即「馭」字，「隸」、「隸」、「穀」即「隸」字（並見漢碑）例之，則「祟」與「柰」爲一字也。「柰」、「祟」音相近（「柰」在泰韻，「隸」在齊韻）。

由「柰」變「祟」，蓋後人讀如「出」聲，因易「木」爲「出」耳。

祘，明視以算之。讀若算。

《六書故》引蜀本《說文》「算」古文作「[illegible]」、「[illegible]」。玄應《音義》三：「筭，古文作祘。」據此，似「祘」字不應在示部。原本《玉篇》在部末。

禫

卜辭有此字。《說文》此字或非本有。

附

禰（大徐新附。親廟也。從示，爾聲。一本古文䄖也。尼米切。）

禰（小徐本。秋畋也。從示，爾聲。鍇曰：又祖禰也。息淺反。）

按「禰」原本《玉篇》郡禮反，又作「祢」；「䄖」思踐反，又作「禒」（《說文》「獮」重文作「禒」）；是非一字，二徐均誤併爲一。「禰」字見《王制》「歸格於祖禰」（當本《舜典》「歸格于藝祖」。「藝祖」，《史記》作「禰祖」。《尚書》《釋文》云：「馬、王曰：禰也。」），《周禮·甸祝》「舍奠於祖廟，禰亦如之」，《詩·邶風·泉水》「飲餞於禰」，《高宗肜日》「典祀無豐於昵」，《釋文》：「馬云：昵，考也，謂禰廟也。」張參《五經文字序》：「若『祧禰』、『逍遥』之類，《說文》漏略，今得之於《字林》。」

按《詩》、《周禮》已見「禰」，漢人至以「禰」爲姓，此可證爲《說文》漏略者。

孟郁修堯廟碑：「祖䙵所出。」「䙵」即「禰」。此作「䙵」，可明二徐本與「䙵」、「禒」相亂之故。

【眉批】《文王世子》：「其在軍，則守於公禰。」

䙵，秋畋也。

小徐作「禰」，誤。當依大徐，原本《玉篇》可證。

《釋天》：「秋獵爲獮。」《釋文》：「獮，息淺反。《說文》從『薾』。或作『⿰示薾』，從『示』。」《玉篇》：「⿰犭蠒與獮同，秋曰⿰犭蠒。」又云：「蠒，與薾同。」桂馥謂：「本書及《玉篇》之『禰』當是『⿰示薾』，本書犬部之『⿰犭璽』當爲『蠒』。若『禰』、『⿰犭璽』從『爾』、『璽』，安得有息淺之音乎？」

蘭按：「⿰示薾」見今本《玉篇》：「古典切，祇也。」非「獮」字。《爾雅》《釋文》所據非是。桂謂「⿰犭璽」當作「⿰犭蠒」，獨不思「蠒」之非古字邪！（《唐韻》：「蠒，俗薾字。」）桂氏徒知「禰」、「⿰犭璽」從「爾」、「璽」，不當有息淺之音，不知「禰」（乃禮反）在齊韻，爲齊類，「獮」在仙韻，爲先類，齊、先得相轉也。余頗疑「爾」字本在歌類，後入齊類，故「覼」《說文》作「覶」也。若然，則「繖」之俗字作「傘」，似即「爾」之誤字。此即仙韻「獮」字所由來矣。（今「爾」字在支韻。）

祧

《周禮·春官·守祧》注：「故書祧作濯。」原本《玉篇》：「濯，古文祧字。」

祆，胡神也。火千切。

《字鏡》呼煙反（《唐韻》同）。今本《玉篇》呵憐切（按「呵」當爲「阿」字之誤）。《北魏書》作「天」。韋述《兩京新記》：「右金吾衛西南隅有胡祆祠。說云西域胡天神，佛經所謂摩醯首羅也。」《廣韻》：「官品令有祆正。」《字典》引《說文》：「關中謂天爲祆。」不知何所本，待考。（按當出《集韻》邪？胡謂神爲祆，關中謂天爲祆。）

【眉批】祆教即辟火教。

祚

臣鉉等曰：「凡祭必受胙，胙即福也。此字後所加。」

《國語》「天地之所祚」，賈逵曰：「禄也。」（李善班氏賦注）又班固賦「漢祚中興」，注引《國語》賈注云：「位也。」《大雅》：「永錫祚胤。」《左》宣三年：「天祚明德。」《周語》：「必有章譽蕃育之祚。」

漢帝堯碑、華山亭碑、孫根、夏承諸碑並有「祚」字，祝穆碑、開母廟石闕銘則作「胙」。

以上見新附。

䄍，祝也。從示，虘聲。

見小徐本。見原本《玉篇》。即「詛」字。

祽，月祭曰祽。

《初學記》引。見原本《玉篇》。

𥜕，祭豕先曰𥜕。

《初學記》引。見原本《玉篇》。

三

三部

何秋濤《釋三》謂「三」(穌甘切)、「彡」(所銜切)爲一字,甚是。(與人、儿,大、亢,自、白,首、百同。)

蘭按:「三」在談(一等),「彡」在銜(二等)。又按:去、谷,大、夰,彳、廴。

三彡→曑(覃部。倉含反。三星)→驂(駕三馬)

↘犙(三歲牛)

↙縿(旌旗之旒也。古有三斿(𠂢),章據「勿」字説之,非。)

↓參天兩地

↓參伍(《荀子·議兵》:「窺敵制勝,欲伍以參。」《韓非》:「偶參伍之實。」)

↓參驗

←⿱歺女(倉旦反。女三爲⿱歺女)←姦(删韻。古顔反)

→众(魚今反。三人爲众,即三人爲眾也。「三」,讀入侵韻,猶「參」、「滲」等字)→眾(之仲反。此侵與冬之轉)→潨(小水入大水)

←豵(豕生三年)

此較《文始》爲翔實。《文始》由「參」孳乳爲「宷」、「審」、「諶」、「訦」,由「縿」孳乳爲「游」、「旒」、「瑬」,由「眾」孳乳爲

「掕」，今並不録。「众」、「㚖」二字，則今所加也。

王部

王

李陽冰曰：「中畫近上，王者則天之義。」

朱駿聲：「按此字爲學者一大疑，謂倉頡所製邪？軒轅承三皇之終，肇五帝之始，爲臣民者偁君爲皇帝。君無王偁，字安用之？稽唐虞之書，未有『王』字。始見於《禹貢》『王屋』，夏諺『吾王不遊』，則字當起於夏時。然『三皇』字、《堯典》『閏月』已從『王』，似又不始於夏。疑未能憭也。或曰古《太誓》『至于王屋』，馬注：『王所居屋。』則《禹貢》王屋山或治水時禹嘗居此，遂以名山耳。又按：『王』古文作『□』，華岳碑作『□』，揚氏阡作『□』，則『以一貫三』之説，亦殊難定。」

《説文疑疑》引金安曰：「從『一』從『士』，率士歸于一也。中畫近上，或下畫上曲，皆向化之象也。」

俞樾《兒笘録》：「『玉』亦三畫一而連其中，古之造文者不太無別乎？今按：『王』字從『二』從『十』，二者，天地也；十者，四方也。王者中天下而立其德，上際於天，下極於地，東西南北無思不服。故其字從『二』從『十』，而天地、四方無不具矣。」

吴大澂：「從『二』從『□』，□古『火』字。地中有火，其氣盛也。火盛曰王，德盛亦曰王。」

林義光：「象火在地下形。『二』象層疊，謂地之極下，地中之火，盛大之象。」

羅：「卜辭從『□』從『□』，並與『□』同，吴中丞釋爲古『火』字是也。卜辭或逕作『□』，王徵君謂亦『王』字，其説甚確。蓋『王』字本象地中有火，故省其上畫誼已明白。且據編中所載諸文，無不諧也。（又『皇』字從「王」，古金文或從「王」，或從「土」。「土」非土地字，即「王」也。）又卜辭中或作『□』作『□』，則亦但存火，亦得示盛大之義矣。」

顧實《釋王、皇、㞷》：「吴説『王』字從『火』，誠爲塙詁，足發千年未發之蒙。然謂『從二，象地』，則非也。羅從吴説，亦得失參半。不悟殷契『王』字既可省其上畫，則必不取義於地中有火明矣。如取義於地中有火，則上畫象地最爲重要，豈可省乎？考《説文》「正」古文「𤴓」，「示」古文「𠀀」，則甲文「□」、「□」正即𤴓、正，示、𠀀之比。其上畫非象地，乃指事也。故可一畫而作「□」、「□」，可二畫而作「□」、「□」，可三畫而作「□」、「□」。蓋在造字最初原形作「□」，從「□」，古「火」字，復於「□」上加横畫，以指夫火之炎上而大放光明也。」

吴其昌。

徐中舒。

蘭按：「王」卜辭作「□」作「□」，而「火」祗作「□」，則可明「王」非火形矣。古文之從「□」或「□」者，如「□」、「□」、「□」、「□」、「□」，以釋士形爲宜。余疑「□」（士）、「□」（士）、「□」（王）本一字，「士」魚部，「王」陽部，陰陽對轉也（唯「士」在透母，「王」在于母耳）。「士」在之部，則由魚變之也。

【眉批】于鬯謂「三皇」本作「三王」。章太炎《文始》：「倉頡時無王號，蓋王即皇。」

閏

疑從「王」、「門」聲（或從「士」）。

皇

《説文》「皇」當作「□」，段改是（惜未言其故耳）。「皇」由「□」誤也。（秦公𣪘「□」，三體石經作「□」。）

吴大澂曰：「出土則光大，日爲君象，故三皇稱皇。」

林義光：「象日光芒出地形，日出地，視之若大。皇，大也。或作「□」，從「古」、「王」。（亦後世「先人」爲「老」、「追來」爲「歸」之類。）」

按：林不知「□」即由「□」變來，附會可笑。

汪榮寶《釋皇》：「有虞氏皇而祭。皇，冕屬。「□」象冠卷，「□」象冠飾，「□」象其架，與「□」（弁）一源。「□」當從「□」

從『皇』省。『古』下古文『[illegible]』，從『冂』從『皇』從『十』從『口』。」

顧實：「皇，當爲從日上出光，『王』聲。」

蘭按：當由「[illegible]」字來。

王（大也）　皇（大也）　喤（小兒聲也）

—— 瑝（玉聲也）見《文始》。按「其鳴孔皇」。

—— 鍠（鐘聲也）

皇（暇也，見《釋言》）——→暇（閒也）

玉部

「[illegible]」乃「丰」字，「[illegible]」乃「玤」字。「[illegible]」→「[illegible]」。

璠

《顏氏家訓·音辭篇》：「璵璠，魯之寶玉。當音餘煩。江南皆音藩屏之『藩』。」按：《切韻》「璠」附袁反，「藩」（陸作「蕃」）甫煩反，與顏合。（《玉篇》「璠」甫園反，所謂江南之音也。）《荀子·正名篇》：「單足以喻則單，單不足以喻則兼。」楊倞注：「單，物之單也。兼，復名也。」馥謂單如「玉」是也，兼如「璵璠」是也。

璵

此徐氏所補十九文之一。然楊統碑「璵璠」作「璵」。

⿱來玉瓄，玉也。

《廣雅》：「琜瓄，玉。」原本《玉篇》：「⿱來玉瓄也。瓄，玉器也。」今本《玉篇》引《史記》：「崐山出瓄玉。」《晉書・輿服志》：「九嬪佩采（？）瓄玉。」（嚴引「采」，《斠詮》引「⿱來玉」。）《初學記》十引《晉服制》：「婕妤佩采瓄玉。」《宋書・禮志五》：「九嬪銀印青綬，佩五采瓊玉。」《御覽》六九二引《尚書舊傳》：「淑妃修媛修華修容，婕妤佩采瓊玉。」

案：⿱來玉瓄自是玉名，嚴改「采瓊」，殆非。《説文》或本有「瓄」字也。然《史記・大宛傳》、《漢書・張騫傳》但云「采」、「來」，無「瓄玉」。

瓊

琁，或從旋省。

臣鉉等曰：「今與璿同。」

徐鍇：「今音似緣反。」

《席記》：「『瓊』與『琁』古書多不通，疑是兩字。考《玉篇》：『璇，似宣切，美石次玉。亦作琁。』而上文『瓊』字重文只有『璚』、『瓗』二字，是《説文》『琁』字上當脱去『璇』字正文，而『琁』字注中徐氏誤增一『瓊』字。」

沈濤《古本考》：「據顔延年《陶徵士誄》注引『琁，亦璿字』，古『璿』、『琁』通用。《舜典》『璿機』，《史記》『旋機』，《尚書大傳》『璇機』，《太玄經》『琁機』。《爾雅・釋詁》《釋文》：『璿，又作璇。』《大荒西經》『西有王母之山，爰有璇瑰瑶碧』，注：『璇瑰，亦玉名。』《穆天子傳》：『枝斯璿瑰。』『枚』、『回』二音。《文選》注引此經作『璿瑰』，引郭注作『旋、回二音』，正與《穆傳》注合。惟《荀子・賦篇》注引《説文》云：『琁，赤玉。音瓊。』似楊氏所據本已爲『瓊』之重文，則其誤在有唐中葉以後矣。」

桂《義證》：「《荀子》楊注引《説文》即誤本《説文》，《淮南子》『崑崙之山有瓊宮琁室』，據此則『瓊』、『琁』不同文。《舜典》『璿璣』，京房《易略例》『琁機』，《尚書大傳》『旋機』，《左傳》『瓊弁玉纓』，本書『璿』下引作『璿』，《詩》『瓊瑰玉佩』，《山海經》『璿瑰』，郭璞《江賦》『玓瓅璿瑰』，即『瓊瑰』也，李善注：『《説文》琁爲璿之重文。』則今本爲人所亂，明矣。」

段據李注改入「璿」下。

朱駿聲謂《文選》注引「琁」亦「璿」字，誤。

《舊音補注》：「考郭注《中山經》、《海内西經》，或云『琁，石次玉』，或云『琁，玉類』，或云『璿瑰，亦玉名』，是不以『璿』、『琁』爲一字。疑《文選》及注兩『璿』字均『瓊』之訛。《史記·五帝紀》：『在璿機玉衡。』張守節《正義》引『璿，赤玉也』。赤玉乃瓊，當由《史》文『璿機』本作『琁機』，而《説文》『琁』爲『瓊』之重文，故所引如此。」

蘭按：《萬象名義》及《字鏡》「瓊」下並有「璇」字，而「璿」下無之，則《説文》原本確以「璇」爲「瓊」之重文也。王筠謂「琁」字省法，大謬。《説文》從省者多有，然必既省之後仍復成字，未有草率割裂者。「旋」字從「㫃」從「疋」，去「方」留「疋」，豈復成字？且「㫃」以石鼓文作「[illegible]」爲是，杠與華蓋形也。《説文》之形即已不類，若省爲「疋」，是必但識楷書者所爲也。（《釋例》）按孟琁碑已作「琁」字，「孝琚」則「瓊琚」相應，可知當讀「瓊」也。後人不知「瓊」、「琁」、「璿」並聲近，以「瓊」已讀入渠營切，遂轉以「璇」屬之「璿」耳。

「旋」可省爲「疋」，猶「旞」可省爲「㒸」，「施」可省爲「㐌」也。

瓊（本當在元部）→琁→先部（n）（夐，許縣切，在霰韻）→青部（ŋ）（渠營切，清韻。）

還（子之還兮。胡關反，删韻）→嫙（韓詩。似宣反，仙韻）→嫈（齊詩。清韻）

按「夐」有許縣、休正二切（霰韻注又求聘切，求聘蓋即休正），則「夐」蓋從「旻」聲也。《切韻》「旻」許劣反（薛韻正先、銑、霰、屑，三、四等也），「敻」《説文》况晚反（阮韻），亦當從「旻」聲。朱駿聲以「旻」列履，「敻」、「夐」列乾（分兩母），非也。然於此可見「夐」當屬元部也。

「瓊」或作「瓗」者，嵇喜《答嵇康詩》「仰嘰瓗枝」，《説文》「觼」或作「鐍」，「趫」讀若「繘」（《廣韻》或體作「趫」）。按《切韻》從「矞」聲字多在屑、術二韻［即先部（脂）入聲］，「瓊」既由寒部轉入先部，故聲得相通也。

瓊，或作瓗。　蠵，或作⿰虫夐。

按「巂」聲在齊部（即佳、支韻），先、齊之轉也。

宋保《諧聲補逸》云：「支、佳與元、寒、桓、山、仙多出入，故支佳部内偏旁如『䩗』、『覡』、『規』三字皆當從『見』聲，『𠋤』讀若『膎』，從『彖』聲，『觶』從『單』聲，『𩅿』讀若『斯』，從『鮮』聲，『䚢』從『只』聲，皆其類也。王先生曰（蘭按：當指王念孫）：『䩗』、『覡』、『規』以『見』爲聲是也。支與元相出入，經傳中確有其據。而自來論音韻者皆未之及。今試以韻語證之。《老子》云：『是以聖人自知，不自見；自愛，不自貴。故去彼，取此。』『知』、『見』爲韻，『愛』、『貴』爲韻，『彼』、『此』爲韻。《逸周書·開武篇》：『三極既明，五行乃常。四察既是，七順乃辨。』『明』、『常』爲韻，『是』、『辨』爲韻。《太子晉篇》：『百姓悅之，相將而遠。遠人來驩，視道如咫。』『遠』、『咫』爲韻。《史記·李將軍傳贊》：『諺曰：桃李不言，下自成蹊。』『言』、『蹊』爲韻。皆以支、元通用也。再以偏旁證之。『瓗』、『蠵』、『䩗』、『覡』、『規』、『𠋤』、『觶』、『𩅿』、『䚢』八字而外，又有『扇』從『翄』省聲，而『尟』字從『少』從『是』，『是』亦爲聲也。再以字音證之。《小雅·瓠葉》箋云：『今俗語斯白之字作「鮮」，齊魯之間聲近「斯」。』《漢書·地理志》樂浪郡『黏蟬』，服虔云：『蟬，音提。』《揚雄傳》『恐鷤鴂之將鳴兮』，師古曰：『鷤，音大系反。鴂，音桂。』宋祁《筆記》引蕭該《音義》曰：『蘇林鷤鴂音殄絹。』而『蠲』字古讀若『圭』，今讀若『涓』。亦是從支部轉入元部也。再以或作、通作之字證之。《士喪禮》下篇注云：『古文筭或爲策。』《老子》：『挻植以爲器。』《釋文》：『挻，如淳作繫。』《莊子·在宥》：『尸居而龍見。』《釋文》云：『見，崔本作睨。』《五帝紀》：『帝顓頊生子曰窮蟬。』《索隱》云：『《世本》作窮係。』《陸賈傳》：『數見不鮮。』《漢書》作『數擊不鮮』。『見』與『擊』聲相近，故巫覡之『覡』以『見』得聲，而《荀子·王制篇》作『巫擊』也。又《貨殖傳》之『計然』，《越絕書》作『計倪』，皆支、元相通之證也。保謹按：『删』、『珊』、『狦』、『姍』皆從『册』聲，亦完、寒、桓、删、山、仙通支、佳之一證。」

【眉批】 蘭按：「斯民之生」作「鮮民之生」。鮮以不孚於天時。

珣，讀若宣。

即《釋器》「璧大六寸謂之宣」，詛楚文「宣璧」，《郊祀志》「瑄玉」。

「旬」在真部，「宣」在仙韻，真部讀入仙，猶「甄」爲居延反也。

瓚，三玉二石。

錢大昕云：「凡字從『贊』者，皆非一之詞。故叢木爲『欑』，車衡三束爲『轒』，以羹澆飯爲『饡』。」

瑛，玉光也。

《范子·計然》：「玉英出藍田。」《孝經援神契》：「神靈滋液則有玉英。」《楚詞》：「懷琬琰之華英。」《淮南·地形訓》：「龍淵有玉英。」注：「英，精光也。」《尸子》：「龍泉有玉英。」《穆天子傳》：「天子於是得玉榮（？）枝斯之英。」《山海經》：「黄帝乃取密山之玉榮，而投之鍾山之陽。」徐鍇引《符瑞圖》：「玉瑛仁寶，不斲自成，光若白華。漢文帝時渭陽玉瑛見。」《易林》：「飲食玉瑛。」「五常修則玉瑛見。」（未見所出。《史記·文帝紀》：「當有玉英見。」《集解》：「駰案：《瑞應圖》云：『玉英，五常並修則見。』」）

按：凡此皆即《本草》之石英也。《玉篇》：「水精謂之玉瑛也。」按水精即石英之純粹者。《晉書·大秦國傳》：「琉璃爲牆壁，水精爲柱礎。」今世通稱水晶。蓋水精之名盛行，而玉瑛之名不行矣。（此由通名爲專名。）

珋，石之有光璧珋也。

徐鍇云：「今有白石、紫石瑛，皆石之有光璧者。」

《繫傳考異》、徐灝並謂「璧」字疑衍。按：此謂六面若削成，故曰「璧」，非衍字也。

鍇以「光璧」斷句，《繫傳》云：「按有光璧，言光處平側如牆壁也。」桂引《本草圖經》：「兖州黑羊石有牆壁光瑩。」又云：「丹砂出辰州者良，碎其塊嶃巖作牆壁，真辰砂也。」則知「光璧」自是徐氏語法，言「璧」亦是有此例。故知校書非易事也。

《聲訂》云：「『玉光』二字即切『瑛』。」按「玉」爲疑母，「瑛」爲於母，如何可切？闇於音理如此，烏能言古音邪？

璑

《周禮·弁師》：「瑉玉三采。」故書「瑉」作「璑」，鄭司農云：「璑，惡玉名。」《聘義》：「君子貴玉而賤瑉。」注：「瑉，石似玉。」《國策》：「碔砆類玉。」《漢書·董仲舒傳》：「猶武夫之與美玉。」桂云：「案：反語『武夫』爲『璑』，然則『武夫』即『璑』也。」《山海經》：「會稽之山下多砆石。」郭注：「珷玞，石似玉。今長沙臨湘縣出之。赤地白文，色蔥蘢不分了也。」《子虛賦》：「碝石珷玞。」張揖曰：「碝石珷玞，皆石之次玉者。」

珛

《史記·孝武紀》「公玉帶」，《索隱》云：「《三輔決録》云：『杜陵有玉氏，音肅。』《說文》以爲從『玉』，音畜牧之『畜』。」段據改「珛」爲「玊」。《段注訂》、《匡謬》、《徐箋》及陳寶璐《段氏改「珛」篆作「玊」辨》均改之。

蘭按：《萬象名義》「玉」魚録反（部首），「玊」欣救、思鞠、思録三反，次「璧」、「環」之間，無「珛」字。則「珛」殆非《說文》也。書傳僅有「公玉帶」，別無「珛」字。《切韻》：「玉，息逐反。朽玉。又人姓。」則即《三輔決録》所謂音「肅」、《萬象名義》思鞠反也，本無別音。《唐韻》於「息逐反」下：「玉，朽玉。《說文》云：『琢玉工。』又姓。玉況，字文伯，光武以爲司徒。」又三燭云：「玉，相足反。西蕃國名。亦姓。又香救、新菊二反。」此即《萬象名義》之思録反也。又四十九宥：「珛，許救反。朽玉，出《說文》。加。」則即《萬象名義》之欣救反、三燭「玉」下所謂香救反也（今本《玉篇》欣救、思六二切，無三燭一音）。然則據原本《玉篇》及《唐韻》三燭作欣救反或香救反者，本即「玉」字。而《唐韻》於屋、燭作「玉」，於宥韻作「珛」，且於屋韻引《說文》「玉，琢玉工也」（今本《玉篇》：「欣救、思六二切。玉工也。亦姓也。」），宥韻引《說文》「珛，朽玉」，則當是唐人校《說文》者以「玉」有三音二訓，妄謂「玉」象琢玉之形，而改朽玉之「玉」爲從「有」聲耳。《唐韻》則正據此增加本《說文》也。（《廣韻》俱不引《說文》。）今本《說文》則不取「琢玉工」之訓，故但改「玉」爲「珛」也。

《佩觿》：「『玉』有欣救、魚録、息足、相逐四翻，俗別爲『玊』，則『魚録』爲玉石字，『欣救』、『息足』、『相逐』即《玉篇》之『玊』，『相逐』即《唐韻》之『息逐』，『息足』即《唐韻》之『相足』也。」

《說文》今本重出系同。見嚴《校議》「璿」下。

叡

當依小徐一本及《篇》、《韻》等作「壡」。

《文選·陶徵士誄》：「璿玉致美。」李善注曰：「《山海經》云：『升山黄酸之水出焉，其中多琁玉。』《說文》云：『琁，亦璿字。』」段據此注改「琁」次「璿」下。

蘭按：《文選》蓋有誤字，蓋本文原作「琁玉致美」，故李引《山海經》「琁玉」證之，又引《說文》「琁，亦瓊字」以釋「琁」之音也。「琁」、「璿」音近，後人於本文改寫「琁」作「璿」，則疑注文不合，遂又改注「瓊」字爲「璿」矣。段誤從之。

璧

古多作「□」，從「⿰阝辛」聲也。或作「□」，從「辟」聲。「辟」不從「口」，而從「○」，即瑞玉圜之「圜」，璧象也。然則「□」當從「○」、「⿰阝辛」聲，爲「璧」本字，後加「玉」耳。

瑗

「瑗」從「爰」聲，「爰」當作「□」，象「大孔璧，人君上除陛以相引」之形。今「爰」作「□」者，以「帀」代「○」也。後人以「爰」、「于」聲同，改從「于」聲耳。然則「瑗」亦象意字，本作「爰」，後加「玉」耳。

環

按從「睘」聲，即「圜」字。師遽尊作「□」，從「袁」聲。「睘」、「袁」皆從「○」得聲也。

璜

從「□」聲。「黄」或作「□」，從「大」，象人形；「〇」，象璜形也。然則「佩有雙璜」者（見《大戴·保傅》、《毛詩傳》），合之如璧也。（戴侗謂璜即玦，大誤。）

《左》定四傳：「夏后氏之璜。」《海外西經》：「夏后啓佩玉璜。」

段云：「古者天子辟雝，築土雝水之外，圜如璧。諸侯泮宫，泮之言半也，蓋東西門以南通水，北無也。鄭箋《詩》云爾。然則辟廱似璧，泮宫似璜。此『黌』字之所由製歟！」

按：《後漢·儒林傳》注：「黌，學也。」或亦以「横」爲之。又見朱浮《鮑昱傳》注。

琮，瑞玉大八寸，似車釭。

《玉人》：「璧琮九寸，璧琮八寸，駔琮五寸，宗后以爲權。駔琮七寸，天之以爲權。瑑琮八寸。」

蘭按：琮似當如「□」形，所謂外有捷盧，故可爲權。而非如今所謂「□」形器也。待考。

琥　瓏

余謂作虎形與龍形，非虎文、龍文也。（《三禮圖》引鄭康成《禮圖》：「白琥爲伏虎形。」）

戰鬥用琥，成功用璋，大喪用琮。（《御覽·珍寶部》引《吕氏春秋》，今本無。）

安平用璧，興事用圭，成功用璋，邊戍用珩（孫詒讓《書〈説文〉玉部後》謂當作「璜」），戰鬥用璩（孫謂當作「琥」），城圍用環，災亂用巂（孫謂疑「瓗」之誤），大旱用龍（孫謂當作「瓏」），大喪用琮（《酉陽雜俎》。按當本《吕覽》）。

《左》昭二十九傳：「昭公使公衍獻龍輔於齊侯。」

蘭按：「輔」即「傳」也。

琬

猶圜也（《玉人》注）。《典瑞》注：「琬圭無鋒芒。」（按：異於剡上也。）

璋，半圭爲璋。

《考工記》無此説，疑圭之較狹者耳。

琥、虎　瓏、龍　琬、宛　璋、章　琰、剡　玠、介　瑒、暢（鬯）　瓛、桓　瑁、冒　玦、缺　瑱、填

瑵、蚤、爪　璂、綦　璪、藻　鎏、流、旈　瓃、畾　璱、瑟　瑮、栗　璊、虋　瑣、貟　玓、瓅、玓、礫、的、皪

琀、含

瑁

古文作「珇」，從「目」。段依《玉篇》作「玥」，從「冃」。按《萬象名義》、《字鏡》並作「珇」，今本《玉篇》誤。小徐云「冒，亦音墨」，則從「目」可知。余謂「冒」即卜辭「[glyph]」，從「目」聲，故得亦從「目」也。（魯公伐郐鼎有「[glyph]」，乃訛器。）

師遽尊「[glyph]圭一」，當釋「瑁圭」。

毒冒（《漢・郊祀志》）　瑇瑁　蝳瑁　玳瑁

「冒」讀如莫佩切，由幽部轉入灰部也。

瑞

從「耑」聲（徐鍇刪「聲」字）。按「瑞」是僞切，由寒入支也。考「腨」從「耑」聲，讀若捶擊之「捶」，是由寒入歌，蓋歌轉入支耳。（徐鉉於「瑞」下刪「聲」字，「揣」下引鍇説云：「此字與『耑』聲不相近，如『喘』、『遄』之類，當從『瑞』省。」朱駿聲：

「揣省聲。」）

王先生懷祖曰：「案『揣』字古蓋讀若『專』。《小雅・小宛》：『温温恭人，如集于木。惴惴小心，如臨于谷。戰戰兢兢，如履薄冰。』『木』與『谷』爲韻，『兢』與『冰』爲韻，而『惴惴』二字上與『温温』爲韻，下與『戰戰』爲韻。『惴惴』，讀若『專專』。《列女傳序》云：『專專小心，永懼匪解。』是其明證也。《莊子・齊物論》：『大言閑閑，小言閒閒；大言炎炎，小言詹詹。』又云：『小恐惴惴，大恐漫漫。』『閑』、『閒』爲韻，『炎』、『詹』爲韻，『惴』、『漫』爲韻，『惴』亦讀若『專』。《齊策》云：『安平君以惴惴之即墨三里之城，五里之郭，而反千里之齊。』《潛夫論・救邊》云：『昔樂毅以慱慱之小燕，破滅彊齊。』『慱慱』即『惴惴』也。小心謂之『惴惴』，小恐亦謂之『惴惴』，小城亦謂之『惴惴』，而其字皆讀若『專』，故《潛夫論》又作『慱慱』也。《孟子》：『吾不惴焉。』《音義》：『惴，丁本作遄。』『惴』讀若『專』，故又與『遄』通也。」（《諧聲補逸》）

琫，佩刀上飾。

宋本及《玉篇》作「下飾」。案：《萬象名義》作「上飾」，今本《玉篇》誤也。然《字鏡》則曰：「刀上飾曰鞞，下飾曰琫。」

珌，佩刀下飾。

案：《萬象名義》作「上飾」，與《玉篇》同。《玉篇》有重文作「琿」（《汗簡》、《古文四聲韻》引《說文》，段據補）。《類聚》引《字林》：「琕，佩刀上飾。」《御覽》引作「琿」。

按「鞞琫容刀」，「鞞琫有珌」，或説蓋謂「鞞」上飾，「琫」下飾。杜《左傳》注：「鞞，上飾。鞛，下飾。」正如此。與毛傳、許説異也。

璏

《類聚》引《字林》作「瑑」，《初學記》引作「璏」。《王莽傳》：「欲獻其瑑耳，即解其瑑。」服虔曰：「瑑，音衛。」蘇林曰：

「劍鼻也。」顔云：「瑑字本作璏，從『玉』『彘』聲。後轉寫者譌也。『瑑』自彫瑑字耳，音篆也。」《匈奴傳》：「玉具劍。」孟康曰：「標首鐔衛，盡用玉爲之。」顔曰：「衛，劍鼻也。」

蘭按：依《切韻》，則「衛」在合口，「彘」在開口，「衛」爲于母，「彘」爲直母也。

又按：金文屢言「鞞剢」，疑「剢」即「璏」也。剢本刀劍飾，故從「刀」，且與鞞爲同類。舊謂射韝，則非類也。「遂」在至韻，「璏」在祭韻，「墜」直類反，「璏」直例反，是聲相近也。疑本作「琢」，故變作「瑑」，猶「墜」作「隧」矣。

又按：「瑑」直戀反，「璏」直例反，線與祭陰陽對轉也，是「瑑」、「璏」一字之證。第「瑑」別有雕瑑一義耳。

瑑

《周禮》先鄭注云：「瑑，有圻鄂瑑起也。」《禮器》：「大圭不琢。」注：「琢，當爲『瑑』字之誤也。」《司馬遷傳》：「今雖欲自雕瑑。」《董仲舒傳》：「良玉不瑑。」《東方朔傳》：「陰奉琱瑑刻鏤之好。」《春官・典瑞》：「瑑圭璋璧琮。」《考工記・玉人》：「瑑圭璋。」「剡圭，剡半以上，又半爲瑑飾。」《水經注・褒水》：「漢司隸校尉楊厥所開。建和二年，王升瑑石頌德。」《周禮・巾車》：「孤乘夏篆。」注：「篆，讀如圭瑑之『瑑』。」「童子雕蟲篆刻，壯士不爲也。」《考工記》：「鐘帶謂之篆。」

按：篆書之「篆」，當由「瑑」來。

珇，琮玉之瑑。

按《典瑞》「駔圭璋璧琮琥璜之渠眉」與「瑑圭璋璧琮」相對，是駔亦瑑之類也。然琮有瑑琮有駔琮，則駔與瑑應不同也。先鄭注：「駔，外有捷盧也。讀爲駔疾之『駔』。」後鄭則謂「駔讀爲組，以組繫之，因名焉」。按鄭君說「渠眉」曰：「玉飾之溝瑑也。」則指玉器之窪處。先鄭謂「刻作捷盧」，鄭君謂「繫以組也」，許君之義似從先鄭，謂捷盧耳。（然「珇」或是瑑如組形，當俟詳考。）

《廣韻》：「珇，圭上起。」

「捷盧」當即「駔」之反語。《廣韻》：「駔，徂古切，又祖朗切。」讀爲「祖朗」乃魚、陽之轉。「徂」即「捷」（惟「徂」爲一等字，

「捷」爲三、四等字），「盧」平聲，「古」上聲耳。

璂

《弁師》注：「鄭司農云：讀如綦車轂之『綦』。玄謂璂讀如薄借綦之『綦』。綦，結也。」

按「薄借」即「不借」，當以「薄借」爲是，猶云「簿籍」也。按「薄借」即舃，亦即鞎，舊以「不借」爲義非也。

璹，讀如淑。（即《爾疋》「琡」）

按「𠷎」在十八尤，「璹」、「淑」在一屋之三等，平入相應也。

王棻友《句》引桂氏曰：「《桑柔》『穀』與『垢』韻，劉向《九歎》『簏』與『囿』韻，皆此例。」

蘭按：「穀」、「垢」是侯部，此是幽部，例卻相近。若「簏」與「囿」則一是侯部之入，一是幽部之入（「囿」可讀于救切，然終是幽部字），正今《切韻》合此兩類爲屋韻之例。而非「璹」讀「淑」之適例也。

《釋例》謂：「茮，經典作『椒』，從『叔』聲，尤、宵二部則通。壔讀若『毒』，與此相近。」

尤、宵二類，與此祇幽類又不同也。

瓃

轠轤（《羽獵賦》）　轆轤（腰間轆轤劍）　鹿盧（晉灼《雋不疑傳》：「櫑具劍。」注：「以玉作井鹿盧形。」）　𨏔轤（井上汲水木）　碌

碡　磟碡　䃙碡　礰礋　獨廘　獨鹿（《集韻》）　獨禄　陀螺

按：段謂捷盧亦謂鹿盧，非是。

璊 玧

按「璊」在寒部，「允」在真部，然從「允」、「夋」之字如「沇」、「酸」，則在寒部。故「允」當本在寒部，得相通也。今音則「璊」、「玧」並讀入文部矣。

畫從琱字

《廣疋・釋訓》：「彫，畫也。」《釋詁》：「彫，畫也。」

玩

金文作「元」。

玤

當即「丰」字。

讀若《詩》「瓜瓞菶菶」。一曰若盒蚌。

《釋例》：「此乃六朝人語，豈漢人語乎？小徐《韻譜》所用者，李舟《切韻》也。一董『琫』、『菶』皆補孔反，三講『蚌』步項反，《廣韻》『菶』邊孔、蒲蠓二切，『玤』、『蚌』皆步項切，此其所以異也。然『玤』、『蚌』皆從『丰』聲，『菶』從『奉』聲，『奉』亦從『丰』聲，本無異也。許君安知後人韻部乎？」

蘭按：王仁煦《切韻》韻目一董下云：「『呂』與『腫』同，夏侯別。今依夏侯。」則呂静只是「董」、「腫」同韻，而「董」、「講」本有別也。呂承《聲類》，與許時近，安知許氏不即分董、講邪？況幫、並亦似有別也。

玪塾

珹功（《子虛賦》、《廣雅》） 中山經：「葛山其下多珹石。」注：「勁石似玉者。」

玪瑻 「瑻」乃「瑋」誤。「勒」省作「革」，猶「鞶勒」爲「鞶革」。

玖，讀若芑。或曰若人句脊之「句」。

按：讀若「芑」，則本在之部也。讀若「句」（即「痀」，在虞韻），則由讀「久」入尤韻，而尤、侯相亂耳。

珁

《蒼頡篇》：「五色之石也。」（《玉篇》）

琅

《埤蒼》：「瓔琅，石似玉也。」（《玉篇》）《西山經》：「羭次之山，其陽多嬰垣之玉。」注：「桓，或爲根。」「根」當爲「琅」。（《義證》引錢大昭説）

玦

今本《玉篇》別有「玦」字。（原本無）

璪

楊譽龍《釋璪、璪》據「藻」、「藻」一字，《周禮・司几筵》《釋文》「藻，本作繅」，《禮記・明堂位》《釋文》「藻，本作繅」，

《書・甘誓》「天用勦絶其命」，《説文》「剿」下引《書》作「剿絶」，《漢書・外戚傳》「命樔絶而不長」，班婕妤賦「命操絶而不長」諸證，謂「璪」、「璅」一字。

徐灝云：「『藻』、『繅』字古多通用，疑『璪』亦『璅』之異文。」

按《萬象名義》「璅」下云：「璪也。」則「璪」、「璅」確一字矣。（《説文》並子皓切。）

朱駿聲引《檀弓》「縣子璅曰」，《釋文》：「依字作瑣。」假借爲「瑣」。《東京賦》：「既璅璅焉。」薛注：「小焉。」《晉書・習鑿齒傳》：「璅璅常流離。」「璅」、「瑣」雙聲。

按《字鏡》以「瑣」、「璅」爲一字。（「欲少留此靈璅兮。」）

璡（晉人有劉璡）、瑨、璁、琥、瑋、⿱臤玉、瓊、珣、琂、瓐、琟、瑦、瑂、璒、玜、玗、⿰王殳、瑎

此類字大抵不見所出，疑均在《倉頡》之類也。

⿱臤玉（烏貫切，今本《玉篇》同，小徐《韻譜》同）

《繫傳》都灌反，《萬象名義》同。《廣韻》：「⿰王殳，丁貫切，石之似玉。」則作「⿰王殳」字。《萬象》篆作「[illegible]」。

玗

《穆天子傳》有「玗琪」，《海内西經》「開明北有玗琪樹」，則《爾疋》所謂「珣玗琪」爲二玉也。

戲霝卣「錫戲霝[illegible]一」，疑是「玗」、「〇」合文，「〇」即「環」也。

碧，石之美者。從玉、石，白聲。

玄應、慧琳《音義》，《御覽》，《唐韻》引並無「青」字，《玉篇》有。

段云：「從『玉』、『石』者，似玉之石也。碧色青白，金剋木之色也，故從『白』。云『白聲』者，以形聲苞會意。」徐灝謂

「此於字義無涉，徒穿鑿無當」。

《山海經・西山經》：「章莪之山多瑤碧，高山其下多青碧。」《東山經》：「耿山多水碧。」《淮南・地形訓》：「青水宜碧。」又云：「昆侖碧樹、瑶樹在其北。」《漢書・司馬相如傳》：「錫碧金銀。」揚雄《蜀都賦》：「遠則有銀鉛錫碧。」張衡《南都賦》：「緑碧紫英。」《急就篇》：「璧碧珠璣玫瑰瓅。」《漢書・地理志》：「越巂郡會無縣東山出碧。」

蘭按：「碧」字疑本作「珀」，從「玉」「白」聲。今「珀」訓琥珀者，本作「虎魄」，實則「珀」之字本當爲「碧」字也。《切韻》本無「碧」字，而有「珀」字。《切韻》所據爲李登、吕静舊文，或即以「珀」爲「碧」耳。（《新撰字鏡》「碧」陂薄反。）「碧」所以當作「珀」從「玉」者，古多以碧爲玉類。《西山經》「瑤碧」，注：「碧，亦玉屬。」「青碧」，注：「碧，亦玉類也。」《急就篇》顔注：「碧，縹玉也。」《司馬相如傳》顔注：「碧，謂玉之青白色者也。」其從「白」聲者，顔氏所謂「玉之青白色」。又云「縹玉」。《南都賦》注李善引《廣志》曰：「碧有縹碧，有緑碧。」案《説文》：「縹，帛青白色。」劉熙《釋名》：「縹，猶漂漂，淺青色也。有碧縹，有天縹，有骨縹，各以其色所象言之也。」然則縹碧者，當是最淺之緑色（《新撰字鏡》注引「淺翠」），有類於白，今俗所謂月白之類。今雲南所産之碧緑淺者，大抵如此也。然則古人爲譬況之辭，謂碧色爲玉之白者，故從「白」聲耳。後人又謂碧乃石類而非玉，故又爲從「石」、「珀」聲。故《説文》亦訓爲「石之美者」。然既訓爲石，何不入石部邪？（他字從「玉」，故雖訓爲石，只得入玉部，此則明明從「石」也。）

徐鉉兵尺反，《切韻》、《唐韻》新加者爲方彳反，小徐《韻譜》同。然「彳」爲丑亦反，與「辟」必益反無異。《萬象名義》、《玉篇》彼戟反，故宫《王韻》逋逆反，則在陌韻三等（開口）。《字鏡》陂薄反，則似在鐸韻。今《廣韻》彼役反，則爲昔之合口矣。

琨　瑻（或從貫）

《禹貢》《釋文》：「琨，馬本作瑻，韋昭音貫。」《漢書・地理志》引《禹貢》亦作「瑻」。

《皇矣》：「串夷載路。」箋：「串夷，即混夷。」

《明堂位》：「崇鼎貫鼎。」鄭注：「崇、貫，國名。文王伐崇。古者伐國，遷其重器。」

按此寒與魂之轉也。

《穆傳》：「天子之寶玉昆。」《招魂》：「昆蔽象棊。」《司馬相如傳》：「琳瑉琨珸。」《漢書音義》：「琨吾，山名。又作昆吾。」《廣雅》：「琨珸，石之次玉者。」王念孫《廣雅疏證》：「琨即琨珸也。琨珸謂之琨，猶碔砆謂之砆，瑊玏謂之瑊。」

蘭按：轀轤即轀也。

珠，蚌之陰精。

桂云：「琅玕、火齊皆珠也，故從『玉』。」《説文職墨》、《説文引經證例》並謂「圜玉稱珠」，甚是。

《爾雅·釋地》：「西方之美者，有霍山之多珠玉焉。」于云：「珠出於山，則明是玉珠，而非蚌珠。《論衡·率性》『璆琳琅玕』者，此則土地所生真玉珠也。」

蘭按：《周禮·玉府》：「珠盤玉敦。」當謂以玉珠嵌盤，如傳世以緑松石嵌銅器之類，非蚌珠也。

然則珠本圜玉珠，故從「玉」。蚌珠似之，故因其名。許説誤。

玭　蠙

此脂、真相轉也。（徐鉉步因切，《唐韻》符真。）《玉篇》步蠲切，先韻，本真之一等也。

《西山經》：「濫水鴽魮之魚，狀如覆銚，鳥首，魚尾音如磬聲，是生珠玉。」《江賦》：「文魮磬鳴以孕璆。」

然則魮未必即蚌也。玭珠，珠之有聲者，乃指《大戴·保傅》「玭珠以納其間」，蓋以爲玉佩行則有聲，非蚌珠也。

珕，劦聲。

徐鉉云：「劦，亦音麗。」按：今未見此音。「劦」胡頰切，此乃添帖部内字轉入齊部也。

劦（xæp?ˑ）→珕、荔（læi）

按《説文》從「玉」之字，惟珕、珧、珊瑚似玉而非玉石類，珕、珧以爲刀飾，見其平面，故亦有似於玉也。（珠、璣本亦玉類。）

玟

讀莫栝切者，文對轉入灰也。（據此可知「文」本應在一等。）朱駿聲以爲從「枚」省聲，非。《射義》「瑉，或作玟」者，「瑉」《説文》作「珉」，真、文之亂也。

火齊玫瑰也。

按：當是紅寶石之類，舊説多誤。

珋

段云：「按古音『卯』、『丣』二聲同在三部，爲疊韻。而『留』、『珋』、『茆』、『聊』、『駠』、『𪕒』、『劉』等字皆與『丣』又疊韻中雙聲。『昴』、『貿』、『茆』等字與『卯』疊韻中雙聲，部分以疊韻爲重，字音以雙聲爲重。許君『卯』、『丣』畫分，而從『丣』之字俗多改爲從『卯』，自漢已然。『卯金刀』爲『劉』之説，緯書荒繆，正『屈中』、『止句』、『馬頭人』、『人持十』之類，許所不信也。」

桂云：「篆當從寅卯之『卯』，非從古文『丣』，轉寫誤連上畫。《文選・江賦》：『珕珋璿瑰。』直作『卯』旁，可證也。『留』亦從『卯』。古讀『卯』、『留』聲相近，《詩・朔月》『辛卯』與『醜』爲韻，本書『鮑』或從『孚』或從『卯』，皆取其聲，古音『包』、『孚』、『卯』皆屬尤幽侯部也。」

蘭按：「卯」、「酉」皆幽部，桂但説韻部而未及聲母，段謂「昴」、「貿」等與「卯」雙聲，是矣。其謂「留」、「珋」等與「丣」爲雙聲，則大誤。「留」、「珋」爲來母，「酉」爲喻母，安得爲雙聲邪？段明古音而不諳聲理如此。

琀

朱駿聲謂「含」俗字。

附

珈

見《詩》。箋：「珈之言加也。」

璩

見《山海經》。案《東山經》作「鐻」。《魏都賦》、《後漢書·張奐傳》並作「鐻」。玄應《音義》四引《埤倉》：「珠曰璫，充耳也。璩，耳璩也。」玄應《音義》引《字書》：「璩，玉名，耳璩也。」《檀弓》：「蘧伯玉。」《釋文》：「本又作璩。」《淮南子·泰族訓》作「璩」。

琖，玉爵也。夏曰琖，殷曰斝，周曰爵。（《玉篇》引同）

《周禮·量人》《釋文》：「琖，劉本作湔。」漢王君廟門碑：「束帛有琖。」「琖」通作「戔」。

《行葦》《詩傳》作「醆」，《釋文》：「字或作琖。」本書酉部：「醆，爵也。」則許書以「醆」爲「琖」。

鄭知同曰：「琖之言淺也，《方言》郭注云：『盞，最小桮。』是也。《説文》：『竹木之車曰棧。』是車箱淺露之名。《爾雅》：『鐘小者謂之棧。』李巡注云：『棧，淺也。』又：『虎竊毛謂之虦貓。』虦亦指淺毛言之。」

琛

見《魯頌》、《爾疋》。

璫(當)

《司馬相如傳》：「華榱璧璫。」此瓦當之「當」。

耳璫見《釋名》：「穿耳施珠，本出於蠻夷，所爲今中國人效之。」

琲

《玉篇》：「珠五百枚也。」《廣韻》引《埤蒼》：「珠百枚曰琲。孫權貢珠百琲。琲，貫也。」又云：「珠五百枚也。亦作琲。」《吴都賦》：「珠琲闌干。」劉淵林注：「琲，貫也，珠十貫爲一琲。」

王《校正》云：「名目隨時而起，字即隨時而增。凡古人所無之器物皆然。今之不可爲古，猶俗之不可爲雅也。」

魏晉以前無用此字者，前人多云未詳。蘭按：此當是「朋」之聲轉，珠琲猶貝朋耳。「朋」與「琲」乃咍、登對轉。

王《校正》、鈕《新附考》云：「核計《説文》都數溢於原額。既有增加，必有脱漏，故以今本之有無定許君之去取者，誣也。且鼎臣本亦經改易，非原書也。藤花榭、平津館皆翻宋本，言部『詿』、『誤』字皆兩見，汲古亦仿宋，乃一見，又删併『詿』下兩説，以致不通。(《韻譜》亦一見，而注明一本重出。)《繫傳》之廿五卷宋末已亡，後人抄大徐本補之，而次第、篆法、説解尚有不同。」(按鈕原云：「凡經典中字許君不應遺，或所見本不同，或經典爲後人改。」)

又云：「俗字有三種於古人所無，即借音用之，後乃匹配形聲，如紡專後作『塼』、『甎』是也。或古有是字而後人不識，而别作之者是也。或並無同音之字可借，則率意造之是也。又俗字多諧聲，其外無形可從者，則前作多從『人』，後作多從『口』。」

珂，玉也。

(1)《玉篇》：「珂，石次玉也。」《廣雅》：「瑊玏，珂。」又云：「石之次玉。」

(2)《玉篇》：「亦瑪瑙，絜白如雪者。」

(3)《玉篇》：「一云螺屬也，生海中。」

(4)劉逵注《吴都賦》「珂珹」云：「老雕化西海爲珹，已裁割若馬勒者謂之珂。」《西京雜記》：「武帝時長安盛飾鞍馬，以南海白蜃爲珂，紫金爲勒，以飾其上。」《初學記》引《通俗文》：「勒飾曰珂。」

玘

《字鏡》：「玘（?），古里反，佩玉。」《字書》：「玘，玉名也。」

《晉書音義》、《字林》：「玘，本幾字，萬(?)意反。」

珝

《玉篇》引《吴志》：「薛琮，字子珝。」《字鏡》：「人名。」《韻會》、《晉・藝術傳》有「卜珝」。

璀璨（玉光也）

《琴賦》：「新衣翠粲。」李注引《子虚賦》「翕呷翠粲」張揖曰：「翠粲，衣聲也。」班婕妤《自傷賦》：「紛翠粲兮紈素聲。」

《洛神賦》：「被羅衣之璀粲。」《史記・司馬相如傳》：「噏呷萃蔡。」《集解》引《漢書音義》云：「萃蔡，衣聲。」《索隱》引郭璞云：「萃蔡，猶璀璨。」

《漢書》班婕妤《自傷賦》：「紛綷璨兮紈素聲。」《文選・籍田賦》：「綃紈綷縩。」孫綽《天台山賦》：「琪樹璀璨而垂珠。」《靈光殿賦》：「汩磑磑以璀璨。」

琡

見《爾疋》。徐鍇説即「璹」。

瑄

《爾疋》、詛楚文作「宣」，《漢書・郊祀志》作「瑄」。《爾疋》：「本或作瑄。」

珙

拱璧。高誘注《淮南子》云：「拲，讀《詩》『小拱大拱』。」

珏部

珏

按：當作□→□→□（□）→□。

二玉相合爲一珏。「□」，象二玉也。《左》莊十八傳注：「雙玉爲瑴。」《正義》云：「《倉頡篇》『瑴』作『珏』，雙玉爲瑴，故字從兩『玉』。」按經傳多作「瑴」，許此字蓋取諸《倉頡篇》。

《淮南》：「玄玉百工。」「工」東類，「珏」屋類，陽入相轉也。

工→玉→珏、瑴→□

班

按卜辭作「□」，即「玢」（可讀爲「斌」，亦可讀「班」），亦即「班」，從「玉」與從「玨」同。從「□」與從「分」同，取「分」聲也。（「□」即「羒」字，牝羊也。）

朱駿聲謂從「分」省，「分」亦聲。

《舒藝室隨筆》亦謂「當云分省聲」。

蘭按：《明堂位》：「頒度量。」注：「頒，讀爲班。」《孟子》：「頒白者。」注：「頒，班也。」《周禮・大宰》：「匪頒之式。」鄭司農曰：「頒，讀爲班布之『班』。」《王制》：「名山大澤不以盼。」《釋文》：「盼，讀爲班。」

琿

《東京賦》：「琿弩重旃。」《張安世傳》顏注：「琿，皮篋盛弩也。」《輿服志》：「琿弩。」今本訛「韊鞴弩」三字。徐鍇引江總《行李賦》「持琿玉而多士」，今本作「馳珏玉之多事」。蘭按：當作「馳琿玉之多士」。

蘭按：「琿」讀與「服」同。漢人用爲琿弩字，即讀爲「箙」耳。許則因其字從「玉」，故釋爲奉玉也。

气部

疑與「介」意近。

气

本作「三」。徐鍇曰：「古文又作旼、炁。」《汗簡》引「□，氣」。按當是「□」之誤。或「□」，故又變作「炁」也。

「气」去既切，未韻。「乞」去乙切，迄韻。去與入之轉。（似本爲入聲。）

气，雲气也。引申爲呼吸之气。「眉」、「⿰自隶」、「⿰自干」、「呬」、「愾」、「嘅」、「鎎」本屬於「自」，亦與气相應。其「詯」爲膽氣滿，聲在人上，尤與气合。（《文始》）

「乞」訓匄者，「乞」、「匄」音近也。張行孚《釋乞》以爲假「乞」爲「耤」，非是。

「雰」與「氛」非一字。

士部

士

「士」與「女」。《易》：「士刲羊，無血。」《荀子・非相》：「處女莫不願得以爲士。」《詩・褰裳》：「豈無他士。」

推十合一

或作「推一合十」（《玉篇》、《六書故》、《韻會》、《孔子集語》）。

《兒苦録》：「從『二』從引而上行之『丨』，蓋通下情以達於上者，士也。」

《文源》：「『士』象構作之形，與『工』、『乍』同意。」

按「士」、「土」一字，魚變爲之也。《射義》以「舉」、「士」、「處」、「所」爲韻，尚在魚部。

「士」讀爲「牡」，由之部變爲幽也。

《周禮》：「其附於刑者，歸於士。」注：「士，謂主斷刑之官，或謂歸於圜土。」

禮器碑：「四方土仁（士人）。」華山亭碑：「卿土百辟。」史晨祠孔廟奏：「百辟卿土。」周憬銘：「濟濟吉土。」均以「土」爲「士」。

壻，讀與細同。（蘇計切）

按此由魚部入齊部也。「東齊謂壻爲倩」者，「倩」倉甸切，齊、先對轉也。或讀七政切，轉入青部也。然則「壻」字當是轉入支部。《切韻》支、脂合爲齊韻，故在齊類耳。魚可轉支，不可轉脂也。（宋保《諧聲補逸》所據皆訓詁。）

然《説文》云「讀與細同」，已是支、脂之亂矣。

又按：古「胥」字讀若「蘇」（「姑胥」即「姑蘇」），則即「土」之轉音耳。（「土」音變爲「士」，而稱士夫之「士」者讀如「胥」，乃改爲從「士」「胥」聲耳。）

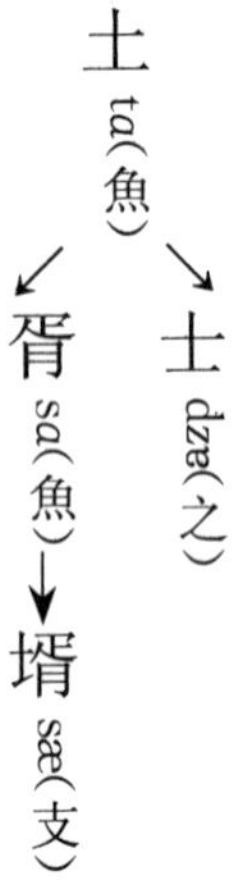

土 tɑ(魚) ↘ 士 dzə(之)

↙ 胥 sɑ(魚) → 壻 sæ(支)

又按：「壻」字祇見《爾雅》、《儀禮》、《左傳》，恐是春秋後之稱。《詩經》、《易經》祇作「士」。

壯，大也。

《管子·小問》：「苗始其少也，眴眴乎，何其孺子也！至其壯也，莊莊乎，何其士也！」《曲禮》曰：「三十曰壯，有室。」《月令》：「養壯狡。」

然則「壯」之本義乃指生殖器之壯大，引申則爲壯夫之「壯」，引申爲凡人大之壯。《方言》：「秦晉之間，凡人之大謂之奘，或謂之壯。」

「壯」亦「土」之音轉，魚、陽對轉，猶「駔」讀祖朗反耳。後人則易爲「爿」聲矣。

壿

《毛詩》作「蹲」，《爾雅》作「壿」。

朱云：「此重言形況字。毛訓『舞皃』，猶『坎坎』爲鼓聲也。『坎』不得訓鼓，『壿』何得訓舞？此後出字，許可不録。」

丨部

丨，引而上行讀若囟。引而下行讀若退。

按：《萬象名義》、《新撰字鏡》並有思貳、他外二反。按思二反讀如「四」，「囟」之音轉也。他外反讀如「娧」，「退」之音轉也。則原本《玉篇》之音本與《説文》合也。今本《玉篇》脱他外一反，衹存思二反，而引《説文》又古本切。今徐鉉本《説文》古本切，燉煌《王韻》、《廣韻》亦均收在古本切，此音當依「棍」字而作。然《廣韻》「棍」胡本切不知何自而至，若徐鍇謂「囟」音「信」，今人音「進」，引而下行音「退」，又音「衮」，則又望文而作音矣（惟許或以進、退爲義）。

段謂思二切，「囟」之雙聲，甚是。桂謂思二即「退」音，誤也。

按「丨」古無此字，必欲求之於古，其爲「工」乎。（「十」字古作「丨」，與此無涉。）「[illegible]」即「尋」，「㫃」即「於」，可證也。「工」即「杠」字音轉，可爲「棍」也。

舁（升高也）→遷（登也）→僊→真（僊人變形而登天也。由寒至真部）→禛（以真受福也）

僊←屳（人在山上皃）

遷←迻（遷徙也。由寒至歌）→徙（迻也。由歌至支）

章謂「遷」次對轉支爲「徙」，「徙」旁轉歌爲「迻」，今正。

先（前進也）→兟（進也）→侁（行皃）

前（不行而進也）

[illegible]（自進極也）→津（水渡也）

[illegible]（進也）→駿（馬之良材也）→陖

躋（脂）　登也　虹也（朝躋于西。《春官》：「視祲九曰躋。」注：「虹也。」）　猶言縉也　又訓隊（《書》言「顛躋」。躋隊猶⿱齊黽墜）

晉（登也）→日出→縉（帛赤色也。赤雲謂之縉雲）

進（登也）

「辛」説解曰：「辛，辠也。」「辛」從「干」、「上」，猶「辛」從「干」、「上」。次對轉泰孳乳爲「辠」、「薛」，犯法也。「辛」轉爲「辠」，猶「辛」爲「⿰氵辠」矣。五味之「辛」，乃「𨐌」之借字。𨐌，列也，即今「辣」字。「𨐌」讀如「迅」，與「辛」同音。

「姊」亦如「躋」，得聲義於「丨」。「妹」亦得聲義於隊部之「丨」。彼本孳乳爲「媦」（楚人謂女弟曰媦媦），「媦」近轉脂，乃變易爲「妹」也。

囟（小皃）　細（微也）　稺（幼禾也）

—

仳（支）→姕（婦人小物也）

妓（婦人小物也）　⿰穌頁（小頭⿰穌頁⿰穌頁也）　尟（少也。寒部）

嫈（小心態也）　滎（絶小水）　謍（小聲）　⿱𤇾瓜（小瓜）

淺（不深也）　俴（淺也）　虥（虎竊毛）　⿺走戔（淺渡也。支部）

復（卻也）　隤（下隊也）　隊（從高隊也）　硋（陊也）

壞（敗也。脂）　毁（缺也。支）　垝（毁垣也）

隕（從高下也）　磒（落也）　抎（有所失也。《春秋傳》曰：「抎子辱矣。」《吕氏·音初》：「王及蔡公抎於漢中。」）　損（滅也）

騫（馬腹縶也。《詩》：「不騫不崩。」縶即塌。寒）　虧（歌。騫虧也。《詩》傳：「气損也。」）

復……遁（遷也。謂逡遁而退也）　頓（下首也）

下上通之義旁轉入泰，孳乳爲「兑」、「達」諸字，與「台」相係。在本部亦孳乳爲「⿰自肙」，與「台」相係。

芮草生皃　⿱艹㓹（艸之小者，讀若「芮」）→莌（小。《方言》。「㓹」即「鋭」，「⿱艹㓹」即「莌」）　鋭（《春秋傳》：「且吾以玉賈罪，不亦鋭乎。」杜解：

「鋭，細小也。」）　鋭小綴

季（少。《地官・山虞》言「季材」，《特牲》言「季指」，皆謂小）

章氏以「丨」有「囟」、「退」二音，謂「丨」爲「囟」、「退」本字：「『廴』、『申』、『囟』、『屮』雖皆獨體，然並受聲義於『丨』。」又云：「『丨』對轉諄，亦孳乳爲『孫』（子之子也。「孫枝」、「孫絡」並訓小）。」至云：「倉頡造字亦非一時頓成，故初文亦有相孳乳者。『丨』讀若『復』，則『夂』亦因于『丨』（鋭頭與丨義合）。『丨』讀『囟』，則『囟』亦因于『丨』。『屮』與『囟』至、真對轉，中既作『丨』，而『巂』、『离』之頭皆以『屮』象，則屮猶囟也（屮猶囟，猶耑與題），亦自『丨』生。其『丨』字訓退者，則『夊』字雖獨體，而聲義取諸此。」

按：「丨」音「進」、「退」本屬荒誕，章乃推想倉頡造字，幾如癡人説夢矣。

中

《説文》「中」（與「史」上同）。

徐鍇謂：「『囗』以出令也，『丨』以記其中也。」

《六書故》云：「鼂説之曰：林罕謂從『囗』，象四方上下通中也。」（王筠用此説）

段注：「『中』字會意之恉，必當從『囗』（音圍）。衛宏説『用』字從『卜』、『中』，則『中』之不從『口』明矣。下上通者，謂中直或引而下，或引而上，皆入其内也。」

徐灝：「此從『囗』，而識其適中之處，指事兼會意也。」

桂馥：「『用』從『卜』從『中』，則『中』當爲『中』。」

朱駿聲：「其本訓當爲矢着正也。從『口』固非，段訂從『囗』亦未允。當從『冂』，象射侯形；從『丨』，通也，亦象矢形。横穿爲『毌』，從通爲『中』。『用』字從此作『中』。古文『用』作『用』，則象侯。顯然屈下者，疑即《敘》所云漢時俗書『虫』字，非古文『中』也。籀文多四注當謂『乘矢，指事』，『中』、『正』二字皆以射喻，習用不察耳。《周禮・射人》：『與大史數射中。』《儀禮・大射儀》：『中離維綱。』《禮記・射義》：『持弓矢審固，然後可以言中。』故盛算之器即曰中。』《鄉射禮・記》：『皮樹中、閭中、虎中、兕中、鹿中，是也。」」

孔廣居《說文疑疑》：「漢官私印都從『口』，鐘鼎作『中』，象矢貫的；或作『𠁧』，加『二』、『二』以會中間之意。」

《文始》：「從『丨』，謂筆引書也。從『口』，謂書囊也。此會意字。而『用』從『卜』、『中』，字形作『用』，乃純象册形。古文『用』作『用』，則『中』可作『用』。册二編，此三編也。其作『中』者，非初文而爲後出之字。古文或作『𠁧』，則猶『王』之作『王』，但詘曲取姿爾。」

陶方琦謂：「『中』字之『口』亦象弓，『丨』象矢。」（尤瑩引）

尤瑩《說中》：「天下之理有『丄』、『丅』，即有一『中』，『丄』從『丨』在『一』上，『下』從『丨』在『一』下，皆屬指事。則『中』從『丨』在『口』中，亦屬指事無疑。天下物理必先有上中下，然後有中的之『中』，中的之『中』斷不能古於上中下之『中』。則中的之『中』不過由中央之『中』引申之，必非本義也。竊謂『中』字篆體有六，《說文》存其五而遺其一，其義則皆爲中央之義。『中』、『𠁧』、『𠁧』之外，尚有『中』、『用』、『用』三體……『中』許君不收，是其疏漏。段改『中』爲『中』，與許書爲不合，然所見甚是……『中』本『中』之最初字，屢見鐘鼎。其從『〇』從『丨』者，正以一『丨』居中爲指事。」

顧實《釋中、史》：「『𠁩』、『𠁩』、『𠁧』、『[字形]』（『[字形]』所從）、『中』、『中』數形遞變，實同一字。『𠁩』、『𠁩』即古『㫃』字，『中』何以從古『㫃』字，則可以『倝』、『昜』二字證明之。『倝』訓『日始出光倝倝也，從旦，㫃聲』，聲亦有義。推之『朝』從『倝』、『舟』聲，『乾』從『乙』、『倝』聲，皆有取於朝陽之義也。『昜』、『陽』古今字，『昜』從『旦』從『勿』會意，『勿』、『旂』同字，旌旗之一種。『昜』之從『勿』，象太陽之光也；『中』從古『㫃』，亦猶『倝』之從『㫃』，『昜』之從『勿』，均之取以象太陽之光或氣也。『丄』、『丅』小篆作『𠄞』、『𠄟』，隸書作『上』、『下』，當亦是從古『㫃』字。故『上』、『中』、『下』三字蓋從『一』以截其上端爲『上』字，從『一』以截其下端爲『下』字，從『〇』以環其中間則爲『中』字。」

【眉批】吳大澂：「中，正也。兩旗之中立必正也。」林義光：「射中之『中』。『〇』象正鵠，『𠁩』象矢有繳形。省作『中』，『丨』但象矢。」

蘭按：「𠁩」本作「𠁩」→「𠁧」→「𠁩」（乑中且觶作「𠁩」，前人謂《說文》作「𠁧」爲誤，非也），余昔謂「𠁩」爲即「常」。《吳志・胡綜傳》：「《黃龍大牙賦》：『四靈既布，黃龍處中，周制日月，是曰大常。』」《匡謬正俗》引古詩「中」與「香」、「旁」爲韻，是古讀如「當」（顏謂音「張」）。《禮記・鄉飲酒義》：「中者，藏也。」《史記・孔子世家》：「折中於天子。」宋均注：「當也。」《漢書・司馬遷傳》：「其實中其聲者謂之端，實不中其聲者謂之款。」注：「當也，充也。」《漢書・刑法志》：「斯豈刑中之意哉？」注：「當也。」《漢書・敘傳》注：「中，傷也。」《淮南・原道》：「好事者未嘗不中。」注：「傷也。」《漢書・何武傳》：「欲以吏事中商。」注：「傷之也。」按《周禮・師氏》「掌國中失之事」，故書「中」爲「得」，陸德明云：「中，杜音得。」《齊策》：「是秦之計中。」注：「得也。」《史記・封禪書》：「與王不相中。」《索隱》引《三倉》：「中，得也。」「當」、「得」聲之轉。」蓋作《周禮》者六國時人，讀「中」如「當」，因而易之耳。余舊謂建中之地爲中央，故引申爲中。今按：以字形言則「□」形之「〇」，正在四斿之間，亦復有中間之義。卜辭以「立中」與「候風」相係，則無風謂之中也。「旅」（？）字有「□」（父乙卣）、「□」（父辛卣）、「□」（廣父乙簋）、「□」（且丁甗）、「□」（父辛觚）諸形，其旂形或作「□」，與卜辭「中」字或作「□」相近。卜辭「事」字作「□」，金文作「□」（小子尉簋）、「□」（矢簋）、「□」（毛公鼎）、「□」（師害簋）諸形，其手中所執之旂形，亦復相近，特亦變「□」爲「□」耳（「□」字與此異，非一字）。古「吏」、「事」、「使」爲一字，蓋執中以使，使者爲吏，使必以事耳。《禮含文嘉》謂「天子之旗九仞十二旒」，即士亦「三仞五旒」。按三仞爲二丈一尺，九仞則至六丈三尺，假古尺當今六寸，則士爲一丈二尺六寸，而天子則至四丈九尺八寸（此七尺爲仞之説，若四尺爲仞，則士爲一丈二，當今七尺二。天子三丈六，當今二丈一尺六，似較近之），此當非一人所能執。若兩人以上舉之，則旗杠必有執處，此所以作「〇」形邪。《論語》：「天之歷數在爾躬，允執其中。四海困窮，天禄永終。」所謂「允執其（厥）中」，殆即此太常耳。《國・楚語》曰：「余左執殤宮，右執鬼中。」《禮器》：「因名山升中於天。」其義皆當如此。殤宮（殤亦鬼也）與鬼旂相應，升中亦謂升旂，若謂執鬼之禄籍與升民數政。要之，籍於天（《禮記》注：「中猶成也，謂封禪告成功。」），則不可通矣。若盛籌之具，疑是「葡」字之誤。金文「中」有作「□」者，緣斿杠下有鐏，猶「□」之作「□」也。而「葡」字古作「□」者，亦作「□」、「□」、「□」、「□」、「□」、「□」，象盛二矢或三矢，與「□」略相類。或古人讀爲「中」字，猶以「葡」爲從「用」，「□」爲從「卜」、「中」也（此類或即「册」之異構）。且「中」字作「□」，與鄭説盛籌之中正同。或後人以此器與旗名之「中」字形正相似，即假其字以名，亦未可知也。《鄉射・記》：「箭籌八十，長尺有握。」則知籌亦可作矢形也。若簿書之「中」自當作「總」，聲相近而假耳。《周禮・天府》：「凡官府鄉州及都鄙之治中，受而藏之。」鄭司農云：「治中，謂其治職簿書之要。」《小司寇》：「以三刺斷庶民獄訟之中，歲終則令羣士計獄弊訟，登中於天府。」鄉士遂士方士獄訟成，士師受中。」自江慎修以「中」爲簿書，用釋「史」字從「中」之義，學者斐然從之。章太炎謂「中」本册類（按「册」或作「□」，與「中」亦形似，然《周禮》自是聲借，非形誤也），王静安則謂中盛籌算，而以籌筭爲即簡策（按筭、策不當相混），不知「史」字本從「[古文字]」，與簿書、籌策無涉。而《周禮·職内》「執其總」，注謂「簿書之種別與大凡」，即與《天府》司農注全同。則「總」即「中」，東、冬聲近，故通用耳。漢以後東、陽相亂，故《莊子·天地》以「明」、「聰」、「顙」、「爽」、「揚」爲韻，則「總」與「中」得讀爲「帳」（見《隋書·百官志》。後齊時有百官留守名帳、倉帳等）。「總」訓聚束，《詩·羔羊》「素絲五總」，傳：「數也。」《荀子·議兵》：「功名之總也。」注：「總，要也。」《淮南·本經訓》：「德之所總要。」注：「凡也。」《東京賦》：「總風雨之所交。」注：「猶括也。」「総集瑞命。」注：「會也。」然則「總」有括、會其總要、都凡之數之義，即後世之「帳」無疑矣。「總」爲簿書之要乃引申之義，而「中」爲假借亦無疑矣（「總」爲「帳」，猶「腫」爲「脹」矣）。

[古文字] [古文字]

[古文字] [古文字]

[古文字] [古文字]

[古文字] [古文字]　以上皆是㫃常之「中」。

[古文字]

此疑由㫃常之「中」變來，下象鐏形。後世鹿中、兕中當取形於此。

[古文字] [古文字]

「[古文字]」疑「中」之本字。蓋於「○」中作「十」字形，則可以取中也。若但作「[古文字]」，則僅見半圜，不能得中。故必作「[古文字]」，然後可得中，《墨子》所謂「中同長也」是也（謂四周皆等長也）。此與「田」（「琱」本字）相近。「周」、「中」聲亦相轉，然則「[古文字]」字疑由「[古文字]」省。後世雖以爲伯仲之專字耳。

「[古文字]」之訓上下之「中」者，「[古文字]」、「[古文字]」字形可以見之。訓左右之「中」者，卜辭以「ナ」、「又」、「[古文字]」並舉。其訓四方之「中」者，則可以立中覘風證之（如卜辭所謂「中商」）。

「[古文字]」如爲「中」字，則本訓當爲正中（中心也，中央也），引申爲大小之「中」（即「仲」也）、前後之中（孟中季）。「中」訓内，内即入，故有射中之義。（《文始》）

音中傷，則與「殺」、「扰」近轉。

「中」訓内，對轉幽爲「韜」（劍衣也）。次對轉宵爲「弢」（弓矢衣也）。轉陽爲「韔」（弓衣也）。「抑鬯弓忌。」（傳曰：「鬯弓，弢弓。」）

中用之字亦書作「周」。《韓非・五蠹》：「其談言者，務爲辯而不周於用。」《難二》曰：「周於資用。」「中」、「周」冬、幽對轉。

中→衷（裏褻衣也） 轉幽： 裻（一曰背縫） 禱（衣躬縫也） 督（中）

《小戎》與「驂」韻，冬入侵也。《召旻》與「頻」韻，班固高祖泗水亭碑與「秦」韻，冬入真也。

待查 劉貢父詩《話關中》讀「中」爲「烝」。《呂覽・本生》叶「弓」、「中」。按「弓」本蒸部字，今轉入冬部。

於

按當作「⿰方⿱𠂉工」，即金文「⿰方⿱𠂉虹」字。

丑善切

《玉篇》陟陵、丑善二切。《萬象名義》丁陵反。《廣韻》宅江切、陟陵切、丑善切。按《廣韻》丑善一切引《説文》，今本《玉篇》丑善一音當亦然。疑當以宅江爲正。蓋從「工」聲之轉，又轉入蒸韻爲陟陵耳。

一月廿一日看完一篇上，前後凡十七日。

二月十五日　三月二十日完

讀説文記卷二

中，古文或以爲屮字。

《洪範》：「庶草（屮）蕃蕪。」古文《尚書》作「中」。《荀子・富國篇》：「剌中殖穀。」《漢書》郊祀歌（《禮樂志》）：「中木零落。」《地理志》：「中繇木條。」「水中宜畜牧。」《司馬相如傳》：「揜中蔽地。」《董仲舒傳》：「朱中生。」《鼂錯傳》：「中茅臣。」《貢禹傳》：「捽中杷土。」《敘傳》《幽通賦》：「天造中昧。」《隸釋》高彪碑：「獄犾生中。」

中部應與艸部合。

屮，讀若徹。丑列切。

「草」在幽部，「徹」爲薛韻，則在至部（脂入聲）。疑本讀若「稸」（丑六切），即「草」之入聲（「草」爲倉母，「屮」在敕母，音本相近）。「稸」轉爲「徹」，猶「徹」當從「育」聲耳。

由「屮」得聲者，「蚩」、「⿰革蚩」，並讀若「騁」。「𡴀」、「辥」、「薛」、「⿰魚辥」、「⿱辥刀」、「糱」、「嶭」、「蠥」、「孼」並由「𡴀」來，然則「屮」不得爲聲母也。

↓聖（清。通也）　聽（聆也）

屮（艸木初生也）　——　↓徹（至。通也）　↓勶（發也）

騁（清。直馳也）　↓馳（支。大驅也。「馳」，古音在歌部）

瓞（至。瓜紹也）　䮫（至。馬有疾足也）　軼（車相出也）

屮（至）　↓壬（清。物之挺生也）　↓莛（T。莛也）→莖（K。艸木幹也）

—　↘

枝（木別生條也）　胑（體四胑也）　翄（翼也）　跂（足多指也）

—

屮（至。艸木初生也）　才（之。艸木之初也）　↓𢦏（采材）

支（支。去竹之枝也）　斯（析也）　↗↘　析（破木也）→旌（清。析羽爲旌）

柴（小木散材也）

新（真。取木也）　薪（蕘也）

𦘔（火餘也）

章云：「『㫃』亦象旌旗之杠，故『於』從『㫃』曲而下垂。『㫃』又次對轉寒爲『旂』，旌旗杠皃。」蘭按：此説非。「於」自由「㫃」來。

章云：「『斯』、『析』本同字，《莊子》言『斯而析之』，則七國時已分爲兩矣。」

蘭按：「屮」與「㞢」、「生」均相近（「之」之部，「生」清部）。

《月令》：『收秩薪柴。』注：『大者可析謂之薪，小者合束謂之柴。』然語原初無二也。」蘭按：「薪」有析木義，「柴」從「此」，有小義，似微不同。

「㚔」字《管子》以「㙓」爲之。《記·檀弓》：「夏后氏㙓周。」注：「火熟曰㙓。」此即今之「瓷」字。「瓷」亦火餘，疑「㙓」亦「㚔」之對轉孳乳。

屯

「萅」之本字。「[篆文]」、「[篆文]」、「[篆文]」、「[篆文]」（《説文》誤）。

屯（草木初生）→萅（推也。草木始生也。《鄉飲酒義》：「春之爲言蠢也。」）→蠢（蟲動也）→惷（亂也）

屯（諄。難也）→㬮（寒。安㬮温也）→煗（寒。温也）→渜（湯也）→煖（温）→洝（渜水）

—— 熱（泰。温）

蠢（諄部。蟲動也）——→蝡（寒。動也）

蘭按：「屯」訓難，在寒部。然「難」從「堇」聲，則亦可讀爲諄部，故謂寒、諄相近而轉則可，章遂以「難」屬諄部，而謂「屯」孳乳爲「㬮」，而旁轉寒爲「煗」，則非也。

鈍（錭也）→⿰目享（謹鈍目也）→駗驙（馬載重難行也。蘭按：駗驙，猶屯難也。）

章云：「轉幽則爲『篤』，馬行頓遲也。」蘭按：「篤」當爲「錭」（鈍也）之孳乳，與此無涉。

圜者皆鈍。

團（圜也）→摶（圜也）→𢍉（摶飯）

— 篿（圜竹器也）→篅（判竹圜以盛穀者也） 簞（笥也。《曲禮》注：「圓曰簞，方曰笥。」） 匰（盛主器也。《廣雅·釋器》：「匰，笥也。」）

椽（方曰桷。圓曰椽） 榱（歌。秦名屋椽也）

— 巒（山墮） 笹（諄。篅也） 㡐（載米𡨦也）

橢（歌。車笭中橢。橢，器也） — 嶞（山之墮墮者）

蘭按：「榱」從「衰」聲，「衰」穌禾切，是本當在歌類也。歌、寒對轉，今音所追切。章說次對轉，非也。

蘭按：「團」亦變「欒」，故曰「團欒」。然凡寒部字多有圜義，「圓」、「宛」、「丸」之類，均是圜義。可引申爲鈍圜義，不由「鈍」來也。

《易》：「屯者，盈也。」《春秋傳》：「屯，固。」故「屯」有厚義。

屯→僔（富也） 奄（大也） 窀（窀穸，葬之厚夕也）

— 惇（㫗也）

章云：「此本幽部字，與『管』、『竺』訓厚同，今亦隨古訛音在諄。」

每

卜辭作「□」（見「□」字偏旁）、「□」、「□」、「□」、「□」、「□」、「□」、「□」、「□」、「□」（此四字舊以爲「妹」，余疑亦「每」字）。舊以「□」爲「每」，誤。

金文作「□」、「□」。

按：「每」作「□」、「□」、「□」等形，猶「屯」作「□」、「□」、「□」（陳猷釜「純」偏旁）。

又按：「□」象女人長髮，猶「□」之爲「先」也（「先」、「老」相近）。《説文》「每」從「中」、「母」聲，則當與「莓」爲一字，非此「□」字矣。

《説文》：「莓，艸盛上出也。」蓋取之《左傳》「原田每每」。「莓，馬莓也」，則《爾雅》之「莓」也。《左傳》「每」字後人加「艸」爲「莓」，而《説文》「莓」後人變從「每」，亦爲「莓」，故二字相亂矣。（本應爲一字，一從「中」、「母」聲，一從「艸」、「母」聲。）

「每」武罪切，段注：「《左傳音義》亡回、梅對二反，古音在一部。李善莫來反。」（蘭按：李音當是《魏都賦》「蘭渚莓莓」注邪？）

蘭按：「每」古音在之部，故段引李善莫來反以爲正也。《萬象名義》中部「每」莫戴反，當在代韻。艸部：「莓（在後『⿱艹橑』、『蒙』間，當作『莓』），莫荄反，美盛也。」蓋即「原田每每」之「每」，當在咍韻（木部「梅」莫該反，同），是顧野王舊音。「每」聲之字在之部，不在微部也。艸部「莓」音亡救反，在宥韻，則由之部變入幽部矣。今本《玉篇》中部「每」莫佩、莫罪二切，在隊、賄二韻；草部「莓」亡救、亡佩二切，又音「梅」；「莓」莫罪切，又音「戊」；木部「梅」莫回切，在灰韻；則由咍、代變爲灰、賄、隊矣。《切韻》與《左傳音義》皆如此，疑「每」聲自之部變入微部（即由咍變灰）始自六朝也（顧野王南人，或南音猶未混）。其音亡救反者，又音「戊」，《廣韻》莫候切在候韻，則又轉爲侯部。此又後世幽、侯之亂也。（《切韻》無亡救一音，蓋尤有宥中脣音字，在《切韻》盡變爲侯、厚、候也。）

由此可見六朝變音如下：

每（莫荄反，莫載反）
- →先入幽→莓（亡救反）→轉入侯→莫候切
- →次入微→每（莫回反，莫佩反，莫罪反）

每(之部)→咍轉灰→每(灰、賄、隊)

←莓(幽部)→尤轉侯→莓(候韻)

《漢書・賈誼傳》：「品庶每生。」注：「貪也。」《史記・伯夷傳》作「賈子曰『衆庶馮生』」，注(？)：「滿也。」《索隱》：「每者，冒也。」按「每」或作「馮」者，之、蒸對轉也。《離騷》：「馮不厭乎求索。」注：「楚人名滿曰憑。」按「憑」訓滿者，如《長門賦》「心憑噫而不舒兮」，《西京賦》「心猶憑而未攄」是也。《離騷》之「馮」似亦當讀爲「每」，言每不厭乎求索耳。（之、蒸對轉之例最多，另詳。）

「每」《漢書》注訓貪者，《方言》十三：「挴，貪也。」《莊子・人間世》：「無門無每。」崔注：「每，貪也。」按司馬貞訓「每」爲冒是也。《左》文十八傳：「冒於貨賄。」襄四傳：「冒於貨賄。」注：「貪也。」《昭》三十一傳：「貪冒之民。」《賈子・道術》：「厚人自薄謂之讓，反讓爲冒。」「冒」亦作「墨」。《左》昭十四傳：「貪以敗官爲墨。」《廣韻》「冒」有莫北切一音（《左傳》《釋文》同），則「冒」、「墨」聲同，「墨」即「每」之入聲也（「每」、「墨」之部，「冒」幽部，聲得相轉也）。《詩・皇皇者華》：「每懷靡及。」傳：「每，雖也。」《常棣》：「每有良朋。」箋：「雖也。」《爾雅・釋訓》：「每，有，雖也。」按「每」之部，「雖」微部，之、微聲相轉也。

按：「每」通用爲語辭者，如「每事問」，言每一，猶逐一也。「每每」則猶屢屢，非一端之辭也（滇人於驚嘆字多用「每每」）。

毒，從毐聲。（大徐無「聲」字）

李陽冰謂從「土」，土可制毐，非取「毐」聲（「毐」烏代反）。（《祛妄》）徐鍇按：「顔師古注《漢書》：『毐，音與毒同。』」

王念孫：「『毒』有代音，與『毐』聲相近。《漢書・地理志》：『多犀象毒冒珠璣。』師古曰：『毒，音代。』」

林義光：「『毐』非聲，從『每』、『二』。『每』，草盛也。『二』，『竺』省。」

朱駿聲：「□聲（從『生』從『毋』，毋以正之，或曰從『圭』省）。」

蘭按：「毒」疑即「每」字。卜辭「每」作「[illegible]」，小變即爲「[illegible]」矣。（非從「毐」聲，「毐」疑即「[illegible]」字，與此異。）

「每」有盛義，故「毒」有厚義（「毒」猶篤、管），昭四年傳：「天或者欲逞其心，以厚其毒。」《周語》：「厚味實腊毒。」韋注：「味厚，其毒亟也。」（按「毒」猶管，「禍」猶過也。）

「毒」有「代」音，則與「每」音近（原本《玉篇》「每」莫戴反，在代韻）。「代」之與「毒」，猶「每」之與「冒」也。凡之部字多入幽部，如「牛」即「告」（「牢」、「牟」亦當「牛」聲），「子」即「好」，「服」即「報」，「仔」即「保」（「斿」、「汙」亦從「子」聲），「士」即「牡」，「求」即「裘」等，均是。「士」與「牡」之關係，與「每」與「毒」之關係尤相似，蓋之、幽之亂當遠在周代以前，是不得以《詩》韻疑之也。（《諧聲補逸》：「『肬』、『疣』、『默』、『頄』、『就』從『尤』聲，『秀』『乃』聲，『琦』讀『畜』，『鬺』『又』聲，『羑』、『羗』『久』聲，『革』『臼』聲，『采』『爪』聲，『婦』『帚』聲，『舊』『臼』聲，『戛』『畐』省聲，『毓』『每』聲。」）之、幽合韻者，《爾雅・釋訓》「自子子孫孫引無極也」以下凡十五韻。

毒，古文⿱艹副。

原本《玉篇》同。按從「副」聲者，「副」、「每」聲近也。小徐謂「管」聲，非是。

熏

本作「[illegible]」，即「柬」字（「柬」在寒部，「熏」在魂部，「柬」爲見母，「熏」爲曉母）。或從「火」作「[illegible]」，即「煉」字（亦即俗「燻」字）。或變爲「[illegible]」。今作「[illegible]」者，誤增兩點耳。《說文》從「中」、「黑」，誤。

艸部

艸（百卉也）→樵（散木也）

—

蕘（薪。艸薪也）

蓏

徐鍇：「㼌聲。」

段注：「此合二體會意，十七部。鍇本作『㼌聲』，誤。『㼌』、『窳』聲蓋在五部。此會意、形聲之必當辨者也。」

《句讀》引桂氏曰：「張衡《鮑德誄》：『業業學徒，童蒙求我。濟濟京河，寔爲西魯。』與『㼌』聲同例。」（案今本《義證》無。）

徐灝《段注箋》：「『㼌』、『蓏』實一字，相承增『艸』，非會意也。『㼌』當讀同『蓏』。《唐韻》以主切者聲之轉，亦猶『嬴』從『𣎆』聲而讀如『纍』矣。」

蘭按：段謂會意，非也。徐説「㼌」、「蓏」一字，相承增「艸」，甚是。然以「嬴」讀如「纍」證「㼌」讀以主切，則非是。「㼌」讀若「庾」，見於《説文》，非出《唐韻》。「㼌」、「窳」在侯虞類，「嬴」由歌轉入支，聲轉之例不同。於此可見徐氏於古音爲門外漢也。桂引張衡《誄》以「我」、「魯」爲韻，乃歌、魚之亂，亦未盡是（「㼌」古音在侯部）。

「㼌」從兩「瓜」，訓爲本不勝末，微弱也。「瓜」訓「㼌也」，是「㼌」即由瓜義引申而得，其本音當讀如「蓏」，蓋由魚轉入歌者。

「果蓏」本爲疊韻聯語，「蓏」或爲「墮」爲「隋」。《易》：「爲果蓏。」京本作「果墮」。《史記·貨殖傳》：「果隋蠃蛤不待賈而足。」《漢書·地理志》作「果蓏」。「果蓏」、「果墮」、「果隋」並歌部字也，與「果蓏」音近者。《詩·東山》：「果蠃之實。」傳云：「果蠃，栝樓也。」（《爾雅·釋草》：「果蠃之實栝樓。」微誤。）此草實之名也。《詩·小宛》：「螟蠕有子，蜾蠃負之。」《釋蟲》：「果蠃，蒲盧。」《説文》亦作「蠣蠃」。又《説文》：「蝸，蝸蠃也。」此皆以爲蟲名也。《方言》八：「桑飛，自關而東謂之工爵，或謂之過蠃。」《廣雅·釋鳥》：「果蠃，工雀也。」此鳥名也。然則「果蓏」、「果蠃」、「果蠃」、「果蠃」同用一語，本不專於一義。其聲之變者，如「銼鑹」，則上字之聲母變矣。如「果墮」，則下字之聲母變矣。如「觚盧」、「菰蘆」，則二字均變入魚韻矣（「瓠𤬹」、「胡蘆」則上字聲母又變）。如「栝樓」，則上字變入泰韻，下字變入侯韻。如「科斗」，則下字變入侯韻，而聲母又變。「活東」，則上字變入泰韻，而下字更由侯入東韻矣。「果蓏」之轉語極繁，而其字往往可轉入侯韻，蓋魚、歌、侯古音之主要元音相同，故可通轉也。依「果蓏」，則下字入侯韻爲「栝樓」；依「果墮」，則下字入侯韻爲「科斗」。更失去輔音，則入喻母矣。然則「㼌」本當讀如「蓏」(hai)——→讀如「墮」(dai)——→變爲(如)斗(dau)，更變爲以主切[iau(iəu)]。

「茵之」爲「菌芝」之誤，朱駿聲、徐灝均有此說。(《列子·湯問》：「朽壤之上有菌芝。」《漢書·藝文志》：「《黃帝雜子芝菌》十八卷。」)

「萐蒲」即蒲葵，徐灝說是。「萐」，或作「箑」，《金樓子·興王篇》作「翣」，並即扇也。陸機《羽扇賦》：「蓋受則於萐莆。」

《說文》：「𣯠，色如虋，故謂之𣯠。虋，禾之赤苗也。」又云：「璊，禾之赤苗謂之虋，言璊玉色如之。」《爾雅·釋草》：「蘠蘼，虋冬。」注：「門冬，一名滿冬。」是「虋」與「璊」、「𣯠」、「滿」三字聲同。「㒼」聲在寒部，「釁」聲在魂部。赤色當從「㒼」聲(凡「㒼」聲有赤義，「𣯠」、「璊」外，如「樠」，松心木，亦即赤心也)。由寒轉魂，讀如「門」，遂改從「釁」聲耳。

《爾雅》：「虋，赤苗。」郭注：「今之赤粱粟。」《詩·生民》「維穈維芑」作「穈」。《釋文》：「穈，音門。」《爾雅》作「虋」，同，郭亡偉反。按：「虋」又作「穈」者，「虋」本讀如「滿」，尾聲小變則如「麻」，故從「麻」聲耳，man→mai，即所謂歌、寒對轉也。及「虋」讀變如「門」，陸氏以《爾雅》證《詩》，遂亦讀「穈」爲「門」矣。至郭音「虋」爲亡偉反者，乃由既讀爲「門」，尾聲小變所致。《齊民要術》引舍人注：「虋、芑，是伯夷、叔齊所食首陽山草也。」則讀爲「薇」。亦是由「門」音尾聲小變所致，man→mai。若「亹」、「斖」雖亦有「門」、「娓」二音，與「虋」、「虋」非一字，桂、朱混之，非也。

《爾雅》「虋」訓赤苗，《詩傳》「穈」訓同，郭璞云：「今之赤粱粟。」顧野王釋《詩傳》云：「即今赤粱粟也。」《廣志》：「遼東進赤粱，魏武帝以爲御粥。」北齊籍田種赤粱，見《隋書·禮儀志》。按：粟爲黍稷粱之大名，赤粱粟即赤粱也。若《寰宇記》「雍州貢紫稈粟」，《新唐書·地理地》「京兆郡貢紫稈粟」，則是否即虋，尚難定也。《夢溪筆談》：「稷之璊色者，謂之穈。穈字音門，以其色命之也。《詩》『有穈有芑』，今秦人音靡，聲之訛也。」《集韻》：「床壤，地名，在今秦州。」《六書故》：「鄭剛中曰：岐山之陽種床九(爲?)盛。俗書『穈』爲『床』。米類稷可麪可餅，西人飽食麪，非床，猶飢。將家云：出戰，糗糧乾不可食，嚼床吽(?)粡則津液生，餘物皆下咽。士卒用小囊盛寘馬上，遇水漬之，尤美。乂床者自外而内，乂麥者自内而外，蓋床以寒熟麥以暵熟故也。」蘭按：沈、戴所言之穈、床，並爲稷類，非《爾雅》之虋，《詩·生民》「維穈維芑」之「穈」也(彼是赤粱)。按《說文》：「䵚，穄也。靡爲切。」穄是稷類(依《本草》說，稷是黃米)，《呂氏春秋·本味》：「飯之美者，陽山之穄。」注：「關西謂之穈，冀州謂之䵚。」則沈括所謂「稷之璊色者謂之穈」即䵚穄之「䵚」。高誘謂「關西謂之穈」，故秦人音「靡」，蓋自漢至宋穀名無異，非聲訛也。沈不知黍稷之類有「䵚」字，後人字訛作「穈」(又誤作「床」)，而以粱類之虋作

「麋」者當之，宜其自爲紛擾也。按秦地爲周故墟，周之興以后稷，則稷之美自無可疑。《漢志》西河郡有美稷縣。

【眉批】元應引《倉頡篇》：「穄，大黍也，似黍而不黏。關西謂之䵚。」

「荅」誤爲「答」，猶「苐」誤爲「第」，「芺」誤爲「笑」也。《玉篇》尚無「答」字。

《雨無正》：「聽言則荅。」《賈山傳》作「對」。《桑柔》：「聽言則對。」箋：「答也。」《廣雅》：「對，答也。」《鄉射禮・記》：「即發，則答君而俟。」注：「對也。」《祭義》：「答陽之義也。」注：「對也。」

按：答(tɑp)→對(tɑi)。

萁

《孫子兵法》作「惎」，曹操注：「惎，音忌。豆稭也。」按《淮南・時則》「爨萁燧火」，注：「讀荄備之『荄』也。」然則高誘於「萁」字尚讀一等，明之韻三等乃由一等變來也。《廣韻》豆萁之「萁」渠之切，其音「姬」者訓爲「菜似蕨」，即「綦」字也。

萁，kə→tɕjə→tɕi。「萁」讀「荄」，則與「稭」爲同一語源也。

莥，敕久切。

小徐女有反，《韻譜》女久反。按《玉篇》女付反。

錢坫：「今關西稱鹿豆爲莥豆，聲在『鈕』、『溜』之間。」

萉、𪎊，房未切。

小徐扶云反。

段云：「『賁』聲本在十五部，音轉入十三部。故『𪎊』亦符刃、符分切。」

王筠《句讀》：「《桃夭》《釋文》『蕡』浮雲反，與『肥』雙聲。《前漢書・英布傳》：『中大夫賁赫。』注：『賁，音肥。』」

宋保：「微韻與文、欣轉移最近，《六書音韻表》凡微韻中『軍』聲、『翬』聲、『斤』聲、『肙』聲之字皆從文欣韻中轉入。保按：兩部偏旁之字如『莙』讀若『威』，『君』聲；『揮』讀若『緯』，『軍』聲；（『𨑫』古文『蚳』字，『辰』聲；『蜦』讀若『戾』，『侖』聲；『芛』羊捶切，『尹』聲；）『伊』『尹』聲；『賁』『卉』聲；『奔』『卉』聲；『饙』『𠦌』聲；（『昆』『比』聲；）『豈』讀若『豤』，『豈』聲；（『狋』讀若『銀』，『示』聲；『趨』讀若『紃』，『叡』聲；）『衮』『衣』聲；（『鰥』、『䍦』皆『眔』聲；）『員』『囗』聲；『西』重文『棲』，『妻』聲；）『昕』讀若『希』；『亹』有『門』音；皆兩部關通之證。」

《爾雅》《釋文》：「黂、蕡，苻刃、扶沸二反。」《内則》：「蕡、黂，扶云、扶畏二反。」《周禮》：「符文、蒲悶反。」《儀禮》：「扶云反。」

蘇，從穌聲。　穌，從魚聲。

金文從「木」，不從「禾」。

ŋ→s

「穌」訓把取禾若，引申爲樵蘇。《漢書·韓信傳》：「樵蘇後爨，師不宿飽。」注：「樵，取薪也。蘇，取艸也。」《離騷》：「蘇糞壤以充幃兮。」注：「取也。」《管子》：「法禁漁利蘓功。」注：「因少構多謂之蘓功。」按：取魚爲漁，取草爲蘓也。「蘇」、「芻」亦聲之轉，芻蕘猶樵蘇也。《方言》：「蘇，芥草也。江淮南楚之間曰蘇，自關而西或曰草，或曰芥。南楚江湘之間謂之芥。」按蘇爲取草，亦得訓爲草，猶生芻一束之爲草也。

「蘇」從「魚」得聲，《方言》注：「今江東人呼荏爲菩。」「魚」、「吾」音同，故得借爲「寤」。《樂記》：「蟄蟲昭蘇。」鄭注：「更息曰蘇。」《春秋傳》：「殺諸絳市，六日而蘇。」襄十傳：「蘇而復上者三。」《孟子》：「后來其蘇。」《説文》：「朔，月一日始蘇也。」《釋名》：「朔，蘇也。月死復蘇生也。」《小爾雅·廣名》：「死而復生謂之蘇。」後人因造「甦」字爲「蘇」矣。孫卿《議兵》：「順刃者生，蘇刃者死。」「蘇」讀爲「牾」（亦得讀「遻」，即「逆」也）。《鹽鐵論》：「大夫色少寬，面文學而蘇也。」「蘇」當讀爲「舒」（章太炎謂䄍爲「悟」，非）。《方言》十：「悦、舒，蘇也。楚通語也。」郭注謂：「蘇，息也。」此與昭蘇之義相連繫。桂荏之所以稱爲蘇者，《本草》蘇恭注：「蘇，從舒，舒暢也。蘇性舒暢，行氣和血，故謂之蘇。」按：蘇芳香牾鼻，故曰蘇也。

芺

《玉篇》、《廣韻》以爲蒿，則即「蓍」字矣。

萱，菜之美者，雲夢之萱。

《吕氏春秋》作「芹」。

段云：「殷、微二韻轉移最近。」

原本《玉篇》墟顗反，即《廣韻》袪豨切。《説文》驅喜切，之、微之誤也（《韻譜》袪扆反，小徐丘尾反，並不誤）。今本《玉篇》音「潰」，又音「豈」。案音「潰」者，《廣韻》隊韻胡對切：「萱，草名。《吕氏春秋》云：『菜之美者，有雲夢之萱。』」是「萱」有一等，讀今爲三等也。

葙

「葙」之誤衍。

藘，菜也。似蘇者。

按原本《玉篇》：「藘，具居反，菜似蘇也。蘧（當作『蘱』），渠與反，苦蕒也，白蘧菜也。」今本《玉篇》脱「蘧」字，而訓「藘」爲「苦藘，苦蕒」。注《説文》者皆從之，以「藘」爲白苣，即今之萵苣，非也。《説文》云「似蘇者」，當亦辛菜屬，非萵苣也。「藘」、「蘇」音相近（《廣雅》：「芥葙，水蘇也。」「葙」、「蘇」音亦相近）。

莣，菜，類蒿。《周禮》有「莣菹」。　芹，楚葵也。

按今《周禮》作「芹」，不作「莣」，故《釋文》云：「芹，《説文》作莣。」

段氏謂：「菦即今人所食芹菜。今《説文》又出『芹』字，訓『楚葵也』。此恐不知『菦』即『芹』者妄用《爾雅》增之。考《周禮音義》：『芹，《説文》作菦。』則《説文》之有『菦』無『芹』明矣。且《詩》箋引《周禮》『芹菹』，《説文》引《周禮》『菦菹』，豈得云二物也。」

鈕匪石、王筠均疑「芹」字後增。

蘭按：原本《玉篇》亦分「菦」、「芹」爲二字：「菦，下鎧反，又近引反（今本居隱切），蒿也，蔞也。芹，渠殷反，葵也。」與《説文》合。則《説文》「芹」字非後增也。蓋菦是今之蔞蒿，芹是今之芹菜，爲物迥異。然兩者均可爲菹，許所見《周禮・醢人》爲菦，故作「菦菹」；鄭所據本作「芹」，故以楚葵説之。段以《詩》箋「芹菹」、《説文》「菦菹」爲一物，誤也。（《爾雅・釋草》：「芹，楚葵。」則自當作「芹」。《釋文》亦謂「芹，《説文》作『菦』，菜，類蒿也」，則誤矣。）

蔞蒿與今之芹菜顯然兩物，前人乃混而同之，殊可笑也。（嚴章福《校議議》謂「菦」乃芹菹正字，但許引當作「芹菹」，以音假借，校者以篆改之。又謂《周禮》之「芹」非楚葵，特借楚葵字，而謂鄭注爲誤。如此繳繞，似認《周禮》不可有異本，故經文必是「芹」字，許知「芹」爲叚借而鄭不知也。迂滯極矣！《引經例辨》則謂《周禮》作「芹」爲正字，許所據異本作「菦」，非蒿類而用蒿類之字爲假借。則由不知菦、芹皆得爲菹也。又謂芹不類蒿，許不云「菦，菜也」，而云「菜類蒿」，許必有以辨之。段氏注《説文》以「芹」、「菦」爲一物一字，并議删「芹」篆，恐非。則由不見《玉篇》訓「菦」爲蔞蒿，故不知菦、芹之别。然此兩家皆以菦、芹非一物，則殊有卓見也。）

「菦」下鎧反，可見兩義：（一）依微、文對轉之例，當在隊韻。今入代韻，灰、咍之亂也。（二）此一等字，則三等之近引反、居隱切皆後起字也。

今《説文》巨巾切，與「芹」音同，誤（小徐技隱反，不誤）。《韻譜》亦誤。

莒

《顔氏家訓》：「北人之音多以『舉』、『莒』爲『矩』，唯李節云：『齊桓公與管仲於臺上謀伐莒。東郭牙望桓公口開而不閉，故知所與言者莒也。然則「莒」、「矩」必不同呼。』此爲知音矣。」［按《管子・小問》作「開口而不闔，知言莒也」。（注：

「『莒』字兩『口』，故二君開口相對即知其言莒。」）《論衡》引此事曰：「君口垂而不噞，所言莒也。」）

段云：「按《廣韻》『莒』、『矩』雖分語、麌，然雙聲同呼。顔氏云北人讀『舉』、『莒』同『矩』者，《唐韻》：『矩，其呂切。北人讀「舉」、「莒」同之也。』李季節《音譜》讀『舉』、『莒』居許切，則與『矩』之其呂不同呼，合於《管子》所謂『口開而不閉』。《廣韻》『矩』俱雨切，非《唐韻》之舊矣。又按：《孟子》『以遏徂莒』，《毛詩》作『徂旅』，知『莒』從『呂』聲，本讀如『呂』，是所以『口開不閉』，不第如李季節所云也。」（徐箋：「其呂、居許二切雖不同呼，而所分甚微，即讀如『呂』聲亦相近。以此觀口之開合，殊覺難辨，似皆非《管子》所謂也。古今音變，未知其審。」）

《義證》引《本草圖經》云：「《說文解字》云：『齊人謂芋爲莒。』陶隱居云：『種芋三年不采成梠。』『莒』、『梠』二音相近，蓋南北之呼不同耳。《顔氏家訓》……馥據此知齊呼『莒』如『芋』。」

朱駿聲：「按『徐』、『莒』同音而開口、閉口不同，故東郭望而知之。注傅會字形，非也（『呂』不從『口』）。」

傅雲龍《古語考補證》：「『莒』古讀若『呂』，『呂』讀與『旅』同。《孟子》『以遏徂莒』，《毛詩》『莒』作『旅』。《顔氏家訓》：『北人之音多以「舉」、「莒」爲「矩」。』據知其時尚有『呂』聲，不盡如北人語『莒』爲『矩』。」

蘭按：此節前人多誤解，當分二義：

（一）東郭牙何以由開口而不闔知爲伐莒？此點待考。

（二）顔之推時北人以「舉」、「莒」爲「矩」，南人不然。李季節據口開而不閉爲「莒」，知「莒」、「矩」必不同呼。顔氏許爲知音。

按：段謂「矩」爲其呂切，「舉」、「居」爲居許切，又謂「莒」本讀「呂」。傅雲龍亦謂「莒」讀若「呂」。桂馥則謂齊呼「莒」如「芋」。不知「居」爲見紐，「其」爲羣紐，「芋」爲匣紐，「呂」爲來紐，均屬聲母不屬於開合也。段云「莒」、「矩」雖分語、麌，然雙聲同呼。不知雙聲與否，無關於開合。顔所謂南北之辨，實在韻不在聲也。王仁煦《切韻》上聲韻目八語下云：「呂與麌同。夏侯陽、李杜別，今依夏陽、李杜。」是則晉時語、麌不分，即「莒」、「矩」無別。夏侯陽、李以下韻語、麌久分，而北人「莒」、「矩」猶無別，以語韻之「舉」、「莒」讀爲麌韻之「矩」，故顔氏謂李季節之辨之爲知音耳。陸法言以「舉」、「莒」入語、「矩」入麌，當即用李、顔之說。而段氏等忽視此點，可謂不知音矣。按「舉」、「莒」、「矩」古音皆在魚部，而麌韻當屬侯部，《切韻》麌韻俱羽切下五字「椇」、「枸」、「蒟」三字本屬侯部，「矩」、「踽」二字則屬魚部變來。然則北音讀「舉」、「莒」爲「矩」，亦正如「矩」、「踽」之由魚入侯耳。李、顔、陸由南音不如此，故仍以「舉」、「莒」入語韻，若「矩」、「踽」二字則沿襲已久，南音亦變，李、顔、陸亦不别之矣。凡侯、蒙（即幽）、蕭三部之字，其元音爲 au、ɐu、æu，古人或謂此爲合口，則魚部之 a 爲開口，故李季節以「莒」爲開口，而「矩」爲合口也。（朱駿聲謂「徐」、「莒」開閉不同，則謂「莒」開而「徐」閉，亦由不知開閉之作何解耳。）

菊，大菊，蘧麥。　蘜，日精也。　蘜，治牆也。

徐灝：「疑本一字，物異而名同。『菊』即其省體。故蘧麥名大菊，所以别之也。《月令》：『鞠有黄華。』亦『蘜』之省。郭注《爾雅》以『蘜，治牆』爲今之秋華菊，正緣《月令》字體而誤耳。」

葷，臭菜也。

《士相見禮》注：「葷，辛物，蔥、薤之屬。」《玉藻》注：「葷，薑及辛菜也。」

徐鍇：「通謂芸臺、椿、韭、蒜、蔥、阿魏之屬。方術家所禁，謂氣不潔也。」

桂馥引《釋典》：「蔥、蒜、韭、䪥、興渠爲五葷。」

《爾雅翼》：「西方大蒜、小蒜、興渠、慈葱、苦（？）葱爲五葷。」

蘭按：《本草綱目》「蒜」下云：「五葷即五辛，鍊形家以小蒜、大蒜、韭、芸薹、胡荽爲五葷。道家以韭、蒜、芸薹、胡荽、薤爲五葷。佛家以大蒜、小蒜、興渠、慈蔥、茖蔥爲五葷。」（慈蔥即蔥。）

蘘荷　蒚葙→覆菹（《名醫别録》）→[艹腷]苴（《古今注》）

猼且（《史記》《子虚賦》）→蓴菹（王逸《九歌》注）→蓴苴（《廣雅》。蓴，曹憲普五反）→薄苴（《御覽》引《説文》）

巴且（《漢書》）→巴蕉（文穎説）

茭→　雹茭（郭注）→菈遳（《廣雅》、《方言》。）

蘆葩→蘆菔（《説文》）→羅服（《潛夫論》：「思賢支羅服。」）→蘆蔔（《後漢書·劉盆子傳》：「掘庭中蘆菔子根食之。」注：「字或作

甸。」)→蘿蔔

萊菔

苹，蓱也。　蓱，苹也。　薲，大蓱也。

《爾雅》作「其大者蘋」。《爾雅》注：「江東謂之薸。」水部「萍」即「蓱」字。

蓱(薄經切，青一等)→苹(符兵切，庚三等)

→薸(無遥切，宵四等。此亦韻尾消失者)

薲、蘋(真)

凡「蓱」、「薲」、「薸」均第二類元音也。

藍澱(以藍作澱也)

「澱」讀如「甸」，入先類。故俗字作「靛」，則從青類之「定」聲矣。

鞠(幽)窮(冬。(《左傳》宣十二年「山鞠窮」)→鞠躳(《論語》)→𥨍窮(理罪人也)→鞫窮也(《爾雅·釋言》、《楚辭·天問》注「𥨍」。《谷風》、《雲漢》、《瞻卬》傳「鞫」。《儀禮·聘禮·記》以「鞠躬」爲「鞠窮」)→窾窮也→趜窮也

←营(冬)藭(冬。疊韻。鞠，幽部入聲。营，冬部。所謂幽、冬對轉也)

←芎藭(此乃漢時蒸與冬混之現象，故「躳」亦作「躬」也。蘭按：《常棣》：「每有良朋，烝也無戎。」(？)劉楨《魯都賦》：「時謝節移，和族綏宗。招歡合好，肅戒友朋。」)

蘭

原本《玉篇》：「都良也。」即指都梁香。都梁香見《水經注·資水》及盛宏之《荆州記》。(都梁，縣名。)

葰，薑屬，可以香口。

《既夕禮》：「實綏澤焉。」注：「綏，廉薑也。」（《異物志》：「葰，一名廉薑，生沙石中，薑類也。其味大辛而香。」《通志》：「廉薑，似山薑而根大。一名葰。」按《吳都賦》謂之「薑彙」，舊謂即山奈，殆非。山奈産熱帶，古未必有也。按《本草》：「廉薑，似薑，生嶺南，劍南人多食之。」《本草圖經》見「薑黄」條下：「荾，一名廉薑，生沙石中，薑類也。其味大辛而香。削皮以黑梅并鹽汁漬之，乃成也。始安有之。」）

葰，從俊聲。（魂。《切韻》真）→綏（灰。脂）

《一切經音義》二十四、《字苑》作「䕑」。《博物志》云：「張騫使西域得胡䕑，今江南謂胡䕑亦爲葫蘎。」石崇《奴券》：「常種蘿菔、葫荽。」《閒居賦》：「蓼荽芬芳。」李注引《韻略》曰：「荽，香菜也。」《本草綱目》：「胡荽，今俗稱爲莀荽。」（并汾人呼爲香荾。）

按：胡荽今北人所稱香菜，滇人所稱莀荽也。與廉薑迥異，舊注混之，非也。

又按：胡䕑江南人呼爲葫蘎（微韻），可見脂韻合口由微韻來。

芄蘭，莞也。

《釋草》：「雚，芄蘭。」蘭按：「雚」當作「萑」。《儀禮・公食禮・記》：「加萑席。」注：「細葦也。今文萑爲莞。」（《周禮・巾車》：「驩車雚蔽。」《漢書・貨殖傳》：「雚蒲材幹。」皆以「雚」爲「萑」。）「萑」、「莞」並與「芄」音同。然則短言之曰雚或莞（胡官切），長言之曰芄蘭也。

《漢書・息夫躬傳》：「涕泣流兮萑蘭。」而魏武帝文：「涕垂睫而汍瀾。」（侯成碑：「泣涕汍蘭。」）

虈，楚謂之蘺，晉謂之虈，齊謂之茝。　蘺，江蘺，蘼蕪。　茝，虈也。　蘪，蘪蕪也。

按蘺、虈、茝三名一物，即白芷也。(「茝」昌改切，即「芷」之古音也。《廣韻》「茝」、「芷」並諸市切(按芷亦爲蘭根，《荀子·勸學》：「蘭槐之根是爲芷。」《王度記》：「天子以鬯，諸侯以薰，大夫以蘭芝，士以蕭，庶人以艾。」按「蘭芝」當作「蘭芷」。《荀子·大略》：「蘭茝、槀本漸於蜜醴。」以「茝」爲之。《北山經》：「其祠之皆用一藻茝，瘞之。」注：「茝，香草，蘭之類。」《王度記》「蘭芝」，《周禮·鬱人》疏作「蘭茝」。)

「蘺」下訓「江蘺，蘼蕪」者，當是引《子虛賦》文，非一物也。江蘺者，《子虛賦》：「芎藭昌蒲。」《史記》《索隱》：「今歷陽呼爲江離者是也。」《山海經·西山經》：「號山其草多藥、虈、芎藭。」注：「芎藭，一名江離。」《本草》：「蘪蕪，一名薇蕪，一名江蘺，芎藭苗也。」今按：江蘺固即芎藭之苗(古常常根苗異文，此猶蘭根爲芷耳)，若蘪蕪與江蘺則迥然異物，《本草》殆據《說文》「蘺」注而誤耳。《司馬相如傳》張揖注：「江蘺，香草也。蘼蕪，蘄芷也，似蛇牀而香。」顯是兩物。《淮南子·氾論篇》：「夫亂人者，芎藭之與槀本也，蛇牀之與蘪蕪也。」則江蘺即芎藭，與槀本相似，而蘪蕪與蛇牀相似也。《子虛賦》：「芷若射干，穹藭昌蒲。江蘺蘪蕪，諸柘巴且。」每句二物。《上林賦》謂「揜以綠蕙，被以江蘺，糅以蘪蕪，雜以流夷」，明非一物也。

徐鍇「虈」注引《本艸》：「白芷，一名虈，一名芳香，一名茝，一名莞，一名苻離，一名澤芬葉，一名蒚麻。」(《文選·七命》注引《本草》：「白芷，一名虈。」)《通志》：「澤芬曰白芷，曰白茝，曰虈，曰莞，曰苻蘺，楚人謂之藥。其葉謂之蒚麻。」按：「莞、苻離，其上蒚」見於《爾雅》，乃蒲屬。《本草》、《通志》以爲白芷別名，誤也。蓋以《說文》「楚謂之蘺」，故誤涉耳。王逸《九思》曰：「芳虈兮挫枯。」(芳虈猶云芳芷。)《埤蒼》云：「齊茝，一曰虈。」(掌禹錫引《范子·計然》云：「白芷出齊郡。」)若楚謂之蘺，則無所出。《九歌》：「辛夷楣兮藥房。」注：「藥，白芷也。」《廣雅》曰：「白芷，其葉謂之藥。」《西山經》：「號山其草多藥、虈、芎藭。」注：「藥，白芷別名。虈，香草也。」《中山經》：「崍山其草多藥。」注云：「即虈。」按藥殆即勺藥之異名也。《鄭風·溱洧》：「贈之以勺藥。」傳：「勺藥，香草。」疏引陸機疏云：「今藥草、勺藥無香氣，非是也。未審今何草。」(《北山經》：「繡山其草多勺藥。」注：「一名辛怡，香草屬。」)按藥草、勺藥即今芍藥。《詩》之勺藥爲香草者，當即此白芷之別名耳。白芷一名芷若。(《子虛賦》：「芷若射干。」《相如傳》又云：「衡蘭芷若。」《列子·周穆王》：「雜芷若以滿之。」）「芷若」與「勺藥」一聲之轉，蓋長言之爲「勺藥」，短言之爲「藥」耳。《司馬相如傳》：「勺藥之和具而後御之。」韋昭注：「勺藥和齊，酸鹹美味也。」郭璞云：「五味也。」王引之乃讀「勺藥」爲「適歷」，不知勺藥自是香草，古人以香草調飲食謂之和耳。（如上引《王度記》。又宋均注《禮斗威儀》云：「蘭主給和調。」《文選·七啓》：「紫蘭丹椒，施和必節。」注引鄭玄曰：「蘭主給調和。」）《古今注》：「古人相贈以芍藥，相招以文無。文無名當歸，芍藥名將離故也。」文無蓋即蘼蕪（桂《義證》「蘪」注引《古今注》：「相招則贈以蘼蕪，蘼蕪一名當歸。」未知所出，待考）。則芍藥即白芷，皆香草也。芍藥又名將離者，此本書所謂「楚謂之蘺」，而《通志》所謂「楚人謂之藥也」。將離亦即江蘺。藥與勺藥、芍藥既通爲一名，則將離者白芷之葉，而江蘺者芎藭之苗也。其爲一物無疑矣。古人物名多相亂，《荀子》「蘭槐之根是爲芷」，《爾疋》「蘄茝蘪蕪」，《廣雅·釋草》「山茝，槀本也」，與此茝爲白芷凡四，是白芷芎藭之葉或苗（苗與葉相近），固得同稱矣。

《爾疋》：「蘄茝，蘪蕪。」《本草》謂「蘪蕪，一名薇蕪，一名江蘺，芎藭苗也」。按「蘪」、「薇」聲之相近，若江蘺自即芎藭苗，則與蘪蕪顯非一物，殆緣《説文》而誤也。余謂蘪蕪即當歸，《古今注》作文無者，「蘪」本音「眉」（《廣韻》武悲切是也，《説文》作靡爲切誤，《繫傳》閩之反更誤），或作「薇」，皆文之對轉也。若桂《義證》則逕引作「蘪」矣。《爾雅》：「薜，山蘄。」注：「山蘄，當歸。」《爾疋》又云：「薜，白蘄。」《廣雅》：「山蘄，當歸也。」然則蘄茝、當歸即山蘄、白蘄之「蘄」。惟以與茝近似，故謂之蘄茝耳。（此猶蘇一名荏，因其辛味而稱桂荏耳。）

然則蘺、虈、茝三名即白芷，一名爲藥，亦即勺藥，又名將離，一物也。芎藭苗曰江離，一物也。蘪蕪即薇蕪、文無，一名蘄茝，又名薜、山蘄、白蘄，均即當歸，一物也。芎藭似槀本，蘪蕪似蛇牀。今考白芷、芎藭、當歸、槀本、蛇牀均繖形科，宜其相亂也。

【眉批】芳虈猶云芳芷。

《九歌》「辛夷」，注：「香草屬。」則非木名也。然郭注「芍藥，一名辛貽」，似未必即辛夷。

「藥」當讀如「勺」，「勺藥」當讀如「玓瓅」、「的皪」、「灼爍」。然則「勺藥」之即「藥」，猶「芄蘭」之即「莞」或「萑」也。（今亦以赤芍、白芍代赤芍藥、白芍藥）。

古詩：「上山采蘪蕪，下山逢故夫。」正以蘪蕪即當歸，故以爲興耳。

薰

《蜀都賦》劉注：「葉曰蕙，根曰薰。」《上林賦》張揖注：「蕙，薰草也。」《廣雅・釋草》：「薰草，蕙草也。」《離騷》王注：「葉曰蕙，根曰薰（?）。」《西山經》：「浮山有草焉，名曰薰草。麻葉而方莖，赤華而黑實，臭如蘼蕪。」郭注《山海經》或以蕙爲薰葉，失之。

蘭按：「蕙」灰類，「薰」魂類，對轉也。「蕙」或作「槐」，《荀子》「蘭槐之根是謂芷」，「槐」當即「蕙」，聲近相轉耳。蕙根曰茝，即蕙茝矣。

䓯［徒沃切。《繫傳》得酷反，與《玉篇》都毒反同（《説文》「讀若督」）。］

一

竹→萹茿→萹竹（《本草》陶注）→萹蓄→編豬芽（《説文義證》）

茿，從筑省聲。

段云：「以『巩』字『工』聲，『筑』字『竹』亦聲也。」

桂云：「當云『巩』聲，『巩』從『工』得聲，『茿』、『筑』皆其入聲。」

徐灝：「『茿』、『筑』皆當『巩』聲。『巩』居悚切，聲轉爲『鞠』也。」

藒，芞輿也。（《爾雅》作「藒車，芞輿」，《釋文》：「車，本多無此字。」）→揭車（《離騷》、《上林賦》）→藒車（《爾雅》）

萸

蒢（《釋文》）

按「藒」（薛韻）、「芞」（迄韻），寒類變入微類也。

莓

原本《玉篇》「莓」重出，前爲「亡救反，署預也。土莓也」，後爲「莫荄反，美盛也。實似桑椹，可食」。今本後一字作「莓，亡救、亡佩二切，實似桑椹，可食。又音梅，莓莓，美田也」。按《爾疋》：「葥，山莓。」郭注以爲木莓。疑即今之楊梅。《本草拾遺》以爲懸鉤子，殆非也。

茖，艸也。

《爾疋》：「茖，山蔥。」此異。段云：「凡所不知，寧從蓋闕。」（王菉友《句讀》改從《爾疋》，誤。）

蘭按：原本《玉篇》次此者爲「䓘」字，「古豪反，草也」。《字鏡》：「苦也，蘇也，似瓜草也。」今本《玉篇》：「草名，其實似瓜，食之治瘧。」又云：「白䓘草，食之不飢。」

然則《說文》原當作「䓘」（䓘），故訓爲草也。今本誤爲「茖」耳。

《廣雅》：「蕈，蘇，白䓘也。」詳後「蕈」字《通訓定聲》注。

苷，甘草也。　葱，葱冬草。

此漢人俗字。　菋、荎藸（五味子）、蘦、蘘。

蒁，食聿切。

徐鍇《繫傳》常出反。《玉篇》來密反。《廣韻》于筆切。

薊

俗字作「葪」。《漢書·賈誼傳》以「葪」爲「芥」。「芥」在夬韻，爲二等，足證「薊」在霽韻，本應是一等也。

堇，里之切。

原本《玉篇》𧇧(?)力反。今本丑力切，又丑六切。

按里之、丑力平入之異，丑六則由之變幽也。

原本《玉篇》：「羊蹄也，蒴藋也，似藍。蒸食味酢。」(《字鏡》：「似冬藍，蒸食酸也。」)今本：「一名蓫。似冬藍，食之醋也。又丑六切。」

按《玉篇》曰「羊蹄」，曰「蒴藋」，此有二義：《廣雅》：「堇，羊蹄也。」《齊民要術》引《字林》：「堇，似冬藍，蒸食之酢。」按藍與羊蹄皆蓼屬也，非蒴藋明矣(蒴藋爲忍冬科)。《集韻》一屋「堇」下引《字林》：「草名，似冬藍，烝食之酢。」《廣韻》一屋丑六切下：「堇，羊蹄菜。蓫，上同。」又許六切下：「堇，羊蹄菜。又丑六切。蓫，上同。」是訓爲羊蹄者，當讀爲丑六切，或更轉爲許六切，即「言采其蓫」之「蓫」、「我有旨蓄」之「蓄」，亦即苗脩之「苗」也。(按「堇」讀丑六切者，由之轉幽。段云誤讀「堇」同「蓄」，非也。徐灝謂「堇」爲「羊蹄」合音，尤謬)。至訓爲蒴藋者，《本草》：「蒴藋，味酸温，有毒，可作浴湯。一名堇草，一名芨。」《廣韻》二十四職：「堇，恥力切。蒴蘿别名。」徐鍇《繫傳》引《字書》：「蒴藋草，一名堇也。」

藋，釐草也。

原本《玉篇》：「蓬蒿，藜也，藿也。」今本：「藜，藋也。」(案原本當引昭十六年《左傳》「斬之蓬蒿藜藋」。「藿也」爲「堇也」之誤。)

鈕云：「《五音韻譜》及《繫傳》、《韻會》作『堇草也』。《釋草》《釋文》引亦作『堇也』，則『堇』當不誤。」

嚴云：「《釋草》《釋文》、《集韻》、《韻會》引作『堇草』，上有『堇』篆，『堇』或『堇』之誤。下文『芨，堇艸』。《釋草》：『芨，堇草。』《廣雅》：『堇，藋也。』疑皆是『堇』字，文多不敢輒定。今此作『釐』，又涉上『堇，讀若釐』而誤。《釋草》别有『釐，蔓華』，與許書『萊，蔓華』相當，非即藋也。」(朱駿聲即以釐草爲「萊，蔓華」，非也。)

程瑶田以「釐」、「堇」皆「堇」之訛(見《義證》)，文繁不録。

按顧氏本《繫傳》作「菫」。段注《説文》則逕改作「堇草」。

蘭按：作「菫」是也。下文「芨，菫艸」，亦當是「菫艸」，蓋許君所見之《爾雅》本如此。《名醫别録》：「蒴藋，一名菫艸，一名芨。」是陶隱居所見本亦作「菫艸」也。原本《玉篇》：「藋，蓳也（當作『菫』）。蒠，救立反，蓳也（當是『菫』之誤），菫也。」今本《玉篇》「蒠」下云「菫也」，「菫」下云「一名蒠」，則「芨」作「蒠」，而訓「菫」訓「蓳」兩存矣。若郭璞所見《爾雅》自作「菫」，故以烏頭釋之。《廣雅》：「菫，藋也。」曹憲於「菫」下注：「謹音，世人作『堇』字如此，失之。」則所見本蓋已作「堇」矣。《説文》之必作「菫」而不作「堇」者，「菫」、「藋」、「芨」三字相次，一證也。《玉篇》：「菫，一名蒠。藋，菫也。蒠，菫也。」二證也。《别録》：「蒴藋，一名菫草，一名芨。」三證也。然《本草》以蒴藋爲《説文》之藋，當非許義。（原本《玉篇》作「蒴灌」，然無此二字。今本《玉篇》有「蒴䕢」二字。）許以「菫」、「藋」、「芨」爲羊蹄菜，即《爾疋》之「蓧蓨」、「苖蓨」。按《説文》無「蓨」字，大徐本後「蓞」下有「蓨」、「苖」二字：「蓨，苖也。苖，蓨也。」小徐本則并無「蓨」字，「苖」字次後「茆」、「荼」間。按小徐本蓋是，惟許君無「蓨」字，又以「苖」次籀文中，故不與此三字類列耳。若「苖」下訓「蓨也」，則本當作「蓧」。今本《説文》訓「艸田器」之「莜」，原本《玉篇》作「蓧」也。「蓧」、「蓨」相亂，故後人取誤本《爾疋》改《説文》，又增「蓨」篆耳。《説文》「菫」本音「釐」，讀入聲而爲丑力反，又轉入幽部入聲而爲丑六反，更變爲許六反。「苖」爲幽部字，郭璞音有他六、徒的二反。「藋」是宵部字，《玉篇》徒叫反。「苖」可爲「藋」，是幽、宵相亂也。「蒠」《玉篇》救立反，則之侵、幽侵俱相亂也。是此四名之所以爲一物也。若《説文》所無之字，或假用之字，若「蓫」與「蓄」，則「苖」、「菫」二字當之矣。若「蓧」與「蓨」，則可以「藋」當之也。（「蓧」《釋文》他彫反，「蓨」《釋文》他的反，郭湯彫、他周二反，顧他迪反，除他周一音外，均由尤亂宵。）然則許君殆以「藋」爲「蓧」、「蓨」之本字與？（藜藋即藜條，灰藋即灰蓧，見下。）

若《本草》「蒴藋」，則原本《玉篇》作「蒴灌」，而今本《玉篇》作「蒴（始卓切）䕢（仗卓切）」。《字鏡》引《切韻》「蒴」所角反，「䕢」直角反。要之爲疊韻字（「蒴」本在魚部，讀魚入幽，乃爲疊韻）。許君即無「蒴」字，故知非其本義也。許君有「一曰拜商（作『商』者誤）藋」，「商」、「藋」均可讀入錫韻，則疊韻也（「藋」爲由宵入支）。《淮南》高誘注謂「幽冀謂之荻苕」，則雙聲。「灰藋」，梁簡文《勸醫文》作「灰蓧菜」。可知「藋」與「蓧」同也（經傳習見之「藜藋」，《吴志・諸葛恪傳》作「藜蓧」）。蔏藋者，後世之灰藋，似藜之菜。經傳常見之藜藋字，許君乃僅以爲别義，則其意專屬於羊蹄菜也。

【眉批】《廣韻》：「菫，蒴䕢别名。」段引《别録》作「蓳草」，疑誤。然「菫」亦可與「堇」亂，故陸德明《釋文》即據《本草》以正郭也。

蒴藋（魚、宵疊韻）　蔏藋（支、宵疊韻。可轉爲雙聲）

芨，堇艸也。讀若急。

原本《玉篇》作「⿱艹忌」。「堇艸也」當作「堇艸」，此由《爾雅》而誤。（《爾雅》：「芨，堇艸。」郭釋「烏頭」，陸《釋文》謂是「蒴藋」。段注於「藋」下云：「『堇』見《國語》，而『芨』名無見，陸説爲長。」然「堇」下又用郭説，是一卷中自爲矛盾也。）

按：原本《玉篇》「藋」、「⿱艹忌」、「堇」相次，「⿱艹忌，堇也」，「蕼」、「堇」、「蘆」、「芨」相次，「芨，烏頭也」。（今本：「芨，堇草，即烏頭也。」）蓋所據《説文》作「⿱艹忌」，訓「堇」，而另據《爾雅》補「芨」字耳。《廣韻》則以「芨」爲「烏頭別名」，而於「⿱艹忌」下訓「上同」矣。

然余疑訓烏頭之「堇」字，亦當作「堇」。《晉語》：「寘堇於肉。」注：「烏頭也。」《莊子・徐無鬼》：「藥也，其實堇也。」《呂覽・勸學》：「是救病而飲之以堇也。」（《淮南・説林》：「蝮蛇螫人，傅以和堇則愈。」此疑是堇菜之「堇」，和堇猶堇萓耳。）凡此「堇」字當作「堇」，蓋字之誤。「堇」讀入聲爲丑力反，而烏頭爲「萴」爲阻力反，或爲楚力反、士力反，聲正相近。然則古人借「堇」爲「萴」，「堇」、「菫」形亂，遂訛傳爲「堇」耳。

若《爾雅》「芨，堇艸」，則似實當作「堇」。許君所見作「堇」，或乃訛本耳。（《廣雅》：「堇，藋也。」則非。「藋」自訓堇。）第堇艸當即「堇荼如飴」之堇菜，而非郭注之烏頭也。「堇」在文部，「芨」爲侵部入聲，主要元音相類，而聲母又相同，故得相轉也。（然如「白芷」之即「白芨」，則來母字可轉入見母，之部入聲與侵部入聲主要元音亦相同，故如《説文》之説，「堇」亦可轉爲「芨」也。）

蓋「堇」與「菫」之混亂甚久，故《倉頡篇》以「⿱罒堇」爲「儺」，實爲「嘆」或「⿱罒菫」之誤字耳。

葼，毒草也。從艸，婺（大徐本作「務」）聲。（莫候切）

蓩，卷耳也。從艸，務聲。（亡考切）

小徐無「蓩」字。原本《玉篇》兩字並無，惟於「菽」（亡豆反，今本莫老切）下云：「細草聚（當作『蘩』）生，葆（當作『葆也』)，毒草。」今本《玉篇》：「蓩，莫屋、莫老二切，毒草也。《説文》云：『卷耳也。』葽，莫候切，《説文》云：『毒草也。』」《廣韻》卅二皓：「蓩，毒草。武道切。又地名。又亡毒切。」一屋：「蓩，莫卜切，毒草。」《後漢書·劉玄傳》：「遣李松會朱鮪與赤眉戰於蓩鄉。」注云：「蓩，音莫老反，《字林》云：『毒草也。』因以爲地名。」(《楊霍傳》：「封蓩亭侯。」注引《郡國志》：「桃林縣有蓩鄉。音莫老反。」按今《郡國志》作「務鄉」。)

按：《説文》當作「蓩，毒草也」，無「葽」字。段注是也。原本《玉篇》脱「蓩」字，然「⿱艹敄」下云「毒草」，可證其當有也。「蓩」音莫老反，作莫候者，幽轉侯也。

虊

徐灝：「虊亦謂之蓴，猶言團圞也。蓴之音轉，讀常倫切，故又作『蒓』。」

按此由寒入魂也。

茈莀(《廣雅》。霽)　紫茢(《周禮·掌染》注。薛)

留黄　流黄　綠(《廣雅》：「流黄，綠也。」《廣韻》：「綠，青黄色。」)

按：「流黄」猶「綠黄」，侯、幽之亂。

莜，渠遥切。

幽轉宵。

薛

《司馬相如傳》：「薛莎青薠。」《音義》：「薛，藾蒿也。」按《爾疋》：「苹，藾蕭。」是張揖所見本與郭不同也。

菩，步乃切。

原本《玉篇》：「防誘反，香草也。」今本：「防誘反，香草也。又音蒲。」重出云：「薄胡切，菩薩。又步亥切，草也。」又：「蓓，薄亥切，蓓蕾。又黄蓓，草名。」《字鏡》：「芳秀反，又倍音，蕖菩也，今黄草也，香草也。」

按：「菩」音「倍」，故或作「蓓」字耳。音「倍」，即步乃切、步亥切、薄亥切正音也。防誘反，則由之轉幽。音「蒲」，則魚、幽混矣。（此殆限於「菩薩」等。）

菩 bə（之）→bəu（幽）→bo（今模韻）

蘱（送韻。薏苡别名）

陶隱居云：「䕶珠。」（翰韻）《集韻》：「芊，薏苡子。」

此東類與寒類之轉。

kɔŋ　kan

茅

左定四傳：「越在草茅。」《釋文》作「茾」。《爾雅・釋言》：「茅，明也。」

茅（mau）→茾、明（maŋ）

斳

臣鉉等案：「《説文》無『斳』字。」案：卜辭有「[illegible]」，則古有「斳」字也。

嚴《校議》謂「斳」爲「芹」重文。《校議議》謂作「蘄」。席《説文》謂從「𦰩」從「斤」。段謂從「𦰩」、「斤」聲。王筠謂「斳」不從「艸」，當作「[illegible]」，從「單」從「旂」，「旂」亦聲。俱誤。

「蘄」從「斲」聲，「斲」從「斤」聲，是「蘄」、「芹」聲同也。《釋草》《釋文》：「蘄，古芹字。」原本《玉篇》：「蘄，芹也。」今本《玉篇》又音「芹」。《廣韻》廿一欣：「蘄，巨斤切。」《吕覽·振亂》注：「或作勤。」皆是也。原本《玉篇》居衣反。《切韻》八微：「居希反，縣名，在譙郡」。《繫傳》巨希反。《吕覽·振亂》：「所以蘄有道。」高注：「蘄，讀曰祈。」均是由文轉微。kɐn、gɐn→kɐi、gɐi。今本《玉篇》「蘄」有居衣、渠之二切，《廣韻》七之「蘄」渠之切（八微居依切「蘄」注：「又音其，芹。」），《篆韻譜》亦渠之切，則之、微之亂也。按《切韻》尚無此音，則此由微變之，當是唐以後音。若大徐《説文》渠支切，則謬甚矣。《説文》大徐本音最謬，尚不如朱翺。世有以大徐本爲唐韻，殆耳食者也。

莞，胡官切。

小徐户寒反。按誤。「户」、「寒」聲同。「寒」開口，「莞」合口也。

《列子》《釋文》：「莞，音官。」（寒合口）楊承慶《字統》：「音關。」（删合口）此寒一等、删二等之證。

「[篆文]」、「[篆文]」、「[篆文]」等並「雚」字，非「藺」。雚人幣。

蘵，黄蒢。（似酸漿）　葴，寒漿。（酸漿草，江東人呼爲苦葴）

苦蘵（《古今注》：「苦葴，一名苦蘵。」《本草新補》苦耽有一種小者名苦蘵）　苦葴　苦耽（見《本草新補》。又「苦蘵」下云：「人亦呼爲小苦耽。」）

苦蘵（《本草》。苦蔘一名）　苦蔘

蘵（職）→葴（侵）　耽（覃）

蘵（職）→蔘（侵。覃）

此之類、侵類之混。

蒻

《詩·韓奕》：「維筍及蒲。」傳：「蒲，蒲蒻也。」陸疏：「蒲，《周禮》以爲菹，謂蒲始生，取其中心入地。蒻，大如指，白，生噉之甘脆。又煮以苦酒，如食筍法，大美。」

《釋草》：「夫渠，其本蔤。」注：「莖下白蒻，在泥中者。」

《蜀都賦》：「蒟蒻茱萸。」注：「蒻，草也。其根名蒻。」（《本草》：「蒻頭，一名蒟蒻。」）

天南星，又名鬼蒟蒻。（天南星近出唐世。）

江南吴中又有白蒟蒻，亦曰鬼芋。（按「蒟」、「芋」聲相近。）

《古今注》：「揚州人謂蒻爲班杖，不知食之。」

按《本草今附》「蒻頭」下云：「又有斑杖，苗相似。至秋有花直出，生赤子，根如蒻頭，毒猛不堪食。」

按鳧茈爲芍（下弓切），與蒟蒻意相近。（聲義）

蒲蒻爲蔑席（莧），荷蒻爲蔤，聲相近。（蕨初生爲虌，似亦同源。）

【眉批】《本草》「茈胡」條陶注：「《博物志》云：『芸蒿葉似邪蒿。春秋有白蒻，長四、五寸，香美可食。長安及河内並有之。』」

藻

當即「深」字，亦俗增。與前「苷」、「惹」字同。

萑

《韓詩》、《三蒼》、《説苑》。益母。郭注：「今茺蔚也。又名益母。」劉歆、李巡：「臭穢草也。」《本草》：「茺蔚子，莖一名益母，一名益明，一名大札，一名貞蔚。」

按《爾雅》：「萑，蓷。」萑職追切，「貞蔚」合音也。蓷他回切（《玉篇》勑雷反），「茺蔚」合音也。

莙，讀若威。

音「隱」，塢瑰反（見《家訓》）。

君姑（《釋親》）　威姑（「威」下引漢律）

窘　巨畏反（《字林》）

暉、煇　況韋切

君　蔚（《易・革・上六》《象傳》叶韻）

按此皆由魂轉入微耳。

⿱艹睆，夫蘺。

原本《玉篇》「⿱艹睆」下注：「莞字也。」似「莞」、「⿱艹睆」一字。（然《玉篇》有胡混一音，則讀入混韻矣。寒→混。）某氏《爾雅》注引《本草》：「白蒲，一名符蘺。楚謂之莞蒲，其上臺別名蒚。」今《本草》「白菖」下云：「一名水昌，一名水宿，一名莖蒲。」無此文。而「白芷」下云：「一名莞，一名苻蘺，一名澤芬，一名蒚麻。」疑由「白蒲」、「白芷」字近而誤耳。

荨

篆作「荨」，從「寻」聲。是可證「㝷」本當作「寻」，今《說文》有「㝷」無「寻」，非是。而段、王、朱三家逕改作「蕁」，從「㝷」聲，失之。

蓲

原本《玉篇》於于反。今本《玉篇》於于、去尤二切。大徐本去鳩切。《廣韻》「蓲」見虞、侯、尤三韻。按「蓲」本侯類，而與幽類混。

藷蔗

按「藷」章魚切，「蔗」之夜切，雙聲兼疊韻也（「藷」魚韻，「蔗」禡韻）。古多言「諸柘」，亦有言「都蔗」者（曹植《矯志詩》、馮衍《竹杖銘》）。短言爲「蔗」（或「柘」），長言爲「藷蔗」。（若「藷蕻」則短言爲「藷」。）

蒷

《夏小正》：「四月王蒷秀。」（今本《玉篇》誤作「小豆四月王蒷秀也」，原本不誤。）《吕氏春秋・孟夏紀》：「王菩生。」「蒷」、「菩」聲近，《禮・月令》作「王瓜生」（注：「今月令云『王蒷生』。」）按「負」作「⿱𠂊貝」與「瓜」作「⿱𠂊瓜」形相混而亂耳。

又按：《吕覽》之「王菩」（或作「善」，誤），高注：「或爲『瓜』，瓠瓤也。」是「菩」當爲「苦」之誤，王苦即王瓜耳。若《説文》「王蒷也」，則自是別一物。《廣雅》「王白蒷也」，疑當作「王蒷，白蒷也」。《管子・地員》有「大蒷」、「細蒷」。

芺

從「夭」。大徐本尚不誤。小徐改作「芺」。

莩，芳無切。（虞韻）

幽、虞之亂。《淮南・俶真》：「蘆苻之厚。」按即葭莩也。《史記・律書》：「萬物破苻甲而出。」《索隱》：「苻甲，猶莩甲也。」則讀入虞韻其來久矣。

通「殍」。「野有餓莩。」「摽」。王伯原《詩考》：「莩有梅。」幽、宵之亂。

黃，菟瓜。

桂謂：「雲南多賣者，訛爲土瓜，形似扁蘆菔，色白，食之甘脆。」

蘭按：非是。《爾雅》「菟瓜」，是《本草》「王瓜，一名土瓜」，陶謂「葉似栝樓，圓無叉缺，子如梔子，生青熟赤，但無稜爾，根如葛，細而多糝。」郭璞《爾雅》則謂之「似土瓜」。若《爾雅》「鉤，藈姑」，則郭云「鉤𤬪也，一名王瓜。實如瓟瓜，正赤，味苦」。按鉤𤬪當即括蔞，《爾雅》所謂「果臝之實，栝樓」，郭注：「所今齊人謂之天瓜者。」今本《玉篇》：「菰𤬪，土瓜也。」《本草》則謂之「栝樓根，一名地樓，一名果臝，一名天瓜，一名澤姑，實名黃瓜」，陶注所謂「狀如土瓜而葉有叉者」。按：天瓜爲粉，即後世之天花粉，「黃瓜」即「王瓜」之誤耳。然則此兩者近似，惟郭以《本草》之栝樓爲王瓜，即土瓜；而以《爾雅》之菟瓜即《本草》之王瓜、土瓜者，謂爲似土瓜爾。若雲南之土瓜，則菲芴也，郭注「即土瓜也」。《廣雅·釋草》：「土瓜，芴也。」又《爾雅》：「菲，蒠菜。」注：「菲，草，生下濕地，似蕪菁，莖紫赤色，可食。」今土瓜正類蕪菁，則即菲芴無疑也。（《御覽》引崔實《四民月令》：「二月盡三月可采土瓜根」，則栝樓根也。）

陸機《詩疏》：「菲，似葍，莖麤，葉厚而長，有毛，可作根，幽州人謂之芴。《爾疋》謂之蒠菜。」待考。

【眉批】然則土瓜與栝樓之別，在葉無叉與有叉爾。

藄

《齊民要術》引《詩義疏》：「藄，菜也。葉狹，長二尺，食之微苦。即今莫菜也。」按「莫」當爲「萁」之誤。《馬融傳》：「茈萁芸蒩。」即紫藄也。（《字鏡》：「萁，巨之反，豆莖也。菜似蕨也。」）桂馥以爲「言采其莫」之「莫」，大誤。彼「莫」字陸機自有疏言「五方通謂之酸迷」，則即後世酸模耳。前爲羊齒科，後爲蓼科，何可混也。

藄，月爾也。

《爾雅》《釋文》引作「土夫也」。按原本《玉篇》：「紫藄也，似蕨也。土夫也。」可爲證。

渠之切。小徐虔知反，誤。

䕅，讀若萌。

今本《玉篇》作「薨」。

夢（蒸部。mɐŋ）　萌（陽。maŋ）

（今莫中切，東部。mɔŋ。東、蒸之亂）　蒙（鄭康成：「齊人謂『萌』爲『蒙』。」mɔŋ）

薨（《廣韻》「莫耕切」，耕部。mæŋ）　萌（耕。mæŋ）

灌渝　䕅（侯）　權輿（魚）

[篆文]

從「[篆文]」，不誤。顧本《繫傳》改作「[篆文]」，非。《復古編》：「筆跡小異，以『夏』爲正。」（桂馥謂當改從「夏」）並非。

苓，卷耳也。

《釋草》：「菤耳，苓耳。」郭云：「《廣雅》云：『枲耳也。』亦云胡枲，江東呼爲常枲，或云苓耳。形似鼠耳，叢生如盤。」「采采卷耳。」《詩》傳：「卷耳，苓耳也。」陸疏：「葉青白色，似胡荽，白華，細莖，蔓生。可煮爲茹，滑而少味。四五月中生子，如婦人耳中璫。今或謂之耳璫，幽州人謂之爵耳。」（《本草圖經》引「四月中生子，正如婦人耳璫，今或謂之耳璫草」，鄭康成謂是「白胡荽，幽州人呼爲爵耳」。）

按卷耳蓋有三說：

（1）《廣雅》：「苓耳、葹、常枲、胡枲，枲耳也。」《離騷》：「薋菉葹以盈室兮。」注：「葹，枲耳也。」《列子》《釋文》引《倉頡篇》：「萆耳，一名蒼耳。」（《埤雅》引《荆楚記》同。）《淮南・覽冥訓》：「位賤尚葈。」高云：「尚，主也。葈，葈耳，菜名也。

幽冀謂之檀菜，雒下謂之胡枲。主是官者，至微賤也。」《釋草》郭注（見上）。《本草》：「葈耳實，一名胡葈，一名地葵。」《別録》：「一名葹，一名常思。」陶宏景云：「此是常思菜，傖人皆食之。以葉覆麥作黃衣者，一名羊負來。昔中國無此，言從外國逐羊毛中來。」《本草圖經》：「或曰此物本生蜀中，其實多刺，因羊過之，毛中粘綴，遂至中國，故名羊負來，俗呼爲道人頭。」

蘭按：此説甚誤。枲耳，一名胡枲（見《廣雅》、《淮南》高注及《本草》）。《本草》陶注又有羊負來之説，則本非中土所産，可知當非詩人所采之卷耳矣。《離騷》「薋葹」，或即《爾雅》拔心不死之「卷葹」。《淮南》之「尚枲」，則當是麻枲之「枲」。皆非枲耳也。《本草》漢世所集，則此品當是秦漢時入中國，如胡荽之比，故《倉頡篇》有之。然所謂《倉頡篇》亦或是《三蒼》，非必李、趙、胡毋所記也。

⑵ 郭云：「形似鼠耳，叢生如盤。」按《本草》：「鼠耳，生田中下地，厚葉，肥莖。」（又鼠麴一名鼠耳草，似非此。）

⑶ 陸機説（見上）。《圖經》引陸説及郭説「形似鼠耳，叢生如盤」云：「今之所有皆類此，但不作蔓生耳。」

按陸説實與蒼耳不符：似胡荽，一也。白華，二也（蒼耳緑花）。細莖，三也。蔓生，四也。可煮爲茹，五也。子如耳璫，六也。今謂陸説疑即今之堇。堇菜白華、細莖、蔓生等均相合（《爾雅》所謂堇當是今紫花地丁），然與今胡荽不類。

按《説文》：「苓，卷耳也。」疑苓即伏苓、豬苓之「苓」。言伏苓者，謂苓之伏於地下者耳。言耳，即木耳之「耳」（作「檽」者，聲之轉）。曰卷耳者，卷猶菌也。（《爾雅》「蔨，蔍藿」，《説文》作「藨，鹿藿」。錢大昕謂《春秋》「楚子麇卒」，《穀梁》作「卷」。「卷」、「麇」聲相近，蓋因「藨」訛「麇」，又以聲轉爲「卷」耳。蘭按：「卷」爲「菌」，猶爲「麇」（麕）矣。）

藑，一名蕣。

清韻與震韻，耕、真二部之亂也。

朱駿聲以爲即旋華（花），是也。本書「舜」下所謂「蔓地連華」者也。「藑」爲「旋」，猶「瓊」爲「琁」耳。《唐本草》稱爲「旋葍」，蕭炳作「葍旋」，則即《爾疋》「葍藑茅」之「葍」也。

蕭炳音旋覆爲徐元切，葍旋爲徐願反，則元韻與仙韻不分也。

桂引《風土記》：「萺，蔓生，被樹，結實也狀如牛角，一枝數枚，味甘如蜜。一名甘獲。」《夏統別傳》注云：「獲，萺也。」當係別一種，即《本草》「木通（一曰『通草』），一名萺藤，一名蘠蘡」者也，《玉篇》所謂「蘠子，可食」者。此類若《毛詩》「言采其萺」，傳：「惡菜也。」則自是蕧。此既萺藤，得爲菜乎？

蓨

小徐無。當是增字，詳「藋」下。

蕩，草，枝枝相值，葉葉相當。

案「蕩」、「當」音近，故商陸一名蕩，一名當陸也。然則古有以「蕩」爲「當」者，許釋其通名耳，非謂草名也。

蓫，薚馬尾。（《爾雅》）常蓼，馬尾，商陸也。（《廣疋》）

蓫（屋、沃）　薚（唐）

薚（唐）→蕩

當（唐）陸（屋、沃）（郭云：「江東呼爲當陸。」）

商陸

白章　陸（日華子）

章　柳（幽）（《圖經》）

白昌

桂馥引吳普《本草》：「烏頭，一名莨。」「蕩」、「莨」聲相近。王筠承之，謂「莨」、「蕩」疊韻。

按：掌禹錫等引吳氏云：「烏頭，一名莨，一名千秋，一名毒公，一名果負，一名耿子。」又云：「側子，一名莨。」是「莨」當從「艮」，非從「良」也。「天雄」條下陶隱居謂：「天雄、烏頭、附子，三種本同出建平，故謂之三建。」《唐本草》非之，云：

「此物本出蜀漢,其本名『堇』。今訛爲『建』,遂以『建平』釋之。又石龍芮葉似堇,故名水堇。今復爲水莨,亦作『建』音,此豈復生建平邪?檢字書又無『莨』字。甄立言《本草音義》亦論之。」

又按:「鉤吻」陶注云:「或云鉤吻是毛莨。」蘇恭曰:「毛莨是有毛石龍芮,何干鉤吻?」陳藏器解「毛莨」條引《百一方》云:「菜中有水莨,葉圓而光,有毒,生水旁,蟹多食之。」蘇云又注:「似水莨,無毛。其毛莨似龍芮而有毒也。」又「毛建草」條云:「田野間呼爲猴蒜,生江東澤畔,葉如芥而大,上有毛,花黄,子如蒺藜。又有建,有毒,生水旁,葉似胡芹,未聞餘功,大相似。」疑毛建草即毛莨,建當爲水建,即水莨也。

又按:《廣雅·釋草》:「莨,鉤吻也。」曹憲於「莨」下注:「古恨。」是讀如「艮」也。《廣韻》廿七恨:「莨,古恨切,草名。」(《玉篇》無此字)是不得謂字書無此字也。余頗疑「莨」即「鉤吻」之合音,惟「吻」爲上聲合口三等,而「莨」爲去聲開口一等耳。「莨」、「堇」蓋亦聲之轉,同是在文類也。其讀爲「建」,當由唐世語變,由文類讀入元類耳。桂、王以爲從「良」,則讀書不細心之故也。

蔽,[illegible]聲。

《説文》無「[illegible]」,《爾雅》:「[illegible],息也。」(苦槩反)

按俗作「蒯」者,當是「[illegible]」之誤。《玉篇》:「剬,斷也。删,斫也。」「删」是「剬」之誤耳。齊侯鎛云:「剬伐頣司。」當讀爲「剬伐夏后」,「剬伐」猶斷伐也。則「剬」本作「[illegible]」,或變爲「[illegible]」耳(由「[illegible]」更變「[illegible]」),《説文》脱一偏旁耳。舊説紛紜,並未是。

蔞

《爾雅》:「購,蔏蔞。」郭璞云:「蔏蔞,蔞蒿也。」《詩·漢廣》:「言刈其蔞。」《釋文》:「馬云:蔞,蒿也。」蘭按:依許,則「蔞」爲一名,疑「蔏」是「蒿」字之誤,蔞即購蒿耳。《爾雅》「商」字多誤:「拜,蔏藋」,許君作「啻藋」;「倚商,活脱」,則似即「離南,活莌」也。

又疑《爾雅》本當以「購」爲一名，「蔏蔞」爲一名，蔏蔞猶高蔞，急言之即「購」也。《楚辭·大招》：「吴酸蒿蔞，不霑薄只。」（段引作「吴酸芼蔞」，待考。）「蔏蔞」即蔞蔏耳。

《説文句讀》補證：「《釋草》『倚商，活脱』，上文曰『離南，活莌』……『倚』、『離』聲近，『商』、『南』形似，恐下句是訛文重出。《釋草》之『權，黄華；莁，荎藸』，即《釋木》之『權，黄英；莁，荎著』。其重出也，郭氏或知或否，乃桑扈竊脂。本篇重出，邵氏《正義》力爭之，殊未通全書而計之也。」

按菉友此説《爾雅》殊精。

茈艸　茈⿱艹戾（紫菀）　茈薑（《上林賦》）　茈蠃（《南山經》）　茈菀（《别録》）　茈葳（《廣疋》）　茈蓁（《廣疋》）　鳬茈（初生亦紫色）　茈胡

蒐，所鳩切。

按當從「鬼」聲，與「⿱艹廆，懷羊」之「⿱艹廆」爲一字。《玉篇》胡罪、公回二反，故「茅蒐」急讀爲「韎」也。

今音所鳩切者，變易有二：

一爲韻母，微、幽聲得相轉。王念孫謂：「《明堂位》『脯鬼侯』，《正義》曰：『《周本紀》作九侯。』『九』與『鬼』聲相近，然則『鬼』可讀爲『九』，故『蒐』從『鬼』聲。凡幽部之字固有從脂部之聲者，《説文》『裒』字從『衣』、『采』，即其例也。」宋保云：「『軌』、『宄』二字從『九』聲，『簋』古文作『匭』作『朹』，又作『𠥍』，『飢』聲……由脂、幽兩部相關通，故『中馗』一作『中逵』之字，有誤讀入脂部者矣。」

按王、宋説並是，然不知微、脂有别，故誤以微、幽相通爲脂、幽相通耳。

一爲聲母，由見母變爲審母者，如「收」從「丩」聲是也（「蒐」二等，「收」三等），「松」、「頌」、「蜙」之從「公」聲，「⿱龜大」之從「龜」聲，均相類。朱駿聲以蒐獵之「蒐」爲「蒐」之誤字，非也。

⿰赤隶，赤⿰赤隶也。

《玉篇》：「赤蕼，堇也。」桂馥《説文義證》引《廣雅》：「⿱艹聿，藜也。」謂「⿱艹聿」當爲「蕼」，「堇」當爲「菫」。按：桂説非也。

原本《玉篇》「䔿」、「堇」相次，明當作「堇」，不作「堇」也。余疑「䔿」即「齧，苦堇」之「齧」聲之變耳。（猶「孽」之爲「薩」也。）

薜，牡贊也。

按《爾雅》又云：「薜，山蘄。薜，白蘄。薜，山麻。薜，庾艸。」郭注以山蘄、白蘄爲當歸，以山麻爲麻，而於牡贊、庾艸爲未詳。按：《爾雅》諸「薜」疑皆一物，《楚詞》有「薜荔」，《離騷》云「貫薜荔之落蘂」，《九歌・山鬼》「被薜荔兮帶女蘿」。《管子》云：「薜荔、白芷、蘪蕪、椒、連，五臭所校。」「薜荔」蓋即「薜」之長言耳。《管子》以薜荔列香草，漢樂章曰「都荔遂芳」，王逸注《楚辭》「薜荔，香草也」，則薜荔亦當歸之屬耳。《爾疋》以薜爲山蘄、白蘄，則薜或即陶注所謂「色白而氣味薄，呼爲草當歸」之類也。若《今本草》所謂薜荔則出於《本草圖經》，蓋後人誤讀「被薜荔兮帶女蘿」之語，以爲藤屬耳。（《山海經・西山經》：「小華之山其草有萆荔，狀如烏韭，而生於石上，亦緣木而生。」《說文》：「萆歷，似烏韭。」按烏韭即石衣，安得落蘂？郭注《山海經》以爲香草，非也。）《植物名實圖考》曾疑其不香，不知其非《楚辭》之香草也。

薜，蒲計切（霽）。《玉篇》補草反，《廣韻》博厄切，均在麥韻。霽去聲一等，麥入聲二等也。若《經典釋》音「百」，則混入陌韻矣。

芹

非後增，詳「莚」下。

芸

蘭按：芸香、芸蒿非一物，舊混之非也。

苦

《吕氏春秋》：「王菩生。」注：「菩，或作瓜。」按「菩」當作「萏」。

蔽，⿱艹婈⿱艹縷。

「蔽」、「⿱艹婈」疊韻。

芐，地黃。

「芐」、「黃」魚、陽對轉。

蔆、⿱艹遴

按「蔆」蒸部，「遴」真部，相隔甚遠。疑漢人讀「粦」聲入文部（「遴」爲「吝」、「麟」即「麐」之類），蒸、文之亂耳。《爾雅》：「蔆厥，攈。」《釋文》亡悲反，誤；當依孫炎居郡反，又居羣反。「攈」爲「⿱艹遴」，猶「麇」爲「麟」、「麐」耳。

抑古「夌」字本作「[illegible]」，則由文字孳乳。疑本應在文部，則「菱厥」猶「菱角」，亦猶「厥蔆」、「角蔆」，其合音即「攈」也。（宋保引「痽」或從「人」聲，「兢」讀若「矜」，「郇」讀若「泓」，「倂」古文以爲「訓」字四例，殊未了了。）

芰、茤

此歌、支之亂。

碭、⿰氏也　⿰女氏、姼　鬄、⿺走也　⿰車宜、輗　弛、虒　鉹，讀若⿰扌啻

鬹，讀若嬀　欚、⿰魚蠡，從蠡聲　移、栘，從多聲

祇、多（《易》：「無祇悔。」九家本作「多」。襄廿九年傳：「多見疏也。」服虔作「祇」。《論語》：「多見其不知量也。」疏云：「古人多、祇同音。」）

按「支」、「氏」諸字均是齒音，而「芰」、「枝」、「祇」均混入羣母，可異也。（徐鉉奇記切，誤，當奇寄切。）

菊、蘜、⿱艹⿰幸匊、⿱艹⿰幸乁

按「菊」從「匊」聲，「蘜」從「鞠」聲，則「⿱艹⿰幸匊」當從「⿰幸匊」聲，「⿱艹⿰幸乁」當從「⿰幸乁」聲也。小徐本「⿱艹⿰幸匊」下作「⿰幸匊」聲，不誤。大徐作「⿱竹⿰幸匊」省聲，則緣《説文》無「⿰幸匊」字耳。《説文》幸部：「⿱竹⿰幸訇，從幸，從人，從言，竹聲。⿱竹⿰幸乁，或省言。」米部：「⿱竹⿰幸匊，從米，⿱竹⿰幸訇省聲。」而艸部「⿱艹⿰幸乁」又爲「⿱艹⿰幸匊」省。周章繁縟，殊可笑也。實則「⿱竹⿰幸乁」、「⿱艹⿰幸乁」俱當從「⿰幸乁」聲。「⿰幸乁」爲「執」之或體，由侵部變爲幽部，更由齒音變入見母耳（猶「支」之爲「芰」矣）。古當更有「⿰幸訇」字，從「言」「⿰幸乁」聲，則⿱竹⿰幸訇訊之義，「⿱竹⿰幸訇」、「⿱竹⿰幸乁」二字之本字也。若「⿱竹⿰幸訇」，則從「竹」「⿰幸訇」聲，「⿱竹⿰幸乁」則從「竹」「⿰幸乁」聲，殆用竹刑，非從「竹」聲也。若「⿱竹⿰幸匊」則從「米」、「⿱竹⿰幸乁」聲耳。然亦可作「⿰幸匊」字，從「米」「⿰幸乁」聲也，則「⿱艹⿰幸匊」字所從矣。「⿱艹⿰幸匊」，《玉篇》作「⿱艹⿰幸訇」，則又從「⿰幸訇」聲矣。（古鉥有「⿱艹⿰幸匊」字。）

（⿰幸乁）→（⿰幸訇）→⿱竹⿰幸訇→（⿱艹⿰幸訇）

- ⿱竹⿰幸乁→⿱竹⿰幸匊
- ⿱艹⿰幸乁
- （⿰幸匊）→⿱艹⿰幸匊

據此則《説文》脱「⿰幸乁」、「⿰幸訇」、「⿰幸匊」三字，故昧其解耳。

「勹」亦鞠躬字，故「匊」從之。「鞠」復從「匊」聲，然則「菊」、「蘜」一源，「⿱艹⿰幸匊」、「⿱艹⿰幸乁」一源也。

古鉥「[seal]」乃「薛」字，非「⿱艹⿰幸匊」。

蘥，爵麥。

《爾雅》：「雀麥。」「蘥」、「爵」疊韻。

⿱艹邦，茚⿱艹邦也。

按：茚，昌蒲也。《廣雅》：「卬，昌陽，昌蒲也。」則「茚⿱艹邦」非一名。段氏謂茚⿱艹邦之名今未見所出，而欲於「茚」注改爲

「茚苐，昌蒲也」，誤矣。徐鉉注「苐」謂今人書「苐蒿」字。桂謂「茚」字訛，而以「苐」爲「蕛」、「荼」字，茅穗也。王筠則謂即《釋草》「蔈、荂，荼」之「荼」，即芀，因謂自「蒹」至「茢」皆一類之物，而「薠」、「茚」二篆誤列其中。

今按：原本《玉篇》亦「茚」、「苐」相次。《字鏡》：「茚苐，昌蒲名。」則王説亦非也。蓋茚是昌蒲而苐是昌蒲之秀，故曰茚苐耳。上文：「䒼，茅秀也。蒹，萑之未秀者。」下文：「芀，葦華也。」事皆相類。特稱爲茚苐而不言華、秀者，殆昌蒲之華、秀不著，抑或古有此文，許君承用之耳。（陶隱居謂「四月五月亦作小釐華也」。《本草圖經》則云「無華實」。）然則許以苐爲昌蒲之專名，若通假用，則《廣雅》「蕛䒼，茅穗也」、《爾雅》「蔈、荂，荼」之「蕛」與「荼」均是「苐」字，蓋以爲茅穗與葦華矣。

昌（白菖，菖蒲，昌本，昌歜）　昌陽（昌羊）

——

茚

劉師培《古文字考》謂：「《管子·地員篇》『五粟之土』，云：『五臭生之，薜荔，白芷，蘪蕪，椒，蓮。』又『五沃之土』，云：『五臭疇生，蓮與蘪蕪、藁本、白芷。』均以椒、蓮爲香草，其本字當作『蘭』。《詩·溱洧》：『方秉蕑兮。』《釋文》引《韓詩》訓『蓮』，『蕑』即『蘭』字别體。又《澤陂》：『有蒲與蕑。』鄭箋謂：『蕑，當作蓮。』《爾雅·釋草》疏引同，均其證也。」

按劉説甚是，由此可悟二事：

（一）蓮即蘭。《説文》「漣」爲「瀾」或體。又《招魂》「刻方連兮」，王逸注：「横木關柱爲連。」則叚「連」爲「闌」也。此皆古音寒部字也，今音則「蘭」、「闌」在寒類，「蓮」、「連」在先類矣。「蘭」、「闌」在一等，而「蓮」、「連」爲三、四等，有介音矣。然則「蓮」、「連」之字初由寒部變入先類，lan→læn（一等）。繼則「連」字由一等爲三、四等，læn→lyen、lien。此隋唐之際所以「蓮」在一等，「連」在三、四等也。又繼而「蓮」由一等突變四等，læn→lien。此今音之所以「蓮」、「連」同音也。

蘭：lan（寒。古音）→lan（寒）→lan（寒。隋唐）→lan（寒。今音）

蓮：lan（寒）→læn（先）→læn（先）→lien（先）

連：lan（寒）→læn（先）→lien（仙）→lien（先）

（二）蕑即蘭。「讕」或作「譋」，「爛」或作「燗」，並見《說文》。《字書》：「葌，與蕑同。」《地理志》引《詩》「方秉蕑兮」，作「方秉菅兮」。（《中山經》注：「葌，亦菅字。」）

二等：葌、菅（古顔切，删韻）　二等：姦（同上）　一等：官（古丸切，桓韻）

二等：蕑（古閑切，山韻）　二等：閒（同上）

一等：蘭（落千切，寒韻）　一等：闌（同上）　二等：柬（古限切，産韻）

由此可知：

（1）由「闌」從「柬」聲，「菅」從「官」聲，「蘭」又與「葌」、「菅」、「蕑」通，可知古本不分一、二等。由「菅」從「官」聲，可知古亦不分開、合口也。

（2）由「葌」、「菅」、「蕑」諸字之俱在見母，知「蘭」亦本在見母。盂鼎「朝夕入讕」，「讕」當讀若「諫」，則「闌」從「柬」聲，本讀若「柬」也。

蘭：　kan（一等）→lan（一等）

葌、菅：kan（一等）——→lɐn（二等）

蕑：　kan（一等）→kæn（先類）→kɛn（二等）

蓮：　læn（一等）→lien

然則「蘭」由 kan→lan，故得保持其一等（寒類字化爲二等；删無端、透、定、來等母，爲三等；元則并無泥、精、清、從、心矣）。「葌」、「菅」、「蕑」保持其喉音 k，則字化爲牙音而爲二等矣。然「蕑」與「蓮」均已先變爲先類，故尤相近（《管子》、《韓詩》並通用）。「蕑」字化爲二等，而「蓮」字化爲四等者，「蕑」在山韻先變，「蓮」在先韻後變也。「蘭」在一等不變，而「蓮」由一等變四等者，a 與 æ 之別也。

（3）抑「蘭」、「闌」本讀「柬」平聲，kan 變爲 lan，是無複輔音也。「葌」、「菅」、「蕑」無來紐，「蓮」無見紐，則知「蘭」有兩音，而非複輔音也。

大渠（魚部，疊韻）　溝（侯）→（大）容（東）

蘢，天蘥。

菡蔄（覃部，疊韻）

茄（歌）　荷（歌）↓蓮（寒）

「茄」有「加」、「歌」二音，可證由一等變二等。（古「茄」與「荷」通用。）

郭「未詳」。王筠以「鷚，天龠」例之，甚是。然則蘢即蓼耳。《釋草》：「紅，蘢古。」《詩・鄭風》：「隰有遊龍。」毛傳：「龍，紅草也。」陸疏：「一名馬蓼。」然則蘢即紅草無疑。（《玉篇》：「馬藻也。」「藻」疑「蓼」之訛。）

菣，香蒿也。

《本草》謂之「馬先蒿，一名馬新蒿，一名馬屎蒿」。

菣，去刃切。

《廣韻》有苦甸、去刃二切。按「菣」或從「堅」，是本在先韻，故《爾雅》之「牡菣」得轉爲「馬先」也。由先韻爲真韻，則由「馬先」而轉爲「馬新」矣。若「馬屎」，則由「新」字失去語尾，又由心母轉爲審母上聲耳。

菣‖⿱艹堅

↘先（先）↓新（真）↓屎（旨）

↙菣（霰，苦甸切）↓菣（震，去刃）

「蒿」、「蕭」、「萩」均疊韻。

芍，胡了切。

徐鍇堅鳥反。此蓋「釣」音之轉。

蔿

《方言》注：「音花。」今音韋委切，由歌爲支也。（徐鉉于鬼切，是由歌爲灰矣。）

草也。

舊云「未詳」。按原本《玉篇》：「草動也。」

蘠靡，虋冬也。

「靡」、「虋」聲轉。言「靡」者，虋冬即今天門冬，靡草屬也。（《月令》：「孟夏之月，靡草死。」疏云：「以其枝葉靡細，故曰靡草。」）

析蓂，大薺也。

薺（齊部） 析（錫部） 蓂（錫、青） 亭（青） 歷（錫）

《吕覽·任地》注：「三葉薺，亭歷，析蓂也。」

蔓，葛屬。

原本《玉篇》：「葛花也。」

蕈

原本《玉篇》徒點反，在添類忝韻，猶與「覃」音相近。《詩·葛覃》字或作「蕈」，則音未變。《爾疋》《釋文》：「今人呼菌爲蕈。」葛洪《字苑》同，云：「世作椹、蕈二字，非也。」《字林》式甚反。《博物志》：「江南諸山郡中大樹斷倒者，經春夏生菌，謂之椹。食之有味，而忽毒殺人。」然則「蕈」讀入寢韻，當在魏晉之際矣。語音初變，驟不得其字，故《博物志》即以「椹」爲之，而他書或以「蕃」爲之也。（《廣韻》：「蕃，草名。」）

蒟

當是蒟醬。然木部又有「枸」字重出也。要之，此是武帝時始入中國，猶葡萄也，非古字。可見許君盛收漢字矣。桂以蒟蒻當此蒟，即芋耳。《本草》：「蒟蒻，一名鬼芋。」朱駿聲欲附會蒟葵，乃臆改爲鬼芋。前人箸書類如此，徒貽誤後學耳。

芘，一曰芘，茮木也。

王念孫謂「芘茮」之訛。段、王筠不從。今按：原本《玉篇》：「椒木也。」則王念孫説非是。

荆，楚木也。

是草木之可爲刑用者，故從「刑」聲耳。

「[illegible]」，當作「[illegible]」，金文作「[illegible]」，即「办」字也。或作「[illegible]」，即「刱」字也。

「荆」舉卿切，蓋由陽部來，與「刱」、「办」疊韻。惟「荆」在見母，而「刱」、「办」在穿母耳。

菭（之）　藫（侵）

段云：「陸龜蒙《苔賦》：『在水曰陟釐。』『陟釐』與『丈之』皆切治國之『治』，是『菭』之古讀也。『台』亦以『怡』爲本音。《唐韻》：『菭，徒哀切。』則用六朝變音也。」

按：段氏不知古音，妄説耳。藫即菭，明「菭」當讀徒來反，不讀丈之反也（二音並見《爾疋》《釋文》）。《醢人》《釋文》：

「箬，音追。」沈云「北人音丈之反」，明音「追」爲正音，丈之反爲漢後北方方言矣。陸云「未知所出」，而段謂「此乃先鄭音」，可謂强作解人矣。

莖，户耕反。

原本《玉篇》餘耕反，誤匣母爲喻母（餘、于之亂）。

⿱艹⿸厂剡，讀若芮。（日母）　⿸厂剡，籀文鋭字。（喻母）

今音居例切，是由喻母（日母）轉爲見母。「⿱艹⿸厂剡」《方言》作「⿱艹侻」，明本當在定母、喻母也。

按：當從原本《玉篇》作如桂反。蓋「⿱艹⿸厂剡」、「薊」爲兩字，後人誤以「薊」字音注此下耳。然「薊」仍是從「⿸厂剡」得聲也。

芣

按原本《玉篇》作「⿱艹否」。

葩，華也。

pa→ra。

桂引戴震説：「《琴賦》：『若衆葩敷榮曜春風。』《思玄賦》：『百草含葩。』『葩』當爲『蘤』之訛。」甚確。而王筠轉以「蘤」爲誤。按《思玄賦》以「蘤」、「和」、「移」、「多」爲韻，故李善《琴賦》注云：「以韻推，所以不惑也。」桂馥謂若作「葩」則失韻，無是也。王筠以「葩」字爲是，故謂歌、麻通。「蘤」屬四支，則不合。又謂此當是平子之誤。據《召南》「葭」、「豝」、「虞」爲韻，「葩」由虞轉麻，不知歌類可與支類韻，以歌入支也。「移」今亦在支，何以「移」必讀古音在歌，而「蘤」必讀今音在支也？此一誤也。魚類固轉入麻，然歌、麻則非韻也。此二誤也。

葩(pa)　華(ra)(郭璞：「江東謂華爲敷。」陸德明：「古讀華爲敷。」)　蒪(藪。fɣɔ)　荂(ka、kua→fɣɔ)　蘤(ra [i] →rɣa [i])　花(xa [i])

按「華」訛爲「花」，猶「韡」爲「靴」也。

按歌類轉入魚者，消失其尾韻；魚類與歌類混者，轉入麻韻；不與歌混者，轉入虞韻。

蘳，乎瓦切。

是佳、麻之亂。

蕤，儒佳切。

《琴賦》注引汝淮切，是脂韻也。段云：「當儒隨切，入五支，古音在十六部也。『甤』從『生』、『豕』聲，在十六部，『綏』、『緌』字亦皆同部。」

蘭按：「蕤」乃由微韻亂入脂韻，段欲入支，大誤矣。

蔕，瓜當。

「蔕」猶柢、底也(玉卮無當)。瓦當、耳璫義與此異。

泥巴、鹽巴之「巴」當作「坺」(臿土謂之坺)。尾巴之「巴」猶本也。《曲禮》：「燭不見跋。」注：「跋，本也。」《西山經》：「皋塗之山，有草如稾茇。」注：「香草。」當即稾本。《説文》：「茇，艸根也。」根茇當如根本，則尾巴之「巴」亦「跋」、「茇」之音轉耳。

蓺，艸木不生也。

「不」即「木」之衍訛。桂謂從「埶」，誤。在緝韻，不當從「埶」。

茂，莫候切。

此幽、侯之亂。

蓎

原本《玉篇》脱，今本《玉篇》在後增字中。

兹

當從《韻會》引作「丝聲」。宋本「兹省聲」，毛本「絲省聲」，並非。石鼓文「[illegible]」，即「丝」字。開母石闕「[illegible]」，從「艸」「丝」聲。三體石經「兹」古文作「[illegible]」，篆文作「[illegible]」，故或誤爲「兹」，從兩「玄」耳。（《説文》讀「丝」爲於虯切，不知其本即「兹」字也。）王筠謂從「叀」之古文「[illegible]」，甚謬。

蔋，徒歷反。

小徐他狄反。《玉篇》、《廣韻》作「蔋」。段云：「疑當作『蓧』，『叔』聲、『淑』聲字多不轉爲徒歷切。《詩》『踧踧周道』，『踧』字亦疑誤。」（蘭按：「踧」亦徒歷切。）

徐灝曰：「從『尗』之字如『宋』、『戚』，從『叔』之字如『啾』、『惄』，皆與徒歷之音相近，且『攸』聲、『條』聲與『尗』聲、『叔』聲古音同在幽部，何爲改『蔋』作『蓧』？」

蘭按：幽、宵聲近，故轉入宵部，入聲耳。且「叔」聲古如「弔」也。（宵部《切韻》無入聲，或歸入陽類，或歸入青類入聲，故在錫韻耳。）段立說，每不細思也。

蓁，側詵切。

原本《玉篇》殂陳反，是尚未分臻韻也。

茬，仕甾切。（牀母）

原本《玉篇》敘之反。（邪母）

葻，盧含反。

嵐。

此由變來母，故不變入東韻耳。《玉篇》負弓反，則變東韻。

葻（ləm）　芃（bəm→bəŋ）

苗

當即「[illegible]」、「[illegible]」，舊釋「甫」者非。「苗」當從「田」「艸」聲（或「屮」聲），幽、宵相轉也。

苛，乎哥切。

今讀 ke。　莖户耕切，今讀 jing。（匣母變見母）

蕪

蕪菁，即蔓菁。蕪(vyau)蔓(man)，可證魚部字本讀a。

茂，艸豐之盛。　楙，木盛也。

並莫候切。

蘀，艸木凡皮葉落陊地爲蘀。　㯽，木葉陊也。

並他各切。

按：草木字古皆混，此均一字而誤分耳。

薀　菀(苑、宛)　黦　鬱　蔫(殦)　菸(菸邑)　矮(萎)　暗　陰　幽　黝

凡影母字義多相近也。

蔡，艸也。

當從《玉篇》「艸芥也」。（段改「艸丰」，是也。）「艸芥」合音即「蔡」也。（王褒《九懷》：「繼以兮微蔡。」注：「續以草芥入己船也。」）三體石經古文作「[illegible]」者，「𣏂」字也，亦即「殺」之古文。容庚以「[illegible]」字當之，非是。

菜

作「[illegible]」，是方自木上采下者。若「[illegible]」，則已採矣。故《芣苢》以「采」、「有」相承。《説文》訓「若」爲擇菜，猶差一間也。

菑，不耕田也。

原本《玉篇》同。不耕田曰菑，始耕亦曰菑也。王念孫改「才耕田」，段謂當爲「反」，均誤。

按「甾」當作「[glyph]」，甾缶之字作「[glyph]」，實本一字。徐鍇以其與「巛」音同，故强生分别以爲從「巛」耳。（凡「淄」字，《漢書》多作「菑」，金文作「甾」，不從「巛」。）

新雉（《揚雄傳》：「列新雉於林薄。」服虔曰：「新雉，香草也。」） 辛貽 辛夷

菿

作「⿱艹致」誤。

苾

《韓詩》作「馥」。「苾」質韻，「馥」屋韻，不相類。然「必」應從「弋」聲，當在之入聲之職韻，故得轉入幽類入聲之屋韻耳。「虙」字讀如「伏」，其一例也。

芟

小徐「殳聲」（段、朱不從，非也）。「殳」爲虞韻，「芟」所銜切，銜韻，蓋元音同音，足證侯類當爲au，故得轉爲談類之am耳。

木部：「楈，讀如芟艾之『芟』。」「楈」是魚部，則「芟」尚在虞，未入談也。

荐，在甸切。

按「存」從「才」聲（咍），由咍轉入魂。「荐」從「存」聲，則魂、先之亂也（真、文）。

才 a　存 an　荐 æn

蕞（泰）　蕝（祭、薛）　纂（何承天《纂文》：「蕝，今之纂字。」《叔孫通傳》如淳注：「蕞，謂以茅翦樹地爲纂位。」）　旱

薖

今本《玉篇》作「藹」。按原本作「薖」，與《説文》同。

菹

原本《玉篇》作「葅」。《侯鯖録》：「細切曰齏，全物曰菹。今中國皆曰齏，江南皆言菹。」

按今江浙言齏，西南言葅（讀如「渣」），四川言榨菜，蓋亦菹菜之音轉耳。由昆明人之言菹，可知魚部古音爲 a 也。

荃，芥脃也。

猶今榨菜也。

此緣切。

鼂説之云：「唐本初劣切。」仙→薛

䕩，乾梅之屬。《周禮》曰：「饋食之籩，其實乾䕩。」後漢長沙王始煮艸爲䕩。

按「艸」下疑有脱，似謂始煮草莓爲䕩也。

若

王筠以「若」、「[illegible]」爲一字，非也。（席《説文記》以經典「若」作「[illegible]」，則是。）《越縵堂日記》以爲「芼」字，更誤。

余說當從「右」聲，即「有」字，參前「采」下。

茵，約空也。

原本《玉篇》作「納空也」。

或爲綴。

當即「或以爲綴字」。（《玉篇》通語之。）王筠以爲說義，非說音，誤也。

茵，讀若陸，或以爲綴。

「陸」，小徐本作「俠」，非是。或作「埶」，則臆改也。按從「㐁」聲，「㐁」當即「簟」之本字。《說文》「㐁」有三音，讀若「三年導服」之「導」，一音也；一曰竹上皮，讀若「沾」，一音也；一曰讀若「誓」，「弼」字從此，一音也。

今按：「㐁」即「簟」本字。《說文》曰讀若「沾」者，即「簟」音之轉也（覃→添）。又云讀若「三年導服」之「導」者，由覃部轉入幽部也（猶「禫」爲「導」）。故「宿」字從「㐁」，即由「㐁」得聲矣。此「茵」讀若「陸」，亦其例也。又云讀若「誓」者，此「茵」字直例切，或以爲「綴」，陟衛切，與「誓」字均在祭韻，蓋由讀若「沾」而轉入祭耳（添→齊）。惟「弼」字則自是從「㐁」、「弜」聲，與此不相合也。

㐁（簟。覃韻）→（導）、宿、茵、（陸）（幽部）

—（沾）（添部）→（誓）、茵（直例切，或爲綴，祭韻）

草歷，似烏韭。（大徐「蔍」，誤）

《西山經》作「草荔」。

苴

有鋤加、側下等音，又音「巴」，均可證魚部之爲a。

臾、蕢（艸器也，籠也）　匱（匣也）

蔓

原本《玉篇》作「蔕」。

「芻」字古鉨作「[illegible]」、「[illegible]」、「[illegible]」等形，若「[illegible]」，則似「匊」字矣。

[illegible]（大簋）

[illegible]

[illegible]

莝

《鴛鴦》箋：「摧，今莝字也。」

莝（歌）→摧（灰）

蓛，楚革切。

小徐史迮反（或以爲訛）。按：《玉篇》所革反。

苣

商承祚以「[illegible]」爲「苣」，誤也。彼是「熱」字。

菌

按《說文》誤以「屎」爲「徙」之重文，遂以此當「屎」耳。經傳以「菌」爲「屎」者，僅《淮南子》「糞算（當作『箄』）甈（？）甑在口菌之上，雖貧者不搏」（王棻友引，俟考）一處耳。「菌」實當釋「蕙」或「莤」，非「屎」字也。《莊子·知北遊》「道在屎溺」，用「屎」字。《詩·板》「民之方殿屎」，亦用之。此外則多假「矢」字爲之矣。

卉　丰、芥（泰類。《方言》：「芥，艸也。」）　蔙（艸多皃）　椃（稠也）

薈（艸多皃）　黵（沃黑色也）　嬒（女黑色也）

欝（物。木叢生也）　蕢（襍香草也）

蒜　卵蒜　薍子

菜之美者，雲夢之葷菜。「葷」當作「荳」。（微轉文）

[illegible]

舊釋「蔥」。今疑「莽」（即常葉菜）。

藿

《韓詩》作「六月食欝及藿」。「欝」猶「蓈，韭欝也」之「欝」。欝、藿均菜，與下「七月亨葵及菽」義同，與毛欝、薁義異。

蓱

薲（多殄切。銑）→大室（質）　大適（錫）→亭歷、丁歷（錫）

《說文》無「洴」。

蘬

菲芴　芳尾　文弗

前人多疑與「蘺」重出，然原本《玉篇》並存。

葭

即胡笳（《玉篇》、《文選》注）。是歌、魚亂也。

萊

藜也。（哈→齊）

蒙

桂云：「蒟醬名曰蜀唐蒙，因其似唐蒙而出於蜀，非《詩》傳所稱者。」

蘭按：桂大誤矣。唐蒙乃傳「蒟醬」者耳。箸書多，誠不能無失也。

萺

依《玉篇》，則「苜蓿」字也。《廣韻》一屋：「苜蓿菜。」（席世昌引《易》「萺」作「萺」，亦可笑。）

茆

《泮水》《釋文》：「茆，音卯，徐音柳，韋昭萌藻反。」《周禮·醢人》「茆俎」，鄭大夫讀「茆」爲「茅」，杜子春讀「茆」爲「卯」，玄謂「茆，鳧葵也」。《增韻》、毛居正《六經正誤》、李文仲《字鑑》並謂從寅卯之「卯」。按原本《玉篇》正作「茆」。今本乃引《説文》「茆」字。

鈕、惠棟（《九經古義》）、桂、朱諸家均謂從「卯」，是也。《玉篇》閭酒反者，從「卯」，可讀「柳」音也。

荼

亭林曰：「荼荈之『荼』與荼苦之『荼』本是一字，古時未分，麻韻荼荈字亦只讀爲『徒』。東漢以下乃音宅加反。而『加』字音居何反，猶在歌戈韻。梁以下始有今音，又妄減一畫爲『茶』字。唐岱嶽觀王圓題名碑兩見『荼』字，皆從『艸』從『余』，可見唐時字體尚未變。」（席《記》引）

徐鍇《繫傳》、《荆楚歲時記》引犍爲舍人曰：「杏華如荼，可耕白沙。」則此字或音大加反。

按「檟」ka，苦荼da。《方言》：「倩、荼，借也。」「荼」、「借」聲近，「荼」即「賒」也。

由舍人注「荼」、「沙」爲韻，則「荼」讀入二等麻韻，漢末已然矣。

蘢，薺實也。

原本《玉篇》有此訓，似是許君之誤。《爾雅》：「紅，蘢古，其大者蘬。蒫，薺實。」

按「蘆」下云：「一曰薺根。」則許所見《爾疋》或以「紅蘢」爲句，複出「蘢」字，「蘢古，其大者蘬」，「蒫，薺實」爲句。「蘢古」合音即「蘆」也。

苞（《爾雅》：「豐也。」孫炎：「物叢生曰苞。」）　葆（艸盛皃。《漢・武五子傳》：「頭如蓬葆。」注：「草叢生曰葆。」《史・天官書》：「主葆旅事。」如淳曰：「關中俗謂桑榆孽生爲葆。」）

茸，聰省聲。

段改「耳」聲。（王煦、王翼《説文疑疑》並有此説，王筠亦取之。段謂形聲之取雙聲不取疊韻者，《疑疑》謂同母諧，並非是。）王煦謂：「『耳』有『仍』音。（《漢・惠帝紀》『耳孫』，晉灼曰：『耳孫，玄孫之曾孫也。』師古曰：『《爾雅》仍孫從己而數，是爲八葉。』與晉説相同。『仍』、『耳』相近，蓋一號也。《諸侯王表》：『玄孫之子，耳孫。』注：『耳，音仍。』《集韻》：『仍極切，關中、河東讀「耳」作此音。』髟部『髶』仿此。」蘭按：「耳」讀入蒸部，則「茸」爲東、蒸之亂也。蓋東、蒸之亂，其來久矣。

既方既阜

章《小學答問》欲改「阜」爲「皀」，非。

菆，麻蒸也。　黀，麻藍也。

萅

《玉篇》作「萶」。于鬯謂當作「[illegible]」。孔謙碣：「脩萶秋。」三體石經：「[illegible]」、「[illegible]」。余別有説。

菰、茢

二字訛，原本《玉篇》並可證。

《五經文字敘注》：「鼏、鼏同物，禮經相舛。蔿、薳同姓，《春秋》互出。」《佩觿》：「鼏作鼏，蔿作薳，音義一而體別。」

蔿（歌）→薳（寒）

荃（先）→蓀（魂）

《景十三王傳》：「遺建荃葛。」服虔音「蓀」。《楚辭》：「荃蕙化而爲茅。」一本作「蓀」。「荃不察余之忠情兮」，洪慶善云：「荃，與蓀同。」《莊子》：「得魚忘荃。」崔音「孫」。《九歌》「蓀橈」、「蓀壁」，《文選》並作「荃」。

蔬

漢碑有。《字林》：「蔬，菜也。」

茗

《隸釋》張公神碑（用作「萌」）。《御覽》「茗」引《晏子》。《凡將》有「荈」字。

薌

見漢劉夫人碑。

藏

漢碑有。

蒇　醮　蓐

蓐部

當入艸部。「陳草復生」則與「蕽」義近。

「薅」、「蓐」當入女部。「茠」當入艸部。「好」省聲者，訛。

「辱」在侯部，幽、侯相亂也。

辱(n)　薅(x)

茻部

王念孫謂「莽」讀莫補反。

茻、莽　荒(蕪也。艸掩地也)　巟(水廣也)

無(豐也)　蕪(薉也)

[莫(廣莫)]　漠(北方流沙也)　募(廣求也)

芼(艸覆蔓也)　蔓(葛屬也。延也)

楙(木盛也)　蕺(細艸叢生也)　茂(草豐盛也)　苺(艸盛上出也)　畮(步百爲畮)

莽(犬善逐兔艸中也)　驀(上馬也)　猛(健犬也)

「中」、「艸」、「卉」、「茻」、「中」、「艸」爲一字無可疑者，「艸」、「茻」連文爲魚、幽之亂，惟「卉」字可異。「卉」在微類，豈「茻」字由幽轉微，又由m轉h邪？若「木」、「林」、「森」固一系矣。

莫→茻、莽

當入日部。

⿰亡攵（撫） ⿱羽亡（舞） ⿺辶亡（撫） 普（並） 彉（邪） 矍（穬）

莽

當入犬部。

「鈷鉧」即「鈷鏻」。《楚詞・思美人》以「莽」、「草」爲韻，是魚、幽之亂，則「中」、「艸」、「茻」爲一聲之轉也。

葬

小徐「茻」聲，非。三體石經「[illegible]」、「[illegible]」。一作「[illegible]」，則當如卜辭作「[illegible]」，以「爿」爲聲也。

附

碔砆（珷） 捷盧（駬） 終葵（椎） 茺蔚（蓷） 湏從（松） 鉤吻（茛菫） 茅蒐（韎。鄭駁《五經異義》：「齊魯之間言茅蒐，聲如韎韐。」韋昭注《晉語》：「急疾呼茅蒐成韎。」） 蒺藜（薺，茨，薋） 陟釐（菭。側理） 蘢古（古蘢）（紅） 艸芥（艸丰）（蔡） 采薪（櫬。《釋木》曰：「謂櫬。」「采薪采薪」，即薪） 葶藶、丁歷、亭歷、 適（大適） 苦荼（？）（檟） 芄蘭（莞

芍藥（芍） 薜荔（薜） 果蠃（果） 蒹薕 蕳（蕑，菅） 蘭（蓮） 莪蘿 蒜亂

整理説明：

《讀説文記》現存手稿兩册，毛紙，無欄格。第一册卷一，三十七頁，四萬字，内容係《説文解字》一卷上編；第二册卷二，三十六頁，又附紙一頁，三萬五千字，内容係《説文解字》一卷下編，總計七萬五千字。手稿僅有《説文》第一卷的内容，全文無標點。

一册首署「三十四年一月五日」，尾署「一月廿一日看完一篇上，前後凡十七日」；二册首署「二月十五日，三月二十日完」，説明該稿寫於一九四五年上半年。

本書有的條目因爲不是具體討論《説文》，所以没有引《説文》原文，今將未引用《説文》原文的條目前作空一行處理，以便同前一條的内容區别開來。

其他整理作法，參照《唐氏説文解字注》。

（劉洪濤）

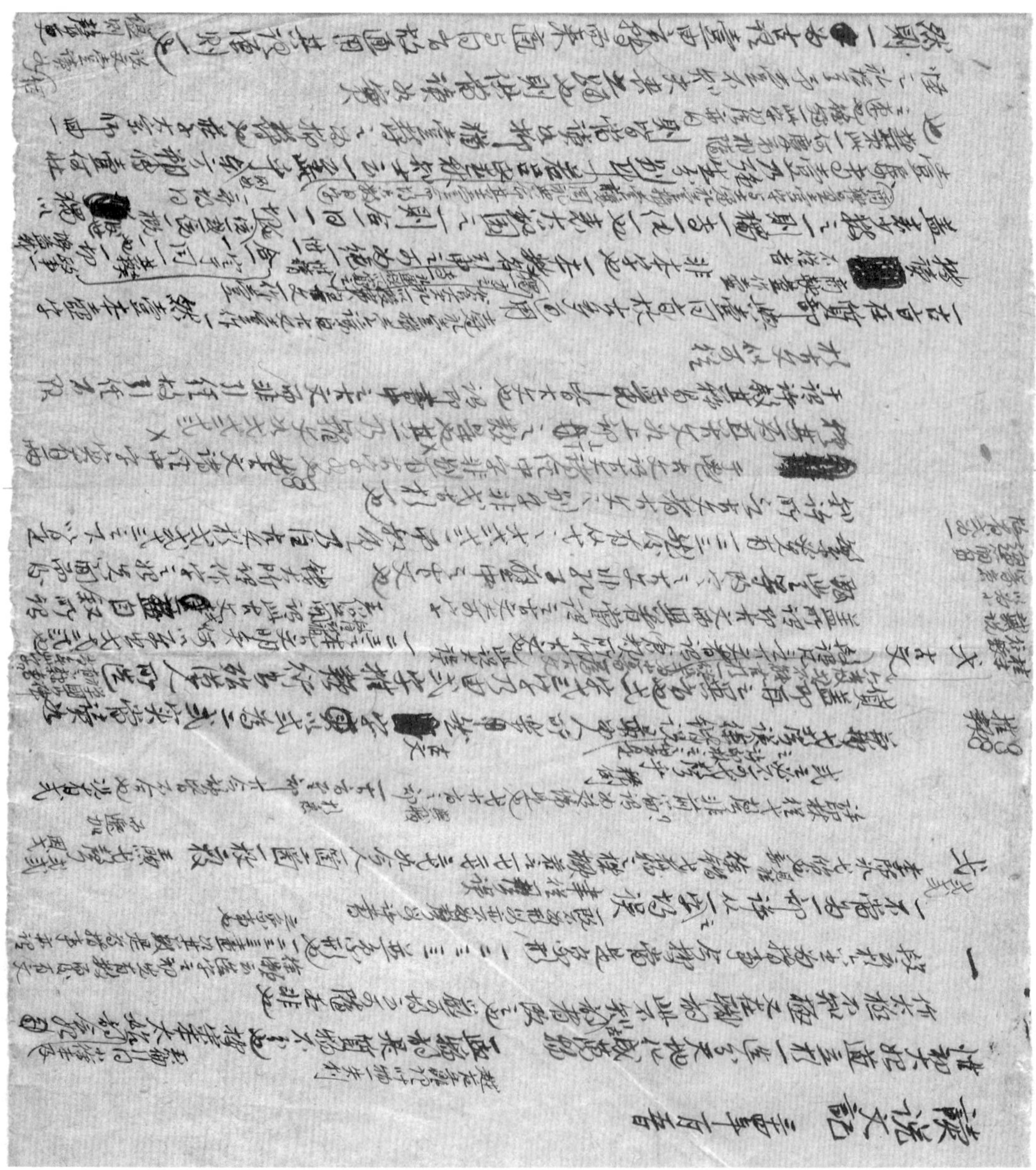

原稿樣張一

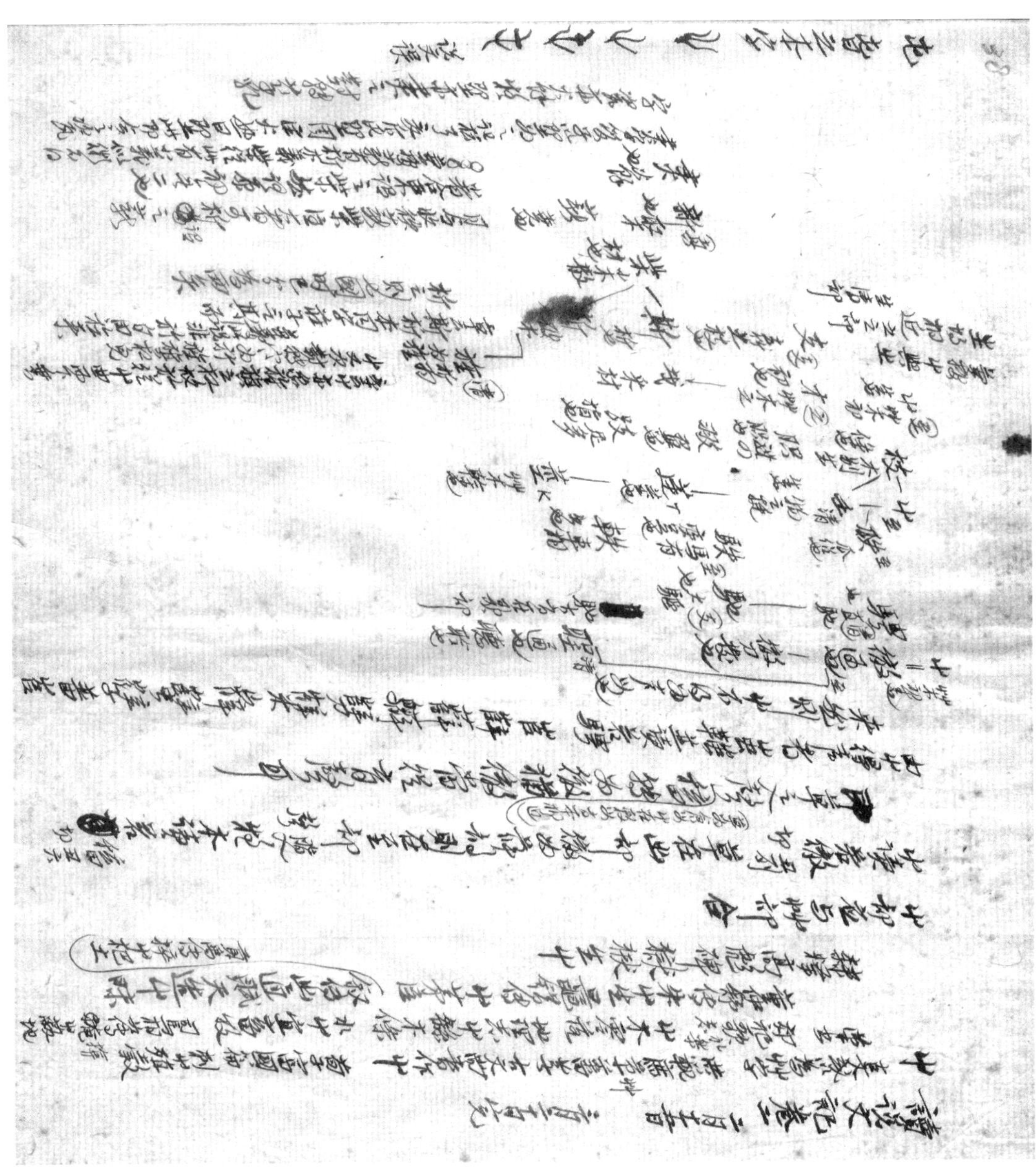

原稿樣張二